TESI GREGORIANA
Serie Storia Ecclesiastica

——————— 3 ———————

MELCHIOR-EDOUARD MOMBILI THUMAINI

L'ASPECT D'AUTONOMIE ET DE COMMUNION DANS LA PRAXIS AFRICAINE DES RECOURS À ROME (IIIe-Ve SIÈCLES)

Essai d'interprétation du comportement ambivalent de l'épiscopat africain

EDITRICE PONTIFICIA UNIVERSITÀ GREGORIANA
Roma 2001

Vidimus et approbamus ad normam Statutorum Universitatis

Romae, ex Pontificia Universitate Gregoriana
die 18 mensis maii anni 1999

R.P. Prof. BERNHARD KRIEGBAUM, S.J.
R.P. Prof. JOS JANSSENS, S.J.

ISBN 88-7652-883-0
© Iura editionis et versionis reservantur
PRINTED IN ITALY

GREGORIAN UNIVERSITY PRESS
Piazza della Pilotta, 35 - 00187 Rome, Italy

A toi,

    Papa Edouard-Adam,
       dont le départ précoce
       a privé les enfants
       d'affection que toi seul
       tu savais donner,

              je dédie ce travail.

AVANT-PROPOS

Nous ne pouvons livrer cette thèse de doctorat à la curiosité des lecteurs sans exprimer notre profonde gratitude à toutes les personnes qui nous ont aidé à l'élaborer. Si nous devions toutes les énumérer, la liste de notre hommage en serait trop longue. Et si nous en citons quelques-unes, c'est avec le désir qu'à travers elles tous se sachent remerciés pour leur contribution, signe de la communion qui nous unit.

Nous désirons avant tout rendre un vibrant hommage à S. Exc. Mgr Laurent Monsengwo Pasinya, l'Archevêque de Kisangani (Rép. Dém. Congo). Grâce à sa sollicitude, nous avons pu nous orienter dans les dédales du monde de la recherche scientifique. Notre thèse est le fruit de ces années de labeur au cours desquelles Mgr nous a assisté et accompagné dans notre quête du savoir, nous prodiguant avec sa sagesse d'aîné de précieux conseils, nous partageant sa grande connaissance de l'Église et de la vie. Il sait ce que nous devons à ses égards indulgents: nous lui avouons notre reconnaissance.

Nos considérations les plus distinguées vont également au R.P. Dr Bernhard Kriegbaum grâce à la bienveillance duquel ce travail a pu être réalisé. Avec beaucoup de patience et malgré ses nombreux engagements académiques à Innsbruck (Autriche), le Professeur B. Kriegbaum a accepté la tâche ardue de diriger cette dissertation, dont le démarrage a présenté beaucoup d'incertitude et d'hésitation. Et si auprès de lui nous avons appris à travailler avec assiduité, rigueur et nous l'espérons profondeur, nous avons aussi découvert en lui un prêtre aux qualités humaines et spirituelles remarquables dont l'affabilité et le sens profond de l'amitié auront été pour nous une aide inappréciable.

Nos recherches pour ce travail nous ont permis de faire la connaissance personnelle de M. l'Abbé Charles Munier, Professeur à l'Université de Strasbourg II. La bienveillance avec laquelle ce savant nous a accueilli durant notre brève visite en France (hiver 1996) ne l'a cependant pas empêché de corriger avec une fermeté sans complaisance nos imprécisions scientifiques, nous rappelant les exigences stimulantes de notre directeur de thèse. De même, les pertinentes suggestions qui nous furent proposées par les Professeurs Jos Janssens, second modérateur de cette thèse, et Mgr Victor Saxer, connaisseur avisé, nous ont appris à scruter le passé avec perspicacité et à l'envisager toujours dans une vue panoramique. A ces maîtres expérimentés, qui ont accepté d'initier notre esprit aux arcanes du savoir, nous redisons notre cordiale gratitude.

Notre présence en terre étrangère a été l'objet de beaucoup de sympathie et d'affection de la part de nombreuses personnes. Nous pensons spécialement aux communautés ecclésiastiques qui nous ont hébergé durant nos années d'études à Rome et grâce auxquelles notre expérience de l'universalité de l'Église s'est approfondie: le Collège Pontifical Saint Paul de la Propaganda Fide qui nous a nourri, l'Université Pontificale Grégorienne auprès de laquelle nous nous sommes intellectuellement ressourcé, la Maison généralice des Pères blancs-Missionnaires d'Afrique et celle des Frères des Écoles chrétiennes. Comment oublier que les services de la Bibliothèque des Frères, assurés par le R.F. René Galière, ont été gracieusement mis à notre disposition? Ainsi, avions-nous une grande partie de notre documentation à la portée de main. Que ces témoins de l'amour de Dieu soient remerciés.

De nombreuses familles européennes nous ont ouvert les portes de leurs maisons, en particulier celles de la zone pastorale *Tre Pievi* sur le Lac de Como (nord d'Italie). L'hospitalité de l'évêque de Como, S. Exc. Mgr Alessandro Maggiolini, tout comme l'amitié chaleureuse des Prêtres parmi lesquels Don Riccardo Pensa, Don Giorgio Della Valle, et Don Luciano Battistessa, un saint homme, que le Seigneur a rappelé auprès de lui alors que nous assurions la suppléance pastorale durant sa maladie, nous ont permis d'exercer le ministère sacerdotal au milieu de cette population lombarde avec beaucoup de joies. De même, la générosité dont nous ont témoigné les époux A.–A. Fratino de Rome, S.–A. Riva de Sovico et la famille E. Cazzaniga de Macherio-Brianza, les communautés paroissiales de Garzeno, Catasco, Stazzona et Musso au Lac, nous a préservé de la nostalgie que pouvait causer l'éloignement de notre pays natal confronté depuis bientôt une décennie à la dure épreuve de l'instabilité socio-politique. Nous ne saurions taire aussi bien les encouragements discrets et inestimables que nous a toujours apportés M. l'Abbé Adolphe Mulamba Mukando que la disponibilité dont Gabriele Salice de Musso a sans cesse fait montre pour assurer la composition de ce travail selon les normes typographiques. Les corrections finales du texte sont l'œuvre du R.P. Louis de Romanet, CRSV, et des RR.FF. Noël Bois et René Galière des Frères des Écoles chrétiennes: ils méritent tous notre plus grande reconnaissance. Puisse cette thèse, fruit de la collaboration de tous, servir à davantage faire connaître l'Église de Jésus-Christ, afin de mieux l'aimer!

INTRODUCTION GÉNÉRALE

1. Choix du sujet et but du travail

Une suggestion émise par le professeur B. Kriegbaum est à l'origine de la présente dissertation. En effet, à la fin des études du cycle de licence à la Faculté d'Histoire ecclésiastique (1994), ledit professeur, titulaire de cette matière dans la section de l'Antiquité à l'Université Pontificale Grégorienne, nous proposa d'étudier le thème de l'*appellatio* dans le cadre des rapports de l'Église d'Afrique antique avec Rome. L'appel houleux du prêtre africain Apiarius à Rome (418) fut l'objet de ce projet. Aussitôt, la proposition rencontra un vif enthousiasme de notre part, d'autant plus que le sujet suscitait beaucoup de curiosité à cause de l'attitude ambivalente démontrée par l'épiscopat africain face à l'autorité pontificale. D'une part, on décèle la détermination des Africains à défendre l'autorité judiciaire de leur concile et d'autre part, on note en eux une ferme volonté de rester en communion avec l'évêque de Rome en dépit de divergences de vues[1].

Le procès d'Apiarius apparaît encore plus intrigant lorsqu'on réalise que ce débat, qui a lieu au Ve siècle, s'est dénoué dans une issue similaire à celle de la querelle baptismale, qui s'est produite au temps de Cyprien (IIIe siècle). Car, plutôt que de rompre la communion avec l'évêque de Rome, en l'occurrence le pape Étienne Ier (254-257)[2], à cause du désaccord né de la compréhension de la notion du sacrement, Cyprien, tout en défendant la pratique baptismale en usage en Afrique, a tergiversé sur ses propres affirmations d'égalité entre les évêques: le primat d'Afrique prône la liberté d'action de chaque évêque dans son Église et la responsabilité devant le seul jugement de Dieu[3].

---

[1] Le mémoire de licence est intitulé: L'autonomie de l'Église africaine au Ve siècle à la lumière d'appel d'Apiarius, 104 pages.

[2] Cf. *LP* I, 154.

[3] Cf. *Sent. episcop.* (*Praef.*): «Sed expectemus universi iudicium domini nostri Iesu Christi qui unus et solus habet potestatem et praeponendi nos in ecclesiae suae

Le thème du comportement ambivalent de l'épiscopat africain est envisagé dans cette étude sous l'aspect bipolaire d'autonomie et de communion. A travers les analyses les plus diversifiées des cas de recours répertoriés ci-dessous[4], nous voudrions mettre en lumière les aspects ecclésiologiques sus-indiqués, tels qu'ils ressortent de la tradition établie par Cyprien. Il s'agit spécialement de déterminer dans quelle mesure les recours de l'épiscopat africain à Rome peuvent être considérés comme un acte d'*appellatio*, c'est-à-dire la démarche d'ordre juridique qui, comme le fait remarquer C. Munier, «a pour but de faire réformer par un juge hiérarchiquement supérieur une sentence que l'un des plaideurs trouve injuste»[5].

Considérant la variété des courants ecclésiologiques et théologiques actuels[6], l'étude développée dans cette dissertation vise à offrir à l'Église contemporaine, et plus particulièrement à l'Église d'Afrique, des pistes utiles de réflexion, un cadre historique d'inspiration et d'engagement constructif, qui l'accompagnent dans les relations qu'elle entend entreprendre avec l'évêque de Rome. Ce faisant, nous espérons apporter un tant soit peu une contribution aux recherches antérieures, en comblant l'une ou l'autre de leurs lacunes.

2. État de la question et Sources

D'entrée de jeu, signalons que l'étude de la problématique des recours à Rome de l'Église d'Afrique antique n'est pas un sujet nouveau. En effet, cette matière fait l'objet de nombreuses analyses. A ce propos, pour situer le thème dans son cadre purement historique, nous faisons appel aux données et indications de disciplines variées. Il s'agit notamment d'éléments d'ordre juridique (autonomie) et théologico-dogmatique (communion)[7]. L'emprunt des matériaux aux différentes sources permet de déterminer l'objectif poursuivi par la présente recherche. Cette procédure vise à dégager, puis à développer en le précisant l'aspect particulier d'autonomie et de communion de la pensée juridico-ecclésio-

---

gubernatione et de actu nostro iudicandi». (CSEL 3/1, 436).

[4] Cf. *infra*, 16-26.

[5] C. MUNIER, «Appellatio», 416.

[6] L'ouvrage de R. GIBELLINI, *La teologia del XX secolo*, Brescia 1992, présente un exposé très exhaustif des courants théologiques modernes. La traduction française de cet ouvrage est réalisée par J. MIGNON, *Panorama de la théologie au XXè siècle*, Paris 1994.

[7] Cf. G. D'ERCOLE, «Communio interecclesiastica», 25-75.

logique d'Afrique que les études antérieures n'ont que partiellement mis en lumière.

Les sources consultées pour l'élaboration de cette thèse sont constituées de travaux d'ensemble et d'études spécifiques, qui sont traités avec plus ou moins d'ampleur et de pénétration. Étant donné la diversité des documents et perspectives dans laquelle ces sources sont évoquées, ainsi que les manuels de traduction utilisés à cette fin, nous préférons les inventorier à la fin du travail, dans la table bibliographique générale. Néanmoins, il n'est pas superflu de signaler de prime abord que les sources premières, qui traitent de la problématique de la praxis des recours des Africains à Rome sont composées de deux catégories de documents, tous à caractère littéraire. La première catégorie est d'ordre juridique. Il s'agit principalement des Actes des conciles d'Afrique. La seconde série des documents est constituée d'écrits d'auteurs africains les plus significatifs. Ces oeuvres renferment les conceptions juridico-ecclésiologiques particulières de Tertullien, Cyprien, Optat et Augustin. Étant donné que ces doctrines sont suffisamment connues[8], nous n'y ferons allusion que de manière ponctuelle. C'est-à-dire que, tout en respectant la valeur de ces doctrines comme sources de référence où la tradition africaine a puisé son inspiration, on essaiera de déterminer dans quelle mesure l'un ou l'autre aspect de ces conceptions contribue à éclairer notre propos. A ce sujet, les Lettres d'Augustin récemment découvertes par J. Divjak et les commentaires qui en ont été faits, constituent pour notre étude la source de référence de premier plan[9]. En effet, ces Lettres, qui jouissent de l'autorité des témoignages de base, permettent de corriger en les nuançant les opinions émises antérieurement sur les rapports de l'Église d'Afrique avec Rome.

Les sources africaines utilisées dans ce travail sont contenues dans diverses éditions. Il convient de citer spécialement les collections CSEL et CChr.SL. Par ailleurs, concernant les éditions mises à jour, nous avons pris connaissance de quelques-unes au moment où l'élaboration de la thèse était dans un stade très avancé. Mentionnons à ce sujet la Correspondance épistolaire de Cyprien: *Sancti Cypriani episcopi epistularum* et l'oeuvre polémique d'Optat de Milève: *Traité contre les donatistes*, I-II (Livres I-VII). Est-il besoin de signaler qu'une ample exploi-

---

[8] Un exposé critique de conceptions ecclésiologiques des auteurs africains est abondamment présenté par W. MARSCHALL, *Karthago*, 18-83.

[9] Cf. CSEL 88. Les commentaires les plus incisifs de ces Lettres sont rassemblés dans *Les Lettres de Saint Augustin découvertes par J. DIVJAK. Communications présentées au colloque des 20 et 21 septembre 1982*, EAug, Paris 1983.

tation de ces parutions est réservée à un ultérieur approfondissement de la thèse.

Les sources secondaires sont composées de différentes études critiques. Parmi les auteurs qui se sont occupés de manière particulière des relations de l'Église africaine antique avec l'évêque de Rome, nous en relevons deux, dont les travaux offrent beaucoup d'indications utiles à notre sujet. Il s'agit de W. Marscchall et de C. Munier. La préférence accordée à ces deux chercheurs s'explique entre autres raisons par les arguments suivants.

L'oeuvre de W. Marschall est une élaboration de synthèse: *Karthago und Rom. Die Stellung der nordafrikanischen Kirche zum apostolischen Stuhl in Rom.* Par conséquent, elle reprend substantiellement les différents points de vue d'auteurs aussi bien catholiques que protestants, qui ont traité des rapports des Églises d'Afrique et Rome tous azimuts[10]. Cependant, une remarque d'appoint doit être faite au sujet de l'oeuvre de W. Marschall. Les investigations menées par ce chercheur débouchent le plus souvent sur des conclusions dont les éléments révèlent clairement le comportement ambivalent de l'épiscopat africain dans sa praxis des recours à Rome. Toutefois, ces conclusions revêtent le caractère d'un simple constat. Trois indications illustrent ce jugement.

S'agissant de la manière de réagir de l'épiscopat africain face à l'autorité du Siège apostolique, l'auteur constate à bon droit que l'attitude des Africains est faite à la fois de condescendance et de franchise:

> In der afrikanischen Kirche heben sich bezüglich der Haltung zum Apostolischen Stuhl in Rom deutlich zwei Linien ab. Diese beiden Linien treten jedoch zu verschiedenen Zeiten und bei den verschiedenen Anlässen unterschiedlich hervor; nicht immer sind beide Linien gleich klar erkennbar — man vergleiche etwa die Konzilien von 416 mit dem Höhepunkt der Apiarius-Affäre von 424 —, und oft finden sich beide Strömungen miteinander verquickt und sind nur schwer zu trennen wie beispielsweise bei der Frage der konvertierenden donatistischen Kleriker[11].

Il en va de même de la difficulté que l'on éprouve à cerner la nature de dépendance de l'Église d'Afrique vis-à-vis de Rome au point de vue juridictionnel:

---

[10] W. MARSCHALL, *Karthago*, 8-11.
[11] W. MARSCHALL, *Karthago*, 220.

Die Frage: Wie stand die afrikanische Kirche zum Apostolischen Stuhl in Rom? ist bisher noch nicht befriedigend beantwortet worden. Es liegen lediglich Teillösungen vor[12].

Enfin, W. Marschall souligne avec perspicacité le manque d'uniformité des procédures utilisées par les Africains dans le règlement des débats engagés avec Rome:

Theorie und Praxis sind jedoch gerade bei den in der Seelsorgeverantwortung und der Kirchenverwaltung stehenden afrikanischen Bischöfen nicht immer klar geschieden[13].

En revanche, l'oeuvre de C. Munier, qui est constituée d'une série d'articles extrêmement stimulants, présente les conclusions des recherches sous forme d'ébauches d'explications beaucoup plus suggestives: *Vie conciliaire et collections canoniques en Occident, IV^è- XII^è siècles*. Ainsi, en est-il par exemple de l'observation que l'auteur fait des retouches dont sont affectées les dispositions législatives africaines qui ont été transmises à Rome, en 419, au sujet de l'affaire d'Apiarius:

Par un tour de force assez étonnant, [fait remarquer l'auteur], les compilateurs anonymes, qui se firent les serviteurs zélés de la primauté juridictionnelle romaine, réussissent à transformer en victoire la déconvenue de Zosime et à réduire à néant la démonstration des Africains[14].

Mieux encore, la conclusion que C. Munier tire de la réaction de fermeté manifestée par les évêques d'Afrique face aux revendications papales, qui est inspirée par des témoignages solides, éclaire par le contraste des éléments en jeu la thèse d'un probable remaniement opéré sur les dispositions canoniques expédiées à Rome. L'auteur dit à ce sujet:

Cette réponse déférente témoignerait, s'il en était besoin, en faveur du loyalisme des Africains: cependant, [précise l'auteur], leur respect du Saint Siège ne leur interdit pas de faire remarquer que les exemplaires grecs du concile de Nicée conservés chez eux ne contenaient pas les textes allégués[15].

Dans la perspective où la présente étude est orientée, la lecture de différentes contributions de C. Munier mérite particulièrement d'être recommandée, surtout à cause de l'évaluation judicieuse que l'auteur établit des rapports qu'entretient l'Église d'Afrique avec Rome. En effet,

---

12 W. Marschall, *Karthago*, 8.
13 W. Marschall, *Karthago*, 18.
14 C. Munier, «Dossiers africains», 49.
15 C. Munier, «Un canon inédit», 122.

les conclusions de C. Munier permettent davantage de reconstituer la nature spécifique du droit à l'autonomie et du devoir de communion sur lesquels est fondée l'ecclésiologie africaine antique. Néanmoins, la vision analytique de C. Munier semble bien assujettie à quelque influence idéologique. C'est le jugement qu'en a formulé W. Marschall, qui estime que les critiques faites par C. Munier, — ce qui, du reste, est la vision commune des chercheurs catholiques —, sont généralement plus favorables à l'autonomie de l'Église d'Afrique; car, elles sont effectuées anachroniquement, semble-t-il, en fonction de la doctrine primatiale de l'évêque de Rome telle qu'elle a été définie par les deux conciles du Vatican:

> Nach dem zweiten Vaticanum fallen katholische Autoren gelegentlich in das andere Extrem, indem sie die afrikanische Autonomie überbetonen. Jede Interpretation der Quellen in Richtung auf eine Anerkennung eines römischen Primates durch die Afrikaner ist ihnen verdächtig und ihrer Meinung nach durch den Einfluß des ersten Vaticanums bedingt. Für diese Ansicht ist C. MUNIER, *Un canon inédit*, als Beispiel heranzuziehen[16].

Outre les auteurs susmentionnés, on doit signaler deux contributions d'importance tout aussi inestimable, qui sont de date plus récente. Il s'agit de l'oeuvre de J.E. Merdinger, *Rome and the African Church in The Time of Augustine*, et le travail fait en collaboration par J.A. Fischer et A. Lumpe: *Die Synoden von Anfängen bis zum Vorabend des Nicaenums*. L'existence de ces oeuvres nous a été communiquée pendant que la thèse se trouvait pratiquement à l'étape finale de son élaboration. Nous avons fugitivement lu le livre de J.E. Merdinger par esprit de curiosité scientifique. Nous en avons fait une recension aussi rapide qu'incomplète, mais qui malheureusement, n'a pas été intégrée dans la dissertation, par peur de désarticuler le texte. A cause de la nouveauté et de la valeur de cette contribution, nous exposons brièvement à la fin du travail, à titre d'appendice, les points saillants qui divergent de notre approche[17]. Quant au recueil de J.A. Fischer et A. Lumpe, qui traite des conciles d'Afrique réunis pendant la primatie de Cyprien, sa mention se réduit dans cette recherche à quelques renvois ponctuels recommandés par le professeur B. Kriegbaum.

---

[16] W. MARSCHALL, *Karthago*, 11.
[17] Cf. *infra*, 335-337.

3. Méthode et limites de la recherche

La caractéristique de la méthode utilisée dans ce travail est double. D'abord, elle est historique. Par conséquent, elle se veut descriptive. Cette méthode procède en effet par l'exposition et la description sommaires des événements. Viennent ensuite les analyses dont les conclusions sont destinées à mettre en lumière le sens spécifique des relations de l'Église d'Afrique avec Rome. Compte tenu de l'objet de la dissertation, à savoir l'étude de la praxis des recours à Rome, la méthode adoptée veut revêtir la recherche de caractère d'une interprétation. Pour ce faire, en s'appuyant sur les doctrines qui ont inspiré l'ouverture de l'épiscopat africain à Rome, on voudrait cerner la nature de l'autorité judiciaire de l'Église, telle qu'elle est conçue par les Africains. Cette remarque veut justifier l'orientation fort ecclésiologique que trahit la présente dissertation. Car, comme dit N. Afanassieff, «la notion du pouvoir dans l'Église est une notion ecclésiologique et c'est pourquoi elle doit être examinée du point de vue ecclésiologique»[18].

Quant aux limites de la recherche, il convient de mentionner avant tout l'extension de la période d'exploration. Celle-ci va du IIIe au Ve siècle. Cette période embrasse pratiquement le concile présidé par l'évêque de Carthage Agrippinus (ca. 220), en passant par l'épiscopat de Cyprien (248)[19] et la résistance engagée par Optat de Milèvè contre le schisme donatiste (ca. 370)[20], jusqu'à la mort d'Augustin (430)[21]. Qu'à cela ne tienne! Bien que cette longue période regorge d'événements, qui sont à bien des égards de grand profit pour notre recherche, elle ne comporte pas moins le risque de conduire aux élargissements inattendus des réflexions. La seconde difficulté rencontrée dans l'élaboration de cette dissertation a trait à l'abondance de la documentation relative à l'Église africaine antique. Face à un sujet aussi fouillé, ce qui rend malaisée l'approche méthodique du problème, c'est l'hétérogénéité des points de vue. Le risque qui guette dans ce contexte est le jugement anachronique. Devant cet écueil, la modestie s'impose. Elle guidera, nous l'espérons, entièrement notre propos. Une autre limite, qui caractérise ce travail est d'ordre technique, car elle se rapporte à l'emploi de la terminologie juridique. Dans le but de démontrer la particularité de la législation africaine dans la praxis des recours à Rome, nous avons

---

[18] N. AFANASSIEFF, «La doctrine de la primauté», 403.
[19] Cf. *Vita Cypriani*, IX-XXVI. A ce sujet, cf. P. MONCEAUX, *Histoire littéraire*, I, 186.
[20] Cf. J. QUASTEN, *Patrologia*, III, 113.
[21] Cf. *Vita Augustini*, XLII-LXIII.

utilisé une terminologie qui relève du vocabulaire juridique. Cependant, le maniement de ce langage trahit par moments le manque de familiarité et de maîtrise de la part de l'usager, — entendu l'auteur de la présente dissertation —, des mécanismes procéduriers de justice. Enfin, le souci de ramener dans une vision d'ensemble les conclusions de différentes analyses du thème central d'autonomie et de communion charge malencontreusement la recherche des répétitions, ce qui rend l'exposé plus monotone.

Grâce à ces remarques, nous espérons que les défaillances signalées ci-dessus, loin de constituer un obstacle au lecteur, lui permettront au contraire de bien tirer partie du recul suscité par la diversité des sources pour se faire une idée plus large et plus impartiale de la praxis des recours des Africains à Rome.

4. Répertoire des cas de recours

Dans le présent répertoire, sont exposés seulement les cas de recours qui sont évoqués de manière récurrente. Quant aux autres événements marquants ou épisodes d'importance majeure de l'histoire de l'Église d'Afrique, qui ont trait au recours à Rome, on y fera appel de manière ponctuelle, au moment opportun.

4.1 *L'épiscopat de Cyprien (248-258)*

4.1.1 L'affaire des *lapsi*[22]

Lorsque débute la campagne d'abjuration ordonnée par l'empereur Dèce en 250, Cyprien, l'évêque de Carthage, se met à l'abri des persécutions[23]. Le calme étant revenu, on constate qu'il s'est constitué parmi la communauté chrétienne deux catégories de renégats, qui agitent l'Église d'Afrique: les *libellatici*, c'est-à-dire «ceux qui s'étaient tirés d'affaire par un certificat» et les *sacrificati*, soit «ceux qui avaient réellement sacrifié», précise P. Monceaux[24]. Par ailleurs, la fuite de Cyprien entraîne le discrédit de son autorité au profit de l'héroïsme des con-

---

[22] On peut lire avec intérêt l'exposé de la persécution de Dèce (249-250), qui a entraîné l'affaire des *lapsi*, dans L. PIETRI, «Les résistances», 155-169.

[23] Cf. CYPRIEN, *De lapsis*, VIII s. (CChr.SL 3, 225 s.); ID., *Ep.*, 5, 1 (CSEL 3/2, 478-479). Concernant les motivations qui ont suscité la fuite de Cyprien pendant la persécution, cf. C. SAUMAGNE, *La persécution de Dèce*, 23-29; aussi P. MONCEAUX, *Histoire littéraire*, II, 22. Par ailleurs, J. GAUDEMET, *Église et cité*, 20, fait remarquer que la mesure qui a conduit les chrétiens à la défaillance n'est connue que par ses effets.

[24] P. MONCEAUX, *Histoire littéraire*, II, 22.

fesseurs, qui ont souffert pour la foi sans se dérober aux tortures. L'évêque de Carthage s'en plaint[25].

Le désaccord qui oppose Cyprien aux confesseurs au sujet de la discipline pénitentielle annonce l'avènement des schismes internes tant à Carthage qu'à Rome[26]. Parmi les adversaires acharnés de Cyprien, on trouve deux partisans du laxisme, qui promettent le pardon aux *lapsi* à peu de frais. Il s'agit du prêtre Novat[27] et de Felicissimus, que Novat a élevé à l'ordre du diaconat[28]. Par la suite, Cyprien convoque un concile général d'Afrique à Carthage, en 251, dans lequel certaines dispositions concernant les *lapsi* sont arrêtées: on décide d'accorder immédiatement le pardon aux *libellatici*, tandis que les *sacrificati* sont mis en pénitence perpétuelle, et n'en sont relevés qu'en cas de danger de mort[29]. Conformément à ces décisions, les évêques, après avoir entendu le diacre schismatique de Carthage Felicissimus et ses partisans, confirment la peine d'excommunication que Cyprien avait précédemment prononcée contre eux[30]. On notera par ailleurs que les mesures prises en Afrique sont adoptées à Rome sous le pontificat de Corneille (251-253)[31]. Cependant en 252, sentant venir une nouvelle persécution, le concile réuni à Carthage décide d'accorder la réconciliation à tous les renégats qui ont été soumis à la pénitence[32]. Toutefois, une exception est faite pour les membres du clergé qui, en recevant la réconciliation en qualité de *lapsi*, devaient être exclus des ordres[33]. C'est par les mesures susmentionnées que se conclut l'affaire des *lapsi*.

---

[25] CYPRIEN, *Ep.*, 15 (CSEL 3/2, 513-516). A ce sujet, cf. L. PIETRI, «Les résistances», 162-163.

[26] Une présentation aussi concise que complète de cette dispute est élaborée par L. PIETRI, «Les résistances», 162-166.

[27] Cf. CYPRIEN, *Ep.*, 52, 2-3 (CSEL 3/2, 617-619). Au sujet du personnage dénommé Novatus, E.R. POSE, «Novato di Cartagine», 2434, fait remarquer que plusieurs auteurs grecs, à la suite d'Eusèbe de Césarée, confondent le schismatique africain avec l'anti-pape romain Novatien.

[28] Cf. CYPRIEN, *Ep.*, 59, 9 (CSEL 3/2, 676). A ce sujet, cf. A.-M. LABONNARDIÈRE, «Félicissime», 862.

[29] Cf. CYPRIEN, *Epp.*, 55, 6.17; 56, 2; 59, 13 (CSEL 3/2, 627-628.635-636; 648-649; 680). A ce sujet, cf. J.A. FISCHER – A. LUMPE, *Die Synoden*, 165-189.

[30] Cf. CYPRIEN, *Epp.*, 45, 4; 59, 1.9 (CSEL 3/2, 603; 666.676).

[31] Cf. CYPRIEN, *Ep.*, 55, 6 (CSEL 3/2, 627-628). A ce sujet, cf. L. PIETRI, «Les résistances», 164. Sur le pape Corneille, cf. *LP*, I, 150.

[32] Cf. CYPRIEN, *Ep.*, 57, 1: «Statueramus quidem pridem, frater carissime, [Cyprien écrit ainsi au pape Corneille], participato invicem nobiscum consilio ut qui in persecutionis infestatione subplantati ab adversario et lapsi fuissent et sacrificiis se inlicitis maculassent, agerent diu paenitentiam plenam et si periculum infirmitatis urgueret, pacem sub ictu mortis acciperent». (CSEL 3/2, 650).

[33] Cf. CYPRIEN, *Ep.*, 72, 2 (CSEL 3/2, 776-777). A ce sujet, cf. L. PIETRI, «Les

4.1.2 La destitution des évêques espagnols

Pour mieux interpréter les querelles qui ont opposé l'épiscopat africain au pape Étienne Ier, notamment celles qui ont trait à la destitution des évêques espagnols et à la controverse baptismale, la remarque préliminaire suivante s'impose. Ces controverses ne sont connues que par les sources produites par la partie en désaccord avec le point de vue romain: il s'agit essentiellement de la correspondance épistolaire de Cyprien[34].

En Espagne, les évêques Basilides de Léon et Astorga, et Martial de Mérida ont été déposés par leurs Églises pour s'être procuré des billets d'apostasie pendant la persécution de Dèce. Outre cette accusation, Basilides a avoué avoir blasphémé contre Dieu, et Martial, pour sa part, a été reconnu coupable d'avoir fait partie d'un collège funéraire païen, à tel point qu'il a fait ensevelir ses enfants selon le rite païen[35].

Par ailleurs, à peine investi au siège de Rome, — comme cela se laisse comprendre par la réaction de Cyprien —, le pape Étienne Ier mal informé des affaires des Églises espagnoles, accueille la plainte des évêques destitués et entreprend de les rétablir sur leurs sièges. Entretemps, le cri de détresse des chrétiens d'Espagne s'élève contre la décision du pontife romain et parvient aux oreilles de Cyprien. Celui-ci réunit un concile en Afrique, qui plébiscite contre l'avis du pape l'élection de Sabinus et de Felix (*collegae nostri*), ordonnés en remplacement de Basilides et de Martial[36].

4.1.3 La controverse baptismale

La zone d'ombre de la polémique baptismale, qui présente plusieurs scénarios, demeure sans doute la cause qui a occasionné l'intervention du pape Étienne Ier dans un problème né en Afrique et qui, selon toute vraisemblance, devait être résolu en fonction de la situation ecclésiale d'Afrique[37]. Il faut qu'on le rappelle. La querelle baptismale est née d'une question de discipline. En 254/255, Cyprien répond à Magnus de Maurétanie, qui a sollicité son avis sur les modalités de réintégration de ceux qui ont été baptisés en dehors de l'Église[38]. La réponse que Cyprien

---

résistances», 163.

[34] Les lettres qui traitent de ces problèmes sont répertoriés par A. D'ALÈS, *La théologie*, 175-176 et L. DUQUENNE, *Chronologie*, 26.

[35] Cf. CYPRIEN, *Ep.*, 67, 6 (CSEL 3/2, 740).

[36] Cf. CYPRIEN, *Ep.*, 67, 5-6 (CSEL 3/2, 739-740). A ce sujet, cf. L. DUQUENNE, *Chronologie*, 29; de même J.A. FISCHER – A. LUMPE, *Die Synoden*, 212-233.

[37] Cf. G. FALBO, *Il primato*, 304.

[38] Cf. CYPRIEN, *Ep.*, 69 (CSEL 3/2, 749-766). L'identité de Magnus est discutée.

réserve à la requête de Magnus donne lieu à d'amples éclaircissements, dont témoigne une série de lettres[39].

La question présentée à Cyprien renferme un aspect dogmatique, qu'a mis en lumière l'existence de deux traditions baptismales divergentes. Celles-ci trouvent par surcroît des appuis dans différentes zones de la chrétienté. La tradition africaine, qui consiste à réitérer le baptême conféré en dehors de l'Église, rencontre l'assentiment des Églises de l'Asie Mineure. En revanche, la tradition défendue par le pape Étienne Ier reconnaît la validité d'un tel baptême: la réconciliation se fait par la seule imposition des mains. A la pratique romaine, se rallie tout le corps épiscopal d'Égypte et de la Palestine[40].

D'après le dossier cyprianique de la querelle baptismale, le pape Étienne Ier, voulant imposer la tradition romaine à toutes les Églises, aurait brandi contre ses opposants l'argument du privilège de primauté dont il est investi, en tant qu'il est le successeur de Pierre[41]. Pour sa part, tout en fondant sa position sur l'autorité des Saintes Écritures[42] et sur la décision du concile présidé par Agrippinus[43], Cyprien veut encore

---

G. FALBO, *Il primato*, 305, fait judicieusement remarquer que ce personnage ne peut être un évêque. Car, la terminologie *filius* employée à son égard au lieu de *frater*, contraste avec le style usuel de Cyprien.

[39] Au concile général d'Afrique tenu le 1er septembre 256, le procès-verbal des participants évoque à trois reprises la Lettre (73) que Cyprien a adressée à l'évêque maurétanien Jubaianus: cf. *Sent. episcop.*: *Praef.*; VIII; LXXXVII (CSEL 3/1, 436.441.461). En outre, la même Lettre fait à son tour allusion à d'autres Lettres qui ont traité de la question de la validité du baptême conféré en dehors de l'Église. A ce sujet, cf. L. DUQUENNE, *Chronologie*, 26-28.

[40] Cf. EUSÈBE, *H.E.*, VI, 46, 1-3, GCS II/2, 626-628. A ce sujet, cf. J.A. FISCHER – A. LUMPE, *Die Synoden*, 234-307; de même G. FALBO, *Il primato*, 304; également L. DUQUENNE, *Chronologie*, 25.

[41] Ce jugement découle du reproche que l'évêque Firmilien de Césarée, en Cappadoce d'Asie Mineure, adresse au pape Étienne Ier: cf. CYPRIEN, *Ep.*, 75, 17: «Stephanus qui per successionem cathedram Petri habere se praedicat nullo adversus haereticos zelo excitatur, concedens illis non modicam sed maximam gratiae potestatem, ut dicat eos et adseveret per baptismi sacramentum sordes veteris hominis abluere, antiqua mortis peccata donare, regeneratione caelesti filios Dei facere, ad aeternam vitam divini lavacri sanctificatione reparare». (CSEL 3/2, 821-822). A ce sujet, cf. G. FALBO, *Il primato*, 313; également L. PIETRI, «Les résistances», 166.

[42] CYPRIEN, *Ep.*, 74, 2: «Unde est ista traditio? Utrumne de dominica et evangelica auctoritate descendens an de apostolorum mandatis adque epistulis veniens?». (CSEL 3/2, 800).

[43] CYPRIEN, *Ep.*, 73, 3: «Apud nos autem non nova aut repentina res est ut baptizandos censeamus eos qui ab haereticis ad ecclesiam veniunt, quando anni sint iam multi et longa aetas ex quo sub Agrippino bonae memoriae viro convenientes in unum episcopi plurimi hoc statuerint adque exinde in hodiernum tot milia haereticorum in

qu'une telle opinion soit intelligible[44]. En faisant appel à l'éclairage de la raison, le primat d'Afrique cherche de démontrer l'absurdité du baptême conféré en dehors de l'Église.

L'entrée en scène de Firmilien fait prendre à la controverse une tournure beaucoup plus offensive. En même temps, elle précise l'objet insoupçonné du désaccord: l'évêque de Césarée met explicitement en cause la manière dont le pape Étienne Ier veut exercer son autorité primatiale[45]. Pour sa part, voulant aboutir à un dénouement pacifique de la crise, Cyprien adopte un langage de compromis teinté de contradictions. Face à l'intransigeance affichée par le pape Étienne Ier, le primat d'Afrique abandonne le principe de son ecclésiologie, qui prône l'égalité des pouvoirs entre les évêques, au profit du privilège de liberté dont chaque évêque est investi pour gouverner son Église[46].

4.2 *Période augustinienne (391-430)*

4.2.1 Le recrutement des candidats donatistes

Face à la forte pénurie des clercs qui frappe l'Église d'Afrique, le concile présidé par le primat Aurelius à Carthage, le 13 septembre 401[47], s'engage à réintégrer dans l'Église les clercs donatistes. Bien plus, le concile propose même d'ordonner certains candidats baptisés chez les schismatiques avant l'âge de raison[48]. Cette proposition avait déjà fait l'objet des débats dans des assemblées conciliaires antérieures. Il s'agit des conciles réunis à Carthage, le 13 août 397[49] et le 16 juin 401[50].

A cet effet, l'épiscopat africain entreprend de solliciter l'avis des Églises de Rome et de Milan[51]. De son côté, ayant reçu la requête des Africains, le pape Anastase Ier (399-401) répond négativement, estimant

---

provinciis nostris ad ecclesiam conversi non aspernati sint neque cunctati, immo et rationabiliter et libenter amplexi sint, ut lavacri vitalis et salutaris baptismi gratiam consequerentur». (CSEL 3/2, 780).

[44] CYPRIEN, *Ep.*, 71, 3: «Non est autem de consuetudine praescribendum, sed ratione vincendum». (CSEL 3/2, 773).

[45] Cf. *supra*, 19, n. 41. A ce sujet, G. FALBO, *Il primato*, 314; dans le même sens, J.A. FISCHER, «Das Konzil zu Karthago», 35.

[46] Cf. *supra*, 9, n. 3. A ce sujet, cf. A. D'ALÈS, *La théologie*, 209-210; également M. BÉVENOT, «A bishop», 414-415.

[47] Cf. *RECE*, can. 68 (CChr.SL 149, 200, ligne 603 s.).

[48] Cf. *RECE*, can. 57 (CChr.SL 149, 195, lignes 433-471).

[49] Cf. *RECE*, can. 47 (CChr.SL 149, 186, lignes 137-144).

[50] Cf. *RECE*, can. 57 (CChr.SL 149, 195, ligne 433). R. CRESPIN, *Ministère*, 58-59, retrace brièvement l'évolution de ce projet.

[51] Cf. *RECE*, après can. 56 (CChr.SL 149, 194, ligne 398 s.).

que la proposition africaine risquait de constituer une innovation[52]. Cependant, bien qu'ayant apprécié la réponse pontificale comme étant pleine de sollicitude paternelle et fraternelle[53], le concile d'Afrique s'engage tout de même à exécuter contre l'avis du pontife romain le projet de réintégrer les candidats donatistes aux conditions qu'il s'est fixées[54].

4.2.2 Le procès d'Apiarius

Apiarius était prêtre dans l'Église de Sicca Veneria, en Proconsulaire[55]. S'étant rendu coupable des fautes graves, que les sources ne précisent pas toutefois, ce prêtre fut suspendu par son évêque Urbanus (ca. 418). Cependant, il fit recours à Rome, auprès du pape Zosime. Celui-ci décida de rétablir le plaignant dans son ministère par un *commonitorium*, dont les revendications rappelaient aux évêques d'Afrique les privilèges de l'évêque de Rome[56]. De leur part, pour donner suite aux recommandations du pontife romain, les évêques d'Afrique trouvèrent des solutions de compromis, en attendant d'établir l'authenticité des décrets sur lesquels s'appuyait le pape Zosime[57]. Pour ce faire, on décida de commander aux Églises orientales des exemplaires des textes originaux du concile de Nicée, afin de les collationner avec les décrets contenus dans le *commonitorium* papal et ceux que les Africains conservaient dans leurs archives[58].

Quelques années plus tard, rebondit l'affaire d'Apiarius. Après avoir confondu au concile de Carthage de 424/425 le prêtre récidiviste et les

---

[52] Cf. *RECE*, après can. 65 (CChr.SL 149, 198, lignes 559-577). Sur le pape Anastase Ier, cf. *LP*, I, 218.

[53] Cf. *RECE*, après can. 65 (CChr.SL 149, 199, ligne 568 s.).

[54] Cf. *RECE*, can. 68 (CChr.SL 149, 199, lignes 603-626).

[55] Cf. A. MANDOUZE, «Apiarius», *PCBE*, I, 82-83.

[56] Cf. *Conc. Carthag.* A. 424-425 (CChr.SL 149, 169, lignes 19-25).

[57] Cf. *Conc. Carthag.* A. 419: «Et cum recitaret, Alypius episcopus ecclesiae Thagastensis legatus provinciae Numidiae dixit: Ista nos tamen pauliper servaturos, ut antea dixi, donec integra exemplaria veniant, profitemur». (CChr.SL 149, 91, lignes 72 et 86).

[58] Cf. *Conc. Carthag.* A. 419, *Ep. ad Bonifatium*: «Pro qua re tuam quoque venerationem obsecramus ut scribere etiam ipse digneris ad illarum partium sacerdotes, hoc est ecclesiae Constantinopolitanae et Antiochenae et Alexandrinae et si aliis etiam tuae placuerit sanctitati, ut inde ad nos idem canones aput Nicaea civitate a Patribus constituti veniant, te potissimum hoc beneficium cunctis occidentalibus ecclesiis in Domini adiutorio conferente». (CChr.SL 149, 160, lignes 106-113). A ce sujet, cf. C. MUNIER, «Dossiers africains», 50.

délégués pontificaux qui le défendaient[59], l'épiscopat africain en appela avec fermeté à l'autorité du concile de Nicée contre les allégations romaines, pour justifier leur refus de voir le pape accueillir dans sa communion les membres exclus de l'Église d'Afrique:

> Praefato itaque debitae salutationis officio, impendio deprecamur ut deinceps ad vestras aures hinc venientes non facilius admittatis, nec a nobis excommunicatos in communione ultra velitis excipere; quia hoc etiam Nicaeno concilio definitum facile advertat venerabilitas tua. Nam etsi de inferioribus clericis vel de laicis videtur ibi praecaveri, quanto magis hoc de episcopis voluit observari, ne in sua provincia a communione suspensi a tua sanctitate praepropere vel indebite videantur communioni restitui[60].

4.2.3 L'appel d'Antoninus de Fussala

La Lettre 20* d'Augustin, récemment mise à jour par J. Divjak, fournit un supplément d'informations sur la précédente Lettre 209, qui traite du procès de réhabilitation de l'évêque Antoninus de Fussala[61].

Il y avait dans la province de Numidie une localité (*castellum*) du nom de Fussala, située dans le voisinage du diocèse d'Hippone où Augustin était évêque[62]. Après avoir gagné au catholicisme la plupart des habitants de Fussala, qui étaient d'obédience donatiste[63], Augustin pensa pourvoir la jeune Église d'un évêque, capable de parler le punique, la langue locale[64]. Par ailleurs, le candidat désigné comme évêque s'étant récusé en dernière minute, le choix d'Augustin tomba sur Antoninus, un jeune lecteur élevé dans le monastère d'Hippone[65]. Peu de temps après, les

---

[59] Cf. *Conc. Carthag.* A. 424-425: «Triduano tamen laboriosissimo agitato iudicio, cum diversa eidem obiecta afflictissimi quareremus, vel moras coepiscopi nostri Faustini, vel tergiversationes ipsius Apiarii, quibus nefandas turpitudines occulere conabatur, "Deus iudex iustus fortis et longanimis magno compendio resecavit"». (CChr.SL 149, 170, lignes 25-30). A ce sujet, cf. L. DUCHESNE, *Histoire ancienne*, III, 257.

[60] Cf. *Conc. Carthag.* A. 424-425 (CChr.SL 149, 170, lignes 45-53). A ce sujet, cf. J. GAUDEMET, *L'Église dans l'empire*, 398.

[61] Cf. AUGUSTIN, *Epp.*, 20* (CSEL 88, 94-112); 209 (CSEL 57, 347-353). Sur tout ce dossier, cf. C. MUNIER, «La question des appels», 287-299; aussi A. MANDOUZE, «Antoninus 3», *PCBE*, I, 73-75.

[62] Cf. AUGUSTIN, *Ep.*, 209, 2 (CSEL 57, 348). A ce sujet, cf. J. FERRON, «Fussalensis *(ecclesia)*», 489; de même S. LANCEL, «L'affaire d'Antoninus», 274.

[63] Cf. AUGUSTIN, *Ep.*, 209, 4: «Paucos habebat illa terra catholicos; ceteras plebes illic in magna multitudine hominum constitutas Donatistarum error miserabiliter obtinebat ita, ut in eodem castello nullus esset omnino catholicus». (CSEL 57, 348).

[64] AUGUSTIN, *Ep.*, 209, 3 (CSEL 57, 348).

[65] Cf. AUGUSTIN, *Ep.*, 209, 3 (CSEL 57, 349). La date de l'avènement de cette

chrétiens de Fussala portèrent des plaintes contre leur évêque Antoninus. Un tribunal épiscopal de la province de Numidie présidé par Augustin à Hippone⁶⁶, estimant les matières d'accusation assez graves, décida d'infliger au jeune évêque la peine canonique, qui consiste à restreindre son pouvoir de juridiction, tout en le maintenant sur son siège. La condition principale qui était au centre du compromis est qu'Antoninus devait rendre à leurs propriétaires les biens dérobés⁶⁷.

Cette sentence fut arrêtée «au plus tard au commencement de 419», fait remarquer A. Audollent⁶⁸. Antoninus ne sembla opposer aucune objection à la décision de ses collègues⁶⁹. Par la suite, le jeune évêque voulut exercer son ministère sur toute l'étendue du diocèse de Fussala. Il jugeait en fait que la décision prise à son endroit était abusive, car il s'estimait victime d'une injustice: «Je ne devais pas être maintenu dans mon siège, [répliquait-il], ou je ne devais plus être évêque»⁷⁰.

élection est discutée. P. BATIFFOL, *Le catholicisme*, 457, n. 2, la situe après 411, car, observe-t-il, l'Église de Fussala n'est pas représentée à la Conférence de Carthage de 411. S. LANCEL, «L'affaire d'Antoninus», 269, partage cet avis. L'auteur fonde en effet son opinion sur l'ambiance détendue dans laquelle a lieu l'ordination d'Antoninus, c'est-à-dire «dans un contexte d'"unité" retrouvée, qui, ici comme ailleurs, [dit-il], peut paraître comme un des résultats de la Conférence». Pour A. AUDOLLENT, «Antoninus», 874, l'ordination d'Antoninus doit avoir eu lieu de toute façon avant 416, si l'on identifie Antoninus avec son homonyme qui a signé la lettre synodale de Milève de 416. Pareillement, O. PERLER, *Les voyages*, 369, place cette ordination entre 416 et 419. Le point de vue de A. MANDOUZE, «Antoninus 3», *PCBE*, I, 75, n. 17, à ce sujet est très suggestif. L'auteur juge en effet qu'Antoninus peut bien avoir été ordonné évêque avant la Conférence de Carthage de 411. Cependant, son absence à la Conférence de 411 peut s'expliquer par le fait qu'Augustin évitait de se faire reprocher par les donatistes d'avoir divisé son diocèse, pour augmenter abusivement le nombre des évêques catholiques; de même G. BARDY, «Afrique», 294-295.

⁶⁶ Cf. AUGUSTIN, *Ep.*, 20*, 6, 1 (CSEL 88, 97).

⁶⁷ Cf. AUGUSTIN, *Ep.*, 209, 5: «Denique sententias nostras sic temperavimus, ut salvo episcopatu non tamen omnino impunita relinquerentur, quae non deberent vel eidem ipsi deinceps iterumque facienda vel ceteris imitanda proponi. Honorem itaque integrum servavimus iuveni corrigendo, sed ulterius, cum quibus sic egerat, ut dolore iusto eum sibi praeesse ferre omnino non possent et cum suo illiusque periculo in aliquod scelus forsitan erupturam inpatientiam sui doloris ostenderent». (CSEL 57, 349).

⁶⁸ A. AUDOLLENT, «Antoninus», 874.

⁶⁹ Cf. AUGUSTIN, *Ep.*, 209, 6: «Vide, episcopatum qualiter gesserit, quem ad modum iudicio nostro usque adeo consenserit communione privatus, nisi prius Fussalensibus omnia redderentur [...]». (CSEL 57, 350).

⁷⁰ Cf. AUGUSTIN, *Ep.*, 209, 7: «Aut in mea cathedra sedere debui aut episcopus esse non debui». (CSEL 57, 350).

A ce point, l'affaire d'Antoninus prit un tournant conflictuel. C'est alors que l'épiscopat africain pensa trouver un remplaçant à Antoninus, étant donné que celui-ci n'a pas interjeté appel auprès du concile général dans les délais prévus par la législation africaine[71]. De son côté, ayant réussi à circonvenir Valentinus de Vaiana, le nouveau primat de Numidie, qui le jugeait comme un homme intègre[72], Antoninus, fort de la lettre de recommandation que lui a octroyée ledit primat, s'en remet au jugement de l'évêque de Rome, en l'occurrence le pape Boniface Ier (419-422). Ce dernier intervient en ordonnant aux Africains de revoir la décision prise à l'endroit du jeune évêque: il leur recommande en particulier de procéder à la vérification des faits relatés par Antoninus[73]. Cette recommandation sera exécutée en Afrique même, où les évêques organiseront des séances de jugement sous forme de commissions d'enquêtes, afin de clarifier la sentence épiscopale et de conclure le procès d'Antoninus[74].

Le procès d'Antoninus connaît un rebondissement lorsque le pape Célestin Ier (422-432)[75] accueille favorablement l'appel de l'évêque africain. Alors que le pontife romain exige sa réhabilitation, le jeune évêque juge bon de faire exécuter la décision papale même avec le concours du bras séculier[76]. Pour sa part, en suppliant instamment le pape d'empêcher Antoninus de mettre en pratique son projet, Augustin en arrive à menacer d'abandonner l'épiscopat, pour déplorer tout le reste de ses jours l'erreur qu'il a commise d'élever à la dignité épiscopale un candidat insuffisamment préparé[77]. Entre-temps, l'évêque d'Hippone

---

[71] *Canones in causa Apiarii*, can. 19: «Si autem nec ad concilium universale anniversarium occurrere voluerit, ut vel ibi causa eius terminetur, ipse in se damnationis sententiam dixisse iudicetur; tempore sane quo non communicat, nec in sua ecclesia vel parrocchia communicet». (CChr.SL 149, 107, lignes 204-208); can. 15 (*Ibid.*, 105, ligne 141 s.). A ce sujet, cf. C. MUNIER, «La question des appels», 294, n. 16.

[72] Cf. AUGUSTIN, *Ep.*, 209, 6: «quam versuta suasione sanctum senem primatem nostrum gravissimum virum, ut ei cuncta crederet, quem velut omni modo inculpatum venerando papae Bonifatio commendaret, induxerit et cetera [...]». (CSEL 57, 350).

[73] Cf. AUGUSTIN, *Epp.*, 209, 9 (CSEL 57, 351); 20*, 12, 1 (CSEL 88, 101). Sur le pape Boniface Ier, cf. *LP*, I, 227.

[74] Cf. AUGUSTIN, *Ep.*, 20*, 12, 3 ; 15, 1 ; 18,1 et 19, 1 (CSEL 88, 101,102.104).

[75] Cf. *LP*, I, 230.

[76] Cf. AUGUSTIN, *Ep.*, 209, 9: «Iudicia quippe illis et publicas potestates et militares impetus tamquam executores apostolicae sedis sententiam sive ipse sive rumores creberrimi comminantur [...]». (CSEL 57, 351-352).

[77] AUGUSTIN, *Ep.*, 209, 10: «Me sane, quod confitendum est beatitudini tuae, in isto utrorumque periculo tantus timor et maeror excruciat, ut ab officio cogitem gerendi episcopatus abscedere et me lamentis errori meo convenientibus dedere, si per eum,

écrit la Lettre 20* à la dame Fabiola, qui a accordé l'hospitalité à Antoninus pendant son séjour à Rome, afin qu'elle aide le jeune évêque à revenir à de meilleurs sentiments. Dans cette lettre, Augustin reprend jusqu'aux menus détails les péripéties de l'affaire d'Antoninus[78].

Sur ces entrefaites, se termine l'affaire d'Antoninus de Fussala, sans issue connue. Tout porte cependant à croire que l'intervention de la dame Fabiola auprès d'Antoninus a été déterminante et qu'Augustin a repris la direction pastorale de l'Église de Fussala[79].

4.2.4 La succession au siège de Césarée de Maurétanie

D'après la Lettre 22*, Augustin écrit à ses collègues Alypius et Peregrinus qui sont en voyage en Italie, en vue d'une visite à la cour de Ravenne[80]. Augustin recommande aux émissaires africains d'intercéder auprès du pape Boniface Ier, afin que celui-ci intervienne dans l'élection d'un nouvel évêque au siège de Césarée de Maurétanie[81]. Ce siège est en fait resté vacant après le décès de son titulaire, l'évêque Deuterius[82].

La succession au siège de Césarée est confrontée à une série d'irrégularités nourries par des intrigues, qui sont de nature à ne pas favoriser l'unité des chrétiens de Maurétanie. Ce siège est convoité par l'évêque Honorius, déjà titulaire de l'Église de Cartennae[83]. D'une part, pour appuyer l'élection d'Honorius, ses partisans évoquent le transfert du père

---

cuius episcopatui per imprudentiam suffragatum sum, vastari ecclesiam Dei et, quod ipse Deus advertat, etiam cum vastantis perditione perire conspexero». (CSEL 57, 352-353).

[78] AUGUSTIN, *Ep.*, 20*, 27-33 (CSEL 88, 109-112).

[79] Cf. C. MUNIER, «La question des appels», 298; ID., «Problèmes de prosopographie», 225, n. 7.

[80] AUGUSTIN, *Ep.*, 22*, 1, 3: «Quorum unus frater et coepiscopus noster Petrus cum de nostro litore navigare disponeret, petivit ut ad vestram scriberem caritatem; qui si[c] eo loco vos invenit, ut possitis in Dei misericordia causam ipsam quia contemnenda non est, aliquid adiuvare, non parum labori eorum praestiterit Dominus». (CSEL 88, 113). Cette lettre est abondamment commentée par M.-F. BERROUARD, «Un tournant», 46-70. Sur les émissaires africains à la cour, cf. A. MANDOUZE, «Alypius», *PCBE*, I, 53-65; «Peregrinus 5», *Ibid.*, 852-853.

[81] AUGUSTIN, *Ep.*, 22*, 7, 3: «Haec papae Bonifatio vestra sanctitas suggerat, quamvis nihil metuendum sit adiuvante Domino ne in tali viro opus sit obrepi». (CSEL 88, 116).

[82] Cf. AUGUSTIN, *Ep.*, 22*, 5, 1: «Praeterea Honorius episcopus provinciae Caesariensis quem bene nosti, frater Alypi, cum magno scandalo ecclesiae a Caesariensibus poscitur post obitum sanctae memoriae fratris nostri Deuterii, ut ipse illic constituatur episcopus». (CSEL 88, 115).

[83] Cf. AUGUSTIN, *Ep.*, 22*, 7, 4: «quod idem Honorius in ea diocesi fuerat ordinatus quae ad Cartennensem ecclesiam pertinebat». (CSEL 88, 117).

du même Honorius à Césarée, qui avait abandonné l'Église de Cartennae au profit de son fils[84]. D'autre part, certains religieux du milieu informent les enquêteurs des conséquences que pourrait entraîner une éventuelle accession d'Honorius au siège de Césarée[85].

Au bout du compte, l'évêque d'Hippone avoue ne pas être en mesure de mener à bon port le procès dont il est, selon toute vraisemblance, délégué papal plénipotentiaire[86]. Face à cette série d'obstacles, Augustin en appelle conjointement à l'autorité du Siège apostolique et à Aurelius, le primat d'Afrique, afin de pourvoir à cette succession épiscopale tumultueuse[87].

5. Articulation du travail

Étant donné qu'il doit être traité sous la forme d'une enquête, le thème des recours développé ici est présenté dans une étude unifiée. Il est divisé en deux grandes parties. La première partie consiste en une analyse de nature heuristique. Dans ce sens, on s'emploie à rechercher les principes de base de la conception juridico-ecclésiologique d'Afrique telle qu'elle ressort de la tradition établie par Cyprien: il s'agit de l'héritage cyprianique. Par contre, l'examen qui est effectué dans la seconde partie est de nature herméneutique. Car, la méthode d'approche utilisée dans cette partie s'applique essentiellement à interpréter le comportement de l'épiscopat africain dans l'optique des doctrines élaborées par l'illustre primat en matières processives. Cette seconde étape du travail articule les données dans la perspective de communion de l'Église d'Afrique avec la *Catholica*. Plus qu'aux détails, on doit davantage prêter attention à l'aspect de fidélité vérifié dans la continuité de la législation africaine, qui est exprimée à travers des techniques juridiques mises en œuvre dans les procès par l'épiscopat africain.

Compte tenu de la diversité d'investigations menées sur les relations de l'Église d'Afrique avec Rome, le choix des cas à examiner dans cette

---

[84] Cf. AUGUSTIN, *Ep.*, 22*, 8, 2: «Ibi autem ante istum Honorium pater eius sederat et ad Caeseream fuerat inde translatus atque in loco suo ordinaverat filium. Ideo sibi hoc licere etiam nunc arbitrantur facere de filio quod de patre fecerunt». (CSEL 88, 117).

[85] Cf. AUGUSTIN, *Ep.*, 22*, 5, 2: «Quidam religiosi scripserunt inde ad nos quantum mali fiat, si hoc factum fuerit». (CSEL 88, 115).

[86] AUGUSTIN, *Ep.*, 22*, 11, 2: «ac per hoc difficillimum est ut hic possit causa ipsa finiri quam magis iudicio sedis apostolicae terminari animositas hominum atque ipsa necessitas cogit». (CSEL 88, 119).

[87] AUGUSTIN, *Ep.*, 22*, 5, 3: «donec consuleretur sedes apostolica et antistes Carthaginiensis ecclesiae, ut tunc fieret, si ipsi voluissent [...]». (CSEL 88, 115).

recherche ne suit pas rigoureusement l'ordre chronologique des événements. L'agencement des titres et des sous-titres répond à une exigence d'ordre pratique. Car, il s'agit de considérer la législation africaine à travers les débats judicieusement choisis, qui font le mieux ressortir l'empreinte des principes établis par la doctrine juridico-ecclésiologique cyprianique. Pour ce faire, les chapitres de la thèse sont répartis en sections. Ce procédé présente l'avantage de ramener les différentes analyses au thème central d'autonomie et de communion, cependant qu'il remet en perspective l'originalité de la méthode africaine de défense de son autonomie judiciaire.

Le cadre analytique dans lequel est développé le thème des recours étant défini, voici l'aperçu de l'articulation du travail, qui comprend deux grandes parties étendues en sept chapitres continus.

La première partie est constituée de trois chapitres. Le premier chapitre expose dans une vision panoramique la situation ecclésiologique dans l'Antiquité, afin de rentrer dans la mentalité de l'époque dont s'occupe notre étude. Car, comme dit F.-M. Berrouard, «un fait ne prend sa signification que si l'on connaît le contexte dans lequel il s'insère et les motifs qui l'inspirent»[88]. Dans le second chapitre, on passe en revue quelques principes-clés de la pensée juridico-ecclésiologique cyprianique[89]. Ces principes se présentent comme la règle canonique autour de laquelle l'épiscopat africain organise les dispositions arrêtées collégialement et applique les directives établies en vue de l'unité de l'Église. Les différentes acceptions qui se dégagent de l'emploi que Cyprien fait des éléments constitutifs du pouvoir, à savoir l'*auctoritas* et la *potestas*, constituent l'objet principal de diverses analyses qui sont effectuées dans ce chapitre. Au chapitre troisième, il s'agit de considérer la conception cyprianique de la *ratio*, entendue comme principe d'intelligibilité soit l'autorité de la raison, à laquelle l'évêque de Carthage fait appel pour justifier ses choix.

La seconde partie de la dissertation se propose de scruter l'impact que le régime ecclésiologique dit ici de la *Sedes apostolica* a eu sur l'Église d'Afrique. L'emprise de cette ecclésiologie est étudiée à travers deux périodes de l'histoire de l'Église d'Afrique, qui sont elles-mêmes marquées par deux contextes différents. La première période, caractérisée par l'isolement de l'Église d'Afrique, se distingue par la prédominance de la controverse donatiste. Elle va de la défection du primat africain

---

[88] F.-M. BERROUARD, «Un tournant», 46.
[89] Un développement sommaire, mais exhaustif des principes-clés de l'ecclésiologie cyprianique est présenté par P.-T. CAMELOT, «Saint Cyprien et la Primauté», 421-434.

Restitutus à Rimini (359) à l'avènement du *tandem* Aurelius-Augustin sur le devant de la scène ecclésiastique d'Afrique (391)[90]. La deuxième période est inaugurée par l'avènement du *tandem* Aurelius-Augustin et s'étend jusqu'à la mort de ces deux illustres dirigeants. Ce *terminus* correspond à la période d'accroissement de l'occupation vandale de l'Afrique (430)[91]. Notons en passant que cette période est marquée par la dernière participation d'Augustin au concile général d'Afrique tenu à Hippone, le 24 septembre 427, grâce aux bons offices du même prélat[92].

La deuxième partie de la dissertation s'étend sur quatre chapitres. L'étude des rapports de l'Église d'Afrique avec Rome entreprise dans cette partie consiste spécialement en l'interprétation de l'attitude de l'épiscopat africain face à l'autorité pontificale, dans l'optique de fidélité aux dispositions ecclésiastiques traditionnelles d'Afrique[93]. Pour ce faire, on propose d'interpréter la nature des recours des Africains à Rome à la lumière des prescriptions législatives contenues dans le recueil de droit canonique dit *Registri Ecclesiae Carthaginensis Excerpta*, soit la collection canonique communément appelée *Codex canonum Ecclesiae africanae*[94]. Alors qu'on examine dans le quatrième chapitre la technique que les Africains utilisent pour s'adresser à Rome, dans le chapitre cinquième, il est question de l'impact des décrets du concile romain de 386 que le pape Sirice a adressés à l'épiscopat d'Afrique. Le thème des particularismes constatés dans l'organisation ecclésiastique d'Afrique en dépit de l'action unificatrice menée sous l'impulsion du primat Aurelius occupe le chapitre sixième de la dissertation. Dans le chapitre septième,

---

[90] Cf. P. MONCEAUX, *Histoire littéraire*, III, 90; de même R. CRESPIN, *Ministère*, 19; également W. MARSCHALL, *Karthago*, 103.

[91] Cf. P. DE LABRIOLLE, *L'Église et les Barbares*, 378-385; de même J.-L. MAIER, «Le dossier du donatisme», 21-23. Cet aspect de l'histoire de l'Église d'Afrique est amplement développé par C. COURTOIS, *Les Vandales et l'Afrique* et P. COURCELLE, *Histoire littéraire des grandes invasions germaniques*.

[92] Le primat Aurelius, président ce concile remercie Augustin pour l'avoir organisé après un long temps de répit: cf. *Conc. Hippon.*, *24 Septembris 427*: «Nunc, quia adiuvante Deo, certa provintia, factum est ut sanctus frater et coepiscopus noster Augustinus pro sua religione concilium libenter acciperet, et Dominus in unum congregari iussisset, agamus aliquid pro utilitate ecclesiae, ut ea quae incepta vel quae audienda sunt audiantur, ne causae, cum diutius adhuc dimitti coeperint, in peius exsurgant». (CChr.SL 149, 250, lignes 8-13). A ce sujet, cf. A. MANDOUZE, «Aurelius 1», *PCBE*, I, 126-127.

[93] Cf. R. ENO, «The work», 685.

[94] Cf. CChr.SL 149, 173-247; HARDOUIN, I, 861-955. A ce sujet, cf. C. MUNIER, «Dossiers africains», 49; de même J. GAUDEMET, «La place de la tradition», 248; ID., *Les sources du droit*, 82-83; ID., *Église et cité*, 53; aussi HEFELE-LECLERCQ, II/1, 201, n. 3.

on essaiera d'expliquer à la lumière de l'évolution de la législation canonique d'Afrique, le sens des recours pressants adressés par l'épiscopat africain au Siège apostolique dans la crise pélagienne.

Enfin, une conclusion générale à caractère récapitulatif reprend les conclusions partielles de différentes sections de la dissertation et établit le bilan de la recherche en mettant en lumière l'actualité de la pensée juridico-ecclésiologique de l'Afrique antique.

Pour compléter l'analyse de la problématique de recours à Rome, deux cartes topographiques illustrant à gros traits les entités ecclésiastiques dans l'Antiquité sont insérées dans le travail.

PREMIÈRE PARTIE

L'HÉRITAGE CYPRIANIQUE : APPROCHE JURIDICO-ECCLÉSIOLOGIQUE

CHAPITRE I

Aperçu de la situation juridico-ecclésiologique dans l'Antiquité

1. La période prénicéenne

1.1 *Les relations interecclésiales*

On ne peut aborder la problématique des appels de l'épiscopat africain à Rome sans envisager l'état général des rapports qui régissent les Églises dans l'Antiquité.

Déjà, pendant la période prénicéenne, il s'est constitué dans l'Église deux structures fondamentales d'organisation, centrées sur la collégialité épiscopale: les provinces ecclésiastiques et les grands ensembles, qui deviendront des patriarcats[1]. Dans cette organisation, les relations entre les Églises sont profondément fraternelles, essentiellement fondées sur la charité. L'évêque de Rome préside à cette charité, qui consiste spécialement à unir les Églises dans l'orthodoxie de la foi[2].

De même, à cette période, la communication par voie épistolaire entre évêques constitue à la fois un témoignage de légitimité des dispositions établies collégialement[3] et une manifestation de communion entre les Églises, surtout pendant les moments d'épreuves[4]. Ce faisant, l'échange des comptes rendus des activités de différentes Églises contribue à promouvoir les initiatives des Églises locales. Toutefois, l'adoption de ces rapports s'effectue dans l'esprit de communion et non de

---

[1] Cf. J. ZEILLER, «La conception de l'Église», 828; de même Y.M.-J. CONGAR, «Le pape», 377; aussi J. GAUDEMET, *Église et cité*, 121-123.126-127.

[2] Cf. G. JOUASSARD, «Sur les décisions des conciles généraux», 486; de même J. COLSON, *L'épiscopat catholique*, 46; également Y.M.-J. CONGAR, «La collégialité de l'épiscopat», 406; aussi, R. MINNERATH, «La position de Rome», 147.

[3] Cf. G. D'ERCOLE, «Communio interecclesiastica», 34.

[4] A ce sujet, L. HERTLING, *Communio*, 27, dit: «Perciò i vescovi nei tempi di crisi, si sforzavano in tutti i modi di dimostrare come fossero in comunione col maggior numero possibile di vescovi di tutta la terra [...]»; de même C. PIETRI, *Roma christiana*, I, 205.

dépendance[5], étant donné que les Églises évoluent dans un régime d'autonomie. Car, comme le fait remarquer N. Afanassieff, «l'Église de Rome ne prenait pas l'initiative dans le domaine de la foi, car ce n'était là ni sa vocation ni sa force»[6].

Il va sans dire que dans ce contexte, aucune Église n'est supérieure ni subordonnée à une autre. En effet, tous les évêques sont considérés comme les témoins et les défenseurs de l'Église universelle[7].

1.2 *Deux aspects du statut de l'évêque de Rome*

Dès le début, l'évêque de Rome jouit d'un statut spécial, qui relève de deux principes. Il y a d'abord le principe canonique, qui est de nature historico-géographique. D'après ce principe, l'évêque de Rome exerce une autorité directe sur l'entité ecclésiastique d'Italie[8]. Il va sans dire que sous cet aspect, l'évêque de Rome ne constitue pas le «centre de coordination» que l'on connaît aujourd'hui, pour diriger avec une autorité juridique définie les orientations de la vie de l'Église universelle[9]. C'est ainsi que dans l'Antiquité, chaque Église élabore sa législation en fonction des besoins locaux[10].

---

[5] D.E. LANNE, «Églises locales», 294, souligne la valeur de la correspondance inter-ecclésiale en ces termes: «Qu'un problème de quelque importance soit débattu dans une région, c'est entre les Églises de l'univers catholique un commerce épistolaire destiné à témoigner qu'au sein de l'unité de foi, on cherche solidairement la décision opportune à prendre»; de même Y.M.-J. CONGAR, «La "réception", 370»; également J. GAUDEMET, *Les sources du droit*, 54.

[6] N. AFANASSIEFF, «La doctrine de la Primauté», 414; de même V. SAXER, «La mission», 68.

[7] L'égalité des évêques est spécifiée dans la remarque suivante de L. HERTLING, *Communio*, 36: «Il sistema della *Communio* come lo vediamo nell'antichità cristiana, sembra non lasciare posto per una subordinazione o soprapposizione di una chiesa sotto o sopra un'altra. O piuttosto in certe circonstanze ogni vescovo può assumere il ruolo di interprete della volontà della Chiesa universale. Ogni vescovo può, sempre sotto certe condizioni, scomunicare un altro vescovo, così che costui sia separato dalla comunione universale. Nella *Communio* tutti sono uguali. Nessuno ha diritto o poteri che non abbia nello stesso modo ogni altro. Quindi il sistema della *Communio* a prima vista sembra escludere ogni prerogativa della Sede Romana».

[8] Cf. J.-R. PALANQUE, «Les métropoles ecclésiastiques», 477-478; aussi H. MAROT, «Les conciles romains», 437; J. GAUDEMET, *L'Église dans l'empire*, 384-407.

[9] Cf. I.O. DE URBINA, *Nicée*, 105.

[10] Au sujet de l'autonomie législative des communautés chrétiennes primitives, les témoignages concordent. J. GAUDEMET, *Église et cité*, 115, fait remarquer l'indépendance dont jouissent les évêques dans leurs conciles, pour décider «sans aucune intervention du Pontife romain». De même, Y.M.-J. CONGAR, «De la communion», 234, établit la nature de l'autorité qu'exerce Rome dans la communion inter-ecclésiale,

Le deuxième statut de l'évêque de Rome est fondé sur le principe d'ordre dogmatique, qui est lié à «l'héritage des privilèges pétrino-pauliniens»[11]. Ce statut habilite l'évêque de Rome en tant qu'il est le successeur de Pierre, de recevoir les appels de ses collègues de l'*orbis christianus*. Cependant, les Églises s'adressent à l'évêque de Rome d'une manière spontanée et libre, en «appel et dans des cas de gravité exceptionnelle», précise I.O. De Urbina[12]. La doctrine de la foi constitue l'objet principal de ces appels. L'évêque de Rome arbitre les questions litigieuses, en témoignant de la vérité ou de la non vérité des doctrines qui lui sont présentées, comme l'a si bien noté J. Zeiller:

> Par contre, pour ce qui est de l'unité de foi, Rome se manifeste comme en étant le principal centre visible. Les penseurs les plus notables tiennent [...] à connaître par eux-mêmes la pensée romaine, en se rendant à Rome de leur personne, comme Origène, et les hétérodoxes en font autant, cherchant à gagner Rome à leurs vues[13].

C'est dans ce sens que dans la communion des Églises, l'instance romaine se révèle comme un véritable «centre de conscience, un point de référence, voire, à quelque degré déjà, de régulation normative», observe Y.M.-J. Congar[14]. Sous cet angle, on doit reconnaître que la suprématie de l'évêque de Rome déborde le cadre des Églises italiennes, elle s'étend sur les Églises latines, voire sur la *Catholica*[15].

1.3 *La particularité africaine*

Les considérations exposées ci-dessus revêtent en Afrique une connotation particulière. L'originalité de la vision africaine relevée dans la praxis des recours consiste en l'adaptation des lois de la Tradition aux

---

comme n'étant pas «un privilège ou un pouvoir particulier d'intervenir. Ce n'était pas pour autant l'autorité de régir, [précise l'auteur], même depuis un niveau plus élevé, la vie interne ordinaire des autres Églises. Cette vie était réglée ordinairement par l'autorité locale, conformément aux règles reçues de la tradition ou des conciles».

[11] Cf. H. MAROT, «Les conciles romains», 437.
[12] I.O. DE URBINA, *Nicée*, 105.
[13] J. ZEILLER, «La conception de l'Église», 841; de même N. AFANASSIEFF, «La doctrine de la Primauté», 414.418.
[14] Y. M.-J. CONGAR, «De la communion», 230; aussi M. PACAUT, *La papauté*, 31.
[15] Par cette formule laconique, M.Kl. SCHATZ, *Der päpstliche Primat*, 21, affirme la suprématie incontestable du Siège de Rome: «Und schließlich ist noch ein wichtiger Faktor zu beachten: Rom war im Westen, also im lateinischen Bereich, die einzige apostolischen Kirche. Sein Bischofssitz war daher nicht nur in Italien, sondern auch in Gallien oder Nordafrika sehr der "Apostolische Stuhl" schlechthin»; également L. HERTLING, *Communio*, 45.57; G. FALBO, *Il primato*, 125 s.

situations locales et en la fidélité aux directives définies collégialement. Aussi se présente-t-elle sous la forme d'une tension.

1.3.1 Le paradoxe

Dans la praxis des recours à Rome, il se vérifie au sein de l'Église d'Afrique la permanence d'une tension, marquée d'une part par une ferme volonté d'autonomie, dont l'instance conciliaire se porte garante; d'autre part, on note chez les Africains une attention accrue à l'ouverture à la *Catholica*, c'est-à-dire à la communion de l'Église universelle. Cet aspect du «paradoxe africain» est, lui-même conditionné — sinon exclusivement au moins largement — par la communion de l'évêque de Rome[16]. Dans ce contexte, l'intervention du pontife romain en Afrique est tantôt sollicitée, tantôt rejetée, selon la contribution que cette action apporte aux attentes des évêques d'Afrique. La déclaration que le primat Cyprien a adressée au pape Étienne Ier au plus fort du désaccord concernant le baptême des hérétiques, pour rendre compte des débats qui ont été engagés en Afrique, illustre bien ce comportement des Africains:

> Voilà, frère très cher, [déclare Cyprien], ce que, en raison du respect et des égards que nous avons réciproquement et de notre sincère amitié, nous avons cru devoir porter à votre connaissance, pensant bien que votre zèle pour la religion et la sincérité de votre foi vous feront agréer des déclarations sincères et qui tendent au bien de la religion[17].

En ce qui concerne la sollicitation de l'intervention de l'évêque de Rome en Afrique, les auteurs s'accordent généralement pour souligner que cette ouverture est de nature pratique, car elle est suscitée par des préoccupations concrètes. Par conséquent, elle vise à répondre aux problèmes concrets[18].

---

[16] Cf. H. LECLERCQ, «Afrique», 585; de même W. MARSCHALL, *Karthago*, 222; aussi J. GAUDEMET, *L'Église dans l'empire*, 422-423; également R. ENO, «Doctrinal authority», 158.

[17] CYPRIEN, *Ep.*, 72, 1: «Haec ad conscientiam tuam, frater carissime, et pro honore communi et pro simplici dilectione pertulimus, credentes etiam tibi pro religionis tuae et fidei veritate placere quae et religiosa pariter et vera sunt». (CSEL 3/2, 777-778).

[18] Cf. W. MARSCHALL, *Karthago*, 84; de même G. FALBO, *Il primato*, 143 s.; aussi P. MONCEAUX, *Histoire littéraire*, II, 6; également P. DE LABRIOLLE, *Saint Cyprien*, XII; J. COLSON, *L'évêque*, 5; L. VISCHER, *Basilius*, 82 s.; Y.M.-J. CONGAR, *L'Église*, 11 s.

1.3.2 L'élaboration de la pensée juridico-ecclésiologique d'Afrique

La conception africaine du rôle centralisant de l'évêque de Rome est en réalité commune dans l'Église antique. Cependant, cette vision est diversement exprimée, selon les époques et les lieux[19]. Dans cette optique, la doctrine que Cyprien a élaborée sur le pouvoir des évêques, en vue du gouvernement collégial de l'Église[20], a fait école, à telle enseigne qu'elle est devenue le patrimoine commun de l'Église d'Afrique[21]. Cette doctrine, établie comme matière d'héritage, est revendiquée aussi bien par les catholiques que par les donatistes. Ainsi, alors que les premiers affichent une attitude critique à l'égard de cette doctrine, les schismatiques par contre font montre d'un attachement et d'une fidélité excessivement aveugles, qui dégénèrent en fanatisme religieux[22].

Née d'une tradition en évolution, la conception juridico-ecclésiologique d'Afrique se trouve en état embryonnaire chez Tertullien (ca. 160-après 220)[23]. De même que l'oeuvre complexe de ce distingué écrivain chrétien témoigne de la valeur de sa personnalité polyvalente[24], autant son engagement apologétique porte l'écho de l'attitude générale des peu-

---

[19] M. BÉVENOT, «"Pari consortio"», 209-211, brosse dans un sommaire tableau récapitulatif les différentes visions que les Églises se sont faites au fil des âges de la doctrine de l'égalité des évêques et du rôle centralisant de l'évêque de Rome.

[20] Cf. P.-T. CAMELOT, «Saint Cyprien et la Primauté», 422.

[21] Les éloges formulés par certains détenus d'Afrique pour les encouragements que Cyprien leur a prodigués pendant la persécution de Dèce (250) démontrent que les idées de Cyprien ont profondément marqué l'Église d'Afrique. En effet, ces prisonniers vont jusqu'à traiter l'éminent prélat de «bon et vrai maître» (*bonus et verus doctor*): cf. CYPRIEN, *Ep.*, 77, 2: «Nam quasi bonus et verus doctor quid nos discipuli secuti apud praesidem dicere deberemus prior apud acta proconsulis pronuntiasti [...]». (CSEL 3/2, 834). A ce sujet, cf. V. SAXER, «La mission», 66. Pour sa part, M.F. WILES, «The Theological Legacy», 148, présente dans une formule très suggestive l'héritage ecclésiologique que Cyprien a reçu de la tradition antique, et qu'il a transmis à son tour. A ce propos, l'auteur dit: «Cyprian had neither the opportunity nor the calling to be a theologian. The basic material of his thought was the common stock of Christian tradition. Some aspects of this tradition were brought out into the open as crucial issues of contemporary debate. On these Cyprian expressed himself with force».

[22] Parlant par exemple de la controverse donatiste, G. BAVAUD, «Introduction», BAug 29, 25, fait remarquer que l'autorité de Cyprien dont se réclamaient ardemment les schismatiques présentait quelque défaillance. Cependant, pour s'y opposer, Augustin devait s'employer avec doigté à déjouer la faiblesse de l'argumentation de cette autorité, étant donné que «saint Cyprien, [dit l'auteur], est le martyr le plus illustre d'Afrique, celui qui est vénéré unanimement par tous les chrétiens, tant catholiques que donatistes»; de même J.-P. BRISSON, *Autonomisme*, 9.34.

[23] Cf. J. QUASTEN, *Patrologia*, I, 493.

[24] Cf. P. MONCEAUX, *Histoire littéraire*, I, 177 s. (spécialement, 189-190).

ples d'Afrique, qui est caractérisée par un fort attachement à la tradition d'autonomie, et se manifeste à travers la tenacité des Africains dans la défense de leur point de vue[25]. Compte tenu de l'empreinte dont il a marqué l'Église d'Afrique, Tertullien mérite bien d'être considéré comme le précurseur de l'ecclésiologie africaine antique[26]. Cependant, le zèle effréné de l'illustre écrivain pour la défense de la doctrine de l'Église[27], a dépouillé son oeuvre de tout équilibre, au point qu'il s'est enlisé dans un rigoureux sectarisme[28].

Quant à l'incidence spécifique de la vision de Tertullien sur les maîtres à pensée de l'ecclésiologie africaine, des références ponctuelles jalonnent la présente étude. Elles sont invoquées dans le but de servir de base susceptible de mettre en lumière le caractère de tradition, c'est-à-dire de la transmission des doctrines dont Tertullien a tracé les contours et Cyprien a précisé le contenu[29]. C'est ainsi que dans le cadre de l'organisation ecclésiastique, Tertullien démontre un attachement particulier au respect du droit. Cette attitude se manifeste à travers l'importance qu'il accorde à l'autorité et à la responsabilité de l'évêque sur sa communauté. Il en va ainsi de la compétence requise pour administrer le sacrement du baptême, dont Tertullien dit:

---

[25] La manière dont J. CUOQ, *L'Église d'Afrique*, 11, décrit la réaction constatée chez Tertullien et Cyprien permet de se faire une idée plus ou moins exacte du caractère général des Africains. L'auteur présente ces ténors de la pensée ecclésiologique d'Afrique comme étant des citoyens romanisés d'Afrique, qui «parlent et écrivent le latin, comme en Italie, non sans accent toutefois [...], gens au tempérament de feu, intraitables et violents dans les conflits»; de même P. MONCEAUX, *Histoire littéraire*, I, 187; aussi H. LECLERCQ, «Afrique», 576. C'est dans cette optique que A. AUDOLLENT, *Carthage romaine*, 527, interprète le mouvement donatiste, qu'il considère comme étant la conséquence naturelle du désir indomptable d'affranchissement des Africains de la tutelle étrangère, en l'occurrence l'occupation romaine; ID., «Afrique», 793.

[26] Concernant l'action de Tertullien sur l'Église d'Afrique, P. MONCEAUX, *Histoire littéraire*, II, 3 s., signale l'obscurité de la période où Tertullien écrit ses oeuvres en comparaison avec l'époque de l'épiscopat de Cyprien, qui est bien pourvue de documents de référence.

[27] On peut invoquer dans ce sens le fait que Tertullien s'irrite contre les hérétiques, qui utilisent les Saintes Écritures comme si elles leur étaient confiées avec mandat et autorité: *Apologeticum*, XXI, 4 (CChr.SL I/1, 123). A ce sujet, cf. C. MUNIER, «L'autorité de l'Église», 80; aussi J. LEBRETON, «Les écrivains chrétiens», 176.

[28] Cf. P. MONCEAUX, *Histoire littéraire*, I, 404 s.; de même T.-G. RING, *Auctoritas bei Tertullian*, 39. Le rigorisme de Tertullien est stigmatisé dans cette remarque de J. QUASTEN, *Patrologia*, I, 493: «Non è uomo da compromessi»; aussi C. MUNIER, «L'autorité de l'Église», 89 s.

[29] Cf. W. MARSCHALL, *Karthago*, 220.

Pour le donner, le pouvoir revient en premier au premier prêtre, c'est-à-dire à l'évêque, s'il est là; après lui au prêtre et au diacre, mais jamais sans l'autorisation de l'évêque, à cause du respect qui est dû à l'Église et qu'il faut sauvegarder pour sauvegarder la paix[30].

De même, dans son engagement pour l'observance et la préservation de la doctrine orthodoxe, Tertullien envisage l'autorité des Églises apostoliques comme constituant la garantie de la vérité[31], et le concile comme l'instance ecclésiastique suprême des décisions[32].

Notons enfin que l'ecclésiologie africaine accuse une forte conscience de l'universalité de l'Église (*Catholica*)[33]. Pour illustrer ce constat, voici quelques conceptions d'auteurs africains, qui se greffent sur la vision ecclésiologique de Tertullien, bien entendu dans sa période catholique. D'abord, Cyprien. L'évêque de Carthage souligne avec énergie que l'Église est fondée sur l'autorité des évêques[34]. Pour sa part, Optat recommande aux évêques la fidélité à la doctrine de l'unité reçue des apôtres[35]. Face aux revendications régionalistes et sectaristes des

---

[30] TERTULLIEN, *De baptismo*, XVII, 1: «Dandi quidem summum habet ius summus sacerdos, si qui est, episcopus; dehinc presbyteri et diaconi, non tamen sine episcopi auctoritate, propter ecclesiae honorem quo salvo salva pax». (CChr.SL I/1, 291).

[31] TERTULLIEN, *Adversus Marcionem*, IV, 5, 7: «Cum de evangelii fide adversus haereticos expedimur, defendentibus et temporum ordinem posteritati falsariorum praescribentem et auctoritatem ecclesiarum traditioni apostolorum patrocinantem, quia veritas falsum praecedat necesse est et ab eis procedat, a quibus tradita est». (CChr.SL I/1, 552).

[32] TERTULLIEN, *De ieiunio*, XIII, 6: «Aguntur praeterea per Graecias illa certis in locis concilia ex universis ecclesiis, per quae et altiora quaeque in commune tractantur, et ipsa repraesentatio totius nominis christiani magna veneratione celebratur». (CChr.SL 2, 1272). A ce sujet, cf. W. MARSCHALL, *Karthago*, 220.

[33] Cf. P.-T. CAMELOT, «Saint Cyprien et la Primauté», 423; de même J. QUASTEN, *Patrologia*, I, 495.

[34] CYPRIEN, *Ep.*, 33, 1: «Inde per temporum et successionum vices episcoporum ordinatio et ecclesiae ratio decurrit ut ecclesia super episcopos constituatur et omnis actus ecclesiae per eosdem praepositos gubernetur». (CSEL 3/2, 566). A ce sujet, cf. W. MARSCHALL, *Karthago*, 31. Concernant l'influence de Tertullien sur Cyprien, de fructueuses indications se trouvent dans A. MONGELLI, «La Chiesa di Cartagine», 133; de même R. EVANS, «One and Holy», 38; aussi T.-G. RING, *Auctoritas bei Tertullian*, 40; également L. DUQUENNE, *Chronologie*, 7. Cependant, A. AUDOLLENT, *Carthage romaine*, 492, fait remarquer que tout en s'inspirant de la pensée de Tertullien, Cyprien ne se réclame jamais de lui, probablement pour ne pas donner l'impression d'épouser ses thèses montanistes.

[35] OPTAT, VII, 2: «Nefas est enim ut episcopi faciamus quod apostoli non fecerunt, qui permissi non sunt vel semina separare vel de tritico zizania evellere». (CSEL 26, 170). A ce sujet, cf. P. MONCEAUX, *Histoire littéraire*, V, 243; de même, R. ENO, «The work», 672.

donatistes, Augustin souligne la nécessité d'être en communion avec la *Catholica*[36].

2. Le régime ecclésiologique de la *Sedes apostolica*

2.1 *La «paix constantinienne»*

La liberté de l'Église a été inaugurée avec les accords passés à Milan entre Constantin et Licinius au cours de l'hiver 312. L'avènement de la nouvelle ère est énoncé à travers la charte qui a été publiée à Nicomédie, le 23 juin 313, celle qui est communément désignée comme l'«Édit de Milan»[37]. Ces accords ouvrent pour l'Église la période de liberté appelée la «paix constantinienne», pendant laquelle le droit de l'Église à l'existence a été reconnu. Par cette reconnaissance, un nouvel équilibre se crée dans les rapports de l'Église avec l'État, et une politique philo-chrétienne se met décidément en place: l'État protège et privilégie l'Église catholique en lui accordant des avantages[38]. Parmi les mesures dont bénéficie l'Église, il convient de mentionner la restitution aux évêques des biens ecclésiastiques ravis pendant les persécutions, l'octroi des subsides pour l'entretien des édifices religieux ainsi que l'exemption du clergé des taxes et des travaux humbles (*munera*)[39].

---

[36] AUGUSTIN, *Ennarationes in Psalmos*, LVI, 13: «Illi praecisi a compagine ecclesiae Christi, et partem tenentes, totum amittentes, nolunt communicare orbi terrarum, qua diffusa est in gloria Christi». (CChr.SL 39, 709). G. BARDY, «Saint Augustin et Tertullien», 159-160, note l'emprise de la pensée de Tertullien sur Augustin spécialement par le fait que l'évêque d'Hippone a lu quelques ouvrages de Tertullien parmi lesquels l'*Apologétique*, «qui, [dit-il], s'imposait à tout chrétien cultivé [...]. Cela n'est pas beaucoup sans doute [...]. Mais cela suffit», conclut l'auteur.

[37] Le texte de l'«Édit de Milan» existe en deux versions: l'une en latin (Cf. LACTANCE, *De mortibus persecutorum*, in J. MOREAU, ed., *La mort des persécuteurs*, I, 48, SC 39/1, 131-135) et l'autre en grec (Cf. EUSÈBE, *H.E.*, X, 5, 2-15, GCS II/2, 883-887). A ce sujet, cf. G. BARDY, *Eusèbe de Césarée*, SC 55, Paris 1952, 104, n. 2; de même J. GAUDEMET, *Église et cité*, 23, n. 1. La paternité même de l'«Édit de Milan» est discutée: cf. C. PIETRI, «La conversion», 198-199. Toutefois, cet Édit trouve en réalité sa genèse dans l'«Édit de tolérance» promulgué par l'Auguste Galère à Sardique, le 30 avril 311: cf. L. PIETRI, «Les résistances», 182-184.

[38] Cf. C. PIETRI, «La conversion», 198-200; dans le même sens G. DE PLINVAL, «Les luttes pélagiennes», 120 s.; aussi J. GAUDEMET, *Les sources du droit*, 40; également P. PIERRARD, *Histoire de l'Église catholique*, 40.

[39] Cf. EUSÈBE, *H.E.*, X, 6, 1-5, GCS II/2, 809. A ce sujet, cf. P. MONCEAUX, *Histoire littéraire*, IV, 21; de même W. MARSCHALL, *Karthago*, 103; également W. DE VRIES, *Orient et Occident*, 34; aussi C. PIETRI, «L'échec», 233-234.

2.2 Le christianisme: religion privilégiée d'État

2.2.1 Les initiatives impériales

La nouvelle ère de l'Église est marquée par le soutien accru que le pouvoir séculier apporte à l'autorité primatiale de l'évêque de Rome[40]. Les interventions impériales font clairement apparaître le nouveau profil de l'autorité pontificale. Cette assertion peut être élucidée par deux cas.

Alors que d'une part, l'hérésie arienne divise l'épiscopat dans la *pars orientalis* de l'empire[41] et d'autre part, l'autorité papale est visiblement bafouée en Occident par le fait que les décisions conciliaires imposées à certains prélats demeurent lettre morte, le rétablissement de l'ordre ecclésiastique vient résolument du pouvoir séculier[42]. C'est ainsi qu'au concile des évêques italiens convoqué par le pape Damase Ier (366-384), qui est réuni en la basilique Saint Pierre, en 378, les Pères sollicitent l'intervention de l'autorité séculière pour que les mesures ecclésiastiques antérieures soient exécutées avec succès[43]. Par la suite, l'empereur Gratien accède à la requête du concile et ordonne à Aquilinus, *Vicarius urbis*, d'interdire de séjour à Rome ceux qui pratiquent la réitération du baptême. Parmi les contrevenants, il y a l'Africain Claudianus, le chef de la communauté donatiste de Rome[44].

Par ailleurs, dans le but de tenir dans l'unité de foi les deux parties de l'empire, l'empereur Théodose Ier (375-395) décide d'imposer par l'Édit publié à Thessalonique, le 28 février 380, l'observance de la foi que l'apôtre Pierre a léguée aux Romains, c'est-à-dire la doctrine qui est prêchée par le pape Damase Ier en Occident et l'évêque Pierre d'Alexandrie en Orient[45].

---

[40] Cf. B. BIONDI, *Il diritto romano cristiano*, I, 123 s.; de même C. PIETRI, «La conversion», 189-191; également N. AFANASSIEFF, «La doctrine de la Primauté», 419.

[41] Cf. G. BARDY, «Le déclin», 257 s.; de même P. BATIFFOL, *Cathedra Petri*, 65.

[42] En ce qui concerne l'état de grâce dans lequel se trouve l'Église sous la protection impériale, un tableau récapitulatif des mesures établies par le pouvoir séculier contre les opposants de l'Église est présenté par K.-L. NOETHLICS, *Die Maßnahmen*, 193-195; de même C. PIETRI, «Les difficultés», 443-444; aussi J.-P. BRISSON, *Autonomisme*, 265, nn. 1 et 2.

[43] *Ep. concilii romani ad Gratianum et Valentinum imperatores*: «Idcirco statuti imperialis non novitatem, sed firmitudinem postulamus». (Cf. MANSI, III, 625). On peut trouver un commentaire intéressant de la requête des évêques italiens dans P. BATIFFOL, *Le Siège apostolique*, 39-44. Sur le pape Damase Ier, cf. *LP*, I, 212.

[44] Cf. *Coll. Avell., Ep.*, 13, 8-10 (CSEL 35/1, 56-57). J.-L. MAIER, *Le dossier du donatisme*, II, 55, fait une analyse circonstanciée de cette mesure.

[45] *Cod. Theod.*, XVI, 1, 2: «Cunctos populos, quos clementiae nostrae regit temperamentum, in tali volumus religione versari, quam divinum Petrum apostolum tradi-

Dès lors, c'est un nouveau tournant qui s'opère dans la vie de l'Église: avec l'Édit de Thessalonique, le statut de l'Église passe de la reconnaissance officielle à l'établissement définitif du christianisme comme religion privilégiée de l'État.

2.2.2 Le nouveau statut de l'évêque de Rome

Dans la nouvelle situation, l'appui que le pouvoir temporel apporte à l'évêque de Rome est considérable. Ce soutien se manifeste à travers la réponse que les empereurs Gratien et Valentinien Ier réservent aux évêques italiens, en 378. Dans leur requête, les Pères conciliaires ont demandé que l'autorité séculière appuie la prérogative de l'évêque de Rome d'interpeller les évêques appartenant à la juridiction suburbicaire, et que lui-même ne soit pas jugé par ses collègues[46]. De son côté, l'autorité impériale accède à la demande des Pères et confirme le

---

disse Romanis religio usque ad nunc ab ipso insinuata declarat, quamque pontificem Damasum sequi claret et Petrum Alexandriae episcopum virum apostolicae sanctitatis, hoc est, ut secundum apostolicam disciplinam evangelicamque doctrinam patris et filii et spiritus sancti unam deitatem sub parili maiestate et sub pia trinitate credamus. Hanc legem sequentes christianorum catholicorum nomen iubemus amplecti, reliquos vero dementes vesanosque iudicantes haeretici dogmatis infamiam sustinere nec conciliabula eorum ecclesiarum nomen accipere, divina primum vindicta, post etiam motus nostri, quem ex caelesti arbitrio sumpserimus, ultione plectendos». (T. Mommsen, I/2, 833). Concernant cet Édit, C. PIETRI, «Les dernières résistances», 387, souligne l'esprit d'indépendance qui a guidé l'empereur dans son initiative, et exclut par conséquent toute influence du pape Damase Ier. Pour sa part, B. BIONDI, *Il diritto romano cristiano*, I, 156, juge que la formule utilisée dans le décret impérial pour désigner les dépositaires de la foi apostolique renferme quelque ambiguïté. Car, elle semble mettre sur le même pied d'égalité les évêques de Rome et d'Alexandrie, alors qu'en réalité, c'est l'évêque de Rome qui jouit de préséance: «Sembra quasi che entrambi siano collocati sullo stesso piano. Tuttavia, sebbene si tratti di semplice sfumatura, è da osservare che Damaso è menzionato prima di Pietro, e mentre al primo si dà la qualifica di *pontifex*, al secondo si dà semplicemente quella di *episcopus* [...]». Le caractère impératif de l'Édit impérial (*volumus*) est souligné par J. GAUDEMET, *Église et cité*, 24.

[46] Cf. *Ep. concilii romani ad Gratianum et Valentinum imperatores*: «Memoratus frater noster Damasus, quoniam in sua causa vestri tenet insigne judicii, non fiat inferior his, quibus etsi aequalis est munere, praerogativa tamen apostolicae sedis excellit, ut judiciis publicis videantur esse subjecti, quibus sacerdotale caput lex vostra summovit. In quo post sententiam non videtur declinare judicium, sed delatam a vobis honorificentia flagitare». (PL 13, 582 A). M. MACCARRONE, *Romana ecclesia*, 9, observe le caractère doctrinal que renferme la disposition romaine, qui emploie à bon escient le terme juridique *praerogativa*, afin de souligner non seulement la distinction, mais surtout la supériorité de la *Sedes* de l'évêque de Rome par rapport à celle des autres évêques.

privilège de juridiction du pape sur ses collègues évêques. C'est dans ce contexte qu'Aquilinus, le *Vicarius urbis*, reçoit l'ordre de faire comparaître les évêques récalcitrants devant le tribunal papal[47].

L'appui que le pouvoir séculier apporte à l'autorité pontificale donne lieu à une ecclésiologie qui fait juridiquement de l'évêque de Rome l'ultime instance d'appel de ses collègues tant en matières dogmatiques que disciplinaires, comme l'a précédemment établi le concile de Sardique (342/343)[48]. A propos du concile de Sardique, rappelons

---

[47] Cf. *Coll. Avell., Ep.*, 13, 10; 12 (CSEL 35/1, 57; 58). A ce sujet, cf. J. GAUDEMET, *Église et cité*, 135. Alors que L. CAMPEAU, «Le texte», 262, n. 151, fait mention des indices de la réponse favorable de l'autorité impériale, C. PIETRI, *Roma christiana*, II, 1153, n. 1, observe quant à lui le caractère suspect de la lettre *Ordinariorum* de l'empereur Gratien, qui ne figure que dans les archives romaines. Il s'agit en fait de la *Collectio Avellana*, élaborée au VIe siècle; de même, J. GAUDEMET, *Les sources du droit*, 100. Par ailleurs, R. GRYSON, *Le prêtre*, 181-187, bat en brèche d'une part la thèse qui veut que la réponse impériale soit considérée comme «l'acte de naissance de la papauté», et d'autre part, il dénie à l'évêque Ambroise de Milan non seulement la participation à ce concile romain, mais encore tout trafic d'influence aussi bien dans la rédaction des documents relatifs à ce concile qu'une quelconque démarche auprès de l'autorité temporelle.

[48] *Conc. Sardicense*, can. 4: «Quod si aliquis episcopus adjudicatus fuerit in aliqua causa, et putat se bonam causam habere, ut iterum judicium renovetur; si vobis placet, sancti Petri apostoli memoriam honoremus ut scribatur vel ab his qui examinaverunt, vel etiam ab aliis episcopis qui in provincia proxima morantur, Romano episcopo. Et si iudicaverit renovandum esse judicium, renovetur, et det iudices. Si autem probaverit talem causam, ut ea non refricentur quae acta sunt; quae decreverit Romanus episcopus confirmata erunt [...]». (HARDOUIN, I, 640); de même, can. 7: «Quod si is qui rogat causam suam iterum audiri, deprecatione sua moverit episcopum Romanum, ut de latere suo presbyterum mittat: erit in potestate episcopi quid velit, et quid aestimet. Et si decreverit mittendos esse, qui praesentes cum episcopis jiudicent, habentes ejus auctoritatem a quo destinati sunt, erit in suo arbitrio. Si vero crediderit episcopos sufficere, ut negotio terminum imponant, faciet quod sapientissimo consilio suo jiudicaverit». (*Ibid.*, 642). Les dispositions susmentionnées ont fait l'objet de nombreuses interprétations, parmi lesquelles, les trois suivantes, qui ont un rapport direct avec notre propos. La première remarque concerne la désignation de l'évêque de Rome par son nom, en l'occurrence le pape Jules Ier. C. PIETRI, *Roma*, I, 223, voit dans cette formule un des traits essentiels de divergences ecclésiologiques entre l'Orient et l'Occident: «là où la version latine écrit "episcopus Romanus", pour suggérer le caractère général et permanent de la règle conciliaire, [observe l'auteur], il [c'est-à-dire l'Orient] donne plus simplement le nom du pape régnant». La seconde remarque a trait au pouvoir que le concile attribue au pontife romain. D'aucuns font remarquer que cette prérogative constitue en réalité une solution de compromis, et comporte par conséquent une restriction de compétences du pape. En effet, cette disposition donne le droit, comme souligne P. Batiffol «non pas de recevoir les appels, mais de faire fonction d'arbitre» (*Cathedra Petri*, 52); de même J.-R. PALANQUE, «Christianisme et paganisme», 230; aussi J. GAUDEMET, *Église et cité*, 134. S'agissant de la formule «*det*

brièvement que, bien que le fondement historico-théologique de la primauté romaine y fût reconnu[49], l'autorité de ce concile n'a cependant pas fait l'unanimité entre les Églises orientales et occidentales: il a toujours été considéré comme un concile spécifiquement occidental[50].

Le nouveau statut de l'autorité pontificale se manifeste à travers la «politique interventionniste» de l'évêque de Rome, qui s'instaure tant en Occident qu'en Orient. L'établissement de ce statut est lui-même favorisé par l'ingérence de l'autorité séculière dans les affaires de l'Église ainsi que par la scission de l'empire en deux parties, qui est causée par les invasions des peuples barbares[51]. Le tournant qui s'opère dans la conception traditionnelle du rôle de l'évêque de Rome apparaît notamment dans le fait que le pontife romain, semble-t-il, est établi juridiquement comme le centre officiel de communion pour la chrétienté occidentale[52].

---

judices» contenue dans la prescription de Sardique, C. PIETRI, *Roma christiana*, I, 223-224, note «l'ambiguïté de ce canon, l'imprécision du vocabulaire, le vague des formules qui ne définissent point la condition de l'accusé [...]». Cependant, tout en faisant remonter la fixation juridique de la prérogative papale au concile de Sardique (342/343), L. CAMPEAU, «*Le texte*», 260, n. 142, estime que la compétence judiciaire universelle de l'évêque de Rome est substantiellement l'oeuvre du pouvoir temporel: «il ressort, [dit l'auteur], que Damase est investi d'un pouvoir judiciaire sur les évêques métropolitains du vicariat romain et qu'il peut désigner des juges pour juger ailleurs des causes semblables [...]. Il va sans dire que cette juridiction ne découle pas des canons de Nicée ou de Sardique, mais de la *potestas* impériale. La procédure et la juridiction attribuée sont peu conformes aux habitudes de l'Église. Il est possible que ce soit le point de départ d'une activité judiciaire de Rome sur toute l'étendue de la primatie romaine».

[49] Cf. J. GAUDEMET, *Église et cité*, 134.

[50] Concernant les décrets de Sardique, J. HALLER, *Idee*, 87, observe que ces dispositions sont restées lettre morte dans l'Église occidentale, voire dans les Églises sujettes à l'autorité directe de l'évêque de Rome: «So sind denn die in späterer Zeit vielgennanten "Kanones von Serdica" ein toter Buchstabe geblieben. In Rom selbst gerieten sie bald so sehr in Vergesenheit, daß man wohl noch ihren Wortlaut, aber nicht mehr ihre Herkunft kannte und sie für Beschlüsse von Nikäa ausgab»; de même V. DE CLERCQ, *Ossius*, 379; aussi H. HESS, *The Canons*, 52; C. PIETRI, *Roma christiana*, I, 222.

[51] Cette thèse est entre autres soutenue par O. WERMELINGER, *Rom*, 116-117: «Die anhaltende Unsicherheit der nördischen, Provinzen während der Germaneninvasion in ersten Jahrzehnt des fünften Jahrhunderts erleichterte Innozenz den Weg zu einer wirklichen Suprematie in Italien, und eine klug geführte und situationsbezogene Interventionspolitik verbesserte die Vorrangstellung der römischen Kirche im Westen wie im Osten».

[52] Cf. C. VOGEL, «Universalité de l'Église», 625. L. CAMPEAU, «Le texte», 263, n. 152, met en évidence l'extension des pouvoirs de l'évêque de Rome: elle va au-delà

CHAP. I: SITUATION JURIDICO-ECCLÉSIOLOGIQUE 45

La conception de la primauté romaine que véhicule le nouveau contexte politico-ecclésiastique, nous l'appelons dans cette dissertation, — à défaut de terminologie propre —, «le régime ecclésiologique de la *Sedes apostolica*»[53]. Car, le nouveau statut de l'évêque de Rome se structure fondamentalement autour de l'autorité du Siège (*Sedes*) de l'apôtre Pierre[54]. Faut-il rappeler à ce sujet, à la suite de C. Pietri, que le terme *sedes* appartient au vocabulaire juridique et qu'il signifie: «le siège du pouvoir du gouverneur ou de la préfecture: il évoque l'institution, l'ensemble des prérogatives et des attributions qui y sont domiciliées»[55]. Dans ce régime, le pape «dit le droit, [précise J.-R. Palanque], soit pour le constater, soit pour le faire»[56].

La *Sedes apostolica* devient ainsi l'expression du nouveau style de l'ecclésiologie romaine. Les successeurs de Pierre marqueront chacun

---

des limites établies aussi bien par le concile de Nicée (325) que par celui de Sardique. L'auteur attribue la remarquable montée en puissance de l'autorité pontificale au tempérament du pape Damase Ier, dont il dit: «Ce pontife, ambitieux et sans scrupules, réussit à se maintenir à Rome grâce à l'appui de l'empereur [...]. Le pape obtint de l'empereur des prérogatives judiciaires jusque là inouïes [...]. La source et les procédés de cette juridiction n'ont rien d'ecclésiastique, sinon qu'ils affectent des causes purement ecclésiastiques. Damase lui-même semble avoir fait réserver sa propre cause au seul tribunal impérial». Par ailleurs, B.C. BUTLER, *L'idée de l'Église*, 113, n. 10, signale l'émergence d'un nouveau critère d'appartenance à la *Catholica* à cette période. A cet effet, l'auteur dit: «C'est précisément au cours de la seconde moitié du 4 ème siècle que l'Occident commence à voir que le catholicisme s'intègre dans la communion de l'Église romaine ou du Siège apostolique». De même, J. GAUDEMET, *Église et cité*, 120, attire l'attention sur «la compétence centralisatrice» dont est doté le pontife romain en des termes qui démontrent le caractère contingent de cette prérogative: «L'autorité des décisions conciliaires, au IVe siècle n'est pas subordonnée à l'approbation du pape, [observe l'auteur]. Si les Pères d'Arles et de Sardique ont transmis leurs décrets au Pontife, c'était pour qu'il en assurât la diffusion, non pour qu'il leur donnât force obligatoire. Ceux de Nicée ne furent pas soumis au pape Silvestre. Mais au Ve siècle, des conciles africains font confirmer leurs décisions par le pape».

[53] A ce propos, C. Pietri parle de «idéologie et mentalité de l'Église capitale» (*Roma christiana*, II, 1413 s.); de même G. FALBO, *Il primato*, 350 s.

[54] Cf. J. GAUDEMET, *Église et cité*, 47. Des nuances spécifiques relatives aux termes *Cathedra Petri*, *Sedes Petri* et *Sedes apostolica* sont exposées par M. MACCARRONE, *Romana ecclesia*, 8-9.

[55] C. PIETRI, *Roma christiana*, II, 1506.

[56] J.-R. PALANQUE, «Les métropoles ecclésiastiques», 484; de même G. FALBO, *Il primato*, 369.

par des formules plus ou moins nuancées le rôle primatial de l'instance pontificale au sein de la collégialité épiscopale[57].

3. L'affermissement de la nouvelle ecclésiologie

3.1 *L'institution des décrétales*

Le nouveau régime de l'ecclésiologie romaine est caractérisé par l'institution des décrétales pontificales, dont le langage emprunte à la chancellerie impériale[58]. L'esprit de l'ecclésiologie romaine du nouveau régime se démarque radicalement de la conception traditionnelle du rôle de l'évêque de Rome dans le système du gouvernement collégial de l'Église. En effet, d'après la vision traditionnelle, la sollicitude ecclésiale est considérée comme une prérogative inhérente à la *potestas* épiscopale, c'est-à-dire que prendre soin de l'Église est un devoir et un droit qui est réservé à chaque évêque. C'est la notion qui ressort de l'exhortation que Cyprien adresse au pape Étienne Ier pour destituer leur collègue Marcianus, de Gaule:

> Il y a en effet, frère très cher, une raison à l'existence d'un nombreux corps épiscopal, dont tous les membres soient unis par le lien de mutuels sentiments de concorde: c'est afin que si quelque membre de notre collège tentait de faire bande à part, de déchirer et de dévaster le troupeau du Christ, les autres viennent au secours, et, en pasteurs utiles et miséricordieux, ramènent au troupeau les brebis du Seigneur[59].

---

[57] Cf. M. MACCARRONE, *Romana ecclesia*, 15-32.

[58] Cf. P. BATIFFOL, *Cathedra Petri*, 153; de même C. PIETRI, *Roma christiana*, II, 1506; également G. FALBO, *Il primato*, 370. Toutefois, J. GAUDEMET, *Les sources du droit*, 59, observe que l'usage du style de la chancellerie impériale dans l'administration pontificale ne relève pas forcément d'un emprunt; il peut avoir été imposé par des circonstances similaires.

[59] CYPRIEN, *Ep.*, 68, 3: «Idcirco enim, frater carissime, copiosum corpus est sacerdotum concordiae mutuae glutino atque unitatis vinculo copulatum, ut si quis ex collegio nostro haeresim facere et gregem Christi lacerare et vastare temptaverit, subveniant ceteri, qua pastores utiles et misericordes oves dominicas in gregem colligant». (CSEL 3/2, 746). A ce sujet, cf. W. DE VRIES, «Die Ostkirche», 120; également C. MUNIER, «"Sollicitudo"», 446. Pour sa part, P.C. BORI, «L'unité de l'Église», 60, mentionne la perspective dans laquelle la responsabilité traditionnelle de l'évêque a évolué: «Sous la pression de l'hérésie, [dit l'auteur], la notion de catholicité est progressivement reliée à l'orthodoxie plus qu'à l'eucharistie [...] au point que, une ou deux générations après Ignace, l'évêque n'apparaîtra plus principalement comme le liturge, mais comme le gardien de l'orthodoxie».

Par contre, le régime dit ici de la *Sedes apostolica* s'emploie à réglementer la responsabilité épiscopale sous une double forme: d'une part, ce régime étend en la diversifiant la sollicitude du pape sur l'Église universelle; d'autre part, il restreint la compétence commune des évêques en en faisant un privilège spécifiquement pontifical[60]. Le domaine réservé du privilège papal est l'élaboration des lois ecclésiastiques, établies sous forme des décrétales pour défendre la Tradition et lutter contre les hérésies.

3.2 *Différentes contributions papales*

En guise de contribution au processus d'affermissement du régime de la *Sedes apostolica*, on peut évoquer les cas suivants des interventions pontificales, qui sont des plus significatifs.

Le premier fait marquant est la règle que le pape Jules Ier (337-352) rappelle aux évêques orientaux, qui ont décidé d'excommunier l'évêque Athanase d'Alexandrie à Tyr (335), sans en référer à l'avis du pontife romain. Le pape dénonce la procédure adoptée en cette circonstance, et déplore spécialement le fait qu'on ne l'a pas informé d'abord, comme l'exige la tradition[61]. Le pape Damase Ier (366-384) veut être le gardien

---

[60] L'analyse que L. CAMPEAU, «Le texte», 108, fait de la doctrine cyprianique de l'égalité des pouvoirs des évêques qu'on rencontre dans la recension dite *PT* du chapitre IV du traité *De unitate* de Cyprien, rend bien compte de la mutation qu'a connue la conception traditionelle de la responsabilté commune des évêques: «Si le TP mentionne presque dans les termes de Cyprien la collégialité de l'apostolat, [fait remarquer l'auteur], ce n'est pas une chose qu'il lui importe d'établir aussi bien que le privilège de Pierre, au contraire de l'évêque de Carthage. Le droit de Pierre passe ensuite à la cathedra apostolique; ce qui assure la permanence du privilège. Et ainsi le droit de la cathedra Petri, du siège romain, se trouve prouvé. On comprend que le TP ait omis les premières lignes du chapitre cinquième, qui rappelaient aux évêques leur responsabilité vis-à-vis de l'unité. Car décider de ce qui est bon pour l'unité, le TP considère que c'est, non exclusivement sans doute, mais particulièrement et finalement, la prérogative de la cathedra Petri». Notons en passant que l'auteur avance cet argument pour justifier sa thèse, selon laquelle la version *TP* du traité de Cyprien est une interpolation qui a été effectuée pour des motifs d'ordre hégémonique pendant le pontificat de Sirice (384-399).

[61] Cf. ATHANASE, *Apologia contra Arianos*, 35, ed. H.G. Opitz, *Athanasius Werke*, II-III, Leipzig 1934/41, 113. Le recours obligé à l'évêque de Rome qu'évoque le pape Jules Ier a été diversement interprété. D'aucuns soutiennent que, lorsque le pape Jules Ier rappelle aux évêques orientaux qu'ils devaient s'adresser à leurs collègues latins pour décider ensemble, il se réserve en réalité la prérogative de trancher en agissant au nom de tous. C'est notamment le point de vue de P. BATIFFOL, *Cathedra Petri*, 224; aussi J.-R. PALANQUE, «Les Églises occidentales», 229. Par contre, d'autres auteurs en appellent plutôt au principe de collégialité, qui était en usage dans l'Église antique,

vigilant de la doctrine orthodoxe de la Tradition: le pontife romain exige à tous les évêques de l'observer. Pour ce faire, le pape est disposé à faire respecter la doctrine même avec le concours du pouvoir séculier[62].

Par ailleurs, dans la décrétale qu'il envoie à l'évêque Himère de Tarragone, en 385, en guise de réponse à la lettre que ce dernier avait adressée précédemment au pape Damase Ier, le pape Sirice (384-399) emploie un langage qui rappelle clairement que l'évêque de Rome assure la sollicitude de toutes les Églises, et que l'apôtre Pierre continue de guider celles-ci en tout temps à travers l'administration de ses successeurs, qui sont aussi ses héritiers[63]. C'est sur cette autorité que le pontife romain s'appuie pour promulguer les règles de discipline, qui engagent toutes les Églises[64], dans un langage qui revêt les décrétales de caractère soit impératif, comme dans les vives recommandations que le pape Sirice formule à l'intention des membres du clergé sur l'observance de la continence[65], soit comminatoire, comme dans le cas du concile romain de 386, qui met en garde ceux qui oseraient négliger les règles de la Tradition[66]. Le pape Sirice jette ainsi les bases du droit de regard direct de l'évêque de Rome sur les Églises de la chrétienté occidentale: celles-ci doivent observer les traditions et les décrets en vigueur dans l'Église romaine[67].

---

selon lequel l'harmonie devait être établie entre l'Orient et l'Occident au sujet des décisions d'intérêt général pour l'Église universelle. A ce sujet, cf. W. DE VRIES, «Die Ostkirche», 123; aussi E. CASPAR, *Geschichte des Papsttums*, I, 146. Sur le pape Jules Ier, cf. *LP*, I, 205.

[62] Cf. la synodale *Et hoc gloriae* (MANSI, III, 625 s.); de même *Ep. ad Gallos*, 2, du pape Damase, ed. E.C. BABUT, *La plus ancienne décrétale*, 39-40; 69-87 (spécialement, 71). Voir à ce sujet, le commentaire de P. BATIFFOL, *Le Siège apostolique*, 41.43.

[63] *Ep.*, 1 du pape Sirice (*ad Imerium Tarraconensem: praefatio*): «Consultationi tuae responsum compentens non negamus, quia officii nostri consideratione non est nobis dissimulare, non est tacere libertas, quibus maior cunctis christianae religionis zelus incumbit. Portamus onera omnium qui gravantur; quin immo haec portat in nobis beatus apostolus Petrus, qui nos in omnibus, ut confidimus, administrationis suae protegit et tuetur haeredes». (PL 13, 1132). A ce propos, cf. G. FALBO, *Il primato*, 199; de même J. GAUDEMET, *Église et cité*, 47; aussi M. MACCARRONE, *Romana ecclesia*, 15-21. Sur le pape Sirice, cf. *LP*, I, 216.

[64] Cf. les Actes du concile romain de 386 envoyés aux évêques d'Afrique: *Conc. Thelense* (CChr.SL 149, 59-63). A ce sujet, cf. J. GAUDEMET, *Église et cité*, 46. Concernant la fonction de l'évêque de Rome comme législateur, C. PIETRI, *Roma christiana*, II, 1495, établit un rapprochement de données à travers lequel le pontife romain est considéré comme «second Moïse».

[65] Cf. *Ep.*, 1, 8, 12, du pape Sirice (PL 13, 1142 A).

[66] Cf. *Conc. Thelense* (CChr.SL 149, 63, lignes 105-108).

[67] *Ep.*, 1, 15, 20, du pape Sirice: «Nunc fraternitatis tuae animum ad servandos

Anastase Ier (399-401) hérite d'une ecclésiologie considérablement étoffée dans ses grandes orientations. Pendant son bref pontificat, Anastase Ier insiste particulièrement sur le devoir des Églises de prêcher la doctrine pratiquée à Rome, celle qui jouit de l'autorité de Pierre, le prince des apôtres. Ainsi, s'entend de la mise en garde que le pape adresse à l'évêque Simplicianus de Milan contre l'enseignement d'Origène[68].

Le pape Innocent Ier (401-417) proclame quant à lui qu'une cause jugée dans une contrée même lointaine, ne peut être considérée comme close tant qu'elle n'a pas reçu l'aval du Siège apostolique[69]. C'est ainsi qu'en matière d'appel à Rome, le pape revendique spécialement pour le Siège apostolique le droit d'apprécier les *causae maiores*, comme étant un privilège établi en faveur de cette instance par la Tradition (*sicut synodi statuit et beata consuetudo exigit*)[70]. En outre, le pontife romain

---

canones et tenenda decretalia constituta magis ac magis incitamus ut haec ad tua rescripsimus consulta, in omnium coepiscoporum nostrorum perferri facias notionem, et non solum eorum qui in tua sunt diocesi constituti, sed etiam ad universos Carthaginenses ac Baeticos, Lusitanos atque Gallicios, vel eos qui vicinos tibi collimitant hinc inde provinciis, haec quae a nobis sunt salubri ordinatione disposita, sub litterarum tuarum prosecutione mittantur. Et quamquam statuta Sedis apostolicae vel canonum venerabilia definita nulli sacerdotum Domini ignorare sit liberum [...]». (PL 13, 1146 B).

[68] Cf. *Ep.*, 2, 2, du pape Anastase I[er]: «Conventus litteris memorati, convenio sanctitatem tuam, ut sicuti nos in urbe Roma positi, quam Princeps Apostolorum statuit et fide sua confirmavit gloriosus Petrus, ne quis contra praeceptum legat haec quae diximus, damnavimus, et cum magnis precibus postulavimus, ut Evangeliorum instituta, quae ex ore suo Dei et Christi docuit censura, ab hac recedi omnino non debere, sed illud in memoriam deduci quod Paulus venerabilis Apostolus praedixit atque commonuit: Si quis vobis evangelizaverit praeter quod evangelizatum est vobis, anthema sit (*Gal.* 1, 8). Igitur hoc praeceptum tenentes, illud quidquid est fidei nostrae contrarium, ab Origene quondam scriptum, indicavimus, a nobis esse alienum atque punitum». (PL 20, 74-75).

[69] Le pape Innocent Ier complimente les évêques d'Afrique pour avoir recouru à l'autorité du Siège apostolique pour condamner l'hérésie pélagienne, en ces termes: cf. AUGUSTIN, *Ep.*, 181, 1: «In requirendis divinis rebus, quas omni cum sollicitudine decet a sacerdotibus, maxime a vero iustoque et catholico tractari concilio, antiquae traditionis exempla servantes et ecclesiasticae memores disciplinae nostrae religionis vigorem non minus nunc in consulendo quam antea, cum pronuntiaretis, vera ratione firmatis, qui ad nostrum referendum adprobastis esse iudicium scientes, quid apostolicae sedi, cum omnes hoc loco positi ipsum sequi desideremus apostolum, debeatur, a quo ipse episcopatus et tota auctoritas nominis huius emersit». (CSEL 44, 701-702). Sur le pape Innocent Ier, cf. *LP*, I, 220.

[70] A l'évêque gaulois, Victrice de Rouen, le pape Innocent Ier écrit (*Ep.*, 2, 3, 6): «Si majores causae in medium fuerint devolutae, ad sedem apostolicam, sicut synodi sta-

met particulièrement l'accent sur l'uniformité que les différentes Églises doivent conserver avec Rome pour des questions de doctrine et de tradition, étant donné que toutes les Églises d'Occident ont été fondées par l'apôtre Pierre ou ses émissaires. Le décret que le pape Innocent Ier prescrit à Decentius, l'évêque de Gubbio, illustre clairement la volonté du Siège apostolique d'avoir la mainmise sur le gouvernement des Églises locales[71].

Le pape Zosime succède à Innocent Ier (417-418). Il applique les principes de l'ecclésiologie du régime de la *Sedes apostolica* dans les démêlés qu'il a eus avec l'épiscopat africain. D'abord, dans la controverse pélagienne. Pour exiger la révision du procès du moine breton et de son disciple Celestius, le pape Zosime après avoir examiné l'Acte de foi contenu dans les libelles que les accusés ont transmis à Rome, rappelle au primat Aurelius et à ses collègues d'Afrique que le jugement du Siège apostolique est irrévocable, étant donné que cette autorité trouve son fondement en l'apôtre Pierre[72]. Ensuite, quand il s'est agi de justifier son ingérence dans l'affaire du prêtre africain Apiarius, qui a interjeté appel auprès de l'instance pontificale contre la décision de son évêque Urbanus, le pape Zosime a invoqué maladroitement l'autorité du concile de Nicée comme ayant investi l'évêque de Rome du privilège de recevoir en appel les plaintes des évêques[73].

Le pape Boniface Ier (418-422) souligne le caractère irrévocable de l'autorité du Siège apostolique, notamment lorsqu'il confirme la nomi-

---

tuit, et beata consuetudo exigit, post judicium episcopale referantur». (PL 20, 473).

[71] Cf. *Ep.*, 25, 2, du pape Innocent Ier: «Quis enim nesciat aut non advertat, id quod a principe Apostolorum Petro Romanae Ecclesiae traditum est, ac nunc usque custoditur, ab omnibus debere servari; nec superduci aut introduci aliquid, quod auctoritatem non habeat, aut aliunde accipere videatur exemplum ? praesertim cum sit manifestum in omnem Italiam, Gallias, Hispanas, Africam atque Siciliam et insulas interacentes, nullum instituisse ecclesias, nisi eos quos venerabilis apostolus Petrus aut ejus successores constituerunt sacerdotes [...]». (PL 20, 552). Sur ce, cf. S.L. GREENSLADE, *Schism*, 97 s. Pour sa part, E. AMANN, «Innocent Ier», 1941 s., explique la volonté du pape d'uniformiser les pratiques religieuses par le fait que l'Occident est en ce début du Ve siècle fortement menacé par les invasions barbares.

[72] Cf. *Coll. Avell.*, *Ep.*, 50, 3: «cum ergo tantae auctoritatis et Petrus caput sit sequentia omnium maiorum statuta firmaverint, ut iam humanis divinisque legibus disciplinis omnibus finietur Romanam Ecclesiam, cuius locum regere, ipsius quoque potestatem nominis optinere (non latet vos sed nostris, fratres carissimi et, quemadmodum sacerdotes, scire debetis): tamen, cum nobis tantum esset auctoritatis, ut nullus de nostra possit retractare sententia [...]». (CSEL 35/1, 115-116).

[73] Cf. le *Commonitorium* du pape Zosime: *Conc. Carthag.* A. 419 (CChr.SL 149, 90, lignes 49-71). A ce sujet, cf. L. CAMPEAU, «Le texte», 271-272.

nation de Rufus comme métropolitain de la province d'Illyrie[74]. Concernant la compétence de l'évêque de Rome en matière des recours, on doit signaler l'usage que le pape Boniface Ier a fait de la procédure prévue par le concile de Sardique pour juger en révision l'affaire d'Antoninus[75]. Quant au pape Célestin Ier (422-432), l'accent qu'il place sur l'*auctoritas* du Siège apostolique revêt les décisions issues de l'instance pontificale d'une valeur semblable à celle de la Tradition de l'Église[76].

4. Conclusion

A travers cet exposé sommaire de la situation juridico-ecclésiologique dans l'Antiquité, force est de constater que l'autorité primatiale de l'évêque de Rome est beaucoup plus renforcée dès l'avènement du régime ecclésiologique dit de la *Sedes apostolica*. L'enracinement de la nouvelle conception de l'évêque de Rome s'effectue à travers un processus continu. L'autorité pontificale acquiert d'amples compétences pour juger les problèmes ecclésiastiques à une échelle plus élargie[77].

Avec l'institution des décrétales, s'affirme l'administration pontificale en même temps que la conception ecclésiologique de la survivance de l'apôtre Pierre, dont la doctrine, transmise aux évêques de Rome, ses successeurs et héritiers, et enrichie par l'oeuvre juridique de ceux-ci,

---

[74] Cf. *Ep*., 13, 2, du pape Boniface Ier: «Deinde de nostro non esse judicio retractandum. Numquam enim licuit de eo rursus, quod semel statutum est ab apostolica sede, tractari». (PL 20, 776). A ce sujet, cf. H. HEMMER, «Boniface Ier», 988 s.; aussi, G. BARDY, «Le déclin», 256. A propos de l'intervention pontificale, L. CAMPEAU, «Le texte», 272, met en évidence l'argumentation du pape, qui s'appuie sur l'autorité du concile de Nicée, et la qualifie d'«argument *ex silentio*».

[75] Cf. AUGUSTIN, *Ep*., 20*, 1-2 (CSEL 88, 101).

[76] Cf. le *Commonitorium* du pape Célestin Ier (*Coll. Veronensis*, 8, ACO, III/1, 25).

[77] L. Campeau note le tournant décisif que le pape Célestin Ier donne à la conception de l'autorité de l'évêque de Rome dans la lettre que le pontife romain écrit aux métropolitains d'Illyrie, pour leur rappeler tout en les appuyant qu'il reconnaît les pouvoirs dont ses prédécesseurs ont investi l'évêque de Thessalonique (Cf. *Ep*., 3, du pape Célestin Ier: PL 50, 428). A ce propos, L. CAMPEAU, «Le texte», 273, dit: «[...]. Car ce pontife est le premier à établir une subordination entre les Apôtres, toujours pour justifier la hiérarchie des juridictions qui s'échelonnent depuis le tribunal épiscopal, en passant par le métropolitain et le primatial, jusqu'au tribunal pontifical [...]. La fonction apostolique est individualisée, différenciée: la solidarité du collège apostolique reçoit une première atteinte [...]». Cependant, des avis mitigés sont émis à ce sujet: cf. C. PIETRI, *Roma christiana*, II, 1514; de même A. PIGANIOL, *Histoire romaine*, 367; aussi G. FALBO, *Il primato*, 371.

devient la source législative de référence universelle pour les Églises locales[78].

C'est sur le fond de ce canevas juridico-ecclésiologique qu'on va tenter de cerner dans les chapitres suivants le sens particulier que revêtent les recours de l'épiscopat africain à Rome. Ce faisant, on voudrait donner suite à la réflexion formulée par W. Marschall concernant l'attitude changeante de l'épiscopat africain face à l'autorité romaine[79].

---

[78] Cf. G. FALBO, *Il primato*, 369; de même C. PIETRI, *Roma christiana*, I, 220 s.; également J. GAUDEMET, *Les sources du droit*, 59; ID., *Église et cité*, 47. Pour sa part, Y.M.-J. CONGAR, «La collégialité de l'épiscopat», 410, fait remarquer que l'idée de l'Église de Rome comme *Caput Ecclesiae* se développe à partir du concile de Sardique (342/343), lorsque l'*Ecclesia romana* commence à s'identifier avec la *Sedes romana*, indistinctement comme *Tête du Corps* dont les autres Églises sont les membres; de même, C. PIETRI, *Roma christiana*, I, 229, n. 4. En ce qui concerne la survivance de l'apôtre Pierre en l'évêque de Rome, C. PIETRI, *Roma christiana*, II, 1516, observe que Pierre a toujours été considéré dans l'Église ancienne comme l'évêque de Rome. Dans ce sens, la permanence de l'autorité de Pierre en son successeur ne peut à la rigueur être circonscrite que dans les limites de l'Église de Rome. En effet, les témoignages qui relèvent de «la liturgie, [fait remarquer l'auteur], ceux de l'hagiographie expliquent que Pierre, le martyr, appartient à Rome». Par contre, G. FALBO, *Il primato*, 199-200, explique la présence permanente de Pierre en l'évêque de Rome dans une perspective qui accorde au siège de Rome un statut spécial (*lì e solo lì*) par rapport aux autres Sièges apostoliques: «In Agostino la Chiesa di Roma diventa la "Sede apostolica" per eccellenza: mentre Eusebio [...] parla di quattro sedi apostoliche, includendo, oltre a Roma, anche Gerusalemme, Alessandria e Antiochia in quanto ognuna di esse, direttamente o indirettamente, ha avuto a che fare con Pietro, ora il termine viene riservato a Roma per sottolineare che lì e solo lì l'apostolo Pietro continua a vivere e ad esercitare il suo ministero attraverso i suoi successori».

[79] W. MARSCHALL, *Karthago*, 8, dit à ce sujet: «Wie lebten die Afrikaner ihre Theorie der Kirche; wie verhielten sich ihre Beziehungen zu Rom rein praktisch in den verschiedensten Situationen?».

CHAPITRE II

Esquisse des éléments constitutifs du pouvoir épiscopal

La conception du gouvernement collégial de l'Église élaborée par Cyprien a profondément marqué la chrétienté africaine antique. A ce sujet, le mérite particulier de Cyprien est d'avoir unifié avant le concile de Nicée (325) l'action épiscopale par la tenue des conciles, dans lesquels étaient débattus les problèmes d'intérêt général pour les Églises d'Afrique[1]. Dans le concile, la recherche des solutions aux problèmes est engagée sur la base du pouvoir des évêques qui, seuls, ont le privilège de décider[2].

La compétence des évêques est garantie par le droit. C'est sur ce privilège que l'assemblée des évêques s'appuie pour défendre la tradition juridico-ecclésiologique d'Afrique[3]. La connaissance des circonstances en fonction desquelles Cyprien a élaboré sa conception du pouvoir épiscopal s'avère indispensable pour mieux comprendre la théorie des éléments constitutifs du pouvoir que nous exposons ici. A ce propos, deux événements tirés du même contexte ecclésial peuvent

---

[1] Cf. CYPRIEN, *Epp.*, 67, 1; 70, 1; 71, 1; 72, 1 (CSEL 3/2, 735 s.; 766 s.; 771 s.; 775 s.). A ce sujet, cf. G. BARDY, «Afrique», 301; de même J. GAUDEMET, *L'Église dans l'empire*, 253; aussi M. BÉVENOT, «Épiscopat et primauté», 177.

[2] Cf. G. BARDY, «Afrique», 302.

[3] T.G. RING, *Auctoritas bei Tertullian*, 30, a relevé cette caractéristique dans la vision de Tertullien. En effet, l'auteur observe que Tertullien, juriste et intellectuel africain romanisé, cherche de justifier son action par la couverture juridique, conformément à la mentalité romaine: «Bei aller Freiheitsliebe strebt der Römer nach Sicherheit in seinem Handeln». On trouve la même idée chez L. CAMPEAU, «Le texte», 109, notamment lorsqu'il met en relief la manière dont le régime dit ici de la *Sedes apostolica* a restreint les prérogatives communes des évêques au profit de l'autorité pontificale: «L'esprit latin, [fait remarquer l'auteur], a une tendance innée à se représenter un droit comme un privilège».

nous guider à reconstituer le privilège que revendiquent les évêques pour décider dans le concile.

En premier lieu, il y a la situation socio-politique. La politique impériale se montre très défavorable envers l'Église, bien qu'elle évolue dans l'alternance des périodes de persécutions et de tolérance. Face à cette politique, le concile d'Afrique veut préserver l'unité des chrétiens, qui sont en proie aux déchirements suscités par des poursuites de différents ordres[4]. C'est dans ce contexte que, ayant appris les rumeurs persistantes au sujet du déclenchement d'une nouvelle persécution, le primat Cyprien réunit un concile de toutes les Églises d'Afrique à Carthage, en mai 252. Les évêques présents décident d'assouplir les mesures disciplinaires concernant les *lapsi*. Sur cette décision, Cyprien écrit au pape Corneille de la manière suivante:

> Nous avions décidé, frère très cher, après en avoir délibéré entre nous, que ceux qui, au cours des hostilités de la persécution, avaient été renversés par l'adversaire, étaient tombés et s'étaient souillés par des sacrifices défendus, feraient longtemps pénitence plénière; et que s'ils étaient mis en danger par le mauvais état de leur santé, ils recevraient la paix sous le coup de la mort. En effet, il n'eût pas été légitime — et la bonté paternelle, la clémence de Dieu s'y serait opposée — de fermer l'Église à ceux qui frappaient à la porte, ni de refuser à ceux qui pleuraient et demandaient pardon le secours des espérances salutaires, en les laissant partir vers le Seigneur sans la communion et la paix. Lui-même n'a-t-il pas permis et réglé, que ce qui aurait été lié sur la terre serait aussi lié dans le ciel, et que là pourrait être pardonné ce qui l'aurait d'abord été ainsi ici dans l'Église? Mais, de plus, nous voyons que le jour de nouvelles hostilités approche; des signes nombreux, continuels nous avertissent d'être armés, équipés pour la guerre que l'ennemi nous déclare, de préparer aussi par nos exhortations le peuple que Dieu a daigné nous confier, et de rassembler dans le camp du Seigneur tous les soldats sans exception qui demandent des armes et réclament le combat. Cédant donc à cette nécessité, nous avons été d'avis que ceux qui ne se sont pas éloignés de l'Église du Seigneur et qui n'ont pas cessé de faire

---

[4] Cf. K. BAUS, *Von der Urgemeinde*, 288-292. A. ALFÖLDI, *Studien*, 387, fait une pertinente remarque au sujet de l'attitude d'intolérance que le pouvoir séculier manifeste envers l'Église pendant les persécutions de Dèce. En effet, l'Église étant considérée par le pouvoir impérial comme une «Puissance dans l'État», et par conséquent vue comme une institution subversive, elle n'a pas du tout bénéficié de mesures de clémence même à titre «humanitaire»; de même P. MONCEAUX, *Histoire littéraire*, III, 19. Par contre, W.H.C. FREND, *Donatist Church*, 106, relève l'attitude de méfiance, voire d'intransigeance que l'Église d'Afrique cultivait à l'égard de l'État au IIIe siècle: «uncompromising hostility to the institutions of the Roman Empire»; de même M. LABROUSSE, *Optat*, I, 77, n. 2.

CHAP. II: ÉLÉMENTS CONSTITUTIFS DU POUVOIR ÉPISCOPAL 55

pénitence, de pleurer et de demander pardon au Seigneur depuis le premier jour de leur chute, doivent recevoir la paix, et être armés et équipés pour le combat qui est imminent[5].

Ensuite, il y a la crise ecclésiale interne. Confronté au problème de complexité des baptêmes, le primat Cyprien laisse la liberté à chaque évêque d'adopter la forme de réintégration qui contribue le mieux à édifier l'unité de l'Église. C'est la déclaration qui ressort du compte rendu de l'assemblée conciliaire d'Afrique que Cyprien adresse au pape Étienne Ier: «En cela, nous non plus nous ne prétendons faire violence ni donner de loi à personne, chaque évêque ayant toute liberté dans l'administration de son église, sauf à en rendre compte à Dieu de sa conduite»[6].

Au-delà des démarches de Cyprien, émerge l'élément qui traduit la préoccupation majeure du primat d'Afrique: Cyprien veut souligner le devoir de tout évêque de veiller au maintien de l'unité de l'épiscopat tant au niveau d'Afrique (Églises locales) qu'à l'échelle universelle (*Catholica*). Le primat d'Afrique conçoit cette sollicitude à la fois comme un devoir et une prérogative inaliénables des évêques. Cette vision apparaît dans la recommandation que Cyprien adresse à ses collègues face aux divisions schismatiques engendrées par l'affaire des *lapsi*: «Cette unité, [affirme Cyprien], nous devons la retenir, la

---

[5] CYPRIEN, *Ep.*, 57, 1: «Statueremus quidem pridem, frater carissime participato invicem nobiscum consilio ut qui in persecutionis infestatione subplantati ab adversario et lapsi fuissent et sacrificiis se inlicitis maculassent, agerent diu paenitentiam plenam et si periculum infirmitatis urgueret, pacem sub ictu mortis acciperent. Nec enim fas erat aut permittebat paterna pietas et divina clementia ecclesiam pulsantibus cludi et dolentibus ac deprecantibus spei salutaris subsidium denegari, ut de saeculo recedentes sine communicatione et pace ad Dominum dimitterentur, quando permiserit ipse et legem dederit ut ligata in terris et in caelis ligata essent, solui autem possent illic quae hic prius in ecclesia solverentur. Sed enim cum videamus diem rursum alterius infestationis adpropinquare coepisse et crebris adque adsiduis ostensionibus admoneamur ut ad certamen quod nobis hostis indicit armati et parati simus, plebem etiam nobis de divina dignatione commissam exhortationibus nostris paremus, et omnes omnino milites Christi qui arma desiderant et proelium flagitant intra castra dominica colligamus: necessitate cogente censuimus eis qui de ecclesia Domini non recesserunt et paenitentiam agere et lamentari ac Dominum deprecari a primo lapsus sui die non destiterunt, pacem dandam esse et eos ad proelium quod inminet armari et instrui oportere». (CSEL 3/2, 650). A ce sujet, cf. P. MONCEAUX, *Histoire littéraire*, II, 29.

[6] CYPRIEN, *Ep.*, 72, 3: «Qua in re nec nos vim cuiquam facimus aut legem damus, quando habeat in ecclesiae administratione voluntatis suae arbitrium liberum unusquisque praepositus, rationem actus sui Domino redditurus». (CSEL 3/2, 778).

revendiquer fermement, nous autres surtout, les évêques, qui présidons dans l'Église, afin de prouver que l'épiscopat est également un et indivisible»[7].

A partir de la déclaration de Cyprien, on peut relever les éléments qui forment les principes constitutifs du pouvoir épiscopal: l'*auctoritas* et la *potestas*.

La réflexion qui porte sur le pouvoir épiscopal qu'on propose de développer dans ce chapitre s'échelonne sur deux sections. Dans la première section, on tente de cerner les structures ou les lieux qui constituent les fondements de l'*auctoritas* épiscopale. Par contre, dans la deuxième, il s'agit d'exposer les différentes manières dont se manifestent ces principes-clés dans la pensée cyprianique.

1. Fondements du pouvoir épiscopal

1.1 *Notion d'«auctoritas»*

L'*auctoritas* épiscopale s'exprime à travers les catégories dont le droit romain se sert pour définir le pouvoir. D'emblée, faisons remarquer que le concept même d'*auctoritas* est difficile à définir aussi bien dans le droit romain que dans la législation chrétienne. Le droit romain se contente d'en requérir l'usage et d'en décrire les effets[8]. Aussi, l'*auctoritas* peut être définie comme étant la capacité inhérente au sujet, soit une force qui, comme le fait remarquer C. Munier:

> émane de l'être en son for le plus intime, elle tend à s'imposer aux autres, non par une contrainte extérieure, comme l'*imperium* ou la *potestas*, mais par une supériorité ou un ascendant personnels, en vertu desquels on se fait

---

[7] CYPRIEN, *De unitate*, IV (*TR*): «Quam unitatem tenere firmiter et vindicare debemus maxime episcopi, qui in ecclesia praesidemus, ut episcopatum quoque ipsum unum adque indivisum probemus». (CChr.SL 3, 252, 2). Sur l'identification des deux recensions du chapitre IV du traité *De unitate Ecclesiae catholicae* de Cyprien, cf. *infra*, 60, n. 25. S'agissant de l'emploi courant dans cette dissertation des termes «unité» et «unicité» relatifs à la pensée ecclésiologique africaine, nous adoptons l'acception que J.-P. BRISSON, *Autonomisme*, 49, donne de la conception cyprianique, selon laquelle le terme «"unitas" s'oppose à toute idée de séparation, d'extranéité, de multiplicité [...], le mot "unitas" désigne l'unicité de l'Église bien plus que sa cohésion interne [...]».

[8] U. GMELIN, *Römischer Princeps*, 87, n. 41, souligne la difficulté de définir l'*auctoritas* en ces termes: «Denn gerade Autorität mit ergendeinem verbindlichen Charakter, also auch eine Lehrautorität, kann nicht gemeint sein»; de même T.G. RING, *Auctoritas bei Tertullian*, 93.

croire, obéir, respecter, on en impose au jugement, à la volonté, au sentiment d'autrui[9].

Dans le contexte romain, l'*auctoritas* est considérée comme un pouvoir dynamique reconnu aux sénateurs en fonction de leur dignité, leur connaissance ou encore leur personnalité[10]. En d'autres termes, l'*auctoritas* est le pouvoir qui revient, ou est lié à la personne du chef d'une société constituée en droit. Cependant, tout en se manifestant comme le pouvoir de se faire obéir, l'*auctoritas* n'est pas en soi normative. Elle ne devient contraignante que dans la mesure où son détenteur est reconnu et est accepté d'après ce titre[11]. Cette propriété de l'*auctoritas* constitue l'aspect charismatique du pouvoir[12].

Rappelons en passant que l'emploi du vocabulaire juridique dans l'environnement ecclésiastique est l'oeuvre de Tertullien[13] et que cet emprunt s'est réalisé notamment dans les domaines de la terminologie, de la technique et des institutions[14]. Aussi, l'opération d'adaptation constitue non seulement un bel exemple de la «romanisation» du langage chrétien, mais aussi de la «christianisation» de la culture romaine[15]. Il convient cependant de souligner que, tout en s'inspirant de la notion romaine (païenne) de l'*auctoritas*, les auteurs chrétiens ne l'ont pas appliquée *stricto sensu* dans le domaine ecclésiastique. Pour eux, c'est l'*auctoritas divina* qui s'impose non par la force coercitive, mais par la force de conviction[16].

---

[9] C. MUNIER, «L'autorité de l'Église», 77; aussi A. PAILLER, «Réflexions sur l'autorité», 31; de même K.-H. LÜTCKE, «*Auctoritas*» *bei Augustinus*, 14-18.

[10] Cf. T.G. RING, *Auctoritas bei Tertullian*, 101.

[11] Y.M.-J. CONGAR, «La "réception"», 401, distingue dans cette perspective deux formes essentielles d'autorité: «celle du pouvoir qu'on a reçu et celle du crédit ou de la crédibilité dont on peut jouir».

[12] Cf. A. PAILLER, «Réflexions sur l'autorité», 31.

[13] Cf. A. BECK, *Römisches Recht*, 39, n. 3. Cependant, la paternité d'emprunt au langage du droit séculier est discutée. Certains chercheurs l'attribuent à l'écrivain africain bien identifié, d'autres à un juriste homonyme: cf. J. GAUDEMET, *L'Église dans l'empire*, 29. Notons en passant que, bien que le terme *auctoritas* soit familier à Tertullien, il ne lui a pourtant pas consacré un traité particulier. A ce sujet, cf. C. MUNIER, «L'autorité de l'Église», 78.

[14] Cf. J. GAUDEMET, *Église et cité*, 49. Pour sa part, C. SAUMAGNE, *Saint Cyprien. Pape d'Afrique*, 87, note toutefois que le processus d'adaptation du droit romain au contexte ecclésiastique a été effectué avec plus de rigueur chez Cyprien que chez Tertullien.

[15] Cf. T.G. RING, *Auctoritas bei Tertullian*, 36; de même J. GAUDEMET, *L'Église dans l'empire*, 28-30.

[16] Cf. U. GMELIN, *Römischer Princeps*, 82. T.G. RING, *Auctoritas bei Tertullian*, 27 s., fait remarquer que la notion d'*auctoritas* chez les païens n'est pas fondée sur l'auto-

1.2 *Les structures de l'«auctoritas» épiscopale*

L'*auctoritas* épiscopale trouve son point d'ancrage dans quatre structures fondamentales. Il s'agit de l'*auctoritas* des Saintes Écritures, l'*auctoritas* de Pierre et des autres apôtres, l'*auctoritas* de l'évêque dans son Église et celle du concile. Pour élucider ces structures, on aura particulièrement recours aux différentes péripéties de la controverse baptismale.

1.2.1 Les Saintes Écritures ou l'*auctoritas* de Dieu

D'après la tradition ecclésiologique africaine, les Saintes Écritures constituent l'autorité par excellence. Cette *auctoritas* est invoquée par Cyprien à plusieurs reprises dans sa plaidoirie, pour s'opposer aux revendications du pape Étienne Ier. A en juger par le témoignage même du primat d'Afrique, il semble que le pontife romain s'appuie sur l'autorité de la *traditio*, — entendue comme coutume humaine —, en vigueur dans l'Église de Rome pour justifier sa position. Pour mieux appréhender la pensée de Cyprien en cette matière, il convient de rappeler que la préoccupation fondamentale qui anime l'évêque de Carthage est l'unité de l'Église. A cet effet, Cyprien identifie l'unité de l'Église avec celle des personnes trinitaires, qui en constituent la cause exemplaire. La mise au point que Cyprien adresse à Magnus exprime manifestement cet aspect de l'*auctoritas* des Saintes Écritures:

> Voilà pourquoi Notre-Seigneur, [dit Cyprien], pour nous faire sentir que l'unité procède de l'autorité divine, dit: «Mon Père et moi, nous sommes un.» Et sur cette unité réglant son Église, il dit de nouveau: «Et il n'y aura qu'un troupeau et qu'un pasteur»[17].

D'après la conception cyprianique, la soumission à la prescription divine est un argument irrécusable, à même de justifier la résistance à tout ordre établi, car la volonté de Dieu est y inscrite. Dès lors, l'on comprend pourquoi, n'ayant pas retrouvé le fondement de la tradition

---

rité divine comme chez les chrétiens, qui s'appuient sur les Saintes Écritures ou sur l'autorité de l'Église; de même K.-H. LÜTCKE, «"Auctoritas" bei Augustinus», 498; aussi R. CRESPIN, *Ministère*, 169-170.

[17] CYPRIEN, *Ep.*, 69, 5: «Et idcirco Dominus insinuans nobis unitatem de divina auctoritate venientem ponit et dicit: ego et papter unum sumus. Ad quam unitatem redigens ecclesiam suam denuo dicit: et erit unus grex et unus pastor». (CSEL 3/2, 753). M.M. SAGE, *Cyprian*, 323, souligne la grande préoccupation de Cyprien pour l'unité de l'Église en ces termes: «Cyprianus episcopate had been a constant striving for unity against a multitude of centrifugal forces»; de même P. DE LABRIOLLE, *Saint Cyprien*, XIII; aussi T.G. RING, *Auctoritas bei Tertullian*, 93.

baptismale défendue par le pape Étienne Ier dans les Saintes Écritures, Cyprien se plaint avec beaucoup d'indignation auprès de son collègue Pompeius de Sabrata, en Tripolitaine, de l'intransigeance dont le pontife romain fait montre en soutenant le baptême conféré par les hérétiques: «Mais, d'où vient cette tradition? [s'exclame Cyprien]. A-t-elle pour elle l'autorité du Seigneur et de l'Évangile? Vient-elle des Apôtres et de leurs Épîtres?»[18].

L'*auctoritas* des Saintes Écritures revêt par conséquent une valeur absolue, à tel point que toute doctrine ecclésiastique doit y trouver son fondement, de même que tout disciple authentique du Christ doit s'y attacher[19].

1.2.2 L'*auctoritas* de Pierre et des autres apôtres

L'*auctoritas* des apôtres se comprend à la lumière de l'*auctoritas* de Pierre. Le rapport qui existe entre Pierre et ses collègues se définit en termes de primauté. Ce rapport est au coeur de la réflexion que le primat d'Afrique développe au sujet de l'autorité et du pouvoir épiscopal. De cette conception, découlent les considérations suivantes.

Au départ, il est un fait que l'*auctoritas* dont le Seigneur a investi Pierre a été conférée aussi aux autres apôtres. Cette conception, qui est déjà présente chez Tertullien[20], Cyprien l'exprime en ces termes: «De toute façon, les autres apôtres étaient aussi ce que fut Pierre; ils bénéficiaient d'une participation égale à l'honneur et au pouvoir, mais le commencement a son point de départ dans l'unité»[21].

---

[18] CYPRIEN, *Ep.*, 74, 2: «Unde est ista traditio? Utrumne de dominica et evangelica auctoritate descendens an de apostolorum mandatis adque epistulis veniens?». (CSEL 3/2, 800). A ce sujet, cf. T.G. RING, *Auctoritas bei Tertullian*, 94. Sur Pompeius, cf. J.-L. MAIER, *L'épiscopat de l'Afrique*, 383.

[19] Cf. CYPRIEN, *Ep.*, 74, 9: «Propter quod si in Christo sumus et Christum in nobis habemus et si manemus in veritate et veritas in nobis manet, ea quae sunt vera teneamus». (CSEL 3/2, 807).

[20] Cf. TERTULLIEN, *De praescriptione haereticorum*, XXI, 3: «Quid autem praedicaverint, id est quid illis Christus revelaverit et hic praescribam non aliter probari debere nisi per easdem ecclesias quas ipsi apostoli, condiderunt, ipsi eis praedicando tam viva, quod aiunt, voce quam per epistulas postea». (CChr.SL I/1, 202).

[21] CYPRIEN, *De unitate*, IV (*TR*): «Hoc erant utique et ceteri apostoli quod fuit Petrus pari consortio praediti et honoris et potestatis, sed exordium ab unitate proficiscitur ut ecclesia Christi una monstretur». (CChr.SL 3, 251, 2 s.).

Les apôtres, à travers leur doctrine, ont transmis à leur tour aux évêques, leurs successeurs l'*auctoritas* dont ils ont été investis[22]. Le mandat reçu du Seigneur fait des évêques de légitimes et officiels héritiers de la doctrine orthodoxe de l'Église[23]. Sous ce rapport, les évêques sont dotés de même *auctoritas* ou dignité[24]. Il va sans dire que d'après cette conception, la responsabilité de la conservation de la doctrine orthodoxe de la Tradition incombe à tous les évêques.

Dans la doctrine élaborée par Cyprien, la nature de supériorité de l'*auctoritas* de Pierre est difficile à circonscrire. Le chapitre IV du traité *De unitate Ecclesiae catholicae*, que l'évêque de Carthage consacre à l'unité de l'Église, renferme des données qui expriment sa conception particulière de l'*auctoritas* de Pierre[25].

---

[22] Cyprien écrit ainsi au pape Corneille, cependant qu'il justifie l'attitude que l'épiscopat africain a adoptée face à la campagne menée par les schismatiques contre l'élection du pontife romain: *Ep.*, 45, 3: «Hoc enim vel maxime, frater, et laboramus et laborare debemus ut unitatem a Domino et per apostolos nobis successoribus traditam quantum possumus, obtinere curemus [...]». (CSEL 3/2, 602).

[23] En son temps, Tertullien parlait de la doctrine reçue des apôtres en termes de «regula fidei», comme d'un enseignement à caractère normatif: *De praescriptione haereticorum*, XVI, 1 s. (CChr.SL I/1, 199 s.). Sur ce sujet, quelques indications bibliographiques utiles sont données par B. KRIEGBAUM, *Kirche*, 54, n. 65.

[24] M. WOJTOWITSCH, *Papsttum*, 41, dit à juste titre à ce sujet: «Unter ihren Inhabern konnte und durfte es deshalb keine Rang-unterschiede von rechtlicher Relevanz geben».

[25] Cf. CYPRIEN, *De unitate*, IV (CChr.SL 3, 251-252). Ce texte existe en deux recensions. Sa paternité a été attribuée avec plus ou moins des voix discordantes à Cyprien selon les époques. Alors que la recension dite *Primatus Textus* (*PT*), se montre plus favorable à la primauté juridictionnelle de Pierre, l'autre recension accentue l'aspect d'égalité des pouvoirs de Pierre avec les autres apôtres: c'est la version dite *Textus Receptus* (*TR*). A ces jours, les études faites sur les deux recensions inclinent à affirmer que la double rédaction de ce chapitre est de la plume même de Cyprien, et qu'elle a été confectionnée en fonction de l'évolution des relations du primat d'Afrique avec les évêques de Rome: dans l'affaire des *lapsi*, il y a communauté des vues; tandis que dans l'affaire du baptême des hérétiques, il y a divergence des vues. Parmi les recherches qui ont examiné les recensions susmentionnées, on peut citer les études et commentaires suivants, qui sont des plus significatifs: J. CHAPMAN, «Les interpolations dans le traité de S. Cyprien sur l'unité de l'Eglise», *RBen* 19 (1902) 246-254, 357-373; 20 (1903), 26-51; H. KOCH, *Cyprian und der römische Primat. Eine Kirchen- und dogmen-geschichtliche Studie*, TU 35, Leipzig 1910, 1-174; O. PERLER, «Le "De unitate" (chap. IV-V) de saint Cyprien interprété par saint Augustin», *AugM* (1954), 835-858; M. BÉVENOT, *Saint Cyprian. De unitate chap. 4 in the Light of the Manuscripts*, AnGr 11, Roma 1937; *The Tradition of Manuscripts. A study in the Transmission of St. Cyprian's Treatises*, Oxford 1961; V. SAXER, «Autonomie africaine», 183-184; ID., «La mission», 71; J.-P.

Le point de départ de la vision cyprianique de l'*auctoritas* des apôtres est l'élection de Pierre. Celui-ci a été investi par le Seigneur avant ses collègues. Pour l'évêque de Carthage, cette investiture n'avait pour but que de fonder en l'un l'origine de l'unicité du pouvoir des apôtres[26]. L'*auctoritas* dont le Seigneur a investi Pierre constitue ainsi le point de départ ou le point de référence de l'*auctoritas* de chaque évêque. C'est dans ce sens que l'*auctoritas* de Pierre est un principe[27]. De même, la primauté de Pierre fait de lui le premier témoin de la Tradition apostolique, qui est le patrimoine commun de l'Église universelle[28]. Bien que la prééminence de Pierre ne lui accorde aucune autorité de commandement sur les autres apôtres, ses collègues, la communion avec cette instance n'est pas moins requise comme garantie d'appartenance à la vraie Église, celle fondée par Jésus-Christ[29].

Alors que d'aucuns qualifient la supériorité de Pierre par rapport à ses collègues de «plus»[30], d'autres chercheurs y voient l'expression de l'éminente compétence de l'évêque de Rome, dont l'approbation accorde

---

BRISSON, *Autonomisme*, 69.

[26] Cf. J.-P. BRISSON, *Autonomisme*, 66. Dans l'analyse qu'il fait du «principat» de l'Église de Rome dans la pensée de Cyprien, A. DEMOUSTIER, «Épiscopat et union», 358, en vient à la conclusion suivante: «L'Église de Rome est *principalis, matrix et radix*, parce que le Christ a fait de Pierre l'origine de l'unité et le signe de cette origine»; aussi A. D'ALÈS, «Ecclesia principalis», 376. Pour sa part, P. ZMIRE, «Recherches», 45, précise la conception de Cyprien: «Dans l'antériorité chronologique du pouvoir des clefs conféré à Pierre seul, lors de la confession de Césarée, [dit-il], l'évêque de Carthage voit avant tout le signe de l'unicité de l'Église et de l'épiscopat. Étant donné ces deux réalités: unicité d'une origine unique, symbolisée par Pierre et ses successeurs, qui assure la permanence de la première».

[27] A juste titre, D'ALÈS, «Ecclesia principalis», 379, parle de la primauté de Pierre comme d'un «principe permanent de l'unité dans le sacerdoce». Pour sa part, J.-P. BRISSON, *Autonomisme*, 67, dit: «C'est en ce sens [...] que l'unicité du sacerdoce trouve son principe à Rome»; aussi W. MARSCHALL, *Karthago*, 41. Dans la même optique, A. DEMOUSTIER, «Épiscopat et union», 358, commentant la doctrine de Cyprien, conclut: «Pour ce motif, l'union à Rome est un signe nécessaire de l'unité originaire».

[28] On peut trouver d'utiles considérations relatives à cette problématique dans M. WOJTOWITSCH, *Papsttum*, 41.

[29] Cf. J.-P. BRISSON, *Autonomisme*, 65; aussi G. FALBO, *Il primato*, 161; également V. SAXER, «Autonomie africaine», 215.

[30] Cette opinion est bien résumée dans la considération suivante formulée par W. Marschall: «es wird aber sehr deutlich sichtbar, daß man afrikanischerseits in Rom doch mehr gesehen hat als in der eigenen afrikanischen Kirche. Dieses "Mehr" ist freilich noch nicht genau zu bestimmen [...]». (*Karthago*, 203).

le caractère authentique à toute doctrine dogmatique[31]. Par contre, certains auteurs relèvent dans la conception cyprianique une évidente restriction de l'autorité de Pierre. Ils parlent dans ce sens de la reconnaissance de supériorité mitigée de l'*auctoritas* de Pierre[32], voire d'une préséance partielle, qui est d'ordre moral[33]. Néanmoins, les auteurs en conviennent pour affirmer à quelques nuances près, que la primauté que Cyprien reconnaît à Pierre est essentiellement d'ordre chronologique. Ils inscrivent cette préséance dans le cadre des promesses faites par le Seigneur à Pierre[34]. Il s'agit dans ce cas d'une primogéniture dont les droits conférés à Pierre sont partagés avec les autres apôtres[35].

De toutes les considérations sus-indiquées, il se dégage le constat selon lequel la conception cyprianique de la primauté (*auctoritas*) de Pierre renferme une ambiguïté intrinsèque. En effet, le primat d'Afrique affirme d'une part l'origine unique en Pierre de l'unité de l'Église universelle et des droits de l'épiscopat local; d'autre part et paradoxalement, Cyprien ne reconnaît aucune autorité de commandement à cette instance, qui fait pourtant fonction de principe[36].

1.2.3 L'*auctoritas* de chaque évêque dans son Église

Avant toute observation, notons que l'idée de l'*auctoritas* de l'évêque dans son Église est plus développée chez Cyprien que chez Tertullien[37]. La conception monarchique de l'évêque comme guide suprême de la communauté reflète la conscience que Cyprien a de la sublime majesté de l'*auctoritas* épiscopale[38]. Car, pour lui, l'évêque a été investi par Dieu comme successeur des apôtres, chef et guide de son peuple (*plebs*). Pasteur de l'Église, l'évêque est le représentant du Christ et

---

[31] Cf. *supra*, 35, n. 14.

[32] G. FALBO, *Il primato*, 143, est de ceux qui soutiennent ce point de vue: «il primato della Chiesa di Roma riconosciuto entro certi limiti»; de même P.-T. CAMELOT, «Saint Cyprien et la Primauté», 430.

[33] Cf. J. MEYENDORFF, «La primauté romaine», 467.469.

[34] Cf. P. BATIFFOL, *Le Siège apostolique*, 148; ID., *L'Église naissante*, 102; de même P. ZMIRE, «Recherches», 56.

[35] Cf. V. SAXER, «La mission», 71; ID., «Autonomie africaine», 194.

[36] A. D'ALÈS, *La théologie*, 220, formule une critique très sévère sur cette conception de Cyprien; de même J. DANIÉLOU, *Des origines*, 236; aussi M. BÉVENOT, «Épiscopat et primauté», 184.

[37] Cf. C. MUNIER, «L'autorité de l'Église», 84; de même L. CAMPEAU, «Le texte», 106.

[38] Cf. CYPRIEN, *Ep.*, 63 (CSEL 3/2, 701-716). A ce sujet, cf. J. COLSON, *L'évêque*, 30; de même T.G. RING, *Auctoritas bei Tertullian*, 95.

prêtre (*sacerdos*) du Seigneur. Dès lors, celui qui se révolte contre l'évêque se révolte contre Dieu lui-même. Aussi, les divisions schismatiques et les hérésies qui surgissent dans l'Église trouvent presque toujours leur origine dans le refus d'obéir à l'évêque. Cette conception apparaît dans la plainte que Cyprien formule contre le pape Corneille à la suite de la tentative menée par les dissidents africains de faire reconnaître leur «créature» d'évêque à Rome. A cette occasion, l'évêque de Carthage dénonce le manque d'observance des enseignements divins de la part de la communauté chrétienne comme étant la source principale de séparation d'avec l'évêque et les différentes structures de l'Église:

> Jamais en effet les hérésies n'ont surgi d'ailleurs, jamais les schismes n'ont eu une autre source: c'est toujours qu'on n'obéit pas à l'évêque de Dieu, que l'on ne songe plus qu'il n'y a dans l'Église qu'un évêque, qu'un juge, tenant pour un temps la place du Christ. Si, conformément aux enseignements divins, toute la communauté des frères lui obéissait, personne ne remuerait d'intrigues contre le sentiment du collège des évêques, personne n'oserait, après le jugement de Dieu, l'approbation du peuple, l'accord des évêques, s'établir juge non des évêques, mais de Dieu; personne ne déchirerait l'Église en rompant le lien de l'unité; personne n'aurait assez de suffisance et d'orgueil pour s'en aller au dehors fonder une nouvelle secte séparée: à moins que quelqu'un n'ait une témérité si sacrilège, un tel égarement d'esprit, qu'il pense pouvoir se passer du jugement de Dieu pour devenir évêque, alors que le Seigneur dit dans son Évangile: «Est-ce qu'on n'a pas deux passereaux pour une obole? et pourtant aucun d'eux ne tombe à terre sans la volonté de votre Père»[39].

A juste titre, commentant la plainte de Cyprien, C. Saumagne qualifie l'opposition des dissidents de «destruction de toute *auctoritas* et *potestas* — s'agissant, bien entendu, [précise l'auteur], non de celles de

---

[39] CYPRIEN, *Ep.*, 59, 5: «Neque enim aliunde haereses obortae sunt aut nata sunt schismata quam quando sacerdoti Dei non obtemperatur nec unus in ecclesia ad tempus sacerdos et ad tempus iudex vice Christi cogitatur: cui si secundum magisteria divina obtemperaret fraternitas universa, nemo adversum sacerdotum collegium quicquam moveret, nemo post divinum iudicium, post populi suffragium, post coepiscoporum consensum, iudicem se non iam episcopis sed Deo faceret, nemo discidio unitatis Christi ecclesiam scinderet, nemo sibi placens ac tumens seorsum foris haeresim novam conderet : nisi si ita est aliquis sacrilegae temeritatis ac perditae mentis ut putet sine Dei iudicio fieri sacerdotem, cum Dominus in evangelio suo dicat: nonne duo passeres asse veneunt et neuter eorum cadit in terram sine patris voluntate?». (CSEL 3/2, 671-672).

l'empereur ou du sénat, mais de celles dont Dieu a investi le "sacerdos"»[40].

A la lumière de ces indications, il apparaît clairement que Cyprien conçoit l'Église en termes de communion dont l'évêque est au centre[41]. De cette manière, la communion des fidèles avec l'évêque devient *ipso facto* la condition *sine qua non* d'appartenance à l'Église[42].

A l'intérieur de son Église, chaque évêque exerce l'*auctoritas* dont il est investi à la manière d'un fonctionnaire de l'administration romaine. Cependant, à la différence de l'agent de l'État, l'évêque n'a de comptes à rendre qu'à Dieu seul. C'est ainsi que dans la querelle baptismale, Cyprien refuse de soumettre son opinion à la censure du pontife romain de même qu'il s'abstient d'imposer son point de vue à ses collègues: «En cela, [dit-il], nous non plus nous ne prétendons faire violence ni donner de loi à personne, chaque évêque ayant toute liberté dans l'administration de son église, sauf à rendre compte à Dieu de sa conduite»[43].

En vertu de cette prérogative, Cyprien reconnaît au seul évêque régulièrement investi d'*auctoritas* et non pas à la communauté le droit de gouverner l'Église. On comprend dès lors pourquoi l'évêque de Carthage assujettit l'*auctoritas ecclesiae* à l'*auctoritas sacerdotalis*[44]. Toutefois, on doit souligner que cette prérogative de l'évêque est elle-même

---

[40] C. SAUMAGNE, *Saint Cyprien. Pape d'Afrique*, 87; de même J. COLSON, *L'évêque*, 69 s.; également J. LEBRETON, «Les écrivains chrétiens», 195.

[41] La réflexion que L. HERTLING, *Communio*, 32, développe autour de la *communio* permet de saisir la conception que Cyprien a de l'autorité de l'évêque dans son Église: «È [il s'agit de la communio] un'istituzione giuridica perchè incorporazione ed esclusione si fanno dall'autorità. L'autorità lascia lettere di comunione e decide se le lettere da fuori siano da accettarsi o meno». A. PORTIOLI, «L'episcopalismo di S. Cipriano», 14, pour sa part, met en relief une autre caractéristique du statut de l'Église de Pierre. Elle constitue un indice important de différences substantielles des structures d'autorité dans la conception cyprianique de l'égalité des pouvoirs des apôtres ou des évêques: «Le altre chiese locali, quindi, [observe l'auteur], non sono fonte di universalità, ma sono unicamente fonte di unità, attraverso il loro vescovo».

[42] Cf. CYPRIEN, *Ep.*, 66, 8: «Unde scire debes episcopum in ecclesia esse et ecclesiam in episcopo et si qui cum episcopo non sit in ecclesia non esse [...]». (CSEL 3/2, 733). A ce sujet, cf. W. MARSCHALL, *Karthago*, 29; de même L. CAMPEAU, «Le texte», 106; également B. KRIEGBAUM, *Kirche*, 46.

[43] CYPRIEN, *Ep.*, 72, 3: «Qua in re nec nos vim cuiquam facimus aut legem damus, quando habeat in ecclesiae administratione voluntatis suae arbitrium liberum unusquisque praepositus, rationem actus sui Domino rediturus». (CSEL 3/2, 778). A ce sujet, cf. T.G. RING, *Auctoritas bei Tertullian*, 95; de même L. CAMPEAU, «Le texte», 264; aussi G. BARDY, «Afrique», 301.

[44] Cf. *supra*, 39, n. 34. A ce sujet, cf. A. MANDOUZE, «Notes sur l'organisation», 201.

soumise à certaines contraintes: chaque évêque a en effet l'obligation d'observer la doctrine orthodoxe de la Tradition au risque de s'exclure lui-même de la communion ecclésiale. C'est pourquoi, les prélats défaillants, tels que les apostats, perdent le charisme de guider la communauté, et par conséquent doivent être relevés de leur ministère[45].

Alors que Tertullien montaniste distingue nettement les évêques des apôtres et partant, dénie aux évêques la pleine possession des pouvoirs apostoliques[46], Cyprien par contre considère les apôtres et les évêques comme formant une unité. Car, ils prennent tous part au même épiscopat et exercent de la même manière les mêmes pouvoirs. Pour Cyprien, l'évêque, à l'instar de l'apôtre, reçoit dans l'Église sa place officielle et garantit son *auctoritas* sur sa *Cathedra*[47]. Par conséquent, l'*auctoritas* et la *veritas* ne peuvent se trouver du côté des schismatiques ou des hérétiques. C'est pourquoi, pour rappeler à Jubaianus le droit qui revient aux seuls évêques de décider de la pratique baptismale, Cyprien dit:

> Nous avons pour nous l'autorité de l'Écriture divine, frère très cher, quand nous avançons que Dieu a réglé les choses de cette manière par une loi précise et des dispositions particulières, et que personne ne peut exercer en face des évêques et des prêtres des fonctions qui ne soient point dans ses attributions[48].

Cette conception de l'*auctoritas* de l'évêque conduit logiquement à la centralisation du gouvernement de l'Église locale sous la responsabilité de l'évêque[49]. En même temps, cette prérogative démontre la préoccu-

---

[45] Cf. *supra*, 17, 33. Sur le devoir de l'évêque de témoigner de la foi orthodoxe, A. PORTIOLI, «L'episcopalismo di S. Cipriano», 14, explicite la pensée de Cyprien autour du devoir de l'évêque en ces termes: «ma anche l'ortodossia del vescovo ha la sua importanza, perchè è logico che i fedeli potrebbero rifiutare la comunione ad un vescovo non ortodosso, il quale si sarebbe messo, automaticamente, al di fuori della comunione universale di tutti i vescovi».

[46] Cf. TERTULLIEN, *De exhortatione castitatis*, VII, 2-3 (CChr.SL I/2, 1024 s.). A ce sujet, cf. C. MUNIER, «L'autorité de l'Église», 83 s.

[47] CYPRIEN, 3, 3: «Meminisse autem diaconi debent quoniam apostolos id est episcopos et praepositos Dominus elegit, diaconos autem post ascensum Domini in caelos apostoli sibi constituerunt episcopatus sui et ecclesiae ministros». (CSEL 3/2, 471). A ce sujet, cf. T. G. RING, *Auctoritas bei Tertullian*, 97.

[48] CYPRIEN, *Ep.*, 73, 8: «Nec hoc, frater carissime, sine scripturae divinae auctoritate proponimus ut dicamus certa lege ac propria ordinatione divinitus cuncta esse disposita nec posse quemquam contra episcopos et sacerdotes usurpare sibi aliquid quod non sit sui iuris et potestatis». (CSEL 3/2, 784).

[49] A ce propos, A. PORTIOLI, «L'episcopalismo di S. Cipriano», 6, dégage un autre aspect fondamental du rôle de l'évêque, d'après la pensée cyprianique. Il dit à cet

pation qui sous-tend la doctrine ecclésiologique de Cyprien: l'unité de l'Église face aux divisions schismatiques et hérétiques[50].

1.2.4 L'*auctoritas* du concile des évêques

L'*auctoritas* du concile trouve son fondement dans la notion même de l'*auctoritas* des évêques. Car, l'*auctoritas* du concile a pour but d'exprimer la doctrine de la Tradition et de l'interpréter en assemblée des évêques, qui en sont de légitimes défenseurs[51]. La dérogation faite à la loi par le concile d'Afrique de 252, afin d'assouplir la discipline concernant les *lapsi* témoigne à coup sûr de l'*auctoritas* spéciale du concile[52].

a) *L'organisation des débats*

L'organisation et le déroulement même des débats au concile manifestent la grandeur de l'autorité de cette instance de décisions. A ce sujet, on doit souligner le fait que la composition des assemblées conciliaires en Afrique n'est pas connue par des indications solidement établies. Cependant, partant de l'analyse de certains débats, il y a lieu de reconstituer le cadre dans lequel se déroulent les discussions[53].

A bien observer les résultats des débats, il ressort que les décisions épiscopales sont prises à l'image des assemblées séculières, d'après la

---

effet: «Compito del vescovo è la conservazione della tradizione apostolica, ragione per cui l'unione col vescovo è simbolo dell'unione invisibile con Cristo»; également C. VOGEL, «Communion et Églises locales», 171.

[50] Cf. L. CAMPEAU, «Le texte», 90.

[51] Au sujet de l'identité et du rôle des évêques comme successeurs des apôtres, une éclairante mise au point est faite par P. FRANSEN, «L'autorité des conciles», 70-71: «Ceux-ci [c'est-à-dire les apôtres] furent les fondateurs de l'Église, parce qu'ils furent les témoins privilégiés de la résurrection du Christ et les oracles du Saint-Esprit qui leur fut donné pour achever l'oeuvre. Les évêques ne sont nullement des fondateurs. L'Église aussi est "gardienne et maîtresse de la Parole". [...] Ils conservent le dépôt révélé. Leur infaillibilité, et donc aussi leur autorité, se limite à interpréter d'une façon nouvelle, adaptée aux circonstances et aux nécessités de l'heure, mais sans les trahir, les vérités révélées par le Christ et confirmées par son Esprit à l'Église apostolique».

[52] Cf. *supra*, 17, n. 32. En examinant la réflexion que L. CAMPEAU, «Le texte», 89-90, fait de la décision du concile d'alléger la peine des *lapsi*, il y a lieu de faire ressortir le poids que Cyprien reconnaît à l'*auctoritas* du concile des évêques pour résister à n'importe quelle revendication. L'auteur dit: «Cyprien n'est pas sans savoir que le chef du schisme romain [il s'agit de Novatien] peut invoquer une tradition en faveur de sa discipline pénitentielle, qui n'est donc pas absolument une innovation».

[53] Le cadre d'organisation des débats conciliaires au temps de Cyprien est ébauché par J. GAUDEMET, *Église et cité*, 116, et au temps du primat Aurelius par C. MUNIER, «Canons africains», 5-10.

procédure du *consilium* du sénatus-consulte[54]. Dans le concile, le président prend la parole au début de la séance. Il fait ensuite un rapport (*relatio*), et à la fin chaque évêque formule son avis (*sententia*). Le primat intervient en dernier lieu et se prononce à titre personnel[55]. Une telle procédure constitue, semble-t-il, un indice évident, qui témoigne de l'égalité du pouvoir entre les évêques, surtout à l'époque de Cyprien, où il n'existe pas encore de hiérarchie ecclésiastique, à même de s'imposer à tous les évêques. Cependant, considérant l'autorité dont est investi le primat dans l'Église d'Afrique, on est fondé de soutenir la thèse selon laquelle l'intervention du président est destinée à orienter les conclusions de l'assemblée dans une direction bien déterminée[56].

En général, dans le concile, les décisions sont prises dans l'unanimité. La valeur du jugement collectif découle en fait de l'unanimité de ceux qui le formulent, et non pas nécessairement du nombre des participants[57]. Car, les décisions conciliaires n'engagent en principe que les

---

[54] Cf. J. GAUDEMET, *L'Église dans l'empire*, 218; de même C. MUNIER, «L'autorité de l'Église», 79 s.; également *Les conciles oecuméniques*, II/1, XIII-XIV; aussi T.G. RING, *Auctoritas bei Tertullian*, 103; de même C. VOGEL, «Communion et Églises locales», 177.

[55] Cf. G. BARDY, «Afrique», 302; de même J. GAUDEMET, *L'Église dans l'empire*, 251.

[56] Les auteurs apportent quelques arguments éclairants à ce sujet. C'est le cas de Y.M.-J. CONGAR, «La collégialité de l'épiscopat», 404, qui dit: «Cette époque présente des affirmations très fortes sur la position des pasteurs (le mot "hiérarchie" n'existe pas encore)»; de même J.A. FISCHER, «Das Konzil zu Karthago», 10; aussi L. CAMPEAU, «Le texte», 102. En ce qui regarde la suprématie de l'autorité primatiale en Afrique, J.-L. MAIER, *L'épiscopat de l'Afrique*, 246, souligne le fait que jusqu'au milieu du IIIe siècle, Cyprien n'est considéré que comme un *primus inter pares* tout en jouissant d'une prééminence d'honneur spéciale. C'est par la suite que «le droit reconnut à l'évêque de Carthage, [précise l'auteur], une certaine primauté par rapport à l'ensemble de l'épiscopat africain». V. MONACHINO, «Le origini del donatismo», 97, juge pour sa part anormale une telle organisation. Dans la même optique, H. LECLERCQ, «Afrique», 584, voit un danger dans la percée de l'autorité du primat d'Afrique qui, avec le temps, s'est transformée en une sorte de «patriarcat indépendant dont les sentences étaient sans appel, [constate-t-il]; c'est contre cet état de choses ou contre la possibilité de son retour qu'ont été portés des décrets tels que le canon 17 du XVIe concile de Carthage», conclut l'auteur. Pour expliquer la prééminence de l'évêque de Carthage sur ses collègues, J. GAUDEMET, *Église et cité*, 116, met en évidence le prestige du siège de Carthage, en tant qu'il est la métropole d'Afrique. Quant à M. WOJTOWITSCH, *Papsttum*, 39, la suprématie de Cyprien sur ses collègues relève de sa forte personnalité; de même V. SAXER, «La mission», 66. Sur l'influence de l'avis du primat, cf. H.J. SIEBEN, *Die Konzilsidee*, 478-481; également V. SAXER, «La mission», 67; aussi G. BARDY, «Afrique», 302.

[57] Cf. C. VOGEL, «Communion et Églises locales», 174.

membres qui les ont établies, étant donné que les sentences arrêtées ne s'imposent pas à d'autres évêques, qui sont titulaires d'un charisme identique[58]. Les membres absents ne sont concernés par les dispositions arrêtées que par la procédure de réception libre. Il en va de même des résultats des délibérations conciliaires: ils sont communiqués aux Églises de manière indépendante et spontanée[59]. Aussi, l'inertie constatée dans la mise en application de certaines décisions conciliaires s'explique-t-elle dans une certaine mesure par le fait que dans l'Antiquité, on ne dispose pas de théories cohérentes concernant la représentation ou les effets de participation au concile[60]. De même qu'à partir du IVe siècle l'idée prévaut que les décisions d'un concile engagent la totalité ou au moins une grande partie de l'Église[61], autant les décisions ecclésiastiques d'une certaine importance (*causae maiores*) doivent toujours être prises au sein de l'assemblée conciliaire, à l'instar des normes relatives à l'excommunication[62].

Eu égard au système d'autonomie qui régit les Églises dans l'Antiquité, les considérations exposées ci-dessus démontrent combien était latent et laborieux le processus de fixation de l'autorité censoriale de l'évêque de Rome pour ratifier les décisions conciliaires, même celles à caractère œcuménique, comme les décrets de Nicée (325)[63].

b) L'«*unanimitas*» et la «*concordia*»

L'importance que l'ecclésiologie africaine accorde à l'unanimité des participants aux assemblées conciliaires révèle l'aspect essentiel de la collégialité épiscopale. Car, l'*unanimitas* ou la *concordia*, qui doivent

---

[58] Cf. J. GAUDEMET, *L'Eglise dans l'empire*, 216.

[59] Cf. G. BARDY, «Afrique», 301; de même C. VOGEL, «Communion et Églises locales», 173.

[60] Cf. J. GAUDEMET, *Église et cité*, 45; ID., *L'Eglise dans l'empire*, 216; aussi W. DE VRIES, *Orient et Occident*, 14. Cependant, en considérant l'attitude de modération dont Cyprien fait montre dans les assemblées conciliaires qu'il a présidées, H. LECLERCQ, «Afrique», 584, suppose qu'à cette époque, il existait le régime représentatif, au moins à titre transitoire.

[61] Cf. J. GAUDEMET, *Église et cité*, 45.

[62] Cette remarque trouve une meilleure illustration dans la considération formulée par D.E. LANNE, «Églises locales», 299, au sujet des normes de Nicée: «On notera seulement, [dit l'auteur], que les Pères de Nicée attachent la plus grande importance à ce que les décisions majeures concernant la vie de l'Église — déposition d'un clerc ou excommunication — ne soient pas laissées à l'arbitrage d'un juge, mais soient prises collégialement par les évêques d'une province»; également G. D'ERCOLE, «Communio interecclesiastica», 41.

[63] Cf. W. DE VRIES, *Orient et Occident*, 14.

régner entre les évêques ne consistent pas seulement à légiférer de manière univoque dans des moments difficiles. Mais, cette entente doit encore demeurer de façon permanente entre les évêques sur la base de paix et de charité. De cette façon, l'unanimité ou la concorde garantissent l'autorité des décisions épiscopales. Dès lors, l'on comprend pourquoi Cyprien, le primat d'Afrique, s'étant assuré de la légitimité de l'élection du pape Corneille, recommande à ses collègues d'Afrique de la reconnaître sans réserve, comme il résulte de la lettre de clarification que le prélat africain écrit au pontife romain:

> les réponses de nos collègues qui nous ont écrit de Rome, le rapport et le témoignage de nos évêques Pompeius, Stephanus, Caldonius et Fortunatus ont fait connaître à tous l'origine indiscutable et la légitimité de votre ordination, et l'intégrité honorable de votre vie. Nous nous y conformerons pratiquement, les autres évêques et moi, avec fidélité et fermeté, et nous nous y tiendrons dans l'unanimité de l'Église catholique[64].

L'unanimité des membres revêt les sentences issues du concile d'un caractère normatif, voire irrévocable. L'unanimité manifeste ainsi l'assistance du Saint-Esprit[65]. Ainsi, pour motiver le pape Étienne Ier à proclamer la destitution des évêques espagnols et gaulois accusés d'être en communion avec les hérétiques et les schismatiques, Cyprien évoque la décision prise précédemment dans l'unanimité conciliaire:

> Telle a toujours été notre manière de voir à tous, en tous lieux. Nous ne pouvions, en effet, être d'avis différents puisque nous n'avions tous qu'un même esprit. Et voilà pourquoi il est manifeste que celui-là n'est pas vraiment animé par l'Esprit Saint, qui n'a pas les mêmes sentiments que les autres[66].

---

[64] CYPRIEN, *Ep.*, 48, 4: «ut ex rescriptis collegarum nostrorum qui ad nos litteras inde fecerunt et ex relatione ac testimoniis coepiscoporum Pompei et Stephani et Caldoni ac Fortunati ordinationis tuae et origo necessaria et ratio iusta et gloriosa quoque innocentia omnibus nosceretur. Quod ut simul cum ceteris quoque collegis nostris stabiliter ac firmiter administremus adque [ut] catholicae ecclesiae concordi unanimitate teneamus [...]». (CSEL 3/2, 608). A ce sujet, cf. J.-P. BRISSON, *Autonomisme*, 54; aussi J. GAUDEMET, *L'Église dans l'empire*, 218.

[65] Cf. R. EVANS, *One and Holy*, 19. R. ENO, «Pope», 191, note le caractère commun de cette conception particulière de l'*auctoritas* du concile dans l'antiquité, spécialement chez les Pères de l'Église: «In the patristic view, the Council is authoritative because the Word of God is»; de même, W. DE VRIES, *Orient et Occident*, 15-16.

[66] CYPRIEN, *Ep.*, 68, 5: «Quam rem omnes omnino ubique censuimus. Neque enim poterat esse apud nos sensus diversus, in quibus unus est spiritus: et ideo manifestum est eum spiritus sancti veritatem cum ceteris non tenere quem videmus diversa

A cause de son *auctoritas*, le concile se révèle en dernière analyse comme la plus haute autorité juridique de l'Église, c'est-à-dire, comme le fait remarquer G. Bardy, «l'organe régulier de l'autorité et le dépositaire du pouvoir»[67]. C'est pourquoi, bien que les décisions d'un concile même plénier soient assujetties à l'autorité des Saintes Ecritures[68], néanmoins le concile s'avère être l'instance suprême et privilégiée d'expression de l'*auctoritas* épiscopale. Car, chaque évêque y exerce les prérogatives dont il est investi par la suggestion et l'approbation du canon conciliaire[69]. A cette fin, Cyprien affirme que les évêques réunis en concile ont le pouvoir d'édicter des décrets (*sententia, consilium*), qui ont force de loi, étant donné qu'elles sont fondées sur les recommandations divines (*magisteria divina*), qui sont elles-mêmes l'expression de l'*auctoritas* de Dieu[70]. De par l'autorité divine, découle l'obligation de se soumettre aux décisions conciliaires qui, à cause de leur caractère moral, visent à lutter contre les hérésies en faveur de l'unité de l'Église[71]. On comprend dès lors pourquoi, la participation de l'évêque au concile ne constitue pas seulement un droit, mais elle est aussi un devoir de collégialité épiscopale[72].

2. La dynamique du binôme *veritas - consuetudo*

Dans la présente section du chapitre, on va tenter d'établir un rapport entre les éléments *veritas* et *consuetudo* dont l'autorité a été invoquée dans la querelle baptismale. Pour ce faire, on procédera par l'analyse des catégories binomiales auxquelles l'épiscopat africain fait constamment appel dans sa praxis de recours à Rome. En d'autres termes, il s'agit de mettre en relief dans une pespective plus large l'argumentation sur laquelle les évêques d'Afrique s'appuient pour affirmer la légitimité des décisions de leur concile contre les revendications d'autorité de commandement que brandit l'évêque de Rome.

Le rapport existant entre les catégories binomiales *veritas* et *consuetudo* est traité dans deux volets, dont voici l'énoncé. Dans le

---

sentire». (CSEL 3/2, 748).
[67] G. BARDY, «Afrique», 303.
[68] Cf. AUGUSTIN, *De baptismo*, II, 4, 5; IV, 2, 3 (CSEL 51, 179; 300).
[69] Cf. C. MUNIER, «"Sollicitudo"», 458.
[70] CYPRIEN, *Ep.*, 26, 1: «Quae res cum omnium nostrum consilium et sententiam spectet, praeiudicare ego et solum mihi rem communem vindicare non audeo». (CSEL 3/2, 539).
[71] Cf. J. GAUDEMET, *L'Église dans l'empire*, 217.
[72] Cf. J. GAUDEMET, *Église et cité*, 118.

premier volet, on analyse en deux étapes les caractéristiques des catégories binomiales. En premier lieu, la *veritas* est présentée en état d'opposition à la *consuetudo*. Ce rapport se dégage à partir de la pratique baptismale romaine jugée dans son aspect de tradition purement humaine. Vient en second lieu un sommaire exposé de la théorie de l'assistance du Saint-Esprit, qui a pour but d'éclairer la position africaine, qui s'appuie sur l'autorité des décisions conciliaires. En revanche, dans le second volet, on s'efforce d'analyser à travers une brève réflexion, l'acception du terme *error* que Cyprien attribue à la justification avancée par le pape Étienne Ier et qui est qualifiée à dessein de *praesumptio*[73].

2.1 *Caractéristiques*

2.1.1 La *veritas*: objet de l'unanimité conciliaire

D'après le principe cyprianique de collégialité épiscopale, la vérité est l'objet du consensus conciliaire. Le concile constitue à cet effet, dans la recherche de la vérité l'instance qui sanctionne avec l'appui des Saintes Écritures la légitimité de toute décision ecclésiastique. Dans ce sens, Cyprien, écrivant à Jubaianus au sujet de la réitération du baptême des hérétiques, invoque en des termes adéquats l'autorité des Saintes Écritures sur le concile qui a arrêté cette décision:

> Maintenant encore, nous venons de nous réunir au nombre de 71 évêques tant d'Afrique que de la Numidie, et nous avons confirmé notre manière de voir, décidant qu'il n'y a qu'un baptême, qui est dans l'Église catholique, et que, par conséquent, nous ne rebaptisons pas, mais baptisons ceux qui, venant d'une eau adultère et profane, doivent être lavés de nouveau et sanctifiés par la véritable eau de salut [...]. Nous avons pour nous l'autorité de l'Écriture divine, frère très cher, quand nous avançons que Dieu a réglé les choses de cette manière par une loi précise et les dispositions particulières, et que personne ne peut exercer en face des évêques et des prêtres des fonctions qui ne soient point dans ses attributions[74].

---

[73] CYPRIEN, *Ep.*, 74, 3: «quae ista obstinatio est quaeve praesumptio humanam traditionem divinae dispositioni anteponere nec animadvertere indignari et irasci Deum, quotiens divina praecepta soluit et praeterit humana traditio [...]». (CSEL 3/2, 801).

[74] CYPRIEN, *Ep.*, 73, 1. 8: «Et nunc quoque cum in unum convenissemus tam provinciae Africae quam Numidiae episcopi numero septuaginta et unus, hoc idem denuo sententia nostra firmamus statuentes unum baptisma esse quod sit in ecclesia catholica constitutum ac per hoc non rebaptizari sed baptizari a nobis quicumque ab adultera et profana aqua venientes abluendi sint et sanctificandi salutaris aquae veritate

La conception de la vérité comme objet du consensus conciliaire est fondée sur deux éléments complémentaires. Il s'agit d'une part du principe de l'«*unanimitas*», d'après lequel toute décision ecclésiastique ne peut être contraignante que si elle fait l'objet d'un consentement le plus large[75]; d'autre part, l'authenticité de la vérité se vérifie à travers l'appartenance à l'Église, sous-entendu la communion avec l'évêque. Car, c'est cette communion qui confère la légitimité d'exercer les droits et de jouir de privilèges de l'Église. En effet, c'est dans l'unité de l'Église que se trouve la vérité qui, dans le contexte africain des schismes et des divisions, est offusquée par l'absence de paix[76].

2.1.2 L'assistance du Saint-Esprit: garantie des décisions conciliaires

L'examen du différend qui a opposé l'épiscopat africain au pape Étienne Ier démontre dans plus d'un point que la résistance à l'évêque de Rome est fondée sur l'autorité des décisions prises en assemblée conciliaire. Ces décisions sont considérées comme suscitées par l'inspiration du Saint-Esprit.

L'appel à l'assistance du Saint-Esprit dans les plaidoiries africaines a essentiellement pour but de défendre la doctrine orthodoxe de la Tradition. Pour mieux appréhender la conception des Africains à ce sujet, il est opportun de faire remarquer l'élément suivant, qui est au centre de leur préoccupation.

La sollicitude que les Africains manifestent à l'égard de la doctrine de la Tradition est justifiée par le souci de préserver inaltéré le patrimoine qu'ils ont reçu par tradition[77]. L'innovation même, dont Cyprien se défend dans la querelle baptismale découle de cette vision, comme le montrent certaines déclarations tirées de la correspondance épistolaire

---

[...]. Nec hoc, frater carissime, sine scripturae divinae auctoritate proponimus ut dicamus certa lege ac propria ordinatione divinitus cuncta esse disposita nec posse quemquam contra episcopos et sacerdotes usurpare sibi aliquid quod non sit sui iuris et potestatis». (CSEL 3/2, 779.784).

[75] Cf. V. SAXER, «La mission», 68. Dans ce sens, A. AUDOLLENT, *Carthage romaine*, 492, observe que les décisions prises au concile de Carthage de 253 sur le baptême des enfants démontrent qu'on sentait le besoin d'une entente universelle.

[76] Cf. CYPRIEN, *Ep.*, 44, 3: «Quibus semel responsum dedimus nec mandare desistimus ut perniciosa dissensione et concertatione deposita inpietatem esse sciant matrem deserere et agnoscant adque intellegant episcopo semel facto et collegarum ac plebis testimonio et iudicio conprobato alium constitui nullo modo posse : proinde si pacifice sibi ac fideliter consuluisse, si se adsertores evangelii et Christi esse confitentur, prius ad ecclesiam revertantur». (CSEL 3/2, 599). A ce sujet, cf. T.G. RING, *Auctoritas bei Tertullian*, 96; de même J.-P. BRISSON, *Autonomisme*, 52 .

[77] Cf. *infra*, 78, n. 94.

du primat d'Afrique. Ainsi, dans la lettre qu'il écrit à Jubaianus, Cyprien dit:

> Chez nous, au contraire, ce n'est pas une opinion récente ou nouvelle, qu'il faille baptiser ceux qui viennent de l'hérésie à l'Église. Il y a de longues années (c'était sous l'épiscopat d'Agrippinus, de sainte mémoire) des évêques réunis en grand nombre en ont ainsi décidé; et depuis lors jusqu'à ce jour des milliers d'hérétiques dans nos provinces, revenant à l'Église, n'ont pas dédaigné ni fait difficulté de se conformer à cette discipline, mais plutôt ont compris qu'il était bien, et ont accepté de grand coeur, de recevoir la grâce du bain de vie et du baptême de salut[78].

De même, en s'adressant au pape Étienne Ier, Cyprien justifie clairement la décision africaine de réitérer le baptême conféré chez les hérétiques par le souci de préserver l'unicité du sacrement de l'Église:

> Nous avons donc décidé que ceux qui ont été immergés hors de l'Église, et souillés d'une eau profane, quand ils viennent à nous et à l'Église qui est une, devaient être baptisés, parce que c'est trop peu de leur imposer la main pour qu'ils reçoivent le Saint-Esprit, s'ils ne reçoivent aussi le baptême de l'Église [...][79].

La vision cyprianique de l'assistance du Saint-Esprit apparaît dans toute sa rigueur dans l'exhortation d'un membre du mémorable concile, qui s'est réuni à Carthage, le 1er septembre 256. Dans son intervention, ce Père conciliaire invite le pape Étienne Ier à abandonner la pratique de non rebaptiser qui a cours dans l'Église romaine pour adhérer à la tradition africaine, car elle a été décidée dans l'unanimité conciliaire[80].

---

[78] CYPRIEN, *Ep.*, 73, 3: «Apud nos autem non nova aut repentina res est ut baptizandos censeamus eos qui ab haereticis ad ecclesiam veniunt, quando anni sint iam multi et longa aetas ex quo sub Agrippino bonae memoriae viro convenientes in unum episcopi plurimi hoc statuerint adque exinde in hodiernum tot milia haereticorum in provinciis nostris ad ecclesiam conversi non aspernati sint neque cunctati, immo et rationabiliter et libenter amplexi sint, ut lavacri vitalis et salutaris baptismi gratiam consequerentur». (CSEL 3/2, 780).

[79] CYPRIEN, *Ep.*, 72, 1: «eos qui sunt foris extra ecclesiam tincti et apud haereticos et schismaticos profanae aquae labe maculati, quando ad nos adque ad ecclesiam quae est una venerint, baptizari oportere, eo quod parum sit eis manum inponere ad accipiendum spiritum sanctum, nisi accipiant et ecclesiae baptismum [...]». (CSEL 3/2, 775).

[80] Cf. *Sent. episcop.*, XXX: «Itaque veritate manifestata cedat consuetudo veritati, ut etsi in praeteritum quis in ecclesia haereticos non baptizat, nunc baptizare incipiat». (CSEL 3/1, 448). Sur la participation de toute la chrétienté africaine, c'est-à-dire les clercs et les laïcs au concile du 1er septembre 256, cf. J.A. FISCHER, «Das Konzil zu Karthago», 10; de même L. DUQUENNE, *Chronologie*, 26; aussi V. SAXER, «La mission», 67.

A ce titre, la pratique africaine est présentée comme étant l'expression même de la vérité. Aussi les évêques d'Afrique sont-ils convaincus d'agir dans la légitimité parce qu'ils décident sur la base des critères qui sont ceux de la Tradition de l'Église universelle, à savoir la foi catholique, c'est-à-dire la doctrine orthodoxe et les préceptes divins sur lesquels doit s'appuyer tout débat engagé dans le concile. On retrouve ces éléments comme des critères de censure dans la lettre que Cyprien écrit à son collègue africain Caldonius, au sujet de la consultation qu'il a reçue de la part de certains évêques concernant la discipline à observer à l'égard des *lapsi*:

> et ils nous ont répondu, [dit Cyprien], qu'ils jugeaient comme nous, conformément à la foi catholique. Vous voudrez bien le faire savoir à nos collègues, autant que vous le pourrez, afin que nous ayons unité de conduite et unanimité de sentiments, selon le précepte de Notre-Seigneur[81].

Si l'on considère l'usage de réitérer le baptême des hérétiques tel qu'il se dégage des déclarations susmentionnées de Cyprien, il apparaît nettement que le primat d'Afrique, conscient de la nouveauté qui s'est introduite dans son Église[82], défend cette pratique non pas comme une tradition instituée de manière abusive, c'est-à-dire avec l'intention de s'opposer à l'évêque de Rome. Bien au contraire, l'autorité du concile antérieur à laquelle Cyprien fait appel démontre, semble-t-il, le souci du primat d'Afrique de sauvegarder dans la pureté le patrimoine ecclésiastique reçu comme un héritage. C'est ainsi qu'en défendant la tradition africaine, Cyprien ne revendique pas contre le pape Étienne Ier un autonomisme sectariste. Au contraire, il n'a en vue que la vérité qui est en cause[83]. La présente interprétation, cependant qu'elle exprime la dimension universaliste de l'ecclésiologie cyprianique, — celle que les donatistes ont par manque d'esprit de discernement abandonnée —, prélude en même temps à la thèse de légitimité de diverses traditions ecclésiastiques, comme ce fut le cas, selon toute vraisemblance, avant l'avènement du pape Étienne Ier[84].

---

[81] CYPRIEN, *Ep.*, 25: «et rescripserunt se quoque nobiscum in eodem consilium secundum catholicum fidem stare. Quod ipsum tu etiam ad collegas nostros quos potueris transmittes, ut apud omnes unus actus et una consensio secundum Domini praecepta teneatur». (CSEL 3/2, 538). Sur Caldonius, cf. J.-L. MAIER, *L'épiscopat de l'Afrique*, 272.

[82] Cf. G. BAVAUD, «Notes complémentaires», BAug 29, 598.

[83] Cf. J.-P. BRISSON, *Autonomisme*, 207.

[84] C'est dans ce sens que M. WOJTOWITSCH, *Papsttum*, 46, fait remarquer la situation des Églises avant l'avènement du pape Etienne Ier, en ces termes: «Jede der

CHAP. II: ÉLÉMENTS CONSTITUTIFS DU POUVOIR ÉPISCOPAL 75

En fondant l'usage africain de réitérer le baptême sur l'impulsion du Saint-Esprit[85], Cyprien se voit bien en droit et dans l'obligation de défendre une tradition vivante, qu'il a héritée dans son Église. Étant donné la nature de l'instance qui l'a approuvée, c'est-à-dire les conciles convoqués à Carthage par Agrippinus et Cyprien lui-même, la décision de rebaptiser les hérétiques qui a été établie dans l'unanimité épiscopale est présentée comme l'expression même de la vérité[86]. Par contre, c'est, d'une part, le refus persistant du pape Étienne Ier de réitérer le baptême des hérétiques qui est jugé comme une attitude qui donne lieu à l'innovation. En fait, c'est le sens qui découle de l'argumentation même de Cyprien qui, dans l'optique de l'engagement pour la défense de l'utilité de l'Église, se révèle comme une exhortation visant à amener le pontife romain à se rétracter:

Parteien tolerierte offenbar die abweichende Praxis der anderen». Pour sa part, H. MAROT, «Décentralisation structurelle», 19, explique la diversité des traditions ecclésiastiques «en fonction d'une pluralité d'organisation inscrite dans la géographie et l'histoire [...]».

[85] Cf. CYPRIEN, *Ep.*, 57, 5: «Ne igitur ore nostro, quo pacem negamus, quo duritiam magis humanae crudelitatis quam divinae et paternae pietatis opponimus, oves nobis commissae a Domino reposcantur, placuit nobis sancto spiritu suggerente et Domino per visiones multas et manifestas admonente, ut quia hostis nobis imminere praenuntiatur et ostenditur, colligere intra castra milites Christi et examinatis singulorum causis pacem lapsis dare, immo pugnaturis arma suggerere». (CSEL 3/2, 655).

[86] Cf. CYPRIEN, *Ep.*, 30, 5: «quoniam nec firmum decretum potest esse quod non plurimorum videbitur habuisse consensum». (CSEL 3/2, 553). Les témoignages rapportés ci-dessous corroborent l'interprétation qu'on fait ici de l'assistance du Saint-Esprit. D'une part, J.N. BAKHUIZEN, «Traditio im theologischen Sinn», 68, lance une réflexion qui montre qu'en s'appuyant sur l'autorité des décisions issues du consensus conciliaire, Cyprien reste bien fidèle à la ligne de la tradition de l'Église antique: «[...]. Das ist einmal die kirchliche Lehre der 'assistentia Spiritus sancti', die beruht auf einem anderen Wort in Johannesevangelium: vom Geist der Wahrheit, der uns in aller Wahrheit leiten wird (16: 13)». D'autre part, J. DANIÉLOU, *Des origines,* 233, fait remarquer que «la position de Cyprien apparaît comme la position commune de l'Église». Dans une certaine mesure, on peut aussi évoquer l'assistance du Saint-Esprit dans la décision prise par les évêques d'Afrique de destituer l'évêque Marcien d'Arles, comme l'a si bien noté J. Lebreton, d'après qui, cette sentence est «nécessairement assurée par la commune possession du Saint-Esprit». («Les écrivains chrétiens», 199). Par ailleurs, B.C. BUTLER, *L'idée de l'Église*, 97, souligne quant à lui l'actualité de la doctrine baptismale défendue par Cyprien. Pour l'auteur, jusqu'à ce jour, cette vision n'a guère évolué: «Dans tout ceci, [affirme l'auteur], les idées de Cyprien représentent simplement la tradition générale de l'antiquité chrétienne au sujet du baptême, tradition qui, d'ailleurs, est toujours actuelle».

Voilà, frère très cher, [ainsi Cyprien écrit au pape Étienne Ier], ce que, en raison du respect et des égards que nous avons réciproquement et de notre sincère amitié, nous avons cru devoir porter à votre connaissance, pensant bien que votre zèle pour la religion et la sincérité de votre foi vous feront agréer des déclarations sincères et qui tendent au bien de la religion[87].

D'autre part, la rebuffade que le pape Étienne Ier a réservée aux émissaires africains qui se sont rendus à Rome et la menace de rupture de communion qui s'en est suivie, — ce que déplore amèrement l'évêque Firmilien de Césarée[88] —, autorisent Cyprien à qualifier d'erreur l'usage baptismal romain. Car, en menaçant les Africains d'excommunication, le pontife romain traite ceux-ci comme des schismatiques ou des hérétiques[89]. Partant, il ne reconnaît pas en eux la présence du Saint-Esprit. En effet, dans la tradition ecclésiale antique, la pratique d'hospitalité et la célébration commune de l'eucharistie constituent non seulement la manifestation suprême, mais encore le gage de communauté de foi, qui donne droit au partage des biens du patrimoine ecclésial[90].

---

[87] Cf. CYPRIEN, *Ep.*, 72, 3: «Haec ad conscientiam tuam, frater carissime, et pro honore communi et pro simplici dilectione pertulimus, credentes etiam tibi pro religionis tuae et fidei veritate placere quae et religiosa pariter et vera sunt». (CSEL 3/2, 777).

[88] Cf. CYPRIEN, *Ep.*, 75, 25: «Haec apostoli mandata et monita salutaria quam diligenter Stephanus implevit, humilitatem sensus et lenitatem primo in loco servans. Quid enim humilius aut lenius quam cum tot episcopis per totum mundum dissensisse, pacem cum singulis vario discordiae genere rumpentem, modo cum orientalibus, quod nec vos latere confidimus, modo vobiscum qui in meridie estis, a quibus legatos episcopos patienter satis et leniter suscepit ut eos nec ad sermonem saltem colloquii communis admitteret, adhuc insuper dilectionis et caritatis memor praeciperet fraternitati universae ne quis eos in domum suam reciperet, ut venientibus non solum pax et communio sed et tectum et hospitium negaretur. Hoc est servasse unitatem spiritus in coniunctionem pacis, abscidere a caritatis unitate et alienum per omnia fratribus facere et contra sacramentum et vinculum pacis furore discordiae rebellare. Apud talem potest esse unum corpus et unus spiritus, apud quem fortasse ipsa anima una non est sic lubrica et mobilis et incerta?». (CSEL 3/2, 826).

[89] Le terme «hérétique» est à entendre ici dans le sens que L. CAMPEAU, «Le texte», 89, n. 57, relève dans le langage cyprianique: «sont pour lui [c'est-à-dire Cyprien] hérétiques, [observe l'auteur], ceux qui introduisent, non seulement des doctrines nouvelles, mais aussi une discipline non approuvée».

[90] La conclusion qui ressort de l'analyse de G. D'ERCOLE, «Communio interecclesiastica», 31, résume bien la vision ecclésiologique ancienne: «da questi elementi deriva il diritto di esser considerati cristiani»; de même L.-M. DEWAILLY, «Communio-communicatio», 50; aussi P.C. BORI, «L'unité de l'Église», 60; Y.M.-J. CONGAR, «De la communion», 232.

De même, pour donner davantage du prix à son opinion, Cyprien dévoile son souci de préserver l'unicité du sacrement de l'Église dans une formule antithétique qui dénote clairement sa conviction d'être dans la vérité: «comme si celui-là innovait, [dit-il], qui, restant fidèle à l'unité, réclame pour l'Église unique un unique baptême, et non pas plutôt celui qui, oubliant l'unité, use du mensonge d'une ablution profane»[91].

En observant de plus près l'argumentation de Cyprien dans la controverse baptismale, il résulte que le concile est à tous égards l'instance qui interprète la doctrine de l'Église de manière la plus authentique. Ainsi, les mesures issues de ce forum sont considérées comme étant l'expression de la vérité qui, elle-même, est garantie par l'assistance du Saint-Esprit[92].

2.2 La valeur de la «traditio» de l'Église de Rome

2.2.1 Notion de *traditio*

Rappelons avant tout que la conception cyprianique de la *traditio* s'inscrit en filigrane dans la tradition ecclésiologique d'Afrique. Il résulte en effet que le terme *traditio* comporte chez Cyprien la même connotation que chez Tertullien. Les aspects essentiels que les auteurs dégagent du concept de *traditio* dans le langage «tertullinien» autorisent ce rapprochement sémantique. Les chercheurs mettent en effet en évidence les nuances que l'évêque de Carthage établit sur les sources d'autorité auxquelles les parties en lice ont recours dans la querelle baptismale. Il s'agit de la Tradition et de la coutume[93]. D'après l'étude faite par R. Braun, le terme *traditio* signifie une doctrine communiquée

---

[91] CYPRIEN, *Ep.*, 74, 2: «quasi is innovet qui unitatem tenens unum baptisma uni ecclesiae vindicat, et non ille utique qui unitatis oblitus mendacia et contagia profanae tinctionis usurpat [...]». (CSEL 3/2, 800).

[92] Deux points de vue d'auteurs nuancent l'autorité que Cyprien reconnaît au concile. Alors que d'une part, C. SAUMAGNE, *Saint Cyprien. Pape d'Afrique*, 121, souligne l'originalité de la conception cyprianique de l'autorité des décisions conciliaires, R. EVANS, *One and Holy*, 63, par contre, fait remarquer que l'appel à la vérité issue du concensus conciliaire qui est invoquée dans la controverse baptismale constitue un pur manège utilisé par Cyprien pour défendre l'autonomie de l'Église d'Afrique.

[93] Pour donner plus de clarté à l'exposé, nous avons adopté dans la présente dissertation une double transcription du terme *traditio*. Lorsque *traditio* signifie la doctrine qui s'origine des Saintes Écritures ou des apôtres, elle est transcrite avec la lettre *T* (en majuscule). Par contre, lorsque le terme *traditio* est entendu comme coutume ou usage purement humain, on le transcrit avec l'initiale *t* (en minuscule).

et qui, d'une manière particulière, «met en relief l'idée de transmission ininterrompue à partir de l'auteur de la révélation»[94]. Cette forme de tradition est la Tradition apostolique qui, à côté des Saintes Écritures, constitue le patrimoine commun et l'héritage de l'Église universelle[95]. En outre, cette forme de tradition est la source principale d'autorité de l'Église[96].

Par contre, une seconde acception du terme *traditio* révèle que celui-ci est interchangeable avec *consuetudo* ou *observatio*. Deux témoignages complémentaires prouvent l'équivalence de ces concepts. D'abord, celui de R. Braun. Ce dernier met en lumière l'aspect spécifique de *traditio*, comme étant «un ensemble d'usages, de coutumes reçus dans l'Église, mais qui n'ont pas l'autorité de l'Écriture»[97]. C. Munier, pour sa part, en comparant la *traditio* latine avec la *paradosis* grecque, tels que ces concepts se retrouvent chez Tertullien, expose le double sens qu'il convient d'accorder à la tradition cyprianique. Il s'agit du processus qui consiste à «transmettre à la postérité par voie d'enseignement, quelquefois au sens actif de la transmission elle-même, mais le plus souvent au sens objectif passif, pour désigner ce qui est transmis par elle, une doctrine, un enseignement»[98].

2.2.2 L'*error* de la *consuetudo* de l'Église de Rome

a) *Divergence de vues*

En refusant de reconnaître la tradition africaine de réitérer le baptême des hérétiques, il ne fait pas l'ombre d'un doute que le pape Étienne Ier veut soumettre cette pratique à la censure de son autorité. Pour ce faire, le pape exige que les Églises observent et se conforment à la pratique en vigueur dans l'Église de Rome, de peur d'innover en créant des traditions illégitimes[99]. L'évêque de Carthage de son côté se prévaut de l'autorité des Saintes Écritures pour justifier la pratique qu'il a reçue par tradition. C'est dans cette divergence d'approches que Cyprien qualifie

---

[94] R. Braun, *Deus Christianorum*, 428; de même C. Munier, «La tradition apostolique», 176.

[95] Cf. C. Munier, «La tradition apostolique», 178.

[96] Cf. Y.M.-J. Congar, *L'Église*, 22; de même A. Blaise, *Dictionnaire*, I, 822, 2.

[97] R. Braun, *Deus Christianorum*, 428; de même J. Ranft, «Consuetudo», *RAC*, III, 382.

[98] C. Munier, «La tradition apostolique», 176.

[99] Cf. Cyprien, *Ep.*, 74, 2: «Nihil innovetur, inquit, nisi quod traditum est». (CSEL 3/2, 799).

la tradition baptismale romaine de coutume humaine (*consuetudo*) et d'erreur (*error*): «Car la coutume sans la vérité, [écrit Cyprien à Pompeius], n'est qu'une erreur qui est vieille»[100]. Bien plus, le cri d'indignation que Cyprien lance face à l'argumentation du pape permet de mettre en évidence la relation d'opposition qui existe entre la *veritas* (point de vue africain) et la *consuetudo* (point de vue romain): «Quel est donc après tout cela, cet entêtement, cette présomption, de préférer une tradition humaine à une disposition divine, et ne pas vouloir remarquer que Dieu s'irrite toutes les fois qu'une tradition humaine néglige et ruine les préceptes divins»[101].

Cyprien défend la pratique baptismale d'Afrique à partir du principe d'égalité des pouvoirs des apôtres. D'après cette conception, le rôle spécifique de la primauté de Pierre dans le collège apostolique est nettement mis en relief: c'est celui qui consiste à manifester la double origine de l'unité de l'Église et de l'unicité de l'épiscopat. Étant donné que, d'après Cyprien, l'autorité de Pierre, tout en ayant un caractère spécial, ne lui accorde cependant aucun droit de commandement sur les autres apôtres, il s'ensuit dans cette optique qu'aucun évêque ne peut se constituer juge ou chef de ses collègues, autant qu'une tradition ecclésiastique ne peut s'établir comme l'étalon de censure pour les autres Églises. Le critère de censure est plutôt l'autorité du concile qui, elle-même, s'appuie sur les Saintes Écritures et sur la Tradition apostolique. A cet effet, la confrontation au sein du concile d'une tradition ou d'une pratique ecclésiastique donnée avec les prescriptions des sources majeures d'autorité sus-dites, détermine la légitimité de la tradition qui est en cause. A travers ce processus, un usage ecclésiastique éprouvé et reconnu légitime devient défendable. A ce titre, il peut être communiqué à d'autres Églises. Par contre, lorsqu'une pratique n'est pas justifiée par l'autorité des Saintes Écritures ou par celle de la Tradition, elle ne bénéficie que d'une valeur relative et restrictive. Partant, elle ne peut se constituer comme norme pour l'Église universelle. Un tel usage est qualifié par Cyprien de *consuetudo*. Chargé de connotation péjorative, cet usage est par conséquent susceptible d'erreur[102].

---

[100] CYPRIEN, *Ep.*, 74, 9: «Nam consuetudo sine veritate vetustas erroris». (CSEL 3/2, 806).

[101] CYPRIEN, *Ep.*, 74, 3: «quae ista obstinatio est quaeve praesumptio humanam traditionem divinae dispositioni anteponere nec animadvertere indignari et irasci Deum, quotiens divina praecepta soluit et praeterit humana traditio [...]». (CSEL 3/2, 801).

[102] Cf. CYPRIEN, *Ep.*, 74, 9: «Nam consuetudo sine veritate vetustas erroris».

b) *Le comportement discordant des évêques de Rome*

D'après la pensée cyprianique, la légitimité d'une tradition ecclésiastique implique un *a priori*, qui consiste à trouver un fondement dans l'autorité des Saintes Écritures ou de la Tradition apostolique. Il s'avère qu'à ce point de vue, la pratique romaine qui est contestée se révèle comme une véritable erreur. Deux données éclairent cette assertion. En premier lieu, on trouve le comportement discordant des évêques de Rome vis-à-vis de la divergence des traditions baptismales. En considérant le fait que le pape Corneille, le prédécesseur d'Étienne Ier, qui a abondamment traité de la réconciliation des *lapsi* avec Cyprien[103], et le pape Xyste II, dont le bref pontificat (257-258) est rappelé par Cyprien en des termes très affectueux[104], ont laissé les Églises d'Afrique ainsi que celles d'Asie Mineure exercer une pratique baptismale différente de celle de Rome[105], il suit que l'inconstance du comportement des pontifes romains trahit la valeur relative de la tradition en usage dans leur Église. A ce sujet, Firmilien, qui partage le point de vue de Cyprien, n'hésite pas à qualifier vertement le comportement du pape Étienne Ier d'erreur:

> C'est pourtant ce qu'Étienne vient d'oser faire [sic], rompant vis-à-vis de nous la paix que ses prédécesseurs ont toujours gardée avec nous dans de mutuels sentiments d'amitié et des égards réciproques, et de plus faisant tort aux bienheureux apôtres Pierre et Paul, en leur attribuant cette tradition, alors que dans leurs Épîtres ils ont maudit les hérétiques, et nous ont recommandé de les éviter. Par où l'on voit que cette tradition est humaine, qui soutient les hérétiques et leur attribue un baptême qui n'appartient qu'à l'Église[106].

En second lieu, il y a l'objet principal de la préoccupation de Cyprien: l'unité de l'Église. La résistance que le primat d'Afrique oppose au pape Étienne Ier a pour toile de fond le problème de rassemblement des fidèles sous l'autorité de l'évêque. La communion avec l'évêque

---

(CSEL 3/2, 806). A ce sujet, J.-P. BRISSON, *Autonomisme*, 85; également R. BRAUN, *Deus christianorum*, 128.

[103] Cf. *supra*, 17, n. 31.

[104] Cf. CYPRIEN, *Ep.*, 80, 1 (CSEL 3/2, 841). A ce sujet, cf. PONTIUS, *Vita Caecili Cypriani*, 14 (CSEL 3/3, CV); aussi *LP*, I, 155.

[105] Cf. EUSÈBE, *H.E.*, VII, 5, 3-6, CGS, II/2, 640.

[106] CYPRIEN, *Ep.*, 75, 6: «Quod nunc Stephanus ausus est facere rumpens adversus vos pacem, quam semper antecessores eius vobiscum amore et honore mutuo custodierunt, adhuc etiam infamans Petrum et Paulum beatos apostolos, quasi hoc ipsi tradiderint, qui in epistulis suis haereticos execrati sunt et ut eos evitemus monuerunt. Unde apparet traditionem hanc humanam esse quae haereticos asserit et baptisma quod non nisi solius ecclesiae est eos habere defendit». (CSEL 3/2, 813-814).

comporte des effets qui règlementent le droit et le devoir de disposer des biens de l'Église. Au jugement de Cyprien, la validité d'un sacrement est conditionnée par l'appartenance à l'Église aussi bien de la part de qui l'administre que de celui qui le reçoit. D'après cette vision, reconnaître la validité du baptême des hérétiques revient à reconnaître à leurs auteurs l'appartenance à l'Église qu'eux-mêmes ont désertée[107]. En vertu de cette doctrine, Cyprien dénonce la défaillance du pontife romain, — sans toutefois le nommer —, car ce dernier apporte son appui au baptême des hérétiques. C'est effectivement sur ce point que Cyprien accuse le pape Étienne Ier de manquer à son rôle de principe de l'unité. La lettre que l'évêque de Carthage adresse à Pompeius est à cet égard très suggestive:

> Quoi d'étonnant alors, que chaque jour s'élèvent des schismes et des hérésies, qu'ils croissent et grandissent, que les serpents de leurs têtes prennent plus de force pour lancer leur venin contre l'Église de Dieu, quand certains les soutiennent et leur prêtent l'appui de leur patronage, quand on défend leur baptême, quand on trahit la foi, la vérité; quand ce qui se fait au dehors contre l'Église est ratifié à l'intérieur, dans l'Église même?[108]

A la lumière de ces considérations, l'on est amené à conclure que la pratique romaine de réintégrer les hérétiques dans l'Église par la simple imposition des mains est jugée par les opposants du pape Étienne Ier comme une véritable erreur, étant donné qu'une telle tradition ne contribue pas à sauvegarder l'unicité du sacrement de l'Église. La déclaration de Cyprien, qui est pleine d'ironie, exprime bien son refus de se soumettre à l'ordre papal pour suivre la pratique baptismale romaine: «Elle est belle, ah oui, et légitime, [s'exclame Cyprien], la tradition que notre frère Étienne propose, pour nous fournir une autorité convenable!»[109].

Un minutieux examen de déclarations contradictoires formulées par Cyprien dans la querelle baptismale conduit en outre au constat suivant, qui a quelque rapport avec la valeur de la tradition baptismale romaine.

---

[107] Cf. CYPRIEN, *Ep.*, 71, 1: «Neque enim accipiunt illic aliquid ubi nihil est, sed veniunt ad nos ut hic accipiant ubi et gratia et veritas omnis est, quia et gratia et veritas una est». (CSEL 3/2, 772-773).

[108] CYPRIEN, *Ep.*, 74, 8: «Merito et sic in dies singulos schismata et haereses surgunt, crebrius adque uberius excrescunt, ut serpentinis crinibus pullulantes adversus ecclesiam Dei maioribus viribus venenorum suorum virus expromunt, dum illis advocatione quorundam et auctoritas praestatur et firmitas, dum baptisma eorum defenditur, dum fides, dum veritas proditur, dum id quod contra ecclesiam foris geritur intus in ipsa ecclesia vindicatur». (CSEL 3/2, 806).

[109] CYPRIEN, *Ep.*, 74, 4: «Praeclara plane ac legitima traditio Stephano fratre nostro docente proponitur, quae auctoritatem nobis idoneam praebeat!». (CSEL 3/2, 802).

Il apparaît en fait que lorsque l'évêque de Carthage se refuse de suivre le pape Étienne Ier, il n'entend nullement mettre en cause le statut de primauté dont l'évêque de Rome est investi. La résistance du primat d'Afrique vise, semble-t-il, à exhorter son collègue romain à sauvegarder le patrimoine de l'Église dans sa pureté. Cette interprétation replace le débat dans la mentalité ecclésiologique de l'époque de Cyprien, où l'évêque de Rome n'est pas identifié avec la Tradition apostolique. En effet, s'il est établi que le statut de Pierre (ou de ses successeurs) est d'être le premier témoin de la Tradition apostolique par le privilège de primauté dont il est investi, le pontife romain n'est pas moins tenu de veiller à la sauvegarde de la doctrine de la Tradition dans son intégrité. Au regard de cette indication, il s'avère en dernière analyse que si la *consuetudo romana* est erronée, une telle déviation n'implique pas nécessairement l'erreur ou la corruption de toute la Tradition apostolique.

3. Conclusion

L'analyse des principes-clés de la tradition élaborée par Cyprien permet de dégager les conclusions suivantes.

D'après l'ecclésiologie africaine, le gouvernement de l'Église est basé sur le système collégial. Le pouvoir épiscopal se comprend à la lumière de la notion profane du pouvoir, dont les éléments constitutifs sont l'*auctoritas* et la *potestas*. Cependant, la conception chrétienne mise sur l'*auctoritas* et la *potestas* des apôtres, qui, elles, sont d'origine divine. Les Saintes Écritures incarnent l'*auctoritas* divine. Elles constituent la source d'autorité suprême de l'Église, à tel point que toute loi ecclésiastique pour être légitime doit trouver dans les Écritures ou dans la Tradition des apôtres sa justification et son fondement.

Les décisions ecclésiastiques se prennent en concile. L'unanimité issue des débats conciliaires devient l'expression de la vérité, qui est garantie par l'assistance du Saint-Esprit.

Tout en jouissant de considérations spéciales, qui sont liées au privilège de primauté dont le Seigneur a investi l'apôtre Pierre, l'évêque de Rome, son successeur, n'est considéré, d'après la vision cyprianique, que comme un collègue doté de mêmes charismes que les autres évêques. Néanmoins, il est reconnu comme le premier témoin de la Tradition que les apôtres ont léguée à l'Église universelle. En vertu de l'égalité de leurs charismes, tous les évêques, en tant qu'ils sont les successeurs des apôtres, sont *ipso facto* les gardiens de la Tradition, qui est le patrimoine commun de l'Église tout entière. Cette conception montre clairement comment la prérogative de censure de l'évêque de Rome est le résultat d'une évolution progressive, qui n'a pas été sans à-coups.

CHAPITRE III

Les conditions d'exercice de la *potestas* épiscopale

Pour défendre la doctrine orthodoxe de la Tradition, Cyprien fait constamment appel à la notion de la *ratio*. L'évêque de Carthage finira par énoncer le principe d'après lequel les traditions ecclésiastiques doivent être justifiées non seulement par le fait qu'elles constituent la coutume de l'Église, mais elles doivent encore être raisonnables[1].

L'étude développée dans ce chapitre veut établir les modalités d'exercice de la *potestas* épiscopale, telles qu'elles apparaissent dans la pensée cyprianique. Dans le cadre précis de la praxis des recours à Rome, c'est la *potestas* de l'évêque de Rome qui est au coeur de ce débat. En s'appuyant sur le rapport *ratio-potestas*, on va tenter de prolonger la réflexion amorcée précédemment autour des prérogatives de l'évêque de Rome, notamment celles qui ont trait à la succession au Siège de l'apôtre Pierre, dit *cathedra Petri*[2].

Cependant, il faut remarquer au sein même de la doctrine de Cyprien une certaine incohérence. En effet, dans l'affaire des *lapsi*, le primat d'Afrique recommande vivement de se rattacher au Siège de Pierre. Le prélat africain soutient qu'en dehors de cette communion on ne peut prétendre appartenir à l'Église[3]. Par contre, dans la controverse baptismale, il accentue des affirmations sur l'égalité des pouvoirs des évêques, qui frisent la négation de l'exigence de rattachement au Siège de Pierre[4]. A. d'Alès épingle finement les contradictions contenues dans

---

[1] CYPRIEN, *Ep.*, 71, 3: «Non est autem de consuetudine praescribendum sed ratione vincendum». (CSEL 3/2, 773).

[2] Cf. *supra*, 59-62.

[3] CYPRIEN, *De unitate*, IV (*TP*): «Qui cathedram Petri, super quem fundata ecclesia est, deserit, in ecclesia se esse confidit?». (CChr.SL 3, 252, 1).

[4] *Sent. episcop.* (*Praef.*): «Neque enim quisquam nostrum episcopum se episco-

ces déclarations: «Il [c'est-à-dire Cyprien] parle encore de ralliemment à l'unité, mais à l'unité diffuse, parce que celui qui devait résumer en sa personne cette unité, lui paraît trahir son mandat»[5].

En scrutant attentivement les déclarations de Cyprien, on découvre que sa préoccupation essentielle est de préciser le rôle de principe de l'évêque de Rome à la fois comme origine de l'unicité de l'épiscopat et de l'unité de l'Église, et comme point de référence de la doctrine orthodoxe de la Tradition. Cette conception apparaît clairement dans le reproche qu'il adresse aux schismatiques africains, dans leur tentative de faire reconnaître l'ordination de Fortunatus par la communion du pape Corneille:

> Après tout cela, ils se sont encore fait sacrer un pseudo-évêque par des hérétiques, et c'est dans ces conditions qu'ils osent passer la mer, [dit Cyprien], pour venir au siège de Pierre et à l'Église principale, d'où l'unité épiscopale est sortie, et y apporter des lettres de schismatiques et de profanes. Ils ne réfléchissent donc pas que ce sont là les mêmes Romains dont l'Apôtre a loué la foi et auprès de qui la perfidie ne saurait avoir accès[6].

L'examen du rapport *potestas-ratio* s'articule en deux sections: la première section traite des conditions d'intelligibilité de l'exercice de la *potestas* épiscopale; en revanche, la seconde s'occupe de la *cathedra Petri* comme principe ou fondement de l'autorité épiscopale dans l'Église.

1. L'intelligibilité des traditions ecclésiastiques

L'étude de l'intelligibilité des traditions ecclésiastiques est développée en trois phases. On exposera d'abord brièvement une esquisse de la notion de *potestas*, suivie d'un aperçu des caractéristiques de la *ratio* dans sa dimension de principe de fécondité ecclésiologique. Enfin, la problématique de la rationalité des sentences rendues dans les

---

porum constituit, aut tyrannico terrore ad obsequendi necessitatem collegas suos adigit, quando habeat omnis episcopus pro licentia libertatis et potestatis suae arbitrium proprium, tamquam iudicari ab alio non possit quam nec ipse potest alterum iudicare». (CSEL 3/1, 436).

[5] A. D'ALÈS, *La théologie*, 115.

[6] CYPRIEN, *Ep.*, 59, 14: «post ista adhuc insuper pseudoepiscopo sibi ab haereticis constituto navigare audent et ad Petri cathedram adque ad ecclesiam principalem unde unitas sacerdotalis exorta est ab schismaticis et profanis litteras ferre nec cogitare eos esse Romanos quorum fides apostolo praedicante laudata est, ad quos perfidia habere non possit accessum». (CSEL 3/2, 683).

procès ecclésiastiques constituera l'objet d'analyse dans la troisième phase.

1. 1 *Notion de «potestas»*

Alors qu'en soi l'*auctoritas* n'oblige pas tant qu'elle n'est pas reconnue par ceux sur qui son détenteur doit l'exercer[7], la *potestas* par contre agit par la force intrinsèque de son mandat, dans le temps et dans l'espace. C'est ainsi que la *potestas* se révèle comme étant le pouvoir de juridiction, c'est-à-dire une mission d'ordre confiée à une personne sous certaines conditions par l'autorité compétente[8]. Cette mission donne une matière sur laquelle agir, c'est-à-dire un territoire, des sujets et même, elle détermine le domaine des compétences[9]. Étant donné que la charge épiscopale dérive de l'ordre divin[10], c'est le Seigneur lui-même qui pourvoit le titulaire de cette responsabilité de compétences adéquates[11].

Pour mieux appréhender la notion de *potestas*, voici un témoignage susceptible d'éclairer l'énoncé. En 411, Augustin sollicite de la part du commissaire impérial Marcellinus l'usage de la *coercitio* à l'encontre des donatistes. L'ayant obtenu, l'évêque d'Hippone prend soin de limiter l'application de cette mesure sur l'étendue du territoire où s'exerce sa *potestas* épiscopale:

> Enfin n'oubliez pas, [enjoint Augustin à l'agent impérial], que votre mission a pour but les intérêts de l'Église. Or, j'affirme que ma demande est utile à l'Église catholique; ou pour rester dans les limites de mes attributions, qu'elle sera avantageuse pour l'Église du pays d'Hippone appartenant à mon diocèse[12].

---

[7] Cf. *supra*, 57, 11.

[8] Cf. J. GAUDEMET, «Pouvoir d'ordre», 91.

[9] Cf. J.-B. D'ONORIO, *Le pape*, 147.

[10] Cf. CYPRIEN, *Ep.*, 61, 3: «ut ad confundendos haereticos et retundendos ostenderet Dominus quae esset ecclesia, quis episcopus eius unus divina ordinatione delectus, qui cum episcopo presbyteri sacerdotali honore coniuncti, quis adunatus et verus Christi populus dominici gregis caritate conexus, qui essent quos inimicus lacesseret, qui contra quibus diabolus ut suis parceret». (CSEL 3/2, 696). A ce sujet, cf. T.G. RING, *Auctoritas bei Tertullian*, 98.

[11] Cf. CYPRIEN, *Ep.*, 59, 5: «Cum haec tanta ac talia multa exempla praecedant quibus sacerdotalis auctoritas et potestas de divina dignatione firmatur quales putas esse eos qui sacerdotum hostes et contra ecclesiam catholicam rebelles nec praemonentis Domini comminatione nec futuri iudicii ultione terrentur? [...]». (CSEL 3/2, 671). A ce sujet, cf. T.G. RING, *Auctoritas bei Tertullian*, 98.

[12] AUGUSTIN, *Ep.*, 133, 3: «Postremo pro Ecclesiae utilitate missus es. Hoc Ecclesiae catholicae, aut ut modum dispensationis meae non supergredi videar, hoc

Notons en passant qu'autant la *potestas* épiscopale est inséparable de l'*auctoritas*, autant l'*auctoritas* ne peut être considérée comme un principe passif du pouvoir[13].

1.2 *La ratio: principe de fécondité ecclésiologique*

Dans la querelle baptismale, Cyprien justifie la pratique africaine de réitérer le baptême des hérétiques par le souci de maintenir dans l'unité de l'Église les prérogatives dont elle seule est investie. Ainsi, écrit-il à Quintus, un évêque maurétanien:

> Nous, au contraire, nous disons que ceux qui viennent de là ne sont pas rebaptisés chez nous mais baptisés. Ils ne reçoivent rien, en effet, là où il n'y a rien, mais ils viennent à nous pour recevoir chez nous, où est toute grâce et toute vérité, car il n'y a qu'une grâce et qu'une vérité. Or, certains de nos collègues aiment mieux faire honneur aux hérétiques plutôt que de penser comme nous, et, en refusant, sous couleur de maintenir l'unité du baptême, de baptiser ceux qui viennent à nous, ou bien ils instituent eux-mêmes deux baptêmes, en prétendant qu'il y a aussi un baptême chez les hérétiques, ou bien, ce qui est plus grave, ils prétendent égaler la sordide et profane immersion des hérétiques, au vrai, unique, et légitime baptême de l'Église catholique, ne faisant pas attention qu'il est écrit [...][14].

Dans ce texte, Cyprien justifie l'adoption de la mesure arrêtée par le concile africain par le caractère d'unicité du baptême. Car, à travers la défense de l'unicité du sacrement du baptême, c'est l'unicité même de l'Église que Cyprien veut défendre[15]. De l'argumentation de Cyprien, on peut découvrir la prérogative essentielle qu'il revendique en faveur

---

ecclesiae ad Hipponensium regiorum diocesim pertinenti prodesse, hoc expedire contestor». (CSEL 44, 83-84). Sur la démarche entreprise par Augustin, cf. A. MANDOUZE, «Flavius Marcellinus 2», *PCBE*, I, 671 s.

[13] Cf. T.G. RING, *Auctoritas bei Tertullian*, 98.

[14] CYPRIEN, *Ep.*, 71, 1: «Et qui hoc illis patrocinium de auctoritate sua praestat, cedit illis et consentit ut hostis et adversarius Christi habere videatur abluendi et purificandi et sanctificandi hominis potestatem. Nos autem dicimus eos qui inde veniunt non rebaptizari apud nos sed baptizari. Porro autem quidam de collegis nostris malunt haereticis honorem dare quam nobis consentire, et dum unius baptismi adseveratione baptizare venientes nolunt, sic aut duo baptismata ipsi faciunt, dum et apud haereticos baptisma esse dicunt, aut certe quod est gravius haereticorum sordidam et profanam tinctionem vero et unico et legitimo ecclesiae catholicae baptismo praeponere et praeferre contendunt, non considerantes scriptum esse [...]». (CSEL 3/2, 771).

[15] Sur les différents aspects théologiques de l'opinion de Cyprien, cf. J.-P. BRISSON, *Autonomisme*, 85-86.

de chaque évêque: celle de prendre des initiatives en vue de l'utilité de l'Église, à condition de ne pas rompre l'unité ecclésiale avec les autres évêques[16]. C'est en vertu de cette doctrine que le primat d'Afrique refuse de suivre la pratique romaine de réintégrer les hérétiques dans l'Église par la seule imposition des mains et qu'il laisse toute latitude à ses collègues d'adopter le mode de réintégration qu'ils jugent adéquat.

Cyprien appuie son argumentation sur l'autorité des Saintes Écritures et la Tradition reçue des apôtres[17]. Mais une analyse plus fine du raisonnement de Cyprien montre que, malgré le caractère intangible de leur autorité, les Saintes Écritures et la Tradition apostolique sont sujettes à interprétation. En effet, c'est à travers l'interprétation de ces sources d'autorité que découle le sens à accorder aux prescriptions qu'elles établissent[18]. La compétence dont l'évêque dispose pour interpréter les sources majeures d'autorité manifeste la *potestas* dont il est investi. Cette *potestas* renferme deux aspects: l'un est statique, tandis que l'autre est dynamique.

1.2.1 Aspect statique: l'égalité des pouvoirs des évêques

L'*auctoritas* et la *potestas* ont été conférées indistinctement aux apôtres par le Seigneur. Sous ce rapport, tous les évêques, en tant qu'ils sont les successeurs des apôtres, détiennent la doctrine orthodoxe de l'Église de manière égale. Dans cette perspective, autant la suprématie du siège de Rome par rapport aux autres sièges épiscopaux consiste en dignité et non pas en pouvoir de commandement, autant ce privilège ne porte pas sur les mérites de son titulaire[19].

Dans la tradition ecclésiastique africaine, la collégialité épiscopale s'exprime à travers l'unanimité conciliaire. Elle se manifeste sous forme de sollicitude pastorale, d'après laquelle on fait appel à l'autorité du

---

[16] Cf. CYPRIEN, *Ep.*, 55, 21: «Manente concordiae vinculo et perseverante catholicae ecclesiae individuo sacramento, actum suum disponit et dirigit unusquisque episcopus rationem propositi sui Domino redditurus». (CSEL 3/2, 639).

[17] La lettre que Cyprien écrit à son collègue maurétanien Pompeius fait état de l'appui des sources majeures d'autorité: cf. *Ep.*, 74 (CSEL 3/2, 799-809).

[18] Cf. P. FRANSEN, «L'autorité des conciles», 82.

[19] Sur l'aspect de supériorité de l'*auctoritas* de l'évêque de Rome par rapport à ses collègues dans la pensée cyprianique, J. Haller dit à bon droit que malgré les contradictions dont regorgent les déclarations du primat d'Afrique, la supériorité de Pierre ne peut se concevoir que dans un sens purement intellectuel: «Es gibt nur ein gleich-zugleich Verhältnis. Der Ehrenvorrang Roms ist reingeistig». (*Das Papsstum*, 456); de même G. D'ERCOLE, «Communio interecclesiastica», 71; aussi T.G. RING, *Auctoritas bei Tertullian*, 108.

concile, qui fait dicter ses préférences sans les imposer[20]. Cyprien lui-même applique ce principe dans l'administration de son Église, dont il considère les membres comme un troupeau, dont il est le pasteur[21]. La sollicitude envers l'Église ouvre à l'universalité, elle pousse Cyprien à s'intéresser des affaires des autres Églises, comme l'illustrent les exemples suivants: Cyprien répond aux sollicitations qui lui parviennent de diverses provinces d'Afrique au sujet du baptême des hérétiques[22]; il exhorte les schismatiques romains de rejoindre le giron de l'Église, qualifiée à dessein de «Mère»[23]; l'évêque de Carthage intervient auprès du pape Étienne Ier au sujet des évêques espagnols et gaulois à destituer[24].

Au temps d'Augustin, le primat Aurelius, bien qu'étant le représentant de toute l'Église d'Afrique, est cependant tenu de demander à ses collègues l'autorisation d'intervenir lorsque son action est requise. L'exemple type de cet état de fait est la requête formulée par Aurelius dans l'assemblée conciliaire du 28 août 397, lorsqu'il sollicite la permission de ses collègues d'ordonner des clercs dans les Églises qui en sont les moins pourvues. Fort de cet accord, le primat pose un geste de collégialité chargé d'une haute signification théologique: Aurelius se fait accompagner dans ses démarches par deux ou trois témoins, afin de manifester la dimension ecclésiologique de son action[25].

De l'usage que l'épiscopat d'Afrique fait du principe de collégialité, on peut dégager l'aspect statique ou limitatif de la *potestas* épiscopale: sans mandat, l'intervention d'un évêque, voire du primat, dans une

---

[20] Cf. J.-P. BRISSON, *Autonomisme*, 89; de même L. VISCHER, *Basilius*, 73; aussi R. CRESPIN, *Ministère*, 54-65; J. GAUDEMET, «La place de la tradition», 248.
[21] Cf. CYPRIEN, *Ep.*, 8 (CSEL 3/2, 485-488).
[22] Cf. *supra*, 18-20.
[23] Cf. *supra*, 72, n. 76.
[24] Cf. le développement de ces affaires: *infra*, 151-160.
[25] Cf. *RECE*, can. 55: «Sermonem meum admittite, fratres. Contingit nonnumquam ut postulentur ab ecclesiis quae praepositis egent vel presbyteris vel episcopis, et tamen memor statutorum id sequor ut conveniam episcopum eius atque ei inculcem quod eius clericus a qualibet ecclesia postuletur, sed forte in hodierno non reclutati sunt et nequando contingat ut reluctentur, cum fuerint a me in hac causa postulati, quem scitis multarum ecclesiarum et ordinandorum curam sustinere. Iustum est ergo ut quemlibet sacerdotem conveniam cum duobus e consortio nostro vel tribus testibus. Sin vero indevotus extiterit, quid censet caritas vestra faciendum? Ego enim cunctarum ecclesiarum dignatione Dei, ut scitis, fratres, sollicitudinem sustineo». (CChr.SL 149, 191, lignes 314-326). A ce sujet, cf. G. BARDY, «Afrique», 296-297; J. GAUDEMET, *L'Église dans l'empire*, 216; de même C. MUNIER, «Canons africains», 7.

juridiction (diocèse) dont il n'a pas la responsabilité ne se justifie pas. L'approbation que Cyprien et Aurelius requièrent auprès de leurs collègues pour intervenir auprès des Églises qui sollicitent leur action manifeste à coup sûr l'égalité des pouvoirs entre les évêques. Car, si est reconnue l'autorité supérieure du primat, dont la fonction consiste essentiellement à coordonner les activités de toute l'Afrique[26], l'intervention de l'évêque de Carthage dans un autre diocèse demeure soumise au contrôle de l'autorité conciliaire. Dans cette optique, on comprend pourquoi Cyprien refuse de reconnaître au pape Étienne Ier la compétence d'imposer la pratique baptismale romaine à l'Église d'Afrique.

1.2.2 Aspect dynamique: la compétence délibérative du concile

Le concile est la plus haute instance à qui il revient de fixer les lois et règles de l'Église. La compétence dont le concile est pourvu exprime au plus haut point le privilège de liberté dont chaque évêque est doté pour administrer son diocèse. Cependant, l'Église, telle un troupeau, est gouvernée par plusieurs pasteurs, qui s'occupent chacun d'une portion de ce troupeau[27].

Pour clarifier cet énoncé, un rapide examen de certaines matières de désaccord qui ont opposé l'épiscopat africain aux évêques de Rome s'impose. Cette analyse couvre deux périodes. En premier lieu, il y a le refus des Africains d'adopter la pratique baptismale défendue par le pape Étienne Ier. Ensuite, on évoquera l'initiative prise par le concile au temps d'Augustin de réintégrer les membres de l'Église donatiste dans le clergé catholique contre l'avis des papes.

a) *Le refus de la pratique baptismale romaine*

Dans le concile plénier qui réunit toute la chrétienté d'Afrique à Carthage, le 1er septembre 256, le primat Cyprien déclare:

> Personne d'entre nous ne se constitue en évêque des évêques, ni ne réduit ses collègues à l'obéissance par la terreur et la tyrannie. Au contraire, tout évêque garde son propre choix de décision avec l'entière liberté et la pleine disposition de ses pouvoirs. Aussi bien ne peut-il être jugé par un autre ni

---

[26] Cf. A. AUDOLLENT, *Carthage romaine*, 536.
[27] Cf. CYPRIEN, *Ep.*, 59, 14: «et singulis pastoribus portio gregis sit adscripta quam regat unusquisque et gubernet rationem sui actus Domino redditurus [...]». (CSEL 3/2, 683).

juger lui-même un autre, mais nous attendons tous le jugement de Notre Seigneur Jésus-Christ[28].

La déclaration du primat d'Afrique fait l'objet de différentes interprétations. Parmi celles-ci, on en relève quatre, qui présentent des traits communs.

P. Monceaux observe que le principe de liberté de chaque évêque dans son Église, que Cyprien énonce dans l'assemblée conciliaire, traduit le climat de tension qui régnait en Afrique, notamment entre les évêques de Numidie et leur collègue de Carthage, hostiles à l'autorité quasi patriarcale que ce dernier exerçait sur toute l'Afrique sans en avoir le titre[29]. Toujours dans le cadre des «tensions inter-africaines» d'hégémonie, G. Falbo en appelle à la divergence des pratiques de réintégration des hérétiques. L'auteur met spécialement en exergue la ressemblance de la pratique baptismale qui a cours en Numidie et en Maurétanie avec celle en usage à Rome, pour conclure de la désapprobation de la tradition carthaginoise défendue par Cyprien. Dans ce sens, le traité *De rebaptismate* constituerait la preuve du rejet de la tradition soutenue par Cyprien par une partie de l'épiscopat africain même[30]. Pour sa part, G. Bavaud juge la déclaration de Cyprien comme l'expression d'une reculade, dont les nombreux synodes qu'il convoque sont l'indice[31].

En revanche, M. Bévenot établit quelques nuances très éclairantes dans son interprétation de la déclaration de Cyprien. En effet, le point de vue de cet auteur expose mieux le rapprochement de la *ratio* avec l'exercice de la *potestas* épiscopale. A ce sujet, l'auteur fait remarquer avant tout que, bien que la déclaration de Cyprien concernant la liberté de chaque évêque dans son Église vise le pape Étienne Ier, — vu le

---

[28] *Sent. episcop.* (*Praef.*): «Neque enim quisquam nostrum episcopum se episcoporum constituit, aut tyrannico terrore ad obsequendi necessitatem collegas suos adigit, quando habeat omnis episcopus pro licentia libertatis et potestatis suae arbitrium proprium, tamquam iudicari ab alio non possit quam nec ipse potest alterum iudicare». (CSEL 3/1, 436; trad. V. SAXER, «Autonomie africaine», 185).

[29] P. MONCEAUX, *Histoire littéraire*, IV, 8.

[30] G. FALBO, *Il primato*, 308 s. La paternité du traité *De rebaptismate* (CSEL 3/3, 69-92) est discutée: cf. M.M. SAGE, *Cyprian*, 306, n. 5; de même P. MATTEI, «Tradition et notion connexes», 325-339.

[31] G. Bavaud parle en fait d'un probable état d'isolement de Cyprien: «les menaces d'Étienne étaient pour Cyprien, [dit l'auteur], une raison suffisante de convoquer des synodes afin de fortifier sa position». («Introduction», BAug 29, 598); de même M.M. SAGE, *Cyprian*, 325.

contexte de la crise —, cette interpellation ne s'adresse pas nécessairement au pontife romain[32].

L'opinion de M. Bévenot donne ainsi lieu à une double interprétation. D'abord, une déception: celle de n'avoir pas obtenu du pape Étienne Ier l'autorisation de réitérer le baptême conféré par les hérétiques; aussi, Cyprien, fidèle à sa conception de la primauté de l'évêque de Rome, rejette-t-il avec force la prétention d'autorité dont le pontife romain se prévaut. Puis, considérant la situation concrète des schismes et des divisions qui prédomine en Afrique, Cyprien propose à ses collègues d'adopter une pratique qui éviterait d'aggraver la désunion des chrétiens[33].

Une analyse attentive de ces divers points de vue permet de situer la proposition de Cyprien au coeur de la caractéristique essentielle de la pensée ecclésiologique africaine: la sollicitude pastorale. Cette considération donne à la déclaration de l'évêque de Carthage une connotation toute spécifique. En effet, il ne fait pas l'ombre d'un doute que la pratique défendue par le primat d'Afrique est une véritable décision à caractère dogmatico-disciplinaire. Car, la tradition de réitérer le baptême qui a été définie par le concile présidé par Agrippinus, a été imposée par la sollicitude pastorale. Cette motivation justifie la décision arrêtée sous Agrippinus et tempère l'aigreur du contentieux. Insérée dans ce contexte, l'interpellation de Cyprien apparaît comme une simple déclaration de principe et non pas une décision péremptoire: elle est destinée à éclairer l'option pastorale faite par les Africains en vue de l'unité de leur Église[34]. Aussi, la décision prise sous Agrippinus s'avère-t-elle être une disposition provisoire conçue dans le but de répondre de manière ponctuelle à une situation de crise déterminée[35]. Cette interprétation trouve une confirmation dans la défense qu'Augustin prendra plus tard de Cyprien contre les donatistes, notamment lorsqu'il affirme que le primat d'Afrique aurait certainement adhéré à l'usage baptismal romain si cette pratique avait été décidée en concile plénier[36].

---

[32] M. BÉVENOT, «A Bishop», 414, dit à ce sujet: «yet unless that conclusion is drawn, his words contain nothing which would imply a defiance of Papal authority».

[33] Cf. M. BÉVENOT, «A Bishop», 414.

[34] La réflexion formulée par M.M. SAGE, *Cyprian*, 310, éclaire davantage cette opinion: «Cyprian's tone is one of gentle admonition rather than a proclamation of the truth».

[35] M. JOURJON, *Cyprien*, 45, parle à juste titre de la proposition de Cyprien comme d'une mesure de conciliation: «En somme, [dit l'auteur], on proposait à Rome un *modus vivendi*: chacun fait à sa manière mais on a en commun la concorde et la paix».

[36] AUGUSTIN, *De baptismo*, II, 4, 5: «Nec nos ipsi tale aliquid auderemus adserere

La question du baptême des hérétiques, posée depuis Agrippinus et qui a ressurgi pendant la primatie de Cyprien, est ainsi restée en suspens jusqu'à la clarification apportée par Augustin. D'après cette considération, la solution proposée par le primat d'Afrique résiste au jugement qui tend à qualifier sa démarche de «volte-face» ou de «capitulation» face à l'intransigeance du pape Étienne Ier[37]. De même, cette interprétation de la déclaration de Cyprien vient atténuer l'opinion selon laquelle le primat d'Afrique ne respecte le droit à la différence que dans la mesure où son propre point de vue est approuvé par les autres[38].

La déclaration de Cyprien présentée comme une exhortation de principe met en évidence l'aspect dynamique de la *potestas* épiscopale. Dans cette perspective, toute décision prise en vue de l'utilité de l'Église ne comporte nullement l'intention de s'opposer à l'évêque de Rome. Dès lors, la légitimité de la tradition de réitérer le baptême des hérétiques tient non pas tant à l'ancienneté de la décision prise au temps d'Agrippinus, — à laquelle Cyprien fait appel[39] —, ni au nombre des conciles ou des participants aux assemblées[40], mais aux raisons qui justifient l'adoption d'une telle pratique. A ce propos, la réflexion formulée par C. Munier au sujet de la légitimité des doctrines dans la pensée de Tertullien répond à la problématique suscitée par Cyprien. L'auteur dit à cet effet: «En d'autres termes, ce n'est pas ici l'ancienneté d'une doctrine qui constitue le critère décisif de son authenticité, mais son apostolicité, car elle l'investit de l'autorité de Jésus-Christ lui-même»[41].

Il résulte ainsi qu'à travers les arguments dont il se sert, Cyprien veut démontrer que l'usage africain, tout en étant nouveau, est justifié par les

---

nisi universae ecclesiae concordissima auctoritate firmati, cui et ipse [c'est-à-dire Cyprien] sine dubio cederet, si iam illo tempore quaestionis huius veritas eliquata et declarata per plenarium concilium solidaretur». (CSEL 51, 170).

[37] C'est le cas de G. FALBO, *Il primato*, 308, qui, pour souligner la prérogative de l'évêque de Rome de censurer l'usage africain de réitérer le baptême des hérétiques, emploie le terme *tolleranza* (tolérance) dans le but de gratifier l'Église d'Afrique de la faveur de pratiquer une tradition baptismale différente de celle de Rome: «Certamente Cipriano e i vescovi dell'Africa non potevano aspettarsi che Roma mutasse la sua prassi di non ribattezzare adeguandosi alle loro linee di condotta; il massimo che potevano sperare era la tolleranza da parte della sede apostolica, ed è questa tolleranza che sollecitano con tutte le forze, consapevoli che solo con l'avallo di Roma avrebbero potuto continuare nelle loro usanze».

[38] Cf. R. MINNERATH, «La position de Rome», 166.

[39] Cf. la critique formulée à ce sujet par G. FALBO, *Il primato*, 307.

[40] Cf. *supra*, 90, n. 31.

[41] C. MUNIER, «La tradition apostolique», 181.

circonstances qui l'ont suscité. En dernière analyse, c'est exclusivement le souci de l'unicité du sacrement de l'Église qui conduit le concile tenu sous Agrippinus à prendre la décision que Cyprien qualifie de «sainte et légitime, salutaire à la foi, convenable pour l'Église catholique», à tel point qu'en son temps, les conciles qu'il réunit l'adoptent[42].

Par ailleurs, on doit noter le fait que, alors que l'argumentation employée par Cyprien révèle le caractère dynamique de la *potestas* épiscopale, elle vise en même temps à démontrer l'inintelligibilité de la pratique romaine de réintégrer les hérétiques dans l'Église par la seule imposition des mains. Fidèle à la tradition ecclésiologique d'Afrique, qui exige soumission absolue à l'autorité des Saintes Écritures, dans plus d'un point, Cyprien y fait appel pour justifier la décision du concile antérieur[43]. C'est dans ce sens que le refus de Cyprien d'adopter la pratique romaine pose le problème de la justification rationnelle de la tradition romaine, comme l'a si bien remarqué L. Campeau: «D'ailleurs, [dit-il], à son sens [de Cyprien], la discipline suppose toujours une justification théologique et est du coup une expression théologique»[44].

Comme on peut le constater, dans la controverse baptismale, le caractère dynamique de la *potestas* épiscopale se manifeste à travers la compétence que se reconnaît le concile d'Afrique de définir des règles susceptibles de préserver le sacrement du baptême des déviations dont

---

[42] Cypr., *Ep.*, 71, 4: «Quorum sententiam religiosam et legitima, salutarem fidei et ecclesiae catholicae congruentem, nos etiam secuti sumus». (CSEL 3/2, 774). Parlant de la tradition cyprianique défendue par les donatistes, qu'Augustin s'emploie à éradiquer, G. Bavaud soulève une réflexion qui évoque l'argumentation dont s'est servi l'évêque de Carthage: «L'Évêque d'Hippone, [dit l'auteur], insiste sur la continuité de la coutume liturgique à travers le temps ("quod semper retentum est") comme aussi de son universalité dans l'espace ("quod universa tenet Ecclesia"). Dans ce cas, nous sommes en présence d'une tradition apostolique non écrite, dont l'existence implique cette condition : Les conciles ont pu reconnaître cette coutume, mais non la créer ("quod nec conciliis constitutum") [...]». («Notes complémentaires», BAug 29, 613). Cette remarque justifie parfaitement la position de Cyprien. Par conséquent, elle peut servir à saper l'opinion de M.M. SAGE, *Cyprian*, 322, concernant l'ancienneté de la tradition baptismale évoquée par Cyprien, lorsqu'il dit: «Carthage could point to no apostolic tradition; Rome could, and the prestige of that claim was of great importance».

[43] Cf. *supra*, 87, n. 17. Cependant, G. FALBO, *Il primato*, 200.306, interprète l'apparat scripturaire dont regorge la plaidoirie de Cyprien comme étant l'expression somme toute des spéculations humaines qui, en dernière analyse, ne constituent qu'une échappatoire visant à couvrir la nouveauté de la pratique baptismale qui a été instaurée en Afrique.

[44] L. CAMPEAU, «Le texte», 89, n. 57.

les multiples ablutions effectuées à l'insu de l'évêque l'affectent[45]. L'utilité de l'Église que le concile d'Afrique cherche de défendre est clairement indiquée dans le compte rendu que Cyprien présente à Jubaianus:

> et depuis lors jusqu'à ce jour des milliers d'hérétiques dans nos provinces, revenant à l'Église, n'ont pas dédaigné ni fait difficulté de se conformer à cette discipline, mais plutôt ont compris qu'il était bien et ont accepté de grand coeur, de recevoir la grâce du bain de vie et du baptême de salut[46].

Enfin, outre le caractère rationnel qu'il révèle de la décision du concile d'Afrique, l'aspect dynamique de la *potestas* démontre aussi la nature des relations collégiales qui sous-tendent la doctrine cyprianique.

b) *La réintégration des clercs donatistes*[47]

La procédure engagée pour récupérer les clercs donatistes porte l'écho de la conception cyprianique de la *ratio*. A propos de la démarche entreprise par les Africains auprès des Églises transmarines, deux remarques s'imposent.

La première observation concerne l'ambiguïté que renferme l'appréciation que les Africains portent sur l'avis défavorable du pape Anastase Ier. En examinant attentivement les avis respectifs des deux parties, il apparaît que tout en s'appuyant sur la même norme de référence, c'est-à-dire la prescription de l'Église qui traite des faillis et qui, vraisemblablement est la discipline décrétée au concile de Nicée contre l'ordination des *lapsi*[48], le concile d'Afrique et le Siège apostolique ne considèrent pas l'objet de la requête dans la même optique.

D'une part, l'épiscopat africain veut restaurer l'unité des chrétiens d'Afrique. Pour ce faire, il mise sur le problème de la pénurie interne des clercs. En effet, la crise des clercs sévit en Afrique avec force, à tel

---

[45] J. DANIÉLOU, *Des origines,* 235, présente à ce sujet une brève analyse très stimulante.

[46] CYPRIEN, *Ep.,* 73, 3: «adque exinde in hodiernum tot milia haereticorum in provinciis nostris ad ecclesiam conversi non aspernati sint neque cunctati, immo et rationabiliter et libenter amplexi sint, ut lavacri vitalis et salutaris baptismi gratiam consequerentur». (CSEL 3/2, 780).

[47] Cf. *supra*, 20-21.

[48] Cf. *Conc. Nicaeni,* can. 10: «Ὅσοι προεχειρίσθησαν τῶν παραπεπτωκότων κατὰ ἄγνοιαν ἢ καὶ παρειδότων τῶν προχειρισαμένων, τοῦτο οὐ προκρίνει τῷ κανόνι τῷ ἐκκλησιαστικῷ · γνωσθέτες γὰρ καθαιρεθήσονται». (*Les conciles oecuméniques*, II/1, 46, 1).

point qu'elle se présente comme un problème spécifiquement africain[49]. Tant il est vrai que, nonobstant les efforts entrepris à travers les résolutions de la Conférence de Carthage de 411 pour réconcilier les catholiques avec les schismatiques donatistes, on voit l'épiscopat africain charger des émissaires de doléances auprès de la cour de Ravenne, en 419, afin de solliciter l'allègement des mesures concernant le recrutement des clercs[50].

D'autre part, le refus des pontifes romains, que les Africains qualifient de *sollicitudo paterna et fraterna*, est axé sur l'observance de la règle de la Tradition. Le rappel de fidélité à cette règle apparaît dans la mise en garde par le pape Anastase Ier des évêques d'Afrique contre la malice et les intrigues des donatistes[51]. Il est hors de doute que le pontife romain cherche à travers cette recommandation de préserver l'unité même de l'Église d'Afrique. En effet, les réserves exprimées par le pape Anastase Ier face à la proposition des Africains laissent supposer qu'il voulait s'en tenir à la disposition traditionnelle, qui est vraisemblablement bien connue des Africains, c'est-à-dire la norme qui interdit d'accueillir les clercs schismatiques dans la communion avec leurs honneurs, sinon en qualité de simples laïcs[52].

---

[49] Cf. *RECE*, après can. 56: «Ex his enim sedibus hoc fuerat prohibitum, quo noverint communi periculo providendum, maxime quia tanta indigentia clericorum est, multaeque ecclesiae ita desertae sunt, ut ne unum quidem diaconum, vel inliteratum, habere reperiantur. Nam de ceteris superioribus gradibus et officiis tacendum arbitror, quia, ut dixi, si ministerium diaconii facile non invenitur, multo magis superiorum honorum inveniri non posse certissimum est. Et quotidianos planctus diversarum paene emortuarum plebium iam non sustinemus, quibus nisi fuerit aliquando subventum, gravis nobis et inexcusabilis innumerabilium animarum perventium causa apud Deum mansura est». (CChr.SL 149, 194, lignes 419-430). A ce sujet, cf. R. CRESPIN, *Ministère*, 54-55.

[50] Cf. AUGUSTIN, *Ep.*, 22*, 1, 2 (CSEL 88, 113). A ce sujet, cf. S. LANCEL, «Notes complémentaires», BAug 46 B, 523-530; de même P.-A. FÉVRIER, «Discours d'Église», 103 s.; aussi M.-F. BERROUARD, «Un tournant», 56-57.

[51] Cf. *RECE*, après can. 65: «ut de haereticorum et schismaticorum Donatistarum insidiis et improbitatibus quibus Africanam ecclesiam catholicam graviter vexant nullo modo dissimulemus, gratiam agimus Deo nostro quod illi optimo et sancto antistiti suo tam piam curam pro membris Christi, quamvis in diversitate terrarum sed in una compage corporis constitutis, inspirare dignatus est». (CChr.SL 149, 199, lignes 572-577).

[52] Cf. *Breviarium Hipponensis*, can. 37: «quoniam praecedentibus conciliis statutum est ne quis Donatistarum cum honore suo recipiatur a nobis, sed in numero laicorum [...]». (CChr.SL 149, 43, lignes 209-211). A ce sujet, cf. V. MONACHINO, *Scisma donatista*, 23. R. CRESPIN, *Ministère*, 57, n. 3, signale pour sa part dans un bref exposé les différents conciles transmarins qui ont traité de la discipline concernant la réintégration des schismatiques dans l'Église. En fin de compte, il apparaît que les

La seconde observation relative à la requête du concile d'Afrique porte sur l'engagement effectif de récupérer les candidats donatistes. Au concile de Carthage de 401, après avoir reçu la réponse de Rome et sur la base des critères établis dans l'unanimité conciliaire, le primat Aurelius laisse la liberté à chaque évêque de réintégrer au sein du clergé catholique des candidats donatistes, selon les convenances de chaque diocèse. Pour exécuter cette dérogation, le primat donne l'ordre exprès aux évêques de violer la loi de la Tradition au profit de la réconciliation et de l'unité des chrétiens d'Afrique[53]. Avec cette initiative, on passe de la formulation d'un projet à l'exécution d'une décision prise en fonction d'un besoin concret, à savoir la réalisation de l'unité des chrétiens d'Afrique[54].

Par ailleurs, une critique judicieuse exige de prendre en compte l'insistance dont l'épiscopat africain fait montre pour obtenir la dérogation à la règle concernant les candidats «irréguliers». La procédure africaine constitue sans doute une sorte de défi lancé à l'autorité pontificale. Car, face à la situation concrète des Églises d'Afrique qui manquent cruellement de clercs, le concile estime que l'unité des chrétiens dans cette région peut bien, sinon exclusivement, se réaliser en transgressant la prescription qui a été établie par le concile universel.

Africains étaient bien au courant de ces mesures, ce qui justifie leur insistance à vouloir obtenir l'assentiment des Églises de Rome et de Milan.

[53] Cf. *RECE*, can. 68: «ut ex ipsis Donatistis quicumque clerici, correcto consilio, ad catholicam unitatem transire voluerint, secundum uniuscuiusque episcopi catholici voluntatem atque consilium, qui in eodem loco gubernat ecclesiam, si hoc paci ecclesiae prodesse visum fuerit, in suis honoribus suscipiantur, sicut prioribus eiusdem divisionis temporibus factum esse manifestum est; quod multarum et paene omnium Africanarum ecclesiarum, quibus talis error exortus est, exempla testantur. Non ut concilium, quod in transmarinis partibus de hac re factum est, dissoluatur, sed ut illud maneat circa eos qui sic transire ad catholicam volunt, ut nulla per eos unitatis compensatio procuretur. Per quos autem vel omni modo perfici vel adiuvari, manifestis fraternarum animarum lucris, catholica unitas in locis quibus degunt visa fuerit, non eis obsit quod contra honores eorum, quamvis salus nulli interclusa sit, in transmarino concilio statutum est, idest ut ordinati in parte Donati, si ad catholicam correcti transire voluerint, non suscipiantur in honoribus suis secundum transmarinum concilium, sed exceptis his per quos catholicae unitati consulitur». (CChr.SL 149, 200, lignes 607-626). Pour sa part, R. CRESPIN, *Ministère*, 59, pense que cette dérogation était proposée par le concile d'Afrique seulement en faveur des évêques donatistes qui étaient prêts à rallier l'Église catholique avec tous leurs fidèles; de même V. MONACHINO, «Scisma donatista», 23.

[54] Ce changement de perspective est souligné par R. CRESPIN, *Ministère*, 60; de même C. MUNIER, «"Sollicitudo"», 452-453.

Cependant, étant donné que cette démarche est effectuée en vue de l'utilité de l'Église, le concile d'Afrique fait passer au second plan le désaccord des vues des Africains avec les Églises transmarines, en l'occurrence Rome et Milan. C'est ainsi qu'à l'argument de la tradition évoquée par le Siège apostolique pour justifier son refus réitéré d'accueillir parmi le clergé catholique les candidats venus du schisme, les Africains opposent l'argument de la «nécessité pastorale». Cette transition d'objectif éclaire d'un jour nouveau les propos élogieux que le primat Aurelius réserve à la réponse négative du Siège apostolique quand bien même elle ne comble en rien l'attente des Africains[55]. Dans ce contexte, la violation de la loi de la Tradition telle qu'elle est suggérée par le primat d'Afrique est justifiée comme une mesure circonstancielle[56] adoptée à la fois pour vaincre la malice des schismatiques et gagner les dissidents à l'unité[57]. Bien plus, pour affirmer leur position, les Africains tirent des exemples de référence dans l'histoire même de leur Église[58].

Dans la perspective de la tradition ecclésiologique d'Afrique, un autre trait particulier non moins important se dégage, à la lumière de l'analyse que fait C. Munier: il s'agit de la sollicitude pastorale manifestée par le primat Aurelius, qui reflète la soumission à l'autorité des Saintes Écritures. C. Munier met en évidence cet aspect par la remarque suivante: «S'ils ont choisi d'oeuvrer en vue de la paix, c'est, croient-ils, pour obéir aux avertissements de l'Esprit de Dieu»[59].

A travers l'initiative du concile d'Afrique, se manifeste la compétence délibérative dont l'assemblée des évêques est dotée pour

---

[55] R. CRESPIN, *Ministère*, 59, souligne l'impertinence de la réponse pontificale en ces termes: «Mais on ne voit pas quel secours ils pouvaient y trouver pour résoudre les problèmes en suspens».

[56] Les mesures disciplinaires concernant les donatistes avaient constamment varié de la part de l'autorité temporelle. Elles vont de l'attitude de fermeté à la tolérance, en passant par les Édits d'union. A ce sujet, on peut trouver des indications éclairantes dans P. BATIFFOL, «L'ecclésiologie», 302; de même R. CRESPIN, *Ministère*, 32; aussi C. PIETRI, «L'échec», 237-239.

[57] Cf. P. BATIFFOL, «L'ecclésiologie», 356.

[58] Cf. *RECE*, can. 68: «sicut prioribus eiusdem divisionis temporibus factum esse manifestum est; quod multarum paene omnium Africanarum ecclesiarum, quibus talis error exortus est, exempla testantur». (CChr.SL 149, 200, lignes 612-615).

[59] C. MUNIER, «"Sollicitudo"», 454. On rencontre un jugement similaire dans la réflexion que P. BORGOMEO, *L'Église de ce temps*, 242, fait au sujet de l'attitude conciliante d'Augustin à l'égard des donatistes. L'auteur juge que c'est par soumission à la loi de la charité que l'évêque d'Hippone renonce à la règle de discipline établie, afin de gagner les schismatiques à l'unité de l'Église.

déroger à la loi de la Tradition, gardant sauve la communion entre les évêques. Cette compétence du concile révèle évidemment l'aspect dynamique de la *potestas* épiscopale.

1.3 *Le caractère rationnel des sentences ecclésiastiques*

D'après la tradition judiciaire d'Afrique, une sentence est d'autant plus recevable que sa rationalité est mieux établie. C'est dire l'importance que la législation africaine accorde à l'autorité des témoins dans les procès. Pour cerner la nature de la rationalité qui est exigée dans les sentences ecclésiastiques, on va s'attarder quelque peu sur deux cas de recours des Africains à Rome: le premier cas est celui des partisans du diacre dissident Felicissimus[60]; le second est l'appel de l'évêque Antoninus de Fussala[61].

1.3.1 Les recours abusifs

a) *L'appel des schismatiques à Rome*

Un rappel sommaire du différend qui opposa Cyprien au pape Corneille s'avère indispensable pour bien comprendre la doctrine africaine relative aux sentences ecclésiastiques. Cette crise, qui a pour objet l'élection du pape Corneille, est une histoire de méfiance réciproque, marquée par deux épisodes, que l'on peut qualifier d'attitudes de provocation et de réplique.

Ayant reçu la lettre de l'anti-pape Novatien, qui mettait en cause la légitimité de l'élection du pape Corneille, Cyprien se réserve d'en donner lecture dans l'assemblée conciliaire d'Afrique[62]. Le primat préfère plutôt garder sa neutralité face aux dissensions de l'Église transmarine. A cet effet, il met sur pied une commission d'enquête chargée de vérifier à Rome les conditions d'élection contestée du pape Corneille[63]. Par la suite, toute équivoque ayant été dissipée grâce aux témoignages des délégués africains, Cyprien ordonne à toute l'Église

---

[60] Cf. *supra*, 16-17.
[61] Cf. *supra*, 22-25.
[62] CYPRIEN, *Ep.*, 45, 2: «Et idcirco, frater carissime, [Cyprien écrit ainsi au pape Corneille], cum ad me talia adversum te et conpresbyteri tecum considentis scripta venissent, clero et plebi legi praecepi quae religiosam simplicitatem sonabant nec ullis maledictorum et conviniciorum latratibus perstrepebant». (CSEL 3/2, 601-602). A ce sujet, cf. P. MONCEAUX, *Histoire littéraire*, II, 43; de même H.J. VOGT, «Novaziano», 2437.
[63] Cf. CYPRIEN, *Ep.*, 44, 1 (CSEL 3/2, 597 s.).

d'Afrique de reconnaître la légitimité du pape Corneille. A ce propos, le primat d'Afrique écrit au pontife romain une lettre de clarification, dont voici un extrait:

> Ainsi maintenant la vérité et tout ensemble l'autorité de votre épiscopat apparaissent en pleine lumière. Elles ont reçu la confirmation la plus évidente et la plus ferme: les réponses de nos collègues qui nous ont écrit de Rome, le rapport et le témoignage de nos évêques Pompeius, Stephanus, Caldonius et Fortunatus ont fait connaître à tous l'origine indiscutable et la légitimité de votre ordination, et l'intégrité honorable de votre vie. Nous nous y conformerons pratiquement, les autres évêques et moi, avec fidélité et fermeté, et nous nous y tiendrons dans l'unanimité de l'Église catholique [...][64].

Le second épisode, qui a engendré le malaise dont sont momentanément affectées les relations de Cyprien avec le pape Corneille est constitué par l'initiative supposée du pape Corneille d'accueillir la plainte des excommuniés d'Afrique, venus *ad cathedram Petri*, pour faire reconnaître l'ordination de leur évêque Fortunatus[65]. Car, comme pour valoriser la légitimité de son ordination face aux réserves manifestées par l'épiscopat africain, le pape Corneille, sollicité par les dissidents d'Afrique venus auprès de lui se plaindre de Cyprien, semble leur prêter une oreille favorable. C'est alors que le primat d'Afrique réagit contre toute tentative visant à remettre en cause la décision d'excommunication arrêtée en Afrique à l'endroit du diacre dissident Felicissimus et de ses partisans. Cyprien dit:

> à moins que quelques personnages perdus de scélératesse ne doivent l'emporter sur l'autorité des évêques d'Afrique qui les ont déjà jugés, et ont prononcé récemment encore, avec toute la gravité de leur jugement, qu'ils avaient la conscience chargée d'un grand nombre de crimes. Leur cause a été examinée, la sentence prononcée, et il ne convient pas à l'autorité épiscopale d'encourir le reproche d'inconstance ou de légèreté, quand le

---

[64] CYPRIEN, *Ep.*, 48, 4: «Ita enim nunc episcopatus tui et veritas pariter et dignitas apertissima luce, manifestissima et firmissima conprobatione fundata est, ut ex rescriptis collegarum nostrorum qui ad nos litteras inde fecerunt et ex relatione ac testimoniis coepiscoporum Pompei et Stephani et Caldoni ac Fortunati ordinationis tuae et origo necessaria et ratio iusta et gloriosa quoque innocentia omnibus nosceretur. Quod ut simul cum ceteris quoque collegis nostris stabiliter ac firmiter administremus adque [ut] catholicae ecclesiae concordi unanimitate teneamus [...]». (CSEL 3/2, 607-608). A ce sujet, cf. J. LEBRETON, *Les écrivains chrétiens*, 191 s.

[65] Cf. CYPRIEN, *Ep.*, 59 (CSEL 3/2, 666-691). A ce sujet, cf. W. MARSCHALL, *Karthago*, 99-100; de même A.-M. LABONNARDIÈRE, «Fortunat», 1173.

Seigneur nous instruit en disant: «Que votre parole soit: Cela est, cela est; cela n'est pas, cela n'est pas»[66].

Notons enfin que c'est à cette occasion que, sans toutefois nommer le pape Corneille à qui il s'adresse, Cyprien rappelle la pratique judiciaire en vigueur en Afrique: «Il a été réglé par nous, [dit-il], d'un commun accord, (solution équitable et juste), que les causes doivent être entendues là où le délit a été commis»[67].

b) *La réhabilitation d'Antoninus*

Dans la lettre qu'il écrit au pape Célestin Ier, Augustin exhorte instamment le pontife romain à adhérer à la décision du concile d'Afrique, lequel dispose pour justifier la décision prise à l'endroit d'Antoninus de nombreux témoignages. A cet effet, l'évêque d'Hippone dit: «Mais pourquoi entrer dans plus de détails? Travaillez avec nous, je vous en conjure, bienheureux seigneur, saint et vénérable. Ordonnez qu'on vous lise tout ce qui a été fait dans cette circonstance [...]»[68].

1.3.2 Conditions de validité d'une sentence

A partir des éléments issus des deux cas de recours rappelés ci-dessus, il y a lieu de dégager les critères sur lesquels s'appuie la tradition juridico-ecclésiologique d'Afrique, qui exige la rationalité des décisions ecclésiastiques. En même temps, ces considérants indiquent les conditions d'exercice de la *potestas* épiscopale.

a) *Les lettres de communion*

L'analyse des déclarations des évêques d'Afrique fait saisir qu'ils veulent défendre l'autorité du concile, en tant qu'il est l'instance officielle et légitime d'échanges des chrétiens d'Afrique avec les autres

---

[66] CYPRIEN, *Ep.*, 59, 14: «nisi si paucis desperatis et perditis minor videtur esse auctoritas episcoporum in Africa constitutorum, qui de illis iam iudicaverunt et eorum conscientiam multis delictorum laqueis vinctam iudicii sui nuper gravitate damnarunt. Iam causa eorum cognita est, iam de eis dicta sententia est, nec censurae congruit sacerdotum mobilis adque inconstantis animi levitate reprehendi, cum Dominus doceat et dicat : "Sit sermo vester : est est, non non"». (CSEL 3/2, 683-684).

[67] CYPRIEN, *Ep.*, 59, 14: «Nam cum statutum sit ab omnibus et aequum sit pariter ac iustum, ut uniuscuisque causa illic audiatur ubi est crimen admissum». (CSEL 3/2, 683).

[68] AUGUSTIN, *Ep.*, 209, 6: «Sed quid multis morer ? Conlabora, obsecro, nobiscum, pietate venerabili domine beatissime et debita caritate venerande sancte papa, et iube tibi quae directa sunt, omnia recitari [...]». (CSEL 57, 350).

Églises. A cet effet, une disposition canonique a été instituée pour réglementer les correspondances inter-ecclésiales: ce sont les lettres de communion dites *litterae communionis, litterae pacis* qui, ayant établi l'évêque du lieu comme l'agent principal de relais dans toutes les communications inter-ecclésiales, sont utilisées dans le but d'attester l'orthodoxie doctrinale des correspondants, ce qui donne le droit à la communion[69]. Pendant la primatie de Gratus (348), cette disposition sera étoffée et davantage précisée[70].

L'intention qui sous-tend l'institution des lettres de recommandation semble être celle-ci. Cette disposition vise à ne pas favoriser les recours qui réduiraient à néant les décisions collégiales des évêques. En insistant sur un tel témoignage, l'épiscopat africain veut mettre en garde le pontife romain contre les intrigues des plaignants, qui ne sont pas de nature à affirmer la concorde entre les évêques. Cette finalité des *litterae communionis* apparaît avec clarté dans la recommandation que Cyprien fait au pape Corneille:

> Il faut donc que ceux à qui nous sommes préposés ne courent çà et là, et ne cherchent pas à rompre la concorde d'évêques unis, en suscitant des conflits par leurs cabales et leurs mensonges audacieux, mais ils doivent plaider leur cause là où ils peuvent avoir des accusateurs et des témoins de leurs délits [...][71].

D'une part, la plainte que Cyprien formule à l'encontre du pape Corneille et d'autre part, l'exhortation lancée par Augustin au pape Célestin Ier d'adhérer à la décision des évêques d'Afrique témoignent le souci de l'épiscopat africain de maintenir la communion entre les évêques. Dès lors, que l'exclusion de la communauté soit proposée comme peine maximale à infliger aux contrevenants à la disposition concernant les lettres de communion, la formule normative qui l'exprime ne cache pas la volonté du concile d'Afrique de rejeter tout recours non recommandé. C'est pourquoi, le décret établi au temps du primat Gratus stipule

---

[69] Cf. E. PERETTO, «Lettere di comunione», 1939-1940; de même G. D'ERCOLE, «Communio interecclesiastica», 34.

[70] Cf. *Conc. Carthag.* A. 345-348, can. 7: «Statuat gravitas vestra ut unusquisque clericus vel laicus non communicent in alia plebe sine litteris episcopi sui». (CChr.SL 149, 7, ligne 120). A ce sujet, cf. A. MANDOUZE, «Cassianus 2», *PCBE*, I, 195.

[71] CYPRIEN, *Ep.*, 59, 14: «oportet utique eos quibus praesumus non circumcursare nec episcoporum concordiam cohaerentem sua subdola et fallaci temeritate conlidere, sed agere illic causam suam ubi et accusatores habere et testes sui criminis possint [...]». (CSEL 3/2, 683).

explicitement que personne ne peut recevoir dans sa communion le membre d'une tierce Église sans la lettre de son évêque[72].

En procédant de cette manière, Cyprien, et après lui Augustin, veut assurer l'autonomie judiciaire de l'Église d'Afrique sous deux aspects. D'abord, à travers la compétence dont chaque évêque est doté pour contrôler et prendre des décisions dans son Église. Ensuite, à travers la compétence dont la loi investit les primats des provinces pour octroyer des billets de recommandation aux membres qui dépendent de leurs juridictions[73]. Dans l'un et l'autre cas, c'est la communion des fidèles avec leur évêque qu'on cherche à garantir et à renforcer, en même temps qu'on veille au maintien de la *concordia* entre les évêques. Aussi, dans sa lettre de clarification, Cyprien prend soin de signaler l'absence d'un tel témoignage de la part du pape Corneille, qui légitime son élection et assure sa communion[74].

b) *La crédibilité des témoins*

Un autre élément que requiert l'intelligibilité des décisions dans les procès est la crédibilité des témoins. La législation africaine lie la crédibilité des témoins à la proximité du lieu du délit (*locus proximus quo non sit difficile testes perducere*)[75]. Cette exigence veut traduire, semble-t-il, la volonté du législateur africain de conclure les causes nées sur le territoire africain en Afrique même (*qualiter causa eius finiatur*).

Dans le cas du procès d'Antoninus, les témoignages fournis par les Africains, parmi lesquels ceux de l'évêque Urbanus de Sicca Veneria,

---

[72] Cf. *Conc. Carthag.* A. 345-348, can. 7: «Gratus episcopus dixit: Nisi hoc observatum fuerit, communio fiet passiva. Nam si cum litteris receptus fuerit et concordia inter episcopos servatur ut nemo subtilis alterius fugiens communionem ad alium latenter accedat». (CChr.SL 149, 7, lignes 123-126).

[73] Cf. *Canones in causa Apiarii*, can. 28: «Episcopi trans mare non proficiscantur, nisi consulto primae sedis episcoporum suae cuiusque provinciae, ut ab eo praecipue possint sumere formatam vel commendaticias epistulas». (CChr.SL 149, 125, lignes 231-233).

[74] CYPRIEN, *Ep.*, 45, 3: «Quod autem scripta collegarum nostrorum qui illic ordinationi tuae adfuerant desideravimus, non veteres mores obliti novum aliquid quaerebamus: nam satis erat ut te episcopum factis litteris nuntiares, nisi esset ex diverso discrepans factio quae criminosis et calumniosis conmentis suis collegarum pariter ac fratrum plurimorum turbaret mentes et corda confunderet». (CSEL 3/2, 602).

[75] Cf. *Canones in causa Apiarii*, can. 36: «Item placuit ut accusatus, in eo loco ubi est si metuit aliquam vim temerariae multitudinis, locum sibi eligat proximum quo non sit difficile testes perducere, qualiter causa eius finiatur». (CChrSL 149, 128, lignes 299-302).

qui a éduqué le jeune évêque au monastère d'Hippone[76] et ceux d'Augustin lui-même[77], sont susceptibles d'éclairer la sentence arrêtée à l'égard du prélat désavoué. De même, dans la lettre qu'il écrit à la dame Fabiola, Augustin fait allusion aux nombreux témoignages dont il dispose. L'évêque d'Hippone y fait appel comme pour décharger les juges africains de tout soupçon d'arbitrage partial, à tel point qu'il déplore même le manque des juges pour examiner ces pièces avec plus d'objectivité. Ce faisant, Augustin veut établir au maximum l'intelligibilité de la peine qu'on a décidé d'infliger à Antoninus. Il dit à cet effet:

> Outre les faits qui sont rassemblés dans les procès-verbaux, nous en avons appris quantité d'autres, de diverses sources, et d'autre part beaucoup de ces faits, sur les terres de ceux qui les ont subis, sont dits et répétés non point en plaintes chuchotées, mais par des cris vociférés; ainsi accumulés, ils n'attendent que d'être établis, à condition que des juges siègent là où ils ne risquent pas d'être surchargés en raison de leur pénurie, ou même que ceux qui siègeront puissent suffire à tout examiner en audience, alors qu'on endurerait à grand-peine de passer en revue ce que nous avons examiné en audience et qui figure sur les procès-verbaux ecclésiastiques[78].

---

[76] Cf. AUGUSTIN, *Ep.*, 20*, 2, 5-6: «Deinde tempore procedente — ne multis inmorer — ille obiit [il s'agit du père d'Antoninus], illa senuit [sa mère], puer crevit; inter consortes suos lectoris fungebatur officio et talis apparere iam coeperat, ut frater Urbanus qui tunc apud nos presbyter et praepositus monasterii, nunc vero est ecclesiae Siccensis episcopus, in quodam fundo amplo et in nostra diocesi constituto eum presbyterum fieri me absente voluerit, quia iniunxeram proficiscens, ut aliquem provideret quem loco illo non expectato meo reditu vicinus episcopus ordinaret. Quod fieri quidem isto refugiente non potuit. Verumtamen cum id postea comperissem, velut necessarium coepi habere tali numeri, non quod mihi esset quantum oportebat cognitus, sed testimonio praepositi sui». (CSEL 88, 95). A ce sujet, cf. A. MANDOUZE, «Urbanus 7», *PCBE*, I, 1232 s.; de même S. LANCEL, «L'affaire d'Antoninus», 279.

[77] Cf. AUGUSTIN, *Ep.*, 20*, 2, 2; 29, 1: «Accipe igitur quis Antonino sim et quis mihi sit Antoninus et quid ei debeam et quid a te petam. Parvulus cum matre et vitrico venit Hipponem; ita pauperes erant, ut quotidiano victu indigerent [...] non dubitavit villas emere suo nomine, non ecclesiae, homo qui de monasterio episcopus factus est nihil habens praeter quod ipso die vestiebatur». (CSEL 88, 94; 110). A ce sujet, cf. C. MUNIER, «Problèmes de prosopographie», 222.

[78] AUGUSTIN, *Ep.*, 20*, 7, 1: «Multa praeter illa quae comprehensa sunt gestis et nos ex aliqua parte cognovimus et per illas terras eorum qui perpessi sunt non murmurantium gemitibus sed vociferantium clamoribus iactitantur et ingeruntur probanda, si iudices ibi sedeant ubi paupertas non fatigetur illorum aut etiam qui sederint audire cuncta sufficiant, cum ista quae nos gestis ecclesiasticis audivimus recensere vix quisquam perduret». (CSEL 88, 98).

Si l'on considère l'intérêt qu'Augustin accorde à l'autorité des témoignages rassemblés au sujet du procès d'Antoninus, il apparaît clairement que l'évêque d'Hippone tient à défendre la légitimité de la sentence émise par le concile d'Afrique, qu'il qualifie à juste titre de *sententia nostra*[79], et dont il est dans ce cas précis le porte-parole. En outre, ces témoignages renferment dans leur arrière-fond l'esprit du gouvernement collégial, qui constitue l'axe central de la pensée ecclésiologique cyprianique. En effet, Augustin compte sur l'appui du concile d'Afrique pour faire valoir la décision prise à l'égard d'Antoninus, celle qui consiste à restreindre le pouvoir de juridiction du jeune évêque[80]. Ainsi, en exhortant le pape Célestin Ier à se rallier à la décision arrêtée en Afrique, l'évêque d'Hippone veut en même temps prévenir le pontife romain contre les intrigues de leur collègue Antoninus qui est devenu, à cause de son opposition à la décision collégiale de l'épiscopat africain, un dissident:

> Mais, pour semer de nouveau la discorde, [rapporte Augustin], il obtint à force d'insistance que fût ajoutée à la lettre du vénérable doyen qu'une communauté, parmi celles-là mêmes qui étaient venues à Fussala pour demander un évêque, serait jointe à sa liste, à savoir celle du domaine de Thogonoethum, pour qu'il eût là une chaire dont dépendraient toutes les autres en sa possession[81].

A cet effet, Augustin emploie des termes aussi décisifs que précis pour qualifier le comportement de l'évêque de Fussala. Puisqu'Antoninus s'obstine à obtenir, en dépit des mesures arrêtées à son endroit, la localité de Thogonoetum, l'évêque d'Hippone taxe cette attitude de volonté de semer la discorde entre les évêques: *ut seminare rixas*. Ensuite, en voulant exercer son autorité sur le peuple qui ne l'accepte pas, Antoninus se comporte en fauteur de désordre, qui trouble la paix de l'Église: *ecclesiae pacem perturbare*. C'est dans cette optique

---

[79] AUGUSTIN, *Ep.*, 20*, 8, 3: «Hanc sententiam nostram et ipse amplexus est usque adeo, ut neque provocaverit et post paucissimos dies mutuatos pro direptis solidos reposuerit, ne illi communio diutius negaretur». (CSEL 88, 99).

[80] Cf. AUGUSTIN, *Ep.*, 209, 5: «Honorem itaque integrum servavimus iuveni corrigendo, sed corripiendo minuimus potestatem, ne scilicet eis praeesset ulterius, cum quibus sic egerat, ut dolore iusto eum sibi praesse ferre omnino non possent et cum suo illiusque periculo in aliquod scelus forsitam erupturam inpatientiam sui doloris ostenderent». (CSEL 57, 349-350); ID., *Ep.*, 20*, 8, 1 (CSEL 88, 98 s.).

[81] Cf. AUGUSTIN, *Ep.*, 20*, 9, 5: «Sed ut rixas iterum seminaret, ex his etiam plebibus quae ad episcopum postulandum Fussalam venerant unam sibi addendam, ut sancti senis litteris adscriberetur, extorsit fundi scilicet Thogonoetensis, ubi haberet cathedram cui suae ceterae subiacerent». (CSEL 88, 100).

que les recommandations que l'évêque d'Hippone adresse à la dame Fabiola pour ramener Antoninus à de meilleurs sentiments traduisent le souci d'Augustin d'empêcher son jeune collègue de nuire à lui-même et à l'utilité de l'Église[82].

Comme on peut le constater, la sanction imposée à Antoninus porte des indices d'une législation de continuité. Au temps de Cyprien, face au rejet d'une décision épiscopale couverte par l'autorité du concile, le primat d'Afrique n'hésite pas à traiter cet acte d'opposition de mépris et d'offense commis à l'égard de l'autorité collégiale de l'épiscopat africain. Ainsi, en s'adressant au pape Corneille au sujet de l'excommunication infligée aux schismatiques qui cherchent un secours *ad cathedram Petri*, Cyprien, alors qu'il explique le bien-fondé de la décision africaine, avertit en même temps le pontife romain de la légitimité et de l'irrévocabilité de la sentence rendue par le concile d'Afrique. Aussi, la fermeté affichée par l'épiscopat africain de dénouer les crises nées sur le territoire africain en Afrique même démontre l'importance que la tradition locale accorde à la rationalité des sentences judiciaires[83]. Pour être acceptées, celles-ci doivent être étayées par des preuves portées au mieux par des témoins proches du lieu du délit. Ainsi, le terme *improbus* employé par Augustin dans l'affaire d'Antoninus[84] sert à épingler l'innoportunité de révision de la décision africaine. Vu le caractère subversif des recours *ad transmarina*, le terme *improbus* est à entendre dans le sens de dénonciation que Cyprien formulait à propos de la disponibilité manifestée par le pape Corneille pour accueillir les plaintes des dissidents africains. De cette manière, les

---

[82] Cf. AUGUSTIN, *Ep.*, 20*, 33, 1-4: «Per Christum te obsecro et per eius misericordiam et iudicium, ut aiuves me in hac causa et pro ipso et pro ecclesia. Ad hoc enim te instructam esse volui fortasse loquacius quam modestius, non ut eum oderis, sed potius ut ei veraciter et spiritaliter consulas quantum te Dominus posse voluerit non eum sinendo nocere sibi. Nam cui alteri gravius nocebit quam sibi, si perturbare et subvertere tendit ecclesiam quam Christo debet adquiri velle, non sibi? Credo illum obtemperaturum sanctae benignitati tuae nec erecturum adversum te fastus suos, si fons misericordiarum exaudiat pro illo tam crebros et largos fletus meos». (CSEL 88, 111-112). A ce sujet, cf. C. MUNIER, «Problèmes de prosopographie», 225.

[83] La remarque suivante formulée par J.-P. BRISSON, *Autonomisme*, 234, souligne bien l'objectif visé par la législation africaine au temps d'Augustin: «C'était réclamer, comme Cyprien l'avait fait auprès de Corneille, que les évêques africains soient jugés en Afrique, et pas ailleurs».

[84] Cf. AUGUSTIN, *Ep.*, 20*, 12, 4: «Aderamus et nos, frater scilicet Alypius et ego, litteris primatis ammoniti, non ut de illo iudicaremus iterum — quid enim esset improbius, — sed ut, si res posceret, rationem nostri iudicii redderemus [...]». (CSEL 88, 101).

secours que les condamnés d'Afrique vont chercher ailleurs (*refugia*) sont qualifiés à raison de malhonnêtes (*improba*). Car, ils sont susceptibles d'entraîner anarchiquement les révisions des décisions régulièrement arrêtées et de provoquer la rupture de la concorde entre les évêques. Pour tout dire, ces recours sont irrecevables, puisque l'autorité de la Tradition ne les justifie pas[85].

Le refus manifesté aussi bien par Cyprien que par Augustin de céder à la tentative des papes de réhabiliter les excommuniés d'Afrique démontre le double objectif visé par la législation africaine: d'une part, on veut renforcer l'unité de l'Église d'Afrique et l'autorité de l'évêque sur ses fidèles; d'autre part, on cherche de circonscrire l'exercice de la *potestas* épiscopale aux limites de la juridiction territoriale respective.

2. La *cathedra Petri*: *ratio* du pouvoir épiscopal

Pour dégager l'aspect connexe à la *cathedra Petri* comme *ratio* du pouvoir épiscopal, outre les données issues de l'affaire des *lapsi* et de la querelle baptismale, on va axer l'étude sur la controverse donatiste.

La notion de la *ratio* relative à la *cathedra Petri* est basée sur le sens que Cyprien accorde au rôle de l'apôtre Pierre dans le collège apostolique. Deux considérations complémentaires permettent d'établir ce rapprochement. D'un côté, Cyprien tient les évêques pour des successeurs des apôtres. Pour exprimer l'identité des pouvoirs des apôtres, l'évêque de Carthage emploie le terme juridique *in solidum*. A cet effet, Cyprien revendique pour tous les évêques les mêmes prérogatives que celles dont les apôtres étaient investis, en vue du gouvernement collégial de l'Église: «La dignité épiscopale est une, [affirme-t-il]; et chaque évêque en possède une parcelle sans division du tout»[86]. De l'autre côté, Cyprien affirme que l'Église est bâtie sur l'autorité des évêques[87], et que l'évêque de Rome, qui occupe le Siège de l'apôtre Pierre (*cathedra Pe-*

---

[85] Cette assertion se justifie par la mise au point de la synodale qui est adressée au pape Célestin Ier, en 424/425: cf. *Conc. Carthag.* A. 424-425: «Presbyterorum quoque et sequentium clericorum improba refugia, sicut te dignum est, repellat sanctitas tua: quia et in nulla patrum definitione hoc ecclesiae derogatum est Africanae et decreta Nicaena sive inferioris gradus clericos sive ipsos episcopos suis metropolitanis apertissime commiserunt». (CChr.SL 149, 171, lignes 53-58).

[86] CYPRIEN, *De unitate*, V: «Episcopatus unus est, cuius a singulis in solidum pars tenetur». (CChr.SL 3, 252). M. BÉVENOT, «Épiscopat et primauté», 186-195, expose dans une étude critique détaillée les différents points de vue de chercheurs sur cette déclaration de Cyprien; aussi W. MARSCHALL, *Karthago*, 30.

[87] Cf. *supra*, 39, n. 34.

tri), remplit la même fonction que ce dernier[88]. Aussi, résulte-t-il que dans la praxis des recours des Africains à Rome, la conception cyprianique de la *cathedra Petri* se rencontre aussi bien chez Optat que chez Augustin sous des formes nuancées, circonstanciellement adaptée aux situations dans lesquelles elle est évoquée.

L'objet de la présente étude consiste fondamentalement à établir en quoi l'adresse de l'épiscopat africain au Siège de Pierre dans la querelle donatiste, qui est «un phénomène religieux proprement africain»[89], constitue dans son arrière-fond une rupture, un abandon ou une correction de la conception traditionnelle héritée de Cyprien au sujet de la *cathedra Petri*.

2.1 Les péripéties de la controverse donatiste

L'histoire du donatisme est reconstruite ici en deux étapes dans un exposé sommaire: il s'agit de la genèse de la polémique et de l'intervention du pouvoir temporel dans une controverse religieuse.

2.1.1 Genèse du schisme africain[90]

Après la persécution de Valérien, qui a porté Cyprien sur l'autel du martyre (258), l'Afrique jouit d'une période de paix pendant près de quatre décennies. Cette longue période d'accalmie entraîne un certain relâchement de discipline parmi les chrétiens[91]. La controverse donatiste est née dans ce contexte, de causes complexes[92]. Toutefois, si la persécution de Dioclétien (303-305), qui a suscité la question des *traditores*, c'est-à-dire les évêques qui ont trahi la foi en livrant les Livres sacrés aux magistrats, doit être considérée comme la cause lointaine du donatisme[93], l'ordination épiscopale tumultueuse de l'archidiacre de

---

[88] Cf. *supra*, 84, n. 6.

[89] Ainsi, J.-P. BRISSON, *Autonomisme*, 6, qualifie-t-il la controverse donatiste.

[90] Un exposé détaillé de la genèse du donatisme est présenté par B. KRIEGBAUM, *Kirche*, 59-95, avec un titre qui est des plus suggestifs: *Die Vorgeschichte des Schismas*; de même J.-P. BRISSON, *Autonomisme*, 123; aussi M. LABROUSSE, *Optat*, I, 76.

[91] Cf. P. MONCEAUX, *Histoire littéraire*, III, 20.

[92] Cf. A. PINCHERLE, «Donatismo», 1851.

[93] Cf. EUSÈBE, *De martyribus Palestinae*, XIII, 12, GCS, II/2, 949. La description que l'évêque Optat de Milève (III, 8, 4) fait de l'ambiance qui régnait lorsqu'a éclaté la crise donatiste rend bien compte du climat conflictuel qui prévalait en Afrique: «Omnis locus templum erat ad scelus, inquinabantur prope morientes senes, ignorans polluebantur infantia, a matribus parvuli portabantur ad nefas, parentes incruenta parricidia facere cogebantur, alii cogebantur templa dei vivi subvertere, alii Christum

Carthage Caecilianus, qui a lieu vers 312, s'avère être la cause immédiate de la longue crise qui, sous l'instigation de Silvanus, l'évêque de Cirta, a fâcheusement divisé la chrétienté africaine[94].

La matière d'accusation portée contre Caecilianus a été définie au concile provincial de Numidie tenu à Cirta lors du procès intenté contre Silvanus, vers 307[95]. A la place de Caecilianus, le concile présidé devant 70 évêques à Carthage par Secundus de Tigisi, le primat de Numidie qui est animé d'aspirations hégémoniques, procède à l'ordination du diacre Maiorinus[96]. C'est de cette manière que naît le schisme dans l'Église de Carthage. Ce déchirement ira croissant, revêtant diverses formes sur toute l'étendue d'Afrique[97] jusqu'à l'invasion arabe au VIIe siècle[98].

---

negare, alii leges divinas incendere, alii tura ponere». (CSEL, 26, 90-91); OPTAT, *Appendix*, 1 (CSEL, 26, 189). A ce sujet, cf. P. MONCEAUX, *Histoire littéraire*, IV, 8; de même A. AUDOLLENT, «Afrique», 757-758; aussi J. ZEILLER, «La dernière persécution», 457-479; également J.-P. BRISSON, *Autonomisme*, 125; M. LABROUSSE, *Optat*, I, 48; J. GAUDEMET, *Église et cité*, 22.

[94] Cf. OPTAT, *Appendix*, 1 (CSEL, 26, 194 et 196). Sur ce, cf. C. PIETRI, «L'échec», 229-248; ID., «Les difficultés», 435-451. Au sujet de «Caecilianus», cf. A. MANDOUZE, *PCBE*, I, 165-175; «Silvanus 1», *Ibid.*, 1078-1080.

[95] Il s'agit en réalité d'une réunion épiscopale. A ce sujet, cf. A. MANDOUZE, «Secundus 1», *PCBE*, I, 1052-1053. La date du concile de Cirta est discutée. Dans l'étude où il traite de cette question, S. Lancel passe en revue les différentes opinions d'auteurs et aboutit, avec l'appui d'une documentation plus étoffée, à la conclusion selon laquelle la rencontre de Cirta doit avoir eu lieu en 307, étant donné que cette échéance donne plus de garantie de l'existence d'une paix effective en Afrique, c'est-à-dire après la persécution de Dioclétien («Les débuts du donatisme», 229); de même A. AUDOLLENT, «Afrique», 765. Par ailleurs, B. Kriegbaum, en misant sur les indications qui servent de jalons à la genèse du donatisme, c'est-à-dire d'une part, l'entrée en vigueur de l'Édit de tolérance de Maxence (305) et d'autre part, la tenue de la rencontre de Cirta et du concile consécutif réuni à Carthage pour procéder au remplacement de Caecilianus par Maiorinus, fait remarquer la difficulté à laquelle achoppent les chercheurs pour dater de manière certaine le début de la controverse donatiste (*Kirche*, 130).

[96] Cf. OPTAT, I, 18 (CSEL 26, 20); de même AUGUSTIN, *Ep.*, 43, 6 (CSEL 34/2, 99). A ce sujet, cf. P. MONCEAUX, *Histoire littéraire*, IV, 15; aussi A. PINCHERLE, «Donatismo», 1851 s.; également C. PIETRI, «L'échec», 232-233. A propos de la date de l'ordination de Maiorinus, B. KRIEGBAUM, *Kirche*, 149, circonscrit cet événement entre les termes 308-310/311. Sur les protagonistes de premier rang de la genèse de la controverse donatiste: cf. A. MANDOUZE, «Lucilla 1», *PCBE*, I, 649; «Caecilianus 1», *Ibid.*, 165-175; «Maiorinus 1», *Ibid.*, 666 s.; «Purpurius 2», *Ibid.*, 935-936.

[97] Cf. OPTAT, I, 15. 19 (CSEL 26, 15 s.; 20 s.); de même AUGUSTIN, *Ep.*, 43, 2, 4 (CSEL 34/2, 87).

[98] A ce sujet, cf. P. MONCEAUX, *Histoire littéraire*, IV, 19; aussi B. KRIEGBAUM,

La contestation de l'ordination de Caecilianus s'appuie sur des éléments de nature dogmatico-disciplinaire. En effet, la décision prise à l'égard de l'archidiacre de Carthage trouve des racines dans la doctrine cyprianique, qui exhorte à l'héroïsme et ne tolère nullement la défaillance des clercs devant les persécutions[99]. En vertu de cette doctrine, Caecilianus est accusé de *traditio*, étant donné qu'il a été ordonné par l'évêque Félix d'Abtugni, dont on se plaint qu'il ait rendu les Livres sacrés aux agents impériaux[100]. En outre, cette ordination est déclarée irrégulière parce que, soutiennent les partisans du rigorisme, elle a été effectuée à l'encontre d'une disposition traditionnelle (*consuetudo*) d'Afrique selon laquelle, c'est au primat de la province de Numidie qu'il revient d'ordonner son collègue de Carthage[101].

Après la mort de Maiorinus, qui ne préside que pendant quelques mois la communauté de Carthage [102], la direction de l'Église schismatique est confiée aux soins de Donat le Grand qui, avec beaucoup d'allant, la dote d'une irréductible ardeur d'autodétermination[103].

Kirche, 105-114.

[99] Cf. CYPRIEN, *Epp*. 65, 1; 67, 6 (CSEL 3/2, 721 s.; 740 s.); aussi *supra*, 17, n. 33. A ce sujet, cf. J.-P. BRISSON, *Autonomisme*, 139; de même, C. PIETRI, «L'échec», 233; aussi M. LABROUSSE, *Optat*, I, 77.

[100] Cf. OPTAT, I, 20: «Unum traditionis convincium in ordinatorem Caeciliani derivandum esse putaverunt». (CSEL 26, 21-22). A ce sujet, cf. A. MANDOUZE, «Felix 2», *PCBE*, I, 409 s. Sur l'acception particulière du terme *traditio* à l'intérieur de l'Église d'Afrique, cf. B. KRIEGBAUM, *Kirche*, 165-172. Cependant, l'auteur observe que l'argument de *communio*, c'est-à-dire la collusion avec les *traditores*, qui faisait l'objet d'accusation de Caecilianus, n'a pas eu beaucoup d'incidence dans la sentence arrêtée par le concile présidé par Secundus (*Ibid.*, 117).

[101] Cf. AUGUSTIN, *Contra partem Donati*, XXII, 38 (CSEL 53, 139 s); ID., *Breviculus Conlationis*, III, 16, 29 (CSEL 53, 78). A. Mandouze présente à ce sujet un riche aperçu de données de référence: «Secundus 1», *PCBE*, I, 1053. Concernant l'intervention du primat de Numidie à Carthage, L. DUCHESNE, *Histoire ancienne*, II, 107, juge qu'elle est une pure ingérence dans les affaires d'autrui.

[102] L'éphémère épiscopat de Maiorinus est signalé dans cette pertinente remarque de A. Mandouze: «son épiscopat est de courte durée: à une date impossible à déterminer exactement, mais qui doit se situer aux alentours du concile d'Arles (1er août 314)». («Maiorinus 1», *PCBE*, I, 666-667).

[103] Cf. P. MONCEAUX, *Histoire littéraire*, IV, 20; de même L. DUCHESNE, *Histoire ancienne*, II, 121; aussi J.-P. BRISSON, *Autonomisme*, 34; J. DANIÉLOU, *Des origines*, 264; C. PIETRI, «L'échec», 229. Toutefois, l'identité de Donat est discutée: cf. P. MONCEAUX, *Histoire littéraire*, IV, 16. 20, n. 1; J.-P. BRISSON, *Autonomisme*, 139; T.D. BARNES, «The Beginnings of Donatism», *JThS* 26 (1975) 13-22; J.S. ALEXANDER, «The motive of a distinction between Donatus of Carthage and Donatus

2.1.2 L'intervention impériale

A l'époque où la crise donatiste est portée à la connaissance du pouvoir temporel, Constantin est seul maître en Occident (313)[104]. En vertu des dispositions civiles qui gratifient de faveurs l'Église catholique, seule la communauté tenue par Caecilianus bénéficie de ces privilèges[105]. De leur côté, désireux de tirer profit de mêmes avantages que les catholiques, les donatistes cherchent de faire valoir leurs revendications auprès des Églises d'Occident, en l'occurrence celles d'Italie, de Gaule et d'Espagne. Mais leur requête n'obtient pas le résultat escompté[106]. De l'instance ecclésiastique, les schismatiques s'adressent à l'autorité séculière, l'implorant de leur donner des juges, afin d'examiner leur cause. A cet effet, les donatistes présentent au proconsul d'Afrique Anulinus un réquisitoire composé de deux pièces, qui seront transmises à l'empereur (15 février 313). L'un contient des griefs portés contre Caecilianus[107], et l'autre est une supplique adressée à l'empereur Constantin pour désigner des juges parmi les évêques gaulois[108].

---

of Casae Nigrae», *JThS* 31 (1980) 540-547; en dernier lieu, A. MANDOUZE, «Donatus 5», *PCBE*, I, 292-303 et C. PIETRI, «L'échec», 232.

[104] Cf. A. PINCHERLE, «La politica ecclesiastica», 29; également C. PIETRI, «L'échec», 233.

[105] Cf. AUGUSTIN, *Ep.*, 88, 2 (CSEL 34/2, 408). A ce sujet, cf. J.-P. BRISSON, *Autonomisme*, 248 s.; de même M. LABROUSSE, *Optat*, I, 77; aussi C. PIETRI, «L'échec», 233.

[106] Cf. AUGUSTIN, *Contra epistulam Parmeniani*, I, 2, 2 (CSEL 51, 20). Sur ce, cf. C. PIETRI, «L'échec», 234.

[107] Il s'agit du document intitulé *Libellus ecclesiae catholicae criminum Caeciliani traditus a parte Maiorini*: cf. AUGUSTIN, *Ep.*, 88, 2 (CSEL 34/2, 408); ID., *Breviculus Conlationis*, III, 12, 24 (CSEL 53, 72 s.). A ce sujet, cf. C. PIETRI, «L'échec», 234.

[108] Cf. OPTAT, I, 22: «Rogamus te, Constantine optime imperator, quoniam de genere iusto es, cuius pater inter ceteros imperatores persecutionem non exercuit, et ab hoc facinore immunis est Gallia. Nam in Africa inter nos et ceteros episcopos contentiones sunt. Petimus ut de Gallia nobis iudices dari praecipiat pietas tua». (CSEL 26, 25). En ce qui regarde cette requête, on estime généralement que les donatistes ont sollicité des juges gaulois auprès de l'empereur parce que, n'ayant pas connu la persécution, ces derniers étaient plus libres de prononcer une sentence équitable: cf. Y.M.-J. CONGAR, «Notes complémentaires», BAug 28, 725; également C. PIETRI, «L'échec», 234. Cependant, B. KRIEGBAUM, «Zwischen den Synoden», 55, a à ce propos un point de vue nuancé. Ce dernier pense plutôt que les donatistes ont préféré soumettre leur cause à l'arbitrage des évêques gaulois non pas tant parce que leur région était épargnée par la persécution, mais pour éviter le jugement des évêques italiens qui étaient les complices de Caecilianus.

Pour donner suite à la plainte des donatistes, Constantin désigne trois évêques gaulois et confie l'examen de la cause des schismatiques africains au pape Miltiade (311-314) qui, lui-même, est d'origine africaine[109]. Celui-ci associe à son tribunal quinze évêques italiens, à tel point que l'assemblée prend la forme d'un véritable concile[110]. L'assemblée réunie en la résidence de l'Augusta Fausta sur le Latran (2 octobre 313) absout Caecilianus des accusations portées contre lui par les donatistes, et le rétablit dans ses droits d'évêque légitime de Carthage[111].

La décision du concile de Rome est loin de contenter les donatistes. Ils interjettent un nouvel appel auprès de l'empereur, estimant que la sentence rendue par Miltiade était non avenue, étant donné que le pontife romain était lui-même coupable de *traditio*[112]. En outre, les donatistes se plaignent d'avoir eu à faire avec les évêques italiens au lieu des juges gaulois qu'ils ont demandés. Dans ce nouveau recours, les partisans de Donat évoquent la *traditio* de Félix d'Abtugni, l'évêque consacrant de Caecilianus[113]. Cependant, peu après, l'innocence de Félix d'Abtugni ayant été proclamée, le 15 février 314, par le proconsul Aelianus à l'issue de l'enquête menée par des agents impériaux à Carthage, Constantin convoque en la date du 1er août 314, à Arles un

---

[109] Cf. EUSÈBE, *H.E.*, X, 18, GCS, II/2, 887 s.; aussi OPTAT, I, 23 (CSEL 26, 26). Sur l'identité du pape Miltiade, cf. *LP*, I, 168.

[110] Cf. OPTAT, I, 24 (CSEL 26, 27). A ce sujet, J.-P. BRISSON, *Autonomisme*, 246-252, observe des motifs de différents ordres qui ont commandé l'intervention de Constantin dans une affaire ecclésiastique. C. PIETRI, *Roma christiana*, I, 162, pour sa part, pense que le pape Miltiade a élargi le nombre des juges du procès des donatistes avec la permission de l'empereur. D'où, l'auteur constate la mutation du tribunal ordonné par l'empereur. Il qualifie ce changement d'orientation avec un titre très évocateur: «De l'arbitrage au synode»; ID., «L'échec», 234; de même A. PINCHERLE, «La politica ecclesiastica», 30; aussi H. MAROT, «Les conciles romains», 440, n. 14.

[111] Cf. EUSÈBE, *H.E.*, X, 5, 18, GCS, II/2, 887 s.; aussi OPTAT, I, 24 (CSEL 26, 27); de même AUGUSTIN, *Ep.*, 43, 2, 5 (CSEL 34/2, 86 s.); ID., *Breviculus Conlationis*, III, 12, 24 (CSEL 53, 72 s.). A ce sujet, cf. A. PINCHERLE, «La politica ecclesiastica», 30; de même C. PIETRI, «L'échec», 234-235.

[112] Cf. AUGUSTIN, *De unico baptismo*, XVI, 27: «Marcellinus et presbyteri eius Miltiades, Marcellus et Silvester traditionis codicum et turificanionis ab eo [Petialiano] crimine arguuntur». (CSEL 53, 28). A ce sujet, cf. A. PINCHERLE, «La politica ecclesiastica», 23 s.; de même B. KRIEGBAUM, *Kirche*, 151 s.; aussi C. PIETRI, «L'échec», 235.

[113] Cf. OPTAT, I, 25 (CSEL 26, 27); ID., *Appendix*, 3 (CSEL 26, 27; 205); aussi AUGUSTIN, *De unico baptismo*, XVI, 28 (CSEL 53, 30). A ce sujet, cf. Y.J.-M. CONGAR, «Notes complémentaires», BAug 28, 726; A. PINCHERLE, «La politica ecclesiastica», 30; aussi C. PIETRI, «L'échec», 235.

concile pour les Églises d'Occident, auquel participent les représentants des deux Églises d'Afrique[114]. A cette occasion, un tribunal ecclésiastique prononce à nouveau la condamnation des donatistes, en l'absence du pape Silvestre (314-335), qui y a plutôt envoyé des délégués[115]. Les clauses du concile sont envoyées au pontife romain pour qu'il les publie à l'intention de toutes les Églises, dites *maiores dioeceses*[116]. Parmi ces dispositions, il y en a une qui stipule l'interdiction formelle de rebaptiser: elle montre explicitement du doigt la tradition africaine[117].

Les schismatiques d'Afrique ne sont pas pourtant au bout de leur peine! Opposés à la décision d'Arles, les disciples de Donat en appellent une autre fois au propre tribunal de l'empereur pour y plaider leur

---

[114] Cf. OPTAT, I, 27 (CSEL 26, 29-30); ID., *Appendix*, 2 (*Ibid.*, 197-204). A ce sujet, cf. A. MANDOUZE, «Aelianus», *PCBE*, I, 44. A propos de la date de disculpation de Félix d'Abtugni, qui a donné lieu à la convocation du concile d'Arles, les auteurs font remarquer qu'elle n'est pas signalée par Optat, parce qu'il ignore l'existence de ce dernier concile: cf. Y.M.-J. CONGAR, «Notes complémentaires», BAug 28, 726; de même M. LABROUSSE, *Optat*, I, 70-72. Sur le caractère «occidental» du concile d'Arles, cf. J. GAUDEMET, *Les conciles gaulois*, 35 s.; de même B.C. BUTLER, *L'idée de l'Église*, 113; aussi C. PIETRI, «L'échec», 235-236.

[115] C. PIETRI, «L'échec», 235, attire l'attention sur le fait que, alors que dans le concile de Rome convoqué par l'empereur en 313, le pape Miltiade a présidé l'assemblée, au concile d'Arles auquel le pape Silvestre était bien invité, on n'a plus attribué au pontife romain un rôle particulier. De cette façon, en faisant revoir la décision précédemment arrêtée par Miltiade à Rome en 313, l'empereur expérimentait le «synode impérial»; de même Y.M.-J. CONGAR, «Notes complémentaires», BAug 28, 726. Sur l'identité du pape Silvestre, cf. *LP*, I, 170.

[116] Cf. *Concilium Arelatense, Ep. ad Silvestrum* (*Praef.*), A. 314: «Placuit ergo, praesente Spiritu sancto et angelis eiusdem, ut et de his quae singulos quosque movebant iudicia proferemur, <quasi> te consistente: placuit etiam, annuente qui maiores dioeceses tenet, per te potissimum omnibus insinuari». (CChr.SL 148, 4, lignes 29-34). Concernant l'expression *maiores dioeceses*, E.G. GRIFFE, *La Gaule chrétienne*, 200, l'interprète d'une manière quelque peu tendacieuse: «Il semble bien, [dit-il], qu'elles désignent, à la fois Rome, l'Italie et l'Occident tout entier». Pour sa part, A. PINCHERLE, «La politica ecclesiastica», 31, souligne le fait que le concile d'Arles revêt le caractère d'un tribunal de seconde instance et que la primauté de l'évêque de Rome sur l'Église occidentale y est indirectement reconnue.

[117] *Concilium Arelatense, Ep. ad Silvestrum*, A. 314, can. 9: «De Afris quod propria lege sua utuntur ut rebaptizent, placuit ut si ad ecclesiam aliquis de haeresi venerit, interrogent eum symbolum et, si perviderint eum in Patrem et Filium et Spiritum sanctum esse baptizatum, manus ei tantum imponatur ut accipiat Spiritum sanctum. Quod si interrogatus non risponderit hanc trinitatem, baptizetur». (CChr.SL 148, 10-11); OPTAT, *Appendix*, 3-5 (CSEL 26, 204-210); de même AUGUSTIN, *Epp.*, 43, 2, 4; 88, 3 (CSEL 34/2, 88; 409). A ce sujet, cf. C. PIETRI, «L'échec», 236.

cause[118]. En 316, Constantin finit par envoyer une commission d'enquête en Afrique, composée de deux évêques italiens, Eunomius et Olympius, pour y rétablir l'unité religieuse. A cette occasion, Filuminus, un conseiller de Constantin accusé par la suite par les catholiques d'être de connivence avec Donat, propose que, s'il en était besoin, l'on puisse consacrer un nouvel évêque à la place de Caecilianus et de Donat, qui étaient retenus en Italie septentrionale sur l'ordre de l'empereur[119]. Cependant, cette tentative de conciliation est de nouveau vouée à l'échec, par la faute des donatistes, qui soulèvent chaque jour des manifestations bruyantes[120].

Au terme de l'enquête menée en Afrique, les émissaires de l'empereur reconnaissent une nouvelle fois la légitimité de l'ordination de Caecilianus et pourvoient son parti de faveurs prévues par la loi, étant donné qu'il est en communion avec l'Église universelle[121].

---

[118] Cf. OPTAT, *Appendix*, 5 (CSEL 26, 209); aussi AUGUSTIN, *Ep.*, 76, 2 (CSEL 34/2, 327). Sur ce nouvel appel des schismatiques, cf. C. PIETRI, «L'échec», 237.

[119] Cf. OPTAT, I, 26 (CSEL 26, 28). Des imprécisions subsistent autour du séjour italien des évêques rivaux de Carthage, Caecilianus et Donat. P. MONCEAUX, *Histoire littéraire*, IV, 209, voit les deux prétendants relégués par l'empereur à Brescia, puis à Milan. Quant à C. PIETRI, «L'échec», 237, étant donné que mention est faite explicitement de la relégation de Caecilianus à Brescia puis à Milan, Donat étant condamné par des sentences impériales, se serait échappé. Dans l'entre-temps, les partisans du schismatique africain interprétaient la détention de Caecilianus comme une preuve de condamnation effective. Par ailleurs, dans son essai d'interprétation du refus réservé à Donat par les délégués impériaux, en l'occurrence les évêques Eunomius et Olympius, de retourner en Afrique, A. Mandouze en vient à souligner non seulement l'imprécision du lieu de retraite de l'évêque donatiste, mais encore l'impossibilité de ranger ce personnage parmi les schismatiques qui sont spécialement visés par des mesures impériales («Donatus 5», *PCBE*, I, 297-298). Un éclairant résumé du problème est présenté par M. LABROUSSE, *Optat*, I, 228, n. 1. Sur l'influent conseiller impérial Filuminus, cf. A. MANDOUZE, «Filuminus 1», *PCBE*, I, 456; aussi C. PIETRI, «L'échec», 237.

[120] Cf. OPTAT, I, 26: «De studio partium strepitus cotidiani sunt habiti». (CSEL 26, 28). Sur ce, cf. C. PIETRI, «L'échec», 237.

[121] Cf. OPTAT, I, 26: «Novissima sententia eorumdem episcoporum Eunomii et Olympii talis legitur. Ut dicerent illam esse catholicam, quae esset in toto orbe terrarum diffusa, et sententiam decem et novem episcoporum iamdudum datam dissolvi non posse. Sic communicaverunt clero Caeciliani et reversi sunt». (CSEL 26, 28). L'authenticité de la déclaration et du but de la mission des évêques italiens Eunomius et Olympius, délégués de Constantin en Afrique, est discutée: cf. J.-P. BRISSON, *Autonomisme*, 189 s.; M. LABROUSSE, *Optat*, I, 229, n. 2; C. PIETRI, «L'échec», 237.

2.2 *Tournant dans la conception africaine de la «cathedra Petri»*

2.2.1 La problématique

Avant de déterminer le sens spécifique du recours que l'épiscopat africain entreprend auprès de l'évêque de Rome dans la crise donatiste, deux remarques préliminaires doivent être faites.

Les donatistes affichent un esprit d'indépendance très aiguisé vis-à-vis du pouvoir séculier. Il résulte en effet que les schismatiques africains ont recouru à l'autorité impériale avant tout pour bénéficier de privilèges dont leurs adversaires catholiques étaient gratifiés. C'est ainsi que l'appel des donatises à Constantin ne revêt pas d'abord un caractère spécifiquement ecclésiastique[122].

Par ailleurs, l'évolution de la controverse donatiste montre que c'est à partir de la condamnation du donatisme prononcée à Rome (313) et à Arles (314) que les catholiques d'Afrique commencent à observer rigoureusement la pratique romaine de non réitération du baptême[123]. En d'autres termes, il apparaît que c'est à partir de cette double échéance qu'a été amorcée une évolution des catholiques d'Afrique par rapport à la pratique défendue par Cyprien. Dès lors, la prise de position des orthodoxes accroît le désaccord avec les donatistes, l'objet du conflit consistant à déterminer laquelle des deux parties appartient à la vraie Église[124].

Les attitudes opposées des controversistes africains sont susceptibles d'élucider le revirement effectué dans la doctrine de Cyprien, dont l'autorité sert de point de repère aux deux parties en dissension. Dans cette perspective, Optat évoque contre l'évêque donatiste Parménien la communion des évêques de l'Église universelle avec les pontifes romains[125]. La succession des papes attestée par la liste épiscopale est présentée par l'évêque de Milève comme la garantie de pureté de la doctrine de la Tradition[126]. Bien plus, Augustin, pour sa part, considère

---

[122] Voir à ce sujet l'analyse très nuancée que K. GIRARDET, *Kaisergericht*, 18, fait des recours des donatistes au tribunal impérial.

[123] Cet aspect du revirement des Africains est développé plus loin: cf. *infra*, 115 s.

[124] Cf. OPTAT, II, 1 (CSEL 26, 32). A ce sujet, cf. P. BATIFFOL, «L'ecclésiologie», 354; de même J.-P. BRISSON, *Autonomisme*, 161.

[125] Cf. OPTAT, II, 3 (CSEL 26, 37).

[126] OPTAT, II, 2: «Igitur negare non potes scire te in urbe Roma Petro primo cathedram episcopalem esse conlatam, in qua sederit omnium apostolorum ne ceteri apostoli singulas sibi quisque defenderent, caput Petrus, unde et Cephas appellatus, in qua una cathedra unitas ab omnibus servaretur, ut iam scismaticus et peccator esset, qui contra singularem cathedram alteram conlocaret». (CSEL 26, 36). Sur la présentation de la liste des évêques de Rome, cf. J. GAUDEMET, *L'Église dans*

même la pratique de non rebaptiser comme un usage défini dans un concile universel, qu'il ne précise pas toutefois[127].

Ces remarques nous amènent à formuler une réflexion autour de l'affermissement de la disparité des pratiques baptismales au sein même de l'Église d'Afrique. La question capitale est de savoir si le fait que les catholiques d'Afrique ont adopté la décision romaine de non réitérer le baptême des hérétiques, à l'encontre de la tradition cyprianique constitue un indice de reconnaissance de la primauté juridictionnelle de l'évêque de Rome sur l'Église d'Afrique. Ou encore, les catholiques d'Afrique auraient-ils adhéré à la pratique baptismale définie à Rome parce que le pape, qui est le dépositaire de la Tradition orthodoxe, avait condamné l'usage défendu par Cyprien? Car, comme plus d'un l'a noté, la primauté de Pierre, qui est entendue par Cyprien comme un privilège d'antériorité chronologique[128], semble revêtir chez Optat une suprématie impliquant la reconnaissance du pouvoir effectif de commandement[129].

Pour comprendre la physionomie de l'ecclésiologie africaine pendant la crise donatiste, nous allons faire appel à quelques opinions d'auteurs, qui serviront de jalons.

2.2.2 Considérations relatives au recours *ad Petri cathedram*

Pour P. Bayard, l'Église d'Afrique a renoncé à la pratique de réitérer le baptême «spontanément au concile d'Arles, en 314, sous Constantin»[130]. Pour sa part, A. Audollent, dans une formule mitigée, explique les modalités d'adoption de la pratique baptismale romaine par l'Église d'Afrique:

> Le pape Xystus II, successeur d'Étienne tout en maintenant l'usage romain au sujet du baptême, renoua avec l'Afrique et l'Orient, et laissa au temps le soin d'établir l'uniformité dans la discipline baptismale. Sous Constantin, l'usage pratiqué par Agrippinus et Cyprien était encore en vigueur dans les églises d'Outre-mer; il fut réformé par le 8ᵉ canon du concile d'Arles (314). La correspondance du nouveau pape parut douce aux Africains que la rigueur de Stephanus avait irritée [...] le 8ᵉ [il s'agit du canon d'Arles] règle

---

l'empire, 422.

[127] AUGUSTIN, *De baptismo*, V, 17, 23: «sicut totius orbis christiani plenario concilio rationabilis consuetudo firmata est [...]». (CSEL 51, 282). A ce sujet, cf. B.C. BUTLER, *L'idée de l'Église*, 113.

[128] Cf. *supra*, 59-62.

[129] J.-P. BRISSON, *Autonomisme*, 160, qualifie le changement d'attitude des catholiques d'Afrique de «glissement»; de même P. MONCEAUX, *Histoire littéraire*, V, 287; aussi R. ENO, «The work», 680.

[130] P. BAYARD, *Saint Cyprien*, I, XXXIV.

la question du baptême des hérétiques, pendante depuis saint Cyprien; dès lors, les catholiques cessent de rebaptiser, les donatistes, au contraire, maintiennent l'ancien usage [...][131].

De son côté, G. Bavaud observe qu'«en réalité, la pratique du rebaptême s'est maintenue en Afrique sans interruption d'Agrippinus à Cyprien»[132]. Par contre, C. Pietri juge que la disposition prise à Arles imposait aux Africains la pratique établie à Rome en 313[133]. Par une remarque tout aussi pertinente, V. Saxer souligne le fait qu'il n'existe pas de documents contemporains au premier donatisme, qui démontrent la nature de l'abandon de la tradition baptismale cyprianique par les Africains après le verdict de Rome (313) ou celui d'Arles (314)[134].

L'enquête qui porte sur l'orientation que les apologistes africains ont donnée à la conception cyprianique de la primauté de l'évêque de Rome dans la crise donatiste est développée en deux points. Dans un premier temps, on envisage de mettre en lumière le sens spécifique qu'Optat et Augustin accordent à la vision cyprianique de la *cathedra Petri*. Ensuite, à travers un rapprochement analogique des concepts *cathedra Petri* et *ratio*, entendue comme fondement du pouvoir épiscopal, on tentera de dégager l'originalité de la doctrine ecclésiologique d'Afrique qui, pour affirmer sa tradition d'autonomie, n'implique pas nécessairement l'opposition ou l'exclusion de l'autorité de l'évêque de Rome.

a) *Le recours «ad Petri cathedram»: impératif d'ordre apologétique*

L'examen de la dépendance des catholiques d'Afrique de l'autorité de l'évêque de Rome pendant la crise donatiste présente des nuances qui démontrent que la vision cyprianique de la primauté pontificale n'a pas été fondamentalement abandonnée ni par Optat ni par Augustin[135].

Dans sa réfutation des revendications des donatistes, outre l'argument de la diffusion géographique de l'Église[136], Optat évoque le rattachement à la *cathedra Petri* comme une condition indispensable pour prétendre à la légitimité et à l'orthodoxie. A cet effet, l'évêque de Milève traite d'allié (*socius*) le successeur au Siège de l'apôtre Pierre,

---

[131] A. AUDOLLENT, «Afrique», 750.
[132] G. BAVAUD, «Notes complémentaires», BAug 29, 598.
[133] Cf. C. PIETRI, «L'échec», 236.
[134] Cf. V. SAXER, «Autonomie africaine», 192.
[135] On peut lire avec profit les réflexions formulées à ce sujet dans J.E. MERDINGER, «Optatus reconsidered», 295 s. et R. ENO, «The work», 685.
[136] Cf. OPTAT, II, 1 (CSEL 26, 32-36).

en l'occurrence le pape Sirice, avec qui les Églises du monde entier sont en communion[137]. C'est pourquoi, objectant contre les allégations de Parménien concernant les dons que le Seigneur a confiés à l'Église et qui ne se trouveraient, d'après les donatistes, que dans la partie des schismatiques, Optat réplique en disant:

> Ainsi, parmi les dons nommés plus haut, la chaire vient, comme nous l'avons dit, en premier, et nous avons prouvé que nous la possédions par l'intermédiaire de Pierre. Elle entraîne avec elle l'ange, à moins que vous ne le revendiquiez pour vous et que vous ne le gardiez enfermé dans une cassette![138]

D'après la déclaration d'Optat, il semble bien que l'argument de la liste épiscopale des papes à laquelle l'évêque de Milève a recours, c'est-à-dire celle qui présente l'apôtre Pierre comme la tête de série dans une succession ininterrompue d'évêques, ne sert en réalité qu'à valoriser davantage la nécessité de rester en communion avec l'évêque de Rome[139]. Ce devoir de communion, Cyprien l'a vivement recommandé[140], tandis que les schismatiques ont délibérément choisi d'y renoncer[141]. Il apparaît ainsi que la procédure adoptée par Optat est une argumentation,

---

[137] OPTAT, II, 3: «Siricius, hodie qui noster est socius: cum quo nobis totus orbis commercio formatarum in una communionis societate concordat». (CSEL 26, 37).

[138] OPTAT, II, 6: «Igitur de dotibus supradictis cathedra est, ut diximus, prima, quam probavimus per Petrum nostram esse. Quae ducit ad se angelum, nisi forte eum vobis vindicantes habetis in loculis clausum». (CSEL 26, 42). A ce sujet, cf. M. LABROUSSE, *Optat*, I, 109-112.

[139] La mention du pape Sirice dans la déclaration d'Optat apparaît comme une interpolation, qui vise à accentuer la valeur que l'évêque de Milève accorde à la communion du Siège de Pierre. A ce sujet, M. Labrousse fait une pertinente observation, qui relève de la critique textuelle, et démontre l'importance que l'ecclésiologie d'Optat accorde au thème de la communion de l'évêque de Rome: «énumérant les successeurs de Pierre à Rome, [dit l'auteur], Optat mentionne Sirice et ajoute: "qui est aujourd'hui notre collègue." Or Sirice ne succéda au pape Damase qu'en 384. De toute évidence, il s'agit d'une addition. Il est établi que le traité, qui ne comprenait que six livres à la connaissance de Jérôme a fait l'objet d'une seconde édition plus tardive, augmentée du livre VII et de quelques additions dont nous venons d'avoir un exemple». (*Optat*, I, 12-13). Notons en passant que Jérôme est la source qui permet de dater de manière plus exhaustive la rédaction de l'oeuvre de l'évêque de Milève: cf. *De viris illustribus*, CX: PL 23, 746.

[140] Cf. *supra*, 83, n. 3.

[141] Cependant, J.-P. BRISSON, *Autonomisme*, 156, fait remarquer qu'Optat ne se réfère jamais explicitement à Cyprien pour fonder son ecclésiologie. Par contre, M. LABROUSSE, *Optat*, I, 111-115, dans un succinct exposé, développe l'interprétation que les donatistes et Optat lui-même ont faite du traité *De unitate* de Cyprien, au sujet de la primauté de Pierre et de la communion subséquente.

dirait-on, «stratégique», qui est destinée à contraindre les schismatiques non seulement à dévoiler, mais encore à avouer leur mauvaise foi, étant donné qu'ils soutiennent une doctrine dépourvue de fondements[142], de légitimité et d'authenticité[143]. A travers la valorisation de la communion de l'évêque de Rome, Optat élabore à l'instar de Cyprien, et à l'opposé des schismatiques, une ecclésiologie fortement ouverte à l'Église universelle[144].

La méthode employée par Augustin pour affronter les donatistes présente quelque similitude avec celle adoptée par Optat, notamment dans l'appui que l'évêque d'Hippone recherche auprès de l'autorité de Cyprien. En effet, dans sa tentative de réconcilier les donatistes avec les catholiques, Augustin récupère les arguments relatifs à Cyprien, qui défendent l'unité de l'Église. Il fait usage de ces arguments en fonction de l'état de la polémique, qui est caractérisée spécialement par le manque de charité des donatistes, comme en témoigne leur irréductible fureur[145]. De ce point de vue, l'autorité de Cyprien que les donatistes revendiquent est prise à témoin par l'évêque d'Hippone comme un argument *ad hominem*, qui vise à obliger les schismatiques à prendre de l'autorité dont ils se réclament non seulement l'esprit d'autonomisme[146], mais aussi l'aspect éthique, c'est-à-dire la tolérance, qui contribue à construire l'unité et la paix de l'Église:

---

[142] Cf. OPTAT, I, 3: «Vestrae cathedrae vos originem reddite, qui vobis vultis sanctam ecclesiam vindicare». (CSEL 26, 37). L'interprétation que J.E. MERDINGER, «Optatus reconsidered», 299, fait de l'autorité à laquelle Optat a recours à Rome, — en dépit du caractère restrictif de cette affirmation —, présente cette démarche comme étant essentiellement la recherche de fondement (*origo*) de la doctrine que l'évêque de Milève s'emploie à défendre: «When he [c'est-à-dire Optat] refers to Peter as "princeps noster" he does so, not in an autocratic, blindly zealous sense but to state who indeed the initial head of the Catholic Church was in the oldest see in the West».

[143] Cf. OPTAT, II, 4: «Sed et habere vos in urbe Roma partem aliquam dicitis: ramus est vestri erroris, protentus de mendacio, non de radice veritatis». (CSEL 26, 37).

[144] Cf. M. LABROUSSE, *Optat*, I, 102 et 115.

[145] Cf. AUGUSTIN, *De baptismo*, V, 17, 23: «Maius quippe in eo robur virtus eminuit, cum ista quaestio nondum discussa nutaret, quod aliter sentiens quam multi collegae tantam moderationem optinuit, ut ecclesiae dei sanctam societatem nulla schismatis labe truncaret, quam si omnia non solum veraciter sed etiam pariter sine ista virtute sentiret». (CSEL 51, 281).

[146] Cf. AUGUSTIN, *De baptismo*, II, 3, 4: «cur auctoritatem Cypriani pro vestro schismate assumitis et eius exemplum pro Ecclesiae pace respuitis?». (CSEL 51, 178). J.-P. BRISSON, *Autonomisme*, 207.179, qualifie à juste titre l'indépendance revendiquée par les donatistes d'«autonomisme provincial».

Si votre idée à vous sur le baptême est la vraie, [dit Augustin], regardez Cyprien et tous les autres avec lesquels vous soutenez qu'il célébra ce concile; ils restèrent dans l'unité avec les partisans d'une autre opinion et vous, pourquoi avez-vous brisé le lien de la paix?[147].

En dernière analyse, l'objet de multiples exhortations qu'Augustin adresse aux donatistes se précise: l'édification de l'unité de l'Église, qui va de pair avec la paix[148].

b) *Référence à Cyprien: œuvre d'«aggiornamento»*

La référence qu'Optat et Augustin recherchent auprès de l'autorité de l'évêque de Rome et de Cyprien dans la controverse donatiste conduit à la conclusion suivante. Si pour Cyprien la primauté de Pierre est d'ordre chronologique, en tant qu'elle consiste en l'élection de Pierre avant les autres apôtres, afin de démontrer le fondement de l'unicité de l'épiscopat et de l'unité de l'Église, Optat et Augustin considèrent plus à fond la nature de cette conception. Car, tout en recourant à l'évêque de Rome dans la crise donatiste, les controversistes catholiques prennent bien soin de mettre en relief l'aspect précis de principe de communion relative à la primauté de Pierre et non pas l'autorité juridique de commandement. Ainsi, pour affirmer contre les donatistes l'origine du pouvoir dont les évêques légitimes sont investis, Optat dit:

La pestilence, en effet, envoie aux Enfers des hommes morts de maladie. Ces Enfers possèdent des portes, on le sait, et nous lisons que contre ces portes Pierre, c'est-à-dire notre chef, a reçu les clefs salvatrices, lui à qui le

---

[147] AUGUSTIN, *De baptismo*, VII, 6, 7: «Si autem vestra sententia de baptismo vera est, Cyprianus et ceteri, cum quibus eum tale concilium celebrasse perhibetis, cum eis qui aliter sapebant in unitate manserunt». (CSEL 51, 182).

[148] L'appel à l'unité (*unitas*) que l'évêque d'Hippone adresse aux donatistes trouve diverses interprétations. J.-P. BRISSON, *Autonomisme*, 158-160, expose les différentes acceptions que les protagonistes de la controverse donatiste accordent à l'exhortation augustinienne de la communion ecclésiale. Alors que les donatistes parlent de l'unicité de l'Église sur la base d'une sélection discriminatoire (les saints et les pécheurs), Augustin entend quant à lui l'unité de l'Église comme cohésion morale par laquelle les chrétiens doivent tolérer les pécheurs dans le sein de la même Église. De même, Y.M.-J. Congar distingue trois significations complémentaires que les termes *pax* et *unitas* recouvrent dans la pensée ecclésiologique d'Augustin pendant la polémique donatiste. Ces termes expriment avant tout «quelque chose qu'il faut aimer», ensuite «la communion ou unité de l'Église» et enfin, la «présence active de l'Esprit». («Notes complémentaires», BAug 28, 711-713).

Christ a dit: «Je te donnerai les clefs du royaume des cieux et les portes des Enfers ne prévaudront pas contre elles»[149].

De son côté, dans le sillage de l'évêque de Milève, spécialement lorsqu'il déplore l'opiniâtreté des donatistes qui veulent défendre une doctrine dépourvue de fondements, Augustin déclare: «C'est pitié pour nous de vous voir gisant à terre ainsi coupés! Comptez les évêques depuis que Pierre lui-même a siégé; voyez comment dans cette liste les Pères se sont succédés: c'est la pierre que ne peuvent vaincre des portes de l'enfer»[150].

En recourant à l'autorité de l'évêque de Rome pour justifier leur position, il est incontestable que les apologistes africains soumettent leur attachement à Cyprien à dure épreuve. En effet, dans le contexte africain, les donatistes considèrent les évêques catholiques comme des alliés du pouvoir séculier, d'autant plus que celui-ci, refusant de reconnaître le point de vue ecclésiologique des schismatiques, se montre plutôt favorable aux catholiques[151]. Bien plus, les donatistes voient leurs adversaires comme étant investis de pouvoirs impériaux, qu'ils qualifient ironiquement de *sacras*, tandis qu'eux seuls détiennent la véritable autorité, celle conférée par les Saintes Écritures[152]. En revanche, pour

---

[149] OPTAT, II, 4: «Pestilentia enim morbis extinctos homines ad inferos mittit, qui inferi portas suas habere noscuntur; contra quas portas claves salutares accepisse legimus Petrum, principem scilicet nostrum, cui a Christo dictum est: tibi dabo claves regni caelorum et portae inferorum non vincent eas». (CSEL 26, 39).

[150] AUGUSTIN, *Psalmus contra partem Donati*, 228-231: «Dolor est cum vos videmus praecisos ita iacere. Numerate sacerdotes vel ab ipsa Petri sede et in ordine illo patrum quis cui successit videte: ipsa est petra quam non vincunt superbae inferorum portae». (CSEL 51, 12). A ce sujet, cf. G. BAVAUD, «Notes complémentaires», BAug 29, 605, n. 16.

[151] Le commentaire suivant, que P. MONCEAUX, *Histoire littéraire*, V, 14, fait de l'initiative prise par les donatistes de solliciter des juges gaulois auprès de Constantin rend compte du sentiment que les schismatiques africains cultivaient à l'égard du pouvoir séculier: «Il est clair que les auteurs de cette requête n'ont pas douté un instant de leur bon droit. S'ils ont commis l'imprudence de mêler le gouvernement à leur querelle, c'est qu'ils se croyaient sûrs de gagner leur cause. Ils n'ont même pas admis l'hypothèse d'un échec. On s'explique ainsi pourquoi ils s'adressent alors avec tant de confiance au pouvoir séculier, et pourquoi, après leur défaite, ils se tourneront contre ce même pouvoir. Vrais sectaires, certains de tenir la vérité, ils respectent le gouvernement, à la condition que le gouvernement se mette à leur service. Plaideurs dans l'âme, ils encensent leurs juges avant le procès, sauf à les maudire et à les accuser après la sentence»; de même J.-P. BRISSON, *Autonomisme*, 243 s.

[152] Cf. AUGUSTIN, *Contra partem Donati post Gesta*, 31, 53: «Illi [c'est-à-dire les catholiques] portant multorum imperatorum sacras, nos [il s'agit des donatistes] sola offerimus Evangelia». (CSEL 53, 153). A ce sujet, cf. E. BUONAIUTI, *Il cristianesimo*,

disculper les catholiques d'une telle accusation, Optat rend sans ménagement les donatistes responsables de la répression que le pouvoir séculier leur inflige[153], comme le fera Augustin, qui justifie cette réponse comme étant un acte d'obéissance à l'ordre divin, qui veut soumettre tout pouvoir à son autorité[154]. Dans ce sens, l'évêque d'Hippone met l'accent sur la fonction «unificatrice» de l'évêque de Rome, en présentant sa primauté non comme une prérogative de commandement, mais comme le principe de communion en dépit des divergences des vues et des traditions ecclésiastiques. C'est ainsi que, lorsqu'il en vient à évoquer l'attitude d'humilité dont Pierre a fait montre face au reproche que Paul lui a adressé à Antioche[155], Augustin, tout en soulignant le caractère particulier de l'autorité de Pierre, ne soumet pas moins l'opinion personnelle de celui-ci à l'autorité du

---

322.
[153] Cf. OPTAT, III, 4 (CSEL 26, 81-85).
[154] Cf. AUGUSTIN, *Contra epistulam Parmeniani*, I, 10, 16: «An forte dicent, etiamsi convincuntur in sacrilega dissensione, ut pro ea dementia si quid passi fuerint martyres non sint, non tamen ad imperatorum potestatem haec cohercenda vel punienda pertinere debere? Qua in re quaero quid dicant: an quia de religione vitiosa vel falsa nihil curandum est talibus potestatibus? Sed multa iam etiam de paganis diximus et de ipsis daemonibus, quod persecutiones ab imperatoribus patiantur. An et hoc displicet? Cur ergo ipsi ubi possunt templa subvertunt et per furores circumcellionum talia facere aut vindicare non cessant? An iustior est privata violentia quam regia diligentia?». (CSEL 51, 36-37); ID., *Contra Cresconium*, III, 51, 56 (CSEL 52, 462). A ce sujet, cf. A. DE VEER, «Introduction», BAug 31, 19. Concernant l'approbation manifestée par Optat et Augustin de la répression infligée aux schismatiques par l'autorité temporelle, il convient de signaler l'objection à laquelle se heurte la thèse de W.H.C. FREND, *Donatist Church*. Ce dernier considère le donatisme comme un phénomène dont l'interférence de différents facteurs (ethnologiques, socio-politiques, religieux) conduit à opposer les schismatiques africains à l'autorité civile établie et à la romanisation de l'Afrique. Contre cette opinion, des chercheurs ont fait remarquer par exemple qu'Augustin n'a jamais présenté le schisme donatiste comme étant l'expression d'un sentiment anti-romain. C'est notamment le point de vue de C. LEPELLEY, «Africa», 202; de même Y.M.-J. CONGAR, «Introduction», BAug 28, 25-32; aussi B. KRIEGBAUM, *Kirche*, 39 s. Par ailleurs, J.-P. BRISSON, *Autonomisme*, 287, interprète la politique menée par l'autorité impériale en appuyant l'Église catholique contre les donatistes comme une méthode visant à réintégrer les schismatiques aussi bien dans l'Église que dans l'ordre général de l'empire.
[155] AUGUSTIN, *De baptismo*, II, 1, 2: «Ecce ubi commemorat Cyprianus, quod etiam nos in scripturis sanctis didicimus, apostolum Petrum, in quo primatus apostolorum tam eccellenti gratia praeminet, aliter quam veritas postulabat de circumcisione agere solitum a posteriore Paulo esse correctum». (CSEL 51, 175).

concile universel, comme Optat l'entendait[156], conformément à la conception cyprianique. D'où, l'évêque d'Hippone de préciser:

> Or c'est ce que faisait Pierre, mais il se laissa corriger par Paul son cadet; le lien de la paix et de l'unité le garde et il est mené jusqu'au martyre; quel respect bien plus facile et plus fort nous faut-il donc donner aux règles fixées par les décisions de l'Église universelle plutôt qu'à l'autorité d'un seul évêque ou au concile d'une seule province[157].

En rapprochant les diverses exhortations d'Optat avec celles d'Augustin relatives à l'unité de l'Église en référence à la *cathedra Petri*, il apparaît que l'ecclésiologie africaine traditionnelle franchit d'un pas décisif le seuil de la conception égalitariste des pouvoirs des évêques dans laquelle Cyprien avait circonscrit la *potestas* de l'évêque de Rome. En effet, ces exhortations démontrent non seulement la permanence, mais encore l'indéniable évolution de la conception cyprianique de la *cathedra Petri*. Optat et Augustin perfectionnent ainsi la pensée de Cyprien dans la revalorisation de la fonction de l'évêque de Rome, en tant qu'il est la *ratio* ou l'instance dont la communion accorde légitimité à toute doctrine ecclésiastique, mais aussi son intelligibilité. Pour ce faire, l'évêque d'Hippone dans sa lutte antidonatiste élabore une théologie de la *Catholica*, fondée sur la *cathedra Christi*, qui va au-delà de la vision de la *cathedra Petri* de Cyprien et d'Optat. D'après cette vision, l'apôtre Pierre est présenté comme étant le modèle (*figura*) de croyant dans l'Église, et non plus seulement et exclusivement comme le symbole et la garantie de communion des évêques et de l'unité de l'Église. Ainsi, ressort-il de la mise au point que l'évêque d'Hippone formule à l'endroit des schismatiques:

> En effet, s'il s'agissait d'établir l'ordre et la succession de tous les évêques, quelle marche plus sûre pourrions-nous adopter qu'en les comptant à partir de saint Pierre que le Seigneur regardait comme la figure de toute l'Église,

---

[156] Parlant de l'appui qu'Optat recherche auprès des Pères conciliaires qui ont disculpé Caecilianus à Rome, M. LABROUSSE, *Optat*, I, 107, met en évidence la valeur de l'autorité de la *Catholica* dans l'ecclésiologie de l'évêque de Milève: «L'idée de la catholicité comme principe et critère de vérité n'avait jamais été aussi nettement développée en Afrique».

[157] AUGUSTIN, *De baptismo*, II, 1, 2: «Quapropter cum Petrus illud faciens a Paulo posteriore corrigitur et pacis adque unitatis vinculo custoditus ad martyrium promovetur, quanto facilius et fortius, quod per universae ecclesiae statuta firmatum est, vel unius episcopi auctoritati vel unius provinciae concilio praefendum est [...]». (CSEL 51, 176).

quand il lui dit: «Je bâtirai mon église sur cette pierre, et les portes de l'enfer ne prévaudront pas contre elle»[158].

Dès lors, l'on comprend pourquoi, l'évêque d'Hippone, tout en vantant les mérites inestimables de Cyprien, ne le place pas cependant en dignité sur le même pied d'égalité que Pierre[159]. La vision cyprianique de l'égalité des pouvoirs de Pierre et des autres apôtres est appliquée par Augustin dans la controverse donatiste dans une perspective plus conciliante, moins hiérarchique et moins dualiste, afin de démontrer la nature de communion que l'ecclésiologie catholique entend réaliser, et qui trouve son fondement en l'évêque de Rome: *cathedra Petri*. Ce faisant, la conception d'Augustin permet de démasquer le paradoxe du comportement des schismatiques, qui veulent réaliser l'unité en excluant les autres.

c) *La défense de la tradition juridico-ecclésiologique cyprianique*

Le fait que les catholiques d'Afrique observent la tradition de non réitérer le baptême après l'interdiction décrétée par les conciles transmarins comporte, semble-t-il, quelque reconnaissance de l'autorité supérieure de l'instance romaine. En effet, pour démontrer l'ancienneté et la légitimité de la condamnation infligée à la cause des donatistes, les controversistes catholiques eux-mêmes se réfèrent à la sentence transmarine. D'abord, Optat. L'évêque de Milève en appelle à la décision émise au concile de Rome[160]. Ensuite, Augustin, qui évoque quant à lui l'autorité de nombreux concile (*auctoritas tanti concilii*)[161].

Sous ce rapport, il va sans dire qu'Optat et Augustin, qui ont adhéré à la discipline décrétée outre-mer innovent en Afrique. L'on doit cependant souligner le fait que si Augustin perfectionne la pensée de Cyprien au point de vue théologique, autant qu'il précise la doctrine

---

[158] AUGUSTIN, *Ep.*, 53, 2: «Si enim ordo episcoporum sibi succedentium considerandus est, quanto certius et vere salubriter ab ipso Petro numeramus, cui totius ecclesiae figuram gerenti Dominus ait: Super hanc petram aedificabo ecclesiam meam et portae inferorum non vincent eam». (CSEL 34/2, 153). A ce sujet, cf. Y. M.-J. CONGAR, «Introduction», BAug 28, 716-717, n. 8; de même G. BAVAUD, «Notes complémentaires», BAug 29, 605, n. 16; également M. LABROUSSE, *Optat*, I, 116.

[159] Cf. AUGUSTIN, *De baptismo*, II, 1, 2: «Magnum quidem meritum novimus Cypriani episcopi et martyris, sed num quid maius quam Petri apostoli et martyris». (CSEL 51, 174).

[160] OPTAT, I, 23-24 (CSEL 26, 26-27).

[161] AUGUSTIN, *Contra epistulam Parmeniani*, I, 6, 11; II, 13, 30 (CSEL 51, 30; 81). A ce sujet, cf. Y.M.-J. CONGAR, «Introduction», BAug 28, 73, n. 4.

d'Optat concernant la sainteté des sacrements[162], l'évêque d'Hippone comme son collègue de Milève ne dépasse pas Cyprien au point de vue du droit (privilèges) de chaque évêque dans les limites de son Église. Car, pour ces deux ténors de la pensée ecclésiologique d'Afrique, l'autorité du concile demeure l'instance suprême de décision et de censure, comme l'a recommandé Cyprien[163]. Dans cette optique, il ne fait pas l'ombre de doute qu'Optat et Augustin cheminent sur les traces de Cyprien comme des défenseurs de la tradition juridico-ecclésiologique d'Afrique[164].

+ L'innovation post-cyprianique

Les déclarations des controversistes d'Afrique montrent, on n'en peut douter, à quel degré a été élevée l'autorité de l'évêque de Rome au regard du rôle de principe que la conception cyprianique lui reconnaît. Cependant, à bien examiner l'évolution du débat théologique dans la polémique donatiste, il résulte que ni Optat ni Augustin ne justifient la légitimité de la discipline de non réitérer le baptême par l'autorité censoriale de l'évêque de Rome qui a, soit présidé le concile de Rome (313), soit été chargé de publier les décisions des Pères du concile d'Arles (314). En réalité, les apologistes africains évoquent l'autorité de ces assemblées dans le sens de l'autorité des conciles universels, qui ont obtenu le concours de plusieurs évêques. C'est ainsi qu'Optat s'appuie

---

[162] Cf. OPTAT, V, 1; 3 (CSEL 26, 118-120; 122-126); AUGUSTIN, *In Ioanem evangelium*, V, 18 (CChr.SL 36, 51 s.). L'apport décisif d'Augustin consiste spécialement dans l'élaboration de la notion théologique des sacrements. Cette notion peut être résumée par l'énoncé suivant, d'après lequel la convalidation du sacrement reçu en dehors de l'Église s'effectue par la réintégration de l'Église (*De baptismo*, VII, 39, 77: CSEL 51, 362 s.). A ce propos, cf. Y.M.-J. CONGAR, «Introduction», BAug 28, 80-124; ID., *L'Église*, 15; de même P. BATIFFOL, «L'ecclésiologie», 354.

[163] Un exposé sommaire très suggestif de cette problématique est présenté par W. MARSCHALL, *Karthago*, 220.

[164] A travers une analyse très fouillée de différentes références d'ordre apologétique qu'Optat fait de la Chaire de Pierre, J.E. MERDINGER, «Optatus reconsidered», 296, précise le sens de dépendance de l'évêque de Rome que véhiculent ces indications. Ce point de vue établit largement la fidélité d'Optat, ou tout au moins la similitude de sa conception primatiale de l'évêque de Rome avec celle de Cyprien: «This passage could be interpreted completely in the same line as Cyprian's argumentation in the *De unitate Ecclesiae*. The one Chair of Peter has been established to perclude the dangers of possible centrifugal tendencies on the part of other apostles or bishops. Anyone setting himself against this Chair is a schismatic»; aussi J. MEYENDORFF, «La primauté romaine», 469.

sur la décision des évêques réunis en concile à Rome, pour condamner en son temps la doctrine donatiste, dans la ligne de la Tradition:

> Devant ces dix-neuf évêques, [dit Optat], on engagea le procès entre Donat et Cécilien. Chaque juge vota contre Donat: il avait avoué avoir rebaptisé et avoir imposé les mains à des évêques qui avaient failli, ce qui est contraire à la discipline de l'Église. Les témoins présentés par Donat avouèrent qu'ils n'avaient rien à dire contre Cécilien. Cécilien fut proclamé innocent à l'unanimité par les évêques susnommés, ainsi que par Miltiade dont le vote clôtura le procès en ces termes: Attendu qu'il a été établi que Cécilien n'est pas accusé par les témoins venus avec Donat, conformément à leur propre déclaration, et qu'il n'a été convaincu par Donat d'aucune faute, je pense que Cécilien doit être intégralement maintenu, comme il est juste, dans son statut épiscopal, au sein de sa communauté ecclésiastique[165].

De même, Augustin, invitant les donatistes à imiter l'esprit de conciliation de Cyprien, s'appuie sur la sentence du concile qu'il qualifie d'«universel» ou de «général», — qu'il ne localise pas toutefois —, comme l'autorité irrécusable de la Tradition: «Pour nous, désormais, [rappelle l'évêque d'Hippone], nous affirmons la nécessité de reconnaître partout l'authenticité du baptême en tenant la coutume de l'Église universelle, affermie en outre par les conciles généraux [...]»[166].

A la lumière de ces considérations, il y a lieu d'établir l'aspect ecclésiologique qui manifeste la *cathedra Petri* comme *ratio* du pouvoir épiscopal. Pour ce faire, on va tenter, grâce à quelques réflexions d'auteurs relatives aux déclarations des apologistes antidonatistes, de préciser la nature de dépendance que ces derniers ont observée vis-à-vis du Siège de Pierre.

La première considération est formulée par M. Labrousse. A propos des pouvoirs des clés évoqués par Optat, l'auteur dit:

---

[165] OPTAT, I, 24: «His decem et novem consedentibus episcopis causa Donati et Caeciliani in medium missa est. A singulis in Donatum sunt hae sententiae latae: quod confessus sit se rebaptizasse et episcopis lapsis manum inposuisse, quod ab ecclesia alienum est. Testes inducti a Donato confessi sunt se non habere. Quod in Caecilium dicerent. Caecilianus omnium supra memoratorum sententiis innocens est pronuntiatus, etiam Miltiadis sententia, qua iudicium clausum est his verbis: cum constiterit Caecilianum ab his, qui cum Donato venerunt, iuxta professionem suam non accusari nec a Donato convictum esse in aliqua parte constiterit, suae communioni ecclesiasticae integro statu retinendum merito esse censeo». (CSEL 26, 24).
[166] AUGUSTIN, *De baptismo*, VI, 7, 10: «Nos ergo iam de baptismi simplicitate ubique agnoscenda consuetudinem universae ecclesiae etiam conciliis universalibus roboratam tenentes [...]». (CSEL 51, 305).

Le texte d'Optat pris isolément, peut être interprété comme la reconnaissance du rôle de Pierre et de ses successeurs dans la transmission du pouvoir épiscopal, et il est vrai que l'évêque catholique ne mentionne nulle part l'extension aux ministres de l'Église du pouvoir des clefs conféré à Pierre. Il convient cependant d'ajouter qu'on ne trouve dans son traité aucune allusion à une intervention de l'évêque de Rome dans l'élection ou dans la consécration des évêques, et que celui-ci n'apparaît jamais comme la source des pouvoirs des évêques. Pour Optat, la chaire de Pierre à Rome est avant tout, le symbole et la garantie de la communion des évêques et de l'unité de l'Église. L'évêque de Rome demeure pour lui, comme pour Cyprien, le principe et le symbole de l'unité. Mais l'évêque de Milève semble avoir vu la faiblesse de la pensée de Cyprien, qui ne reconnaissait pas à l'évêque de Rome une autorité suffisante pour garantir la cohésion morale du collège épiscopal. C'est pourquoi il a développé une théologie de l'Église universelle avec, pour critère, la communion avec la chaire de Rome. Il faut rappeler cependant que, replacée dans le cadre de la polémique anti-donatiste, la communion avec le successeur de Pierre à Rome apparaît avant tout comme une garantie d'authenticité, les tombeaux des apôtres constituant, sur ce point, une preuve matérielle et tangible[167].

La seconde réflexion est soulevée par G. Bavaud. La manière dont ce chercheur décrit la procédure employée par l'évêque d'Hippone dans les débats qu'il a engagés avec les schismatiques démontre non seulement les limites de l'option faite par Cyprien de réitérer le baptême des hérétiques, mais encore et surtout, elle met en relief l'indépendance d'Augustin vis-à-vis de la tradition romaine. L'auteur dit à cet effet:

> Saint Augustin suppose qu'après la décision d'Agrippinus, l'Afrique, dans son ensemble, retourna à la tradition de l'Église universelle [...]. Saint Cyprien convoque des conciles pour remettre en vigueur la pratique de la rebaptisation [...]. Certes, sous l'influence de Rome probablement, des évêques de Mauritanie ont pu douter de la légitimité de ce rebaptême. D'où les inquiétudes de Jubaïen. L'argumentation de saint Augustin contenue dans ce chapitre XII [il s'agit du traité *De baptismo*] ne tient aucun compte de cette influence romaine. Si les Africains polémiquent sur la coutume, c'est parce que le pape avait fondé sa doctrine sur la Tradition. Augustin oublie ce fait capital en supposant que ces mêmes évêques, avant l'intervention de Cyprien, n'avaient pas l'habitude de rebaptiser les hérétiques et que pour justifier l'attitude nouvelle que Cyprien leur inspire, ils recourent aux exigences de la vérité reconnue par la raison. Augustin déclare que l'attitude de Cyprien dans les conciles prouve que l'on avait abandonné en Afrique la coutume de rebaptiser les dissidents convertis.

---

[167] M. LABROUSSE, *Optat*, I, 116-117.

Explication bien fragile: les menaces d'Étienne étaient pour Cyprien une raison suffisante de convoquer des synodes afin de conforter sa position[168].

Partant de ces deux témoignages, force est de constater que les polémistes africains, tout en s'appuyant sur l'autorité de l'évêque de Rome, ne condamnent pas la pratique cyprianique de réitérer le baptême des hérétiques, mais ils s'opposent à l'argumentation erronée sur laquelle Cyprien se fondait pour justifier sa doctrine. Une réflexion de G. Bavaud, est de ce point de vue des plus éclairantes. Elle met en relief deux aspects de la procédure suivie par Augustin, qui démontrent d'une part, l'insuffisance de la justification de la doctrine cyprianique de renouveler le baptême et d'autre part, la fidélité à l'autorité du concile universel: «Certes, [écrit-il], saint Augustin cherchera à montrer comment on peut manifester le rapport de la doctrine qu'il défend avec le dépôt révélé. Mais sa certitude repose d'abord sur l'autorité de l'Église, non sur les raisons qu'il pourra découvrir»[169].

+ Le noyau de la pensée cyprianique

En examinant de plus près les différentes péripéties de la controverse donatiste à la lumière des remarques exposées ci-dessus, on aboutit à la conclusion que même les catholiques qui ont adhéré à la pratique romaine à Arles (314), observaient la tradition baptismale héritée de Cyprien[170]. Cette remarque accorde à l'adoption par les catholiques de la pratique baptismale définie dans les conciles transmarins une signification toute particulière. En effet, l'adhésion des catholiques a tout l'air d'un ralliement opportuniste. Elle viserait à obtenir le soutien de l'évêque de Rome pour la reconnaissance de la légitimité de l'élection contestée de Caecilianus en Afrique[171]. Car, l'appui du chef de l'Église de Rome à qui le pouvoir temporel confère la compétence de juger ses collègues permettrait, semble-t-il, aux Africains de défendre par la voie de légalité les privilèges concédés à leur Église[172].

A partir de la procédure suivie par les catholiques d'Afrique dans la défense de leur cause, il se dégage l'aspect ambivalent d'autonomie et de communion, qui caractérise le comportement de l'épiscopat africain dans sa praxis des recours à Rome. Car, à travers le loyalisme démontré

---

[168] G. BAVAUD, «Notes complémentaires», BAug 29, 597-598.
[169] G. BAVAUD, «Introduction», BAug 29, 17.
[170] Cf. B. KRIEGBAUM, *Kirche*, 66 s.
[171] V. MONACHINO, «Le origini del donatismo», 107 s., fait de cette adhésion une analyse des plus judicieuses.
[172] Cf. V. MONACHINO, «Scisma donatista», 35 s.

aussi bien à l'égard de l'empereur qu'à l'endroit de l'évêque de Rome, les catholiques d'Afrique prouvent leur capacité d'allier l'autonomie avec la dépendance. Ce faisant, le rôle de l'évêque de Rome comme *ratio* ou principe du pouvoir épiscopal se précise. Ce rôle est essentiellement d'être le principe visible de communion, qui accorde légitimité à toute revendication d'ordre doctrinal (dogme ou discipline), la cause principale étant, bien entendu, le Seigneur lui-même. Dans cette perspective, il est de toute évidence que l'autorité reconnue à l'évêque de Rome par Optat et par Augustin pour condamner la ténacité des donatistes s'inscrit dans la doctrine établie par Cyprien. Cette assertion est éclairée par les données contenues dans la lettre que l'évêque de Carthage écrit à Pompeius à propos de l'intransigeance manifestée par le pape Étienne Ier de ne pas réitérer le baptême des hérétiques. Tout en reconnaissant le privilège particulier de l'évêque de Rome, Cyprien ne renvoie pas moins toutes les instances ecclésiastiques à la source originelle, pour y découvrir la vérité, comme l'envisagent Optat et Augustin:

> Or, il est facile aux âmes religieuses et droites de se défaire de l'erreur, de découvrir la vérité et de l'amener au jour. Si l'on remonte à la source et à l'origine de la tradition divine, l'erreur humaine cesse, et quand on a pénétré l'économie des sacrements célestes, tout ce qui restait obscur sous le voile de la nuit et des ténèbres vient à la lumière de la vérité et s'éclaire. Quand l'eau d'un acqueduc, qui coulait en abondance, vient à manquer, est-ce qu'on ne remonte pas à la source pour reconnaître la cause de l'arrêt? On recherche si les veines se sont taries au point de départ, ou bien si l'eau s'est arrêtée au milieu de sa course, afin que, si ce qui empêche l'eau de couler sans cesse, c'est que l'acqueduc a une solution de continuité, ou n'est plus étanche, on le répare, et qu'ainsi la même quantité qui sort de la source soit transportée de nouveau et soit à la disposition de la cité. C'est ce que doivent faire des évêques de Dieu, qui sont fidèles à ses préceptes, afin que, si la vérité a fléchi en quelque point, nous revenions à l'usage originel établi par Notre Seigneur, à la tradition évangélique et apostolique, et que votre conduite tire ses règles de là même d'où notre dignité tire son origine[173].

---

[173] CYPRIEN, *Ep.*, 74, 10: «In conpendio est autem apud religiosas et simplices mentes et errorem deponere et invenire adque eruere veritatem. Nam si ad divinae traditionis caput et originem revertamur, cessat error humanus et sacramentorum caelestium ratione perspecta quidquid sub caligine ac nube tenebrarum obscurum latebat in lucem veritatis aperitur: ut si canalis aquam ducens qui copiose prius et largiter profluebat subito deficiat, nonne ad fontem pergitur, ut illic defectionis ratio noscatur, utrumne arescentibus venis in capite unda siccaverit an vero integra inde et plena procurrens in medio itinere destiterit, ut si vitio interrupti aut bibuli canalis

En se basant sur cette indication, l'on est amené à affirmer que la vision cyprianique de primauté de l'évêque de Rome demeure bien vivante, quoique nuancée dans la doctrine de communion élaborée par les controversistes antidonatistes africains. Optat et Augustin reconnaissent certes la valeur des conciles transmarins qui ont décrété l'interdiction de pratiquer la réitération du baptême. Mais, les raisons qu'ils avancent pour se démarquer de la pratique baptismale défendue par Cyprien ne s'appuient pas sur l'intervention ou sur l'autorité de l'évêque de Rome. C'est dans ce sens que l'idée de dépendance de l'évêque de Rome qu'on retrouve dans les déclarations d'Optat et d'Augustin dans la polémique antidonatiste constitue davantage un perfectionnement qu'une simple correction de la conception cyprianique. En tout état de cause, l'on doit reconnaître que la référence des Africains à la Chaire de Pierre s'effectue dans le cadre des doctrines ecclésiologiques élaborées par les apologistes africains eux-mêmes. Ainsi, la remarque faite par G. Bavaud au sujet du terme *emendari* employé par Augustin pendant une discussion avec les donatistes[174] peut bien servir à justifier la permanence de la vision ecclésiologique héritée de Cyprien aussi bien chez Optat que chez Augustin. L'auteur observe à ce sujet que le terme *emendari* « [...] évoque (donc) un progrès doctrinal, non la correction d'une erreur »[175].

Partant de cette remarque, on doit avouer que dans la démarche d'Optat et d'Augustin, il y a certainement évolution et non pas trahison de la pensée de Cyprien. Vues sous cet angle, les références de l'Église

---

effectum est quo minus aqua continua perseveranter ac iugiter flueret, refecto et confirmato canali ad usum adque ad potum civitatis aqua collecta eadem ubertate adque integritate repraesentetur qua de fonte proficiscitur? Quod et nunc facere oportet Dei sacerdotes praecepta divina servantes, ut si in aliquuo nutaverit et vacillaverit veritas, et ad originem dominicam et ad evangelicam adque apostolicam traditionem revertamur et inde surgat actus nostri ratio unde et ordo et origo surrexit». (CSEL 3/2, 807-808). A ce sujet, cf. A. DEMOUSTIER, «L'ontologie de l'Église», 554.

[174] Il s'agit du passage du traité *De baptismo*, où l'évêque d'Hippone apprend aux donatistes que les conciles pléniers sont souvent perfectionnés par d'autres qui suivent: *De baptismo*, II, 3, 4: «et ipsa concilia, quae per singulas regiones vel provincias fiunt, plenariorum conciliorum auctoritati, quae fiunt ex universo orbe christiano, sine ullis ambagibus cedere ipsaque plenaria saepe priora a posterioribus emendari, cum aliquo experimento rerum aperitur quod clausum erat et cognoscitur quod latebat [...]». (CSEL 51, 178).

[175] G. BAVAUD, «Notes complémentaires», BAug 29, 595.

d'Afrique *ad Petri cathedram* pendant la controverse donatiste recouvrent une dimension positive de communion, fondée non pas sur la dualité des traditions ecclésiologiques, ni sur la rivalité des personnes, mais sur la préoccupation commune de défense de la doctrine orthodoxe de la Tradition de l'Église, dont la responsabilité revient à tous les évêques.

3. Conclusion

Pour mieux appréhender le sens que la tradition juridico-ecclésiologique africaine héritée de Cyprien attribue au rôle primatial de l'évêque de Rome, il a fallu s'attarder quelque peu sur la notion de l'*auctoritas* et de la *potestas*. En effet, ces éléments sont les deux aspects fondamentaux du pouvoir sur lesquels le primat d'Afrique élabore sa doctrine de droit de chaque évêque dans le système du gouvernement collégial de l'Église.

Alors que l'*auctoritas* désigne une force particulière dont est doté l'agent, la *potestas* par contre est le principe de droit qui confère ou délègue à un sujet les compétences et la légitimité, pour agir dans une juridiction autre que la sienne propre: il s'agit du mandat. Ce deuxième aspect du pouvoir est à la base du refus des Africains d'accepter l'ingérence de toute autorité extérieure à la juridiction africaine. C'est pourquoi, le concile d'Afrique dans lequel les évêques jouissent chacun du droit d'exercer sa *potestas*, apparaît non seulement comme l'instance suprême des délibérations, mais aussi comme l'instance de légitime résistance à toute intervention extérieure dans les affaires africaines. L'attachement de l'épiscopat africain à ce principe accorde à ses recours à Rome ou à l'accueil qu'il réserve aux sollicitations venues de cette instance une connotation particulière. Dans les deux cas, l'ouverture des Africains à Rome consiste en la recherche de fondement du pouvoir des décisions et des doctrines que l'épiscopat africain cherche de défendre. La *ratio*, entendue comme principe d'intelligibilité, est au coeur de ce processus.

A travers le rapprochement analogique des concepts *cathedra Petri* et *ratio*, la primauté de l'évêque de Rome est présentée comme étant le principe ou le fondement du pouvoir épiscopal. Dans ce sens, l'évêque de Rome fait fonction de principe en tant que son instance représente l'origine visible de l'épiscopat, dont la communion accorde légitimité à toute revendication épiscopale. C'est de cette manière que l'authenticité de toute activité épiscopale requiert le rattachement à l'évêque de Rome. On comprend dès lors pourquoi, aussi bien Optat qu'Augustin, témoignant leur fidélité au patrimoine ecclésiologique reçu de Cyprien, ont réemployé à leur profit les principes établis par l'illustre primat en les modifiant tant bien que mal, pour les adapter à l'état de la polémique donatiste. Toutefois, l'instance suprême de censure de différentes traditions et doctrines ecclésiastiques demeure l'autorité de l'Église universelle (*Catholica*), soit le concile.

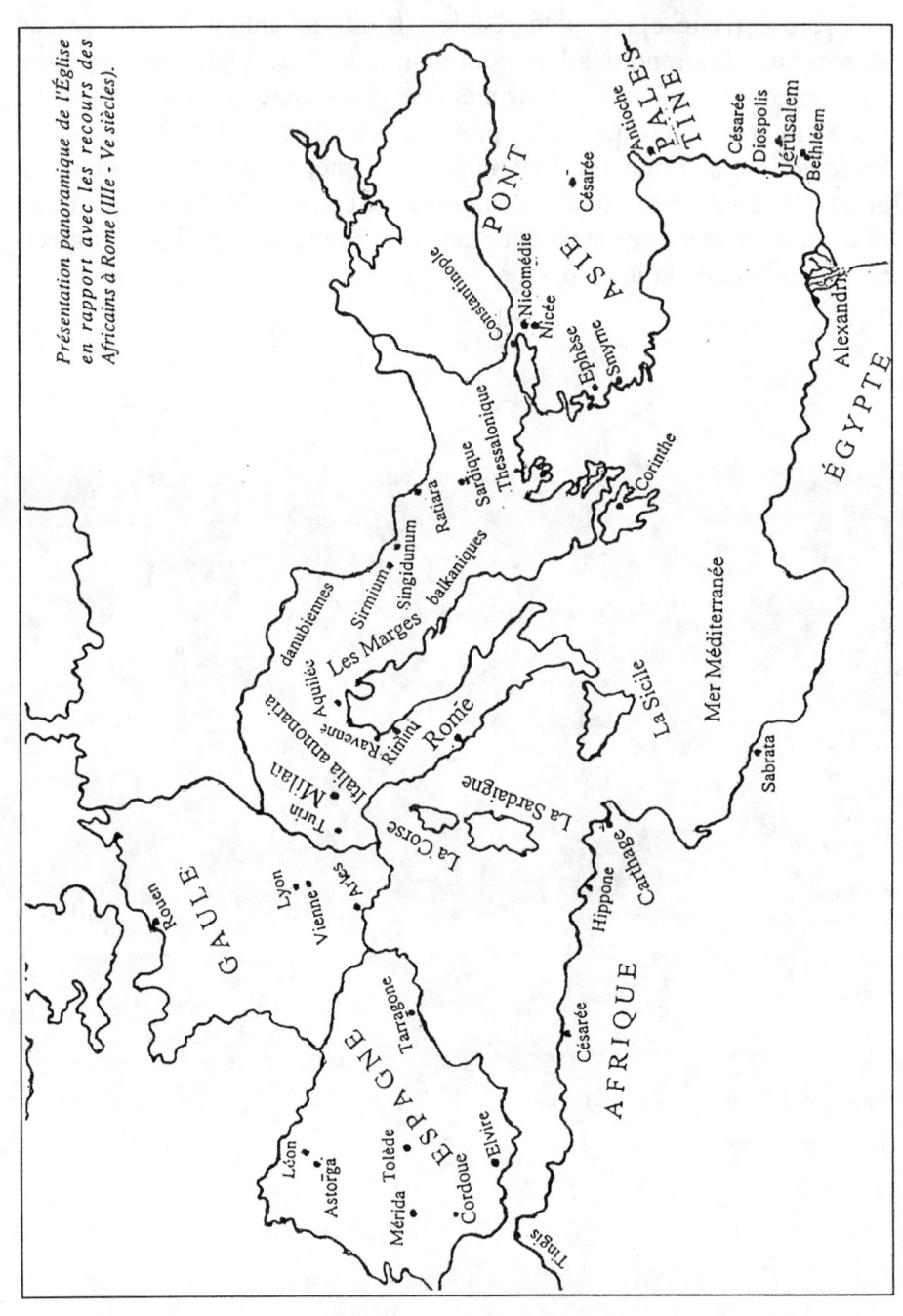

Présentation panoramique de l'Église en rapport avec les recours des Africains à Rome (IIIe - Ve siècles).

DEUXIÈME PARTIE

**LES RECOURS A ROME :
EXPRESSION DE COMMUNION
AVEC LA *CATHOLICA***

CHAPITRE IV

La méthode africaine des recours à Rome

Parmi les particularités que présentent les recours de l'épiscopat africain à Rome, on relève ce détail significatif: dans sa démarche, l'épiscopat africain emploie une technique, qui est caractérisée par l'attachement permanent au double principe d'autonomie et de communion. Cette méthode, qui consiste à mettre son interlocuteur devant le fait accompli, P. Monceaux l'a mise en évidence avec perspicacité:

> Ils [c'est-à-dire les évêques d'Afrique] témoignaient en paroles beaucoup de déférence pour l'évêque de Rome, et même, au temps d'Ambroise, pour l'évêque de Milan. Mais, en fait, ils n'admettaient pas qu'on se mêlât de leurs affaires. On le vit bien dans la question des appels; à plusieurs reprises, les conciles africains interdirent formellement, sous peine d'excommunication, tout appel aux Églises d'Outre-mer. Après quelques tentatives d'interventions, les papes durent s'incliner devant la ferme volonté des Africains[1].

Cette méthode d'appel, nous la désignons dans cette recherche à défaut de terminologie propre par l'expression forgée de «méthode d'autonomie dans la communion».

L'objectif poursuivi dans ce chapitre est de mettre en évidence la méthode des recours des Africains à Rome telle qu'elle se dégage de la tradition juridico-ecclésiologique établie par Cyprien. L'approche de cette situation, qui est marquée par un double aspect de permanence et de continuité, se déploie en deux sections. D'abord, une brève enquête retrace l'évolution de la législation ecclésiastique dans l'Antiquité jusqu'à l'enracinement du régime ecclésiologique dit ici «régime de la

---

[1] P. MONCEAUX, *Histoire littéraire*, III, 90.

Sedes apostolica». Puis une seconde section étudie la technique employée dans les recours de l'épiscopat africain. A ce propos, certains cas de recours qui se sont produits au temps d'Augustin permettront de vérifier l'énoncé, à savoir la permanence de la méthode d'adresse à Rome élaborée par la doctrine cyprianique.

1. L'évolution législative

1.1 *La prédominance de l'autorité impériale*

Jusqu'à l'avènement de la «paix constantinienne» (313), chaque Église organise son tribunal de manière autonome. Le règlement des litiges relève de la compétence des assemblées conciliaires (régionales ou locales), où les évêques interviennent comme des garants de l'authenticité de la doctrine[2]. Cependant, l'organisation de la justice d'Église demeure obscure jusqu'en 318, lorsque Constantin reconnaît officiellement la juridiction épiscopale, dite l'*audientia episcopalis*[3]. A partir de Constantin, c'est-à-dire dès la suppression officielle des persécutions de l'Église[4], l'empereur joue un rôle prépondérant dans l'arbitrage des différends ecclésiastiques[5], s'affirmant ainsi comme l'acteur principal de l'unification des chrétientés locales[6]. Car, bien qu'animées d'un sens aigu de l'universalité de l'Église[7], les communautés chrétiennes ne sont pas toujours capables de réaliser la cohésion entre elles[8]. Tant il est vrai que, même à l'époque où le tribunal ecclésiastique acquiert le droit de cité, l'autorité du concile dépend de l'appui que lui prête le pouvoir

---

[2] Cf. J. GAUDEMET, *Église et cité*, 113.

[3] Cf. *Cod. Theod.*, I, 27, 1, ed. T. Mommsen, I/2, 62. A ce sujet, cf. J. GAUDEMET, *L'Église dans l'empire*, 230-240; 727-728.

[4] Cf. L. PIETRI, «Les résistances», 180 s.

[5] Cf. J. GAUDEMET, *L'Église dans l'empire*, 14-19; également P. LAFARQUE, «Appel», 399; aussi L. CAMPEAU, «Le texte», 258, n. 132; A. PIGANIOL, *Histoire romaine*, IV/2, 368 s.; C. PIETRI, «L'épanouissement», 287.

[6] Cf. A. PIGANIOL, *Histoire romaine*, IV/2, 370; aussi N. AFANASSIEFF, «La doctrine de la primauté», 418 s.

[7] Le cas des Africains est à ce point de vue significatif. Quand bien même Cyprien affirme l'autorité de chaque évêque dans son Église, le primat d'Afrique ne souligne pas moins la responsabilité collégiale des évêques pour le gouvernement de l'Église: cf. CYPRIEN, *Ep.*, 59, 14 (CSEL 3/2, 683); de même AUGUSTIN, *Ennarationes in Psalmos*, LVI, 13; CXLVII, 19 (CChr.SL 39; 40, 703; 2156). A ce sujet, cf. C. MUNIER, «Dossiers africains», 41.

[8] Cf. C. VOGEL, «Universalité de l'Église», 592; de même R. MINNERATH, «La position de Rome», 139.

impérial, spécialement lorsque celui-ci ratifie les sentences conciliaires, et parfois même les transforme en lois séculières[9].

Cette prédominance du pouvoir séculier, s'explique par le fait que l'ingérence impériale dans les affaires ecclésiastiques entend avant tout garantir les intérêts de l'État: il s'agit de l'opportunisme politique, qui a en vue la paix et l'unité de l'empire[10]. Dans ce contexte, les interventions du pouvoir séculier dans le domaine ecclésiastique se révèlent parfois fastidieuses[11]. Les polémiques engendrées par la doctrine arienne en Orient constituent à ce point de vue un indice tangible[12]. Dès lors, l'on comprend pourquoi le tribunal ecclésiastique (*audientia episcopalis*) placé sous la tutelle du pouvoir temporel, finit par subir des restrictions de ses compétences: l'amenuisement de l'autorité épiscopale va de la véritable instance judiciaire de décision à une simple structure d'arbitrage de conflits. Cette remarque doit toutefois être nuancée. Car, la restriction du pouvoir judiciaire de l'Église s'explique aussi en partie par le fait que l'Église ayant accueilli en son sein des juges séculiers, l'office judiciaire de l'évêque a pu bénéficier de la collaboration et de services de professionnels convertis, surtout dans le domaine des causes pénales[13]. Un autre aspect de limitation du pouvoir judiciaire du tribunal épiscopal se vérifie à travers la constitution d'un conseil d'évêques dans la cour impériale[14].

---

[9] Cf. la Constitution impériale du 31 juillet 381: *Cod. Theod.*, XVI, 1, 3, ed. T. Mommsen, I/2, 834. A ce sujet, cf. C. VOGEL, «Universalité de l'Église», 609; de même P. PIERRARD, *Histoire de l'Église catholique*, 40-42.

[10] Cf. C. PIETRI, *Roma christiana*, I, 183. Dans cette optique, B. BIONDI, *Il diritto romano cristiano*, I, 117, explique le processus d'«étatisation» des lois ecclésiastiques qui, pour être plus efficaces, reçoivent l'appui de l'empereur qui se considère comme l'organe de Dieu chargé de réaliser sa justice sur la terre: «Si precisa sempre meglio e si cerca di attuare in modo sempre più profondo il concetto che la legge umana deve adeguarsi a quella divina, appunto perchè nell'osservanza di questa si ritiene risiedere ogni salvezza, sia per lo Stato che per i singoli. L'ordinamento giuridico si considera in funzione di quello divino, e l'imperatore si concepisce come organo di Dio per attuare la sua giustizia in terra».

[11] Cf. D.E. LANNE, «Église locales», 302.

[12] Cf. E. BUONAIUTI, *Il cristianesimo*, 316; de même J. GAUDEMET, *Église et cité*, 113.

[13] Cf. *Cod. Theod.*, XVI, 2, 23, ed. T. Mommsen, I/2, 842. J. Gaudemet a abondamment commenté cette situation: *Église et cité*, 112-113; *L'Église dans l'empire*, 230 s., spécialement, 235; *Les sources du droit*, 68.

[14] Cf. A. PIGANIOL, *Histoire romaine*, IV/2, 369; de même L. CAMPEAU, «Le texte», 257, n. 130. Aussi V.C. DE CLERCQ, *Ossius of Cordova*.

1.2 *La prescription conciliaire de l'autorité judiciaire*

Lorsque le concile de Nicée se réunit en 325, l'organisation ecclésiastique est basée sur le regroupement des Églises locales en provinces: l'idée d'apostolicité relative aux Sièges apostoliques y est très vivante[15]. L'Église évolue dans un régime d'autonomie qui, dès le début, a pourvu les communautés des structures suffisantes pour leurs gouvernements respectifs[16]. Cependant, l'organisation ecclésiastique n'étant pas uniformément structurée, l'intervention de certaines Églises comme Rome ou les grands sièges est parfois sollicitée, afin de suppléer à l'autorité législative locale défaillante. Les Églises d'Espagne et celles de la Gaule présentent de manière accentuée une telle dépendance vis-à-vis de l'autorité pontificale dans la partie occidentale de l'empire[17].

La première législation canonique, qui traite explicitement des appels à l'intention de toutes les Églises remonte au concile de Nicée. En effet, le canon 5 de ce concile établit le tribunal provincial dit de l'éparchie comme l'instance compétente pour régler les différends ecclésiastiques:

> Au sujet des excommuniés, qu'ils appartiennent à l'ordre des clercs ou à l'ordre des laïcs, la sentence portée par les évêques dans chaque éparchie aura force de loi, conformément à la règle prescrivant que ceux qui ont été excommuniés par les uns ne doivent pas être admis par les autres[18].

Telle qu'elle est énoncée dans la prescription nicéenne, l'organisation judiciaire postule le problème de l'autorité de juridiction[19] qui, lui-même, est lié au problème de délimitation territoriale[20].

---

[15] Cf. *supra*, 33, n. 1.

[16] Cf. J. GAUDEMET, *L'Église dans l'empire*, 377 s.; également A. PIGANIOL, *Histoire romaine*, IV/2, 365.

[17] Cf. C. PIETRI, *Roma christiana*, II, 1070-1147.

[18] Conc. Nicaenum, can. 5: « Περὶ τῶν ἀκοιωνήτων γενομένων εἴτε τῶν ἐν τῷ κλήρῳ εἴτε τῶν ἐν τῷ λαικῷ τάγματι ὑπὸ τῶν καθ ἑκάστην ἐπαρχίαν ἐπισκόπων κρατείτω ἡ γνώμη κατὰ τὸν κανόνα τὸν διαγορεύοντα τοὺς ὑφ᾽ ἑτέρων ἀποβληθέντας ὑφ᾽ ἑτέρων μὴ πρὸ σίεσθαι.». (*Les conciles oecuméniques*, II/1, 40, 1). A ce sujet, cf. J. MEYENDORFF, «La primauté romaine», 466. L. CAMPEAU, «Le texte», 259, souligne le mérite particulier du concile de Nicée d'avoir donné fixité à la loi ecclésiastique. Pour sa part, I.O. DE URBINA, *Nicée*, 87, considère la décision issue de ce premier concile oecuménique comme une «définition dogmatique».

[19] Cf. D.E. LANNE, «Église locales», 293.

[20] Cf. J. GAUDEMET, *L'Église dans l'empire*, 3-7; aussi A. SCHEUERMANN, «Diözese», 1054.

1.2.1 Les entités ecclésiastiques

Le présent paragraphe traite des «zones de la *potestas* papale». Cette matière, autrefois développée par P. Batiffol, est succinctement reprise ici, étoffée par les données de nouvelles recherches[21].

a) *Zone d'exercice direct de l'autorité papale*

D'après son étude, P. Batiffol reconnaît à l'évêque de Rome le pouvoir de juridiction sur toute la partie occidentale de l'empire. Ce constat ressort de l'exposé même de l'auteur, qui dit:

> Nous examinerons [...] les conditions de ce 'primatus' en Occident, et tout de suite je vous signale que l'Occident à cet égard se partageait en deux zones profondément séparées: premièrement la zone immédiatement sujette à Rome, et au-delà une zone d'entente beaucoup plus souple s'étendant à tout le reste de l'Occident et à l'Afrique[22].

La zone d'exercice direct de l'autorité papale comprend la région dite «urbicaire» ou «suburbicaire». Elle regroupe les Églises qui se trouvent dans l'Italie centrale et les régions avoisinantes, c'est-à-dire le Sud de la péninsule et les îles adjacentes, en l'occurrence la Sicile, la Sardaigne et la Corse. Cette entité ecclésiastique correspond au ressort civil du *Vicarius urbis*. De même que l'évêque de Rome exerce le droit ordinaire et direct de métropolitain sur ces territoires, autant les diocèses qui y sont implantés reconnaissent l'évêque de Rome comme leur instance supérieure d'appel[23].

b) *La Gaule et l'Espagne*

La seconde zone d'exercice de l'autorité papale embrasse les Églises d'Occident, qui sollicitent volontiers l'avis du pape pour leurs affaires internes. Cette entité est constituée particulièrement des Églises de Gaule et d'Espagne, dont il vaut la peine de souligner quelques traits caractéristiques. Le facteur de fondation apostolique s'avère être le cri-

---

[21] Cf. P. BATIFFOL, *Cathedra Petri*, 41 s.; 47 s. On peut lire avec intérêt la contribution de Y.-M. DUVAL – L. PIETRI: «L'Occident et ses marges danubiennes et balkaniques», 127-154, qui présentent la géographie ecclésiastique de l'Occident chrétien dans la période des persécutions, qui s'étend du milieu du IIIe siècle à l'avènement de Constantin (313).
[22] P. BATIFFOL, *Cathedra Petri*, 41.
[23] Cf. P. BATIFFOL, *Cathedra Petri*, 43; de même J. GAUDEMET, *L'Église dans l'empire*, 384; ID., *Église et cité*, 138; également Y.-M. DUVAL, «L'Occident et ses marges», 135-137; aussi *Les conciles oecuméniques*, I, 43.

tère plus influent sinon le plus déterminant, qui commande les rapports de ces Églises avec Rome. Cette donnée justifie à la fois la soumission gauloise à Rome et les revendications pontificales de commandement sur ce territoire[24]. A ce sujet, les disputes à caractère hégémonique constatées parmi les sièges de Gaule (Lyon, Arles, Vienne) d'une part[25], et les interférences discordantes des papes aux IVe et Ve siècles autour de l'érection du vicariat d'Arles d'autre part, rendent témoignage du caractère fragile de l'organisation de l'Église de Gaule[26].

Il en est de même de l'Église d'Espagne qui, très tôt reconnaît Rome comme l'autorité suprême de recours[27]. Aucun des sièges épiscopaux

---

[24] Cf. C. PIETRI, *Roma christiana*, II, 967-1021. J.-R. PALANQUE, «Les métropoles ecclésiastiques», 461 s., signale que l'organisation de la Gaule en provinces ecclésiastiques remonte au concile de Turin (398). Cependant, les diocèses issus de la partition effectuée dans cette assemblée n'ont jamais fonctionné en cadres autonomes et centralisés. W. MARSCHALL, *Karthago*, 94 s., relève pour sa part le caractère hétéroclite de l'évangélisation gauloise, qui est marquée par l'influence hellénique au début, suivie de celle de Rome d'où des missionnaires seraient partis. A la fin du IVe siècle, pendant l'épiscopat d'Ambroise (374-395), on constate même l'ascendant de l'Église de Milan au sud de la Gaule. Soit dit en passant que c'est à cette période que l'Église d'Occident découvre l'organisation métropolitaine. A ce propos, cf. J. GAUDEMET, *Les conciles gaulois*, 21.

[25] A ce sujet, J. GAUDEMET, *Les conciles gaulois*, 17, fait remarquer que jusqu'au IVe siècle, les territoires ecclésiastiques gaulois sont mal définis; aussi P. BATIFFOL, *Cathedra Pietri*, 48; de même H. MAROT, «Unité et diversité», 579.

[26] Cf. C. PIETRI, *Roma christiana*, II, 986-1021; de même L. PIETRI, «L'Occident et ses marges», 141-142; aussi J. GAUDEMET, *Les conciles gaulois*, 17. Au sujet de l'institution des vicariats ecclésiastiques, J. GAUDEMET, *Église et cité*, 124, émet un jugement qui met en lumière le caractère casuel et précaire de cette structure: «Fruits des circonstances et dans une certaine mesure de "la nature des hommes", ils ne se rencontrent qu'en deux régions: le sud-est de la Gaule et l'Ilyricum»; ID., *L'Église dans l'empire*, 399; de même E. GRIFFE, *La Gaule*, 8.

[27] Cf. C. PIETRI, *Roma christiana*, II, 1045-1062. P. PASCHINI, *Lezioni di storia*, 255, attribue la dépendance espagnole de l'autorité pontificale au manque d'organisation interne. A cet effet, l'auteur souligne l'absence de cohésion des cinq diocèses, qui correspondent aux cinq provinces civiles d'Espagne, c'est-à-dire la Bétique, la Lusitanie, la Carthaginoise, la Tarraconnaise et la Gallécie. D'où, l'auteur de conclure: «Causa questa debole coesione non fa meraviglia che la disciplina ne soffrisse assai e che bisognasse domandare a Roma l'aiuto che mancava [...]»; de même, P. BATIFFOL, *Le Siège apostolique*, 180. Pour H. MAROT, «Unité et diversité», 582, la dépendance espagnole de la juridiction romaine se vérifie à travers la pusillanimité même affichée par cette Église: «Les Églises d'Espagne, [fait remarquer l'auteur], n'ont jamais cherché à tirer parti de l'éventuel voyage de Saint Paul dans leur pays [...] que ne signale aucune Tradition locale». Par ailleurs, W. MARSCHALL, *Karthago*, 96-97, stigmatise la faible organisation de l'Église ibérique, qui justifie sa dépendance de l'instance romaine, à partir du nombre moins élevé des participants au concile d'Elvire, tenu au

n'ayant de supériorité par rapport aux autres, on peut évoquer deux cas de recours emblématiques de cette dépendance de l'Église espagnole à l'égard du Siège apostolique. Le premier cas concerne le procès de destitution des évêques Basilides et Martial, que les diocèses espagnols ont porté d'abord au jugement du pape Étienne Ier, puis à la sollicitude de Cyprien, le primat d'Afrique[28]. Le second cas se rapporte à l'hérésie priscillianiste. Tout au début du pontificat d'Innocent Ier (401-417), deux délégués d'Espagne, en l'occurrence l'évêque Hilarius et le prêtre Elpidius, se présentent chez le pontife romain pour rendre compte des dissensions nées au sein de leur épiscopat à la suite des sentences prononcées au concile de Tolède contre les adeptes de l'hérésie priscillianiste. Le pape interviendra avec détermination en lançant des sentences d'excommunication contre ceux qui s'opposaient aux décisions du concile, rappelant à cette occasion aux émissaires espagnols les dispositions disciplinaires en vigueur dans l'Église de Rome[29].

Il va sans dire que dans les conditions où évoluent les Églises de Gaule et d'Espagne, l'influence de l'autorité pontificale ne peut qu'y trouver un environnement propice pour s'affermir[30].

c) *Les provinces danubiennes et balkaniques*

Les provinces danubiennes et balkaniques sont constituées d'Églises se trouvant dans la partie orientale de l'empire romain. Il s'agit de la Pannonie, de la Dacie et de la Macédoine. Ces provinces sont l'objet d'une sollicitude particulière des papes, à tel point qu'un vicariat relevant du ressort pontifical y est même érigé au Ve siècle[31]. Bien plus, l'une des raisons de cette attention est sans doute que l'administration de cette entité ecclésiastique a souvent constitué une matière de disputes entre la juridiction de Constantinople et celle de Rome, car situées aux franges des deux parties de l'empire[32].

---

début du IVe siècle: «19 Bischöfe und 24 Presbyter, von denen einige allerdings Bischöfe zu vertreten hatten».

[28] Cf. *supra*, 18.

[29] Cf. *Ep.*, 3, 1, du pape Innocent Ier (PL 20, 486). Sur cette affaire, cf. C. PIETRI, *Roma christiana*, II, 1062-1067.

[30] Cf. J. GAUDEMET, *L'Église dans l'empire*, 387 s.; aussi V. DE CLERCQ, *Ossius*, 105.

[31] Cf. J. GAUDEMET, *L'Église dans l'empire*, 403-407; de même C. PIETRI, *Roma christiana*, II, 1083-1147.

[32] Cf. Y.-M. DUVAL, «L'Occident et ses marges», 146; aussi J. GAUDEMET, *L'Église dans l'empire*, 387.

A la fin du IVe siècle, l'Illyrie orientale devient préfecture et est rattachée à la *pars orientalis* de l'empire. Néanmoins, les provinces danubiennes continuent temporairement à être englobées dans la préfecture d'Italie. Par conséquent, elles subissent l'ascendant de l'évêque de Milan, surtout pendant l'épiscopat d'Ambroise[33].

d) *Zones d'influence mitigée*

Dans cette catégorie d'administration, nous rangeons les Églises du nord de l'Italie et l'Afrique, à cause des particularités suivantes.

Jusqu'à la fin du IIIe siècle, la partie nord de la péninsule italique appelée *Italia annonaria* est faiblement organisée ecclésiastiquement. Cependant, dès l'avènement de l'empereur Constance II (337-361), Auxence, l'évêque de Milan, d'obédience homéenne, reçoit du prince le pouvoir de juridiction sur les Églises qui relèvent du ressort du *Vicarius Italiae*. L'autorité préfectorale de ce dernier s'exerce sur la circonscription milanaise, l'Afrique et l'Illyrie. L'évêque de Milan est ainsi investi d'un pouvoir qui le place au-dessus des centres métropolitains ordinaires[34]. Cette prérogative sera encore renforcée avec l'accession d'Ambroise au siège de Milan[35].

Dans son étude, P. Batiffol inclut l'Afrique parmi les Églises qui dépendent de la juridiction de l'évêque de Rome, au même titre que les Églises d'Espagne et de Gaule[36]. Mais il faut souligner le fait que l'Église d'Afrique, fortement organisée dès le IIIe siècle autour de la structure conciliaire sous la primatie de Cyprien[37], évolue dans un état d'autonomie quasi totale. En effet, jusqu'au Ve siècle, elle se trouve être la seule dans toute la chrétienté occidentale à disposer d'une organisation législative hautement élaborée[38]. C'est pourquoi, d'aucuns voient

---

[33] Cf. C. PIETRI, *Roma christiana*, II, 1077-1082; ID., «Les dernières résistances», 391-393; de même Y.-M. DUVAL, «L'Occident et ses marges», 150; aussi J. GAUDEMET, *Église et cité*, 125-126.

[34] Cf. P. BATIFFOL, *Cathedra Petri*, 43; de même J. GAUDEMET, *L'Église dans l'empire*, 384; aussi C. VOGEL, «Universalité de l'Église», 632.

[35] Cf. J. GAUDEMET, *L'Église dans l'empire*, 421; de même C. PIETRI, *Roma christiana*, II, 897-909; 923; aussi Y.-M. DUVAL, «L'Occident et ses marges», 138; également H. MAROT, «Unité et diversité», 578.

[36] Cf. *supra*, 139, n. 22.

[37] Cf. Y. DUVAL, «L'Occident et ses marges», 127-133.

[38] Cf. J. GAUDEMET, *L'Église dans l'empire*, 3-7; de même G. BARDY, «Afrique», 288; aussi H. MAROT, «Unité et diversité», 579. Pour souligner la teneur de l'organisation ecclésiastique d'Afrique, A. AUDOLLENT, «Afrique», 807, en appelle à l'effet que l'exposition par les Pères du code de droit canonique africain a produit chez les délégués pontificaux à l'occasion de l'affaire d'Apiarius: «Les envoyés du pape

dans cette organisation l'autorité primatiale d'Afrique comme étant superposée à celle des métropolitains d'Alexandrie et d'Antioche, celle que le concile de Nicée a d'ailleurs mise sur le même pied d'égalité que l'autorité de l'évêque de Rome[39].

e) *Les Églises orientales*

La dernière zone d'exercice de la *potestas* papale comprend le reste des Églises de la chrétienté. Parmi celles-ci, il convient de mentionner les Églises d'Orient regroupées autour des circonscriptions d'Alexandrie, d'Antioche, de Jérusalem et d'Éphèse. Elles appuient et revendiquent leur désir d'indépendance sur le critère de fondation apostolique. De même, ces Églises manifestent une vive conscience d'égalité par rapport au siège de Rome. Toutefois, les Églises orientales réservent au Siège de Pierre des égards particuliers, qui traduisent la nature de primauté qu'elles lui reconnaissent au sein du collège des apôtres. En vertu de cette conception, les recours des Orientaux à Rome consistent généralement, semble-t-il, en une démarche en quête de secours et non de justice[40].

1.2.2 Les critères d'autorité judiciaire

a) *Le canon 6 de Nicée*

Le champ d'exercice de la *potestas* papale a été juridiquement établi par le concile de Nicée. Cette indication ressort du canon 6 de Nicée:

> Que les anciennes coutumes en usage en Égypte, dans la Libye et la Pentapole soient maintenues, en sorte que l'évêque d'Alexandrie ait le pouvoir sur toutes ces éparchies, puisqu'une coutume de ce genre existe aussi pour l'évêque de Rome. De même pour Antioche et dans les autres éparchies, que leurs prérogatives soient conservées aux Églises[41].

---

durent être surpris en écoutant cette lecture, [observe l'auteur]; on ne possédait en Italie aucun code de ce genre. C'est sans doute à cause de l'heureuse initiative qu'il prit ainsi, que le concile de 419 fut longtemps désigné comme le "Concilium Africanum" par excellence».

[39] Cf. R. GRYSON, *Le prêtre*, 154.

[40] Cf. P. BATIFFOL, *Cathedra Petri*, 77; de même C. VOGEL, «Universalité de l'Église», 632; aussi Y.M.-J. CONGAR, «Le pape», 379.

[41] *Conc. Nicaenum*, can. 6: «Τὰ ἀρχαῖα ἔθη κρατείτω τὰ ἐν Αἰγύπτῳ καὶ Λιβύῃ καὶ Πενταπόλει, ὥστε τὸν Ἀλεξανδρείας ἐπίσκοπον πάντων τούτων ἔχειν τὴν ἐξουσίαν, ἐπειδὴ καὶ τῷ ἐν τῇ Ῥώμῃ ἐπισκόπῳ τὸ τοιοῦτον σύνηθές ἐστιν. Ὁμοίως δὲ καὶ κατὰ τὴν Ἀντιόχειαν καὶ ἐν ταῖς ἄλλαις

A en juger par la répartition nicéenne des territoires d'exercice de la *potestas* des Sièges apostoliques, on observe que ce découpage identifie les circonscriptions ecclésiastiques avec les provinces civiles[42]. C'est ainsi que, nonobstant son caractère lapidaire, on doit reconnaître que la prescription de Nicée n'est pas aussi explicite dans ses attributions. Essayer d'élucider l'aspect obscur de ce décret, qui est lié à une situation territoriale complexe, offrira une possibilité d'éclairer l'interprétation même du comportement que l'épiscopat africain affiche à l'égard de l'autorité pontificale dans sa praxis des recours à Rome.

b) *La position géographique*

D'après la tradition ecclésiologique africaine, l'instance romaine est considérée comme le centre de référence en matière de doctrine de la Tradition (*ad Petri cathedram*). A ce point de vue, la reconnaissance du rôle de centre du siège de Rome constitue certes une forme de dépendance. Mais, ce rôle n'est pas de nature géographique, comme semble l'insinuer la disposition nicéenne. Il est plutôt lié au principe ontologique de fondement de l'unicité de l'épiscopat et de l'unité de l'Église en l'apôtre Pierre. Quelques considérations tirées des déclarations des auteurs africains mêmes peuvent éclairer en la nuançant la présente assertion.

+ Tertullien

Pour répliquer aux revendications des hérétiques, qui font usage des Saintes Écritures sans en avoir reçu mandat et autorité, Tertullien en appelle contre ses adversaires à l'autorité du Siège apostolique de Rome. L'apologiste africain défie les hérétiques de lui opposer un tel siège de référence d'orthodoxie:

> Êtes-vous tout proche de l'Achaïe: vous avez Corinthe. N'êtes-vous pas loin de la Macédoine: vous avez Philippes; si vous pouvez aller du côté de l'Asie: vous avez Éphèse; si vous êtes sur les confins de l'Italie, vous avez Rome dont l'autorité nous apporte à nous aussi son appui[43].

ἐπαρχίαις τὰ πρεσβεῖα σώζεσθαι ταῖς ἐκκλησίαις.» (*Les conciles oecuméniques*, II/1, 40, 1 s.).

[42] A ce sujet, C. PIETRI, *Roma christiana*, I, 182, n. 2, attire l'attention sur le sens à donner au terme ejparciva, qui est employé par le canon de Nicée. Il est vague: signifie-t-il la capitale des diocèses civils ou le siège de principaux centres religieux?

[43] TERTULLIEN, *De praescriptione haereticorum*, XXXVI, 2: «Proxima es tibi Achaia, habes Corinthum. Si non longe es a Macedonia, habes Philippos; si potes in

La déclaration de Tertullien suscite une réflexion, qui porte sur l'importance et l'influence du siège de Rome comme l'unique Siège apostolique dans la *pars occidentalis* de l'empire. A ce propos, différents avis ont été émis.

H. Marot fait remarquer que contrairement à l'Orient qui avait plusieurs Sièges apostoliques, l'Occident n'avait que Rome, dont le prestige «exceptionnel» s'est imposé aux Églises de cette contrée pour se rattacher aux apôtres[44]. Par ailleurs, P. Batiffol reprend le point de vue de H. Marot, mais dans un sens exclusif. En effet, dans l'analyse qu'il fait de l'invitation que Cyprien adresse au pape Étienne Ier de proclamer l'excommunication de l'évêque gaulois Marcianus d'Arles et de pourvoir à son remplacement[45], P. Batiffol en arrive à ce jugement laconique:

> Il suit de ces déclarations de Cyprien qu'il reconnaît à l'évêque de Rome le droit d'excommunier l'évêque d'Arles, et il lui en fait un devoir, droit et devoir que l'évêque de Carthage ne croit pas avoir. L'évêque de Rome est si bien dès lors le centre de ralliement et de communion de tout l'Occident, que c'est de l'évêque de Rome que Cyprien attend de connaître qui aura été substitué à Marcianus et avec qui désormais on peut échanger des lettres de communion, *communicatoriae*[46].

En revanche, D.E. Lanne, en s'appuyant sur le témoignage d'Irénée de Lyon, qui souligne l'importance des Sièges apostoliques que sont Rome, Smyrne et Éphèse, met en relief l'égalité des Églises de fondation apostolique au point de vue de la crédiblité, c'est-à-dire de leur autorité et de leur dignité. Ces Églises détiennent en fait la même règle de foi, qui a été transmise par les apôtres à leurs successeurs, les évêques[47].

Asiam tendere, habes Ephesum; si autem Italiae adiaces, habes Romam unde nobis quoque auctoritas praesto est». (CChr. SL I/1, 216).

[44] H. MAROT, «Unité et diversité», 582; de même J. MEYENDORFF, «La primauté romaine», 469.

[45] CYPRIEN, *Ep.*, 68, 2; 3; 5: «Quapropter facere te oportet plenissimas litteras ad episcopos nostros in Gallia constitutos [...]. Dirigantur in provinciam et ad plebem Arelate consistentem a te litterae quibus abstento Marciano alius in loco eius substituatur et grex Christi qui in hodiernum ab illo dissipatus et vulneratus contemnitur colligatur [...]. Significa plane nobis quis in locum Marciani Arelate fuerit substitutus, ut sciamus ad quem fratres nostros dirigere et cui scribere debeamus». (CSEL 3/2, 744.745.748-749).

[46] P. BATIFFOL, *Cathedra Petri*, 49; également P. PASCHINI, *Lezioni di storia*, I, 257.

[47] D.E. LANNE, «Églises locales», 296, aussi C. VOGEL, «Universalité de l'Église», 619 s.

Une autre considération relative à la position géographique du siège de Rome se trouve dans l'interprétation que P. Refoulé fait de l'expression *praesto est*, qui est utilisée par Tertullien: «Ce mot, [dit l'auteur], inclut donc l'idée de fondation ou au moins de rattachement à l'auteur de la fondation»[48].

+ Augustin d'Hippone

Dans la polémique qu'il a engagée avec les donatistes, Augustin a eu à se référer plus d'une fois à l'autorité du siège de Rome. Dans ces recours, la situation géographique du siège de Rome n'a pas été moins invoquée. La plainte que l'évêque d'Hippone exprime face à l'étroitesse d'esprit des schismatiques illustre mieux ce genre de recours. En effet, en rappelant à Gloriosus et à ses compagnons la nécessité d'être en communion avec le siège de Rome, Augustin dit:

> Carthage est voisine des régions transmarines, et célèbre par toute la terre. L'autorité de son évêque est d'un si grand poids. Il pouvait ne prendre aucun souci de la multitude des ennemis qui auraient pu conspirer contre lui, puisqu'il était uni de communion avec l'Église de Rome, dont le Siège apostolique a toujours eu partout la primauté, et avec les autres contrées, d'où l'Évangile est venu en Afrique[49].

c) *L'unicité doctrinale*

Il s'agit maintenant de prendre en considération les remarques susmentionnées. Il en résulte que le voisinage (*praesto est*) dont parle Tertullien, tout en exprimant l'idée de dépendance que les diverses interprétations ont relevée, veut avant tout souligner la ressemblance ou mieux, l'identité de doctrine professée par les Églises d'Afrique et de Rome. De cette analyse, il ressort que c'est l'origine apostolique de la doctrine africaine que l'apologiste africain veut mettre en évidence plutôt qu'une dépendance d'ordre «génétique», selon laquelle la doctrine prêchée en Afrique serait partie de Rome, compte tenu d'une part, de la proximité géographique des deux Églises, et d'autre part, de

---

[48] P. REFOULÉ, *De la prescription contre les hérétiques*, 138.
[49] AUGUSTIN, *Ep.*, 43, 7: «Erat [c'est-à-dire Carthage] etiam transmarinis vicina regionibus et fama celeberrima nobilis: unde non mediocris utique auctoritatis habebat episcopum, qui posset non curare conspirantem multitudinem inimicorum, cum se videret et Romanae Ecclesiae in qua semper apostolicae cathedrae viguit principatus, et caeteris terris, unde Evangelium ad ipsam Africam venit [...]». (CSEL 34/1, 90). Sur Gloriosus, l'évêque donatiste dont le siège en Proconsulaire n'est pas identifié, cf. A. MANDOUZE, «Gloriosus 1», *PCBE*, I, 540.

l'ascendant du siège de Rome sur toute la chrétienté occidentale. Cette remarque veut atténuer tout en les corrigeant les avis d'auteurs présentés plus haut. P. Batiffol semble accorder plus d'autorité au siège de Rome à cause de sa position géographique: le siège de Rome ne serait central que pour la chrétienté occidentale. Car, la manière dont l'auteur présente la situation de Rome laisse entendre que, quand bien même l'évangélisation d'Afrique ne serait pas l'oeuvre de la mission romaine, l'Église d'Afrique devrait néanmoins recourir à ce siège pour faire valoir ses revendications, d'autant plus que l'Afrique appartient à la partie de la chrétienté où Rome est l'unique Siège apostolique, c'est-à-dire comme il l'affirme, «le centre de ralliement et de communion de tout l'Occident». De même, l'interprétation faite par P. Refoulé, sans être exclusive, donne elle aussi à penser à quelque restriction de l'autorité du Siège apostolique de Rome. En effet, cette interprétation ne fait pas davantage ressortir la nature d'autorité de référence que la conception ecclésiologique africaine reconnaît au Siège de Pierre. L'aspect restrictif de cette interprétation se trouve dans le fait que l'autorité du Siège apostolique de Rome n'aurait de poids pour qui l'invoque que dans la mesure où la doctrine défendue est prouvée comme dérivant de l'instance romaine.

Un minutieux examen de la déclaration d'Augustin donne lieu à un double constat. D'une part, cette déclaration porte l'écho de la conception tertullienne de la ressemblance de doctrine des Églises d'Afrique et de Rome. Car, bien qu'elles aient été prononcées à des époques bien distantes, les déclarations citées ci-dessus présentent une remarquable similitude en tant qu'elles invoquent la proximité de l'autorité apostolique du siège de Rome contre les ennemis de la doctrine orthodoxe de l'Église, c'est-à-dire les hérétiques et les schismatiques. A travers ces exhortations, les ennemis de l'Église sont invités à fonder, pour être agréées, les allégations de leur enseignement à partir d'une autorité dont la tradition et le privilège sont légitimement reconnus. Dans ce sens, l'on est amené à reconnaître que la dépendance de l'Église d'Afrique de Rome n'est point d'ordre géographique, mais mystique ou spirituel, étant donné que le foyer d'où l'évangélisation de l'univers entier est partie est en réalité Jérusalem et non pas Rome[50].

---

[50] Cf. AUGUSTINUS, *Breviculus conlationis*, III, 8, 10: «primum quia testimonia ex lege et prophetis et psalmis et apostolicis atque evangelicis litteris deprompta, quibus ostenditur ecclesia catholica per totum mundum diffundi incipiens ab Hierusalem, unde in propinqua et longiqua crescendo etiam in Africam venit et in alia loca et civitates [...]». (CSEL 53, 59).

Partant de cette interprétation, il s'avère que l'évêque d'Hippone n'accorde pas beaucoup de valeur à l'argument de la position géographique du siège de Rome. Car, tout en reconnaissant le «principat» éternel du siège de Rome (*Romanae Ecclesiae in qua semper apostolicae cathedrae viguit principatus*), Augustin ne souligne pas moins l'importance des autres foyers d'où l'évangélisation est arrivée en Afrique: *et caeteris terris, unde Evangelium ad ipsam Africam venit*. Et cette indication n'est pas à négliger. L'invocation des deux instances dont l'autorité accorde la légitimité à la doctrine enseignée par l'évêque de Carthage qui représente toute l'Église d'Afrique, constitue une exhortation à la communion avec la *Catholica*, que les schismatiques d'Afrique refusent de réaliser.

D'où, il suit que, du point de vue géographique, rien n'autorise d'accorder plus d'autorité à l'Église de Rome par rapport aux autres milieux qui ont porté l'Évangile en Afrique. Cette réflexion remet en cause l'opinion de ceux qui, pour des raisons d'ordre apologétique font dépendre l'évangélisation de l'Afrique de sa romanisation[51]. L'objection que A. Audollent formule contre l'opinion qui veut qu'Augustin en ait appelé à Rome parce que c'est de cette instance que le témoignage de la foi est venue en Afrique peut corroborer l'interprétation qui est faite ici du sens que les Africains accordent à l'invocation du Siège apostolique de Rome: «Le contexte paraît bien justifier ce sens, [dit l'auteur]; l'idée de descendance, de filiation n'y est pas impliquée»[52].

A la lumière de ces considérations, on comprend pourquoi, d'après la tradition juridico-ecclésiologique d'Afrique, le recours au siège de Rome ne constitue nullement un devoir qui implique un droit de l'évêque de Rome.

1.3. *Le statut «sui generis» de l'Église d'Afrique*

En considérant l'aspect de délimitation géographique tel qu'il ressort du décret de Nicée, force nous est de reconnaître que cette prescription restreint juridiquement la *potestas* de l'évêque de Rome. Cette *potestas* ne semble concerner que les seules Églises appartenant à la partie occidentale de l'empire, bien qu'elles ne soient pas explicitement désignées. En effet, l'autorité de l'évêque de Rome est évoquée comme modèle, sans toutefois préciser la juridiction sur laquelle elle s'exerce, d'après une vieille coutume (τὰ ἀρχαῖα ἔθη κρατείτω), pour garantir

---

[51] Cf. A. MANDOUZE, «Notes sur l'organisation», 210, n. 3.
[52] A. AUDOLLENT, «Afrique», 707.

les prérogatives des sièges d'Alexandrie et d'Antioche. Sur l'appui des remarques qui soulignent l'imprécision du décret de Nicée[53], deux annotations divergentes, mais complémentaires de chercheurs tentent de reconstituer la zone d'administration de la *potestas* de l'évêque de Rome. D'une part, G. Alberigo formule une hypothèse, qui montre avec plus de lumière le caractère restrictif de la prescription nicéenne:

> Quant à l'extension géographique de cette "primauté", [observe-t-il], on présume que le canon faisait référence à la prééminence de l'Église romaine en Italie — plus précisément dans l'Italie centrale et méridionale ainsi qu'en Sicile et en Sardaigne [...] — plutôt qu'en Occident, dont Rome sera plus tard l'unique patriarcat[54].

Par contre, J. Meyendorff note que la référence aux pouvoirs de l'évêque de Rome à partir desquels le concile de Nicée confirme l'autorité de l'évêque d'Alexandrie sur toute l'Église d'Égypte, constitue «un témoignage explicite de l'immense et exceptionnelle autorité dont jouissait l'évêque de Rome dans l'univers chrétien au début du IVe siècle»[55].

Ces deux remarques indiquent bien une restriction de la *potestas* de l'évêque de Rome, restriction visiblement due à l'absence d'instance suprême (*super partes*), juridiquement établie dans la communion des Églises à l'échelle universelle.

La praxis des recours de l'épiscopat africain à Rome révèle plutôt que lorsque celui-ci en appelle à l'autorité pontificale, il n'évoque ni n'envisage la prescription canonique établie par le concile de Nicée. Au demeurant, Nicée n'accorde au pape aucune compétence pour juger même des matières dogmatiques. En revanche, les évêques d'Afrique recourent à Rome selon les circonstances, dans une perspective de totale indépendance et d'autonomie judiciaire, selon les critères et les conditions définis par leur concile. Cette procédure indique bien le sens spécifique de l'autonomie de l'Église d'Afrique, qui s'exprime de différentes manières à travers une législation toute ouverte à la communion de l'évêque de Rome et à la communion de la *Catholica*.

Compte tenu des données relatives aux zones de la *potestas* papale, on est autorisé à poser comme conclusion que, tout en appartenant à la *pars occidentalis* de l'empire, l'Église d'Afrique constitue une entité *sui generis*, qui se situe à cheval sur les Églises des zones qui reconnaissent l'autorité juridictionnelle ordinaire du pape d'une part, et les Églises qui

---

[53] Cf. W. MARSCHALL, *Karthago*, 108.
[54] G. ALBERIGO, «Introduction», in *Les conciles œcuméniques*, I, 43, 1.
[55] J. MEYENDORFF, La primauté romaine», 466.

affichent une attitude d'indépendance totale vis-à-vis de l'instance pontificale d'autre part, à l'image des Églises orientales. Aussi, la situation juridique de l'Église d'Afrique nous permet d'affirmer que les revendications africaines d'autonomie, qui sont fondées sur une tradition juridico-ecclésiologique vivante[56] se justifient plutôt par le souci qui anime l'épiscopat africain de se conformer aux dispositions traditionnelles, c'est-à-dire celles qui sont rappelées par le concile de Nicée.

La conception qu'ont les Africains du rattachement de leur Église à celle de Rome dégagée des considérations d'ordre canonique et géographique, révèle la dimension universaliste de l'ecclésiologie africaine à partir d'un centre mystique ou ontologique: Rome. Car, l'autorité de l'Église est fondée sur les évêques en la *cathedra Petri*. Dans ce sens, l'obligation des Églises de se rattacher au Siège de Pierre dans le but de justifier l'orthodoxie de leurs doctrines n'implique ni plus ni moins la dépendance du lieu de provenance de l'évangélisation de ces Églises ou, comme dans le cas de l'Église d'Afrique, de son appartenance à la partie occidentale de l'empire où Rome est l'unique Siège apostolique. Autrement, les Églises de fondation apostolique, à l'instar de celles qui sont éparpillées en Orient, pourraient, au nom de l'égalité de l'autorité apostolique qui caractérise la doctrine qu'elles prêchent, légitimer leur résistance face à l'évêque de Rome. Aussi, ces Églises pourraient au nom même de la loi confiner l'autorité de l'évêque de Rome à la seule partie occidentale de l'empire où Rome peut à bon droit se prévaloir d'avoir propagé la doctrine apostolique. C'est du reste dans cette optique que le critère géographique a dans une large mesure contribué à la bipolarisation de l'autorité ecclésiastique dans le système des patriarcats[57].

2. La méthode d'«autonomie dans la communion»

La méthode employée par l'épiscopat africain dans ses recours à Rome renferme une subtilité, qui consiste à défendre le point de vue africain par des accommodements de la loi. Ces arrangements, somme toute, font des Africains les derniers juges des causes de leur Église. Dans cette procédure, l'objet d'appel *ad transmarina* ou *ad Sedem apostolicam* a une réponse, préalablement arrêtée par l'autorité du concile d'Afrique. La technique africaine des recours suscite ainsi une

---

[56] Cf. J. GAUDEMET, *L'Église dans l'empire*, 422.
[57] Cf. J. GAUDEMET, *Église et cité*, 121-124; de même G. FRITZ, «Patriarcats», 2255; aussi J. GUYON, «L'Église de Rome», 786.

réflexion autour de la nature juridique de l'instance pontificale. Pour répondre à ce questionnement, nous allons procéder par l'examen de certaines expressions stéréotypées, dont l'épiscopat africain fait usage à bon escient dans ses recours à Rome. Ensuite, nous analyserons certaines causes exemplaires judicieusement choisies, qui réquièrent le jugement conjoint de l'épiscopat africain et celui de l'instance pontificale.

2.1 *Les expressions africaines de recours à Rome*

2.1.1 *«Ad romanam ecclesiam»*

Les modalités d'exercice de la *potestas* papale, telles qu'elles ressortent de l'ecclésiologie du régime dit ici de la *Sedes apostolica* ne sont pas reconnues par la législation africaine[58]. Ce sont plutôt les considérations d'ordre collégial qui régissent les relations de l'Église d'Afrique avec Rome. C'est pourquoi, pour désigner l'évêque de Rome comme un collègue, l'épiscopat africain emploie généralement l'expression *frater* ou *consacerdos*[59]. De manière plus spécifique, les Africains utilisent l'expression *ad romanam ecclesiam*[60]. La formulation la plus tranchante de ce dernier attribut se trouve dans un canon du XXe concile de Carthage qu'on doit rattacher, étant donné son caractère prescriptif, à la synodale *Optaremus*, que le concile d'Afrique a adressée au pape

---

[58] Cf. J. GAUDEMET, *L'Église dans l'empire*, 224 s.

[59] Cf. *RECE*, can. 47: «De Donatistis placuit ut consulamus *fratres et consacerdotes nostros* Siricium et Simplicianum de solis infantibus qui baptizantur penes eosdem, ne quod suo non fecerunt iudicio [...]». (CChr.SL 149, 186, lignes 139-141); après can. 56: «quas cum adprobaverit vestra sinceritas, sit consequens aligendum esse unum de nostro numero consacerdotem qui, auxiliante Domino orationibus vestris, et has ipsas suscipere possit et naviter perangendas implere, perrecturus ad transmarinas Italiae partes, ut tam sanctis *fratribus et consacerdotibus nostris*, venerabili sancto fratri Anastasio sedis apostolicae episcopo, quam etiam sancto fratri Venerio sacerdoti Mediolanensis ecclesiae, necessitatem ipsam ac dolorem atque inopiam nostram valeat intimare». (*Ibid.*, 194, lignes 411-419).

[60] Cf. *Conc. Carthag.* A. 419: «de appellationibus episcoporum *ad Romanae ecclesiae sacerdotem* [...]». (CChr.SL 149, 158, ligne 45 s.); «haec quae in commonitorium supradicto nobis allegata sunt de appellationibus episcoporum *ad Romanae ecclesiae sacerdotem*» (*Ibid.*, 160, ligne 116 s.); «Nam primum quantum obstiterit omni congregationi diversas iniurias ingerendo, quasi *ecclesiae Romanae* adserens privilegia, et volens eum a nobis in communione suscipi, quem tua sanctitas credens appellasse (quod probare non potuit) communioni reddidderit (quod minime tamen licuit) [...]» (*Ibid.*, 169, ligne 19 s.).

Célestin Ier, en 424/425: «Ut nullus ad Romanam ecclesiam audeat appellare»[61].

2.1.2 «*Ad transmarina*»

L'expression *ad romanam ecclesiam* est parfois interchangeable avec *ad transmarina*. A ce sujet, C. Munier observe qu'au XVIe siècle le premier éditeur du canon du XXe concile de Carthage ayant jugé offensante pour le pontife romain la formule du décret africain qui interdit les appels à Rome (*ad romanam ecclesiam*), l'a remplacée avec l'expression très générique *ad transmarina*. En effet, il semble que cette expression est susceptible d'ambiguïté. Car, elle peut signifier aussi bien l'appel à l'évêque de Rome que le recours à la cour impériale[62]. C'est ainsi que lorsque les évêques d'Afrique veulent exprimer leur refus d'accueillir l'intervention de l'évêque de Rome, ils emploient le terme *ad transmarina*, qui identifie l'instance pontificale, de manière à écarter toute équivoque pouvant la confondre avec l'autorité impériale. Le pape est désigné dans ce contexte comme l'évêque de l'Église locale de Rome, dans une perspective qui le met en opposition avec l'autorité souveraine du concile d'Afrique[63].

Cette observation aide à comprendre pourquoi, dans le procès du prêtre Apiarius, alors que le pape Zosime s'appuie sur le canon de Sardique pour revendiquer les prérogatives du Siège apostolique en Afrique[64], le concile de Carthage de 419 ayant examiné le canon incriminé[65], juge l'instance romaine comme n'ayant pas une portée

---

[61] Cf. *Conc. Carthag.*, A. 525 (CChr.SL 149, 266, ligne 476). A travers un minutieux travail de reconstruction, C. MUNIER, «Un canon inédit», 124, retrace l'historique de l'unique canon conservé du XXe Concile de Carthage; de même W. MARSCHALL, *Karthago*, 220.

[62] Cf. C. MUNIER, «Un canon inédit», 126.

[63] Cf. *Canones in causa Apiarii*, can. 28: «non provocent nisi ad africana concilia vel ad primatus suarum provinciarum, *ad transmarina iudicia*, sed ad primates suarum provinciarum, sicut et de episcopis saepe constitutum est. *Ad transmarinam* autem qui putaverit appellandum a nullo intra Africam putaverit appellandum a nullo intra Africam in communionem suscipiatur». (CChr.SL 149, 109, lignes 285-291).

[64] Cf. *supra*, 21-22.

[65] Cf. *Conc. Carthag.* A. 419: «Si episcopus accusatus fuerit et iudicaverint episcopi congregati regionis ipsius et de gradu suo deiecerint eum et appellasse videatur et confugerit ad beatissimum ecclesiae Romanae episcopum et voluerit audiri, et iustum putaverit renovetur examen, scribere his episcopis dignetur, qui in finitima et propinqua provincia sunt, ut ipsi diligenter omnia requirant et iuxta fidem veritatis definiant. Quod si is qui rogat causam suam iterum audiri deprecatione sua moverit episcopum Romanum ut a latere suo presbyterum mittat, erit in potestate episcopi quid

universelle: les évêques d'Afrique évoquent le ressort romain à titre de tribunal de l'Église locale de Rome[66]. Sous cet angle factuel, l'épiscopat africain n'entend point interjeter appel auprès de l'instance pontificale. Car, l'évêque de Rome est considéré comme un collègue, qui ne peut exercer son pouvoir ni sur chacun des évêques pris individuellement ni sur l'ensemble de leur concile[67].

2.2 Rome: instance de confirmation ou juridiction de consultation?

La méthode africaine des recours à Rome s'enracine, avons-nous dit, dans la tradition juridico-ecclésiologique établie par Cyprien. Pour fonder cette assertion, nous examinons certains procès que l'épiscopat africain a transmis à l'appréciation de l'évêque de Rome tant à l'époque de Cyprien qu'au temps d'Augustin.

2.2.1 La destitution des évêques espagnols et gaulois

a) *L'observance commune des lois de la Tradition*

Pour récuser la réhabilitation par le pape Étienne Ier des évêques espagnols Basilides et Martial, Cyprien invoque la discipline arrêtée en concile à l'intention des clercs accusés d'apostasie. S'appuyant sur l'accord exprimé par le pape Corneille et ses collègues de la *Catholica*, Cyprien peut-il écrire aux fidèles d'Espagne:

> et cela d'autant plus que depuis longtemps déjà, d'accord avec nous tous les évêques du monde entier, Corneille notre collègue, évêque pacifique et juste, que Dieu a même daigné honorer du martyre, a décidé que de tels hommes pourraient sans doute être admis à faire pénitence, mais devaient être écartés de la cléricature et de la dignité épiscopale[68].

---

velit et quid aestimet: et si decreverit mittendos esse praesentes cum episcopis iudicent, habentes auctoritatem eius a quo destinati sunt, erit in suo arbitrio; si vero crediderit sufficere episcopos ut negotio terminum imponant, faciet quod sapientissimo suo consilio iudicaverit». (CChr.SL 149, 158, lignes 62-76).

[66] Cf. *Conc. Carthag.* A. 419: «quasi ecclesiae Romanae adserens privilegia». (CChr.SL 149, 169, ligne 21 s.). A ce sujet, cf. J. GAUDEMET, *L'Église dans l'empire*, 40.

[67] C. VOGEL, «Universalité de l'Église», 629, fait remarquer qu'en sa qualité de titulaire de la juridiction romaine, le pape ne correspond pas directement avec les évêques établis hors de la Suburbicaire, mais il le fait par l'intermédiaire des métropolitains compétents.

[68] CYPRIEN, *Ep.*, 67, 6: «maxime cum iam pridem nobiscum et cum omnibus omnino episcopis in toto mundo constitutis etiam Cornelius collega noster, sacerdos pacificus ac iustus et martyrio quoque dignatione Domini honoratus, decreverit eius-

Dans la justification qu'il donne de la décision d'excommunier les évêques espagnols, Cyprien brosse le portrait du pape Corneille avec des détails destinés à rallier ses interlocuteurs à son point de vue. En effet, Cyprien fait remarquer dans un langage élogieux que le pape Corneille est un évêque juste et pacifique, honoré par Dieu de la grâce du martyre, et surtout qu'il est un homme de consensus. Les vertus du pape Corneille que le primat d'Afrique met en relief sont des valeurs que l'Église d'Afrique cherche à promouvoir et à enraciner en son sein après le scandale du schisme qu'a causé l'affaire des *lapsi*. Il s'agit principalement de la paix, l'unité et le consensus ecclésial à construire sous l'autorité de l'évêque[69].

Par ailleurs, un détail significatif se dégage du message de consolation que Cyprien adresse aux chrétiens d'Espagne: tout au long de sa plaidoirie, le primat d'Afrique se garde de parler en législateur. Il use plutôt d'un langage exhortatif qui révèle un observateur attentif de la Tradition de l'Église.

b) *Valeur de l'interpellation de Cyprien*

Pour démontrer la supercherie dont l'évêque espagnol Basilides s'est servi pour saisir le pape Étienne Ier, le primat d'Afrique dit: «On doit moins, en effet, blâmer celui qui s'est laissé surprendre par négligence que celui qui a surpris par perfidie»[70].

En analysant attentivement l'interpellation de Cyprien, on y décèle quelques traits distinctifs de la technique que l'épiscopat africain emploie dans la défense des décisions de son concile. L'un de ces traits concerne l'omission délibérée du nom du pape Étienne Ier dans l'interpellation que Cyprien adresse au pontife romain. En effet, sans nommer explicitement le pape, Cyprien dénonce la légèreté dont le pontife romain a fait montre en réhabilitant l'évêque Basilides.

En outre, à partir de la défense que Cyprien prend du pape Étienne Ier, il y a lieu de relever le mécanisme d'autodéfense dont l'évêque de Carthage se sert pour défendre le point de vue des Africains à la fois

---

modi homines ad paenitentiam quidem agendam posse admitti, ab ordinatione autem cleri adque sacerdotali honore prohiberi». (CSEL 3/2, 741).

[69] Cf. CYPRIEN, *De unitate*, V: «Pacificos esse oportet Dei filios, corde mites, sermone simplices, adfectione concordes, fideliter sibi uninanimitatis nexibus cohaerentes». (CChr.SL 3, 267). A ce sujet, cf. J.-P. BRISSON, *Autonomisme*, 52.

[70] CYPRIEN, *Ep.*, 67, 5: «Neque enim tam culpandus est ille cui neglegenter obreptum est quam hic exsecrandus qui fraudulenter obrepsit». (CSEL, 3/2, 740). A ce sujet, cf. D'ALÈS, *La théologie*, 174.

auprès du pontife romain et auprès de l'Église d'Espagne. D'abord, Cyprien use de précautions dans le développement de son argumentation, pour prévenir toute tentative de rejet de la cause qu'il veut défendre. C'est en cette subtilité de procédure que consiste la différence essentielle des recours que les Églises espagnoles interjettent à Rome d'une part, et l'interpellation que Cyprien fait au pape Étienne Ier, d'autre part. En effet, lorsque l'évêque espagnol Basilides recourt à l'instance romaine pour y plaider sa cause, il entend entreprendre contre les fidèles d'Espagne qui l'ont excommunié une action judiciaire qui comporte une valeur normative. Du reste, Cyprien n'ignore pas les conséquences d'un éventuel succès de la plainte de Basilides auprès de l'évêque de Rome. Il fait remarquer que la réhabilitation de Basilides, c'est-à-dire l'admission de l'accusé dans la communion de l'évêque de Rome (*Stephanus collega noster*), pourrait entraîner l'invalidation de l'ordination de Sabinus, le candidat élu de manière régulière (*iure*) pour remplacer l'évêque mis en cause[71].

D'un autre côté, étant donné que l'Église espagnole est traditionnellement encline à recevoir des injonctions de la juridiction romaine, Cyprien, membre d'une autre entité ecclésiastique, doit se garder de répondre de manière péremptoire à la requête qui a été présentée aux évêques d'Afrique. A ce titre, Cyprien prend soin de souligner la sollicitude des évêques d'Afrique à l'égard des chrétiens espagnols en désarroi: le réconfort (*solacium*) et le secours (*auxilium*)[72].

L'épiscopat d'Afrique dont Cyprien assume la présidence est bien conscient de ce réquisit d'exercice de la *potestas* épiscopale. Le procès de l'évêque gaulois Marcianus éclaire davantage cette assertion. Ayant été saisi par l'évêque Faustinus de Lyon au sujet des abus auxquels

---

[71] Cf. CYPRIEN, *Ep.*, 67, 5: «Nec rescindere ordinationem iure perfectam potest quod Basilides post crimina sua detecta et conscientiae etiam propriae confessione nudata Romam pergens Stephanum collegam nostrum longe positum et gestae rei ac veritatis ignarum fefellit, ut exambiret reponi se iniuste in episcopatum de quo fuerat iure depositus». (CSEL 3/2, 739). Sur les conséquences juridico-ecclésiologiques de la réhabilitation de Basilides, cf. L. HERTLING, *Communio*, 37.

[72] Cf. la réponse de l'épiscopat africain à la requête des Espagnols: *Ep.*, 67, 1: «Cum in unum convenissemus, legimus litteras vestras, fratres dilectissimi, quas ad nos per Felicem et Sabinum coepiscopos nostros pro fidei vestrae integritate et pro Dei timore fecistis, significantes Basilidem et Martialem libellis idololatriae conmaculatos et nefandorum facinorum conscientia vinctos episcopatum gerere et sacerdotium Dei administrare non oportere: et desiderastis rescribi ad haec vobis et iustam pariter ac necessariam sollicitudinem vestram vel solacio vel auxilio nostrae sententiae sublevari». (CSEL 3/2, 735).

s'était livré Marcianus, Cyprien s'interdit d'usurper le droit du pape d'exercer sa *potestas* sur l'Église gauloise. A cet effet, Cyprien recommande au pape Étienne Ier en des termes adéquats de prononcer la sentence d'une cause née dans la juridiction ecclésiastique où l'évêque de Rome exerce traditionnellement un droit de regard:

> C'est pourquoi vous devez écrire très explicitement à nos collègues dans l'épiscopat qui sont en Gaule, afin qu'ils ne permettent pas plus longtemps à Marcianus, qui est opiniâtre et orgueilleux, ennemi de la piété et du salut de nos frères, d'insulter à notre collège. N'oserait-il pas dire en effet qu'il ne semble pas encore avoir été excommunié par nous, lui qui depuis longtemps annonce et publie qu'il se sépare de notre communion pour s'attacher à Novatien et suivre cet opiniâtre personnage?[73]

L'intervention de Cyprien dans l'affaire de Marcianus peut contribuer à clarifier pourquoi dans la réponse qu'il adresse aux chrétiens d'Espagne, le primat d'Afrique communique la décision africaine relative aux évêques désavoués non pas comme une sentence irrécusable, mais comme un rapport de consultation, dont l'autorité est entièrement fondée sur les prescriptions de la Tradition que toutes les Églises doivent observer.

S'agissant de l'excommunication de Marcianus d'Arles. Celle-ci comporte certaines implications auxquelles Cyprien n'est pas indifférent. En premier lieu, on doit constater que le double appel des évêques gaulois à Rome et à Carthage traduit sans doute l'état de communion ecclésiale menacée[74]. Le primat d'Afrique se veut à ce point de vue décidément interpellateur. Il s'adresse au pape Étienne Ier dans un langage qui vise à susciter la sollicitude non seulement de l'évêque de Rome, mais de tout l'épiscopat de la *Catholica* face à la plainte des chrétiens de Gaule:

> C'est à cette situation, frère très cher, qu'il nous appartient de porter remède, [précise Cyprien], nous qui avons devant les yeux la clémence

---

[73] CYPRIEN, *Ep.*, 68, 2: «Quapropter facere te oportet plenissimas litteras ad episcopos nostros in Gallia constitutos, ne ultra Marcianum pervicacem et superbum et divinae pietatis ac fraternae salutis inimicum collegio nostro insultare patiantur, quod necdum a nobis videatur abstentus, qui iam pridem iactat et praedicat quod Novatiano studens et eius pervicaciam sequens a communicatione se nostra segregaverit [...]». (CSEL 3/2, 774). Par une formule aussi concise que précise, A. D'ALÈS, *La théologie*, 177, fait remarquer la nature de différentes instances auxquelles les Espagnols ont recours: «C'est-à-dire que d'Espagne, [dit-il], on recourait à Cyprien comme à une haute autorité morale ou à une haute influence; à Étienne on avait recouru comme à un supérieur hiérarchique».

[74] Cf. P. BATIFFOL, *Cathedra Petri*, 48 s.

divine, et tenant une juste balance dans le gouvernement de l'Église, déployons une grande vigueur à l'égard des pécheurs, sans cependant refuser à ceux qui sont tombés le remède de la bonté et de la miséricorde divine pour les guérir de leurs blessures[75].

En outre, les indications relatives au ton suppliant de la lettre de Cyprien permettent de déterminer la nature spécifique de l'instance auprès de laquelle Cyprien a recours. Dans cette supplique, il est écrit:

> C'est pourquoi vous devez écrire très explicitement à nos collègues dans l'épiscopat qui sont en Gaule [...]. Envoyez aussi en Provence, aux fidèles d'Arles, une lettre en vertu de laquelle, Marcianus étant excommunié, un autre soit mis à sa place, afin que le troupeau du Christ qu'il a dispersé, et qui reste blessé et diminué, puisse se rassembler [...]. Faites-nous connaître qui aura été mis à Arles à la place de Marcianus, pour que nous sachions à qui nous devons adresser non frères et écrire nous-même[76].

En considérant les formules à travers lesquelles le primat d'Afrique suggère au pontife romain de destituer Marcianus, il est hors de doute que son interpellation constitue un véritable appel. Cependant, cette vision des choses est nuancée par l'examen d'autres données. En effet, eu égard à l'autorité sur laquelle Cyprien fonde sa réponse, à savoir les dispositions antérieurement établies dans la collégialité, on doit s'interdire d'une part, d'attribuer au siège de Rome — au moins dans ce cas précis —, le statut d'instance de confirmation des décisions conciliaires, dont le jugement est susceptible de s'imposer à toutes les Églises[77]; d'autre part, étant donné la valeur des décisions collégiales, il suit que la

---

[75] CYPRIEN, *Ep.*, 68, 1: «Cui rei nostrum est consulere et subvenire, frater carissime, qui divinam clementiam cogitantes et gubernandae ecclesiae libram tenentes sic censuram vigoris peccatoribus exhibemus, ut tamen lapsis erigendis et curandis vulneratis bonitatis et misericordiae divinae medicinam non denegemus». (CSEL 3/2, 744).

[76] CYPRIEN, *Ep.*, 68, 2; 3; 5: «Quapropter facere te oportet plenissimas litteras ad episcopos nostros in Gallia constitutos [...]. Dirigantur in provinciam et ad plebem Arelate consistentem a te litterae quibus abstento Marciano alius in loco eius substituatur et grex Christi qui in hodiernum ab illo dissipatus et vulneratus contemnitur colligatur [...]. Significa plane nobis quis in locum Marciani Arelate fuerit substitutus, ut sciamus ad quem fratres nostros dirigere et cui scribere debeamus». (CSEL 3/2, 744. 745. 748-749).

[77] W. MARSCHALL, *Karthago*, 100, n. 92, expose les différentes opinions d'auteurs relatives à la démarche de Cyprien auprès de l'instance papale concernant la destitution des évêques mis en cause. Ces avis vont de la reconnaissance d'une primauté de juridiction, en passant par l'affirmation de la conception épiscopaliste de Cyprien jusqu'à la reconnaissance lointaine du statut patriarcal de l'évêque de Rome en Occident.

demande instante que Cyprien adresse au pape Étienne Ier de remplacer Marcianus obéit plutôt au principe de droit de juridiction. A ce propos, on peut en appeler à deux considérations formulées par G. Bardy, qui ont trait à la compétence de l'évêque de Rome de se prononcer sur les affaires de l'Église de Gaule. D'abord, s'agissant de la compétence du pape de nommer les évêques en Gaule, l'auteur dit: «D'où il faut conclure que l'évêque de Rome avait le droit de nommer des évêques, et l'exerçait du moins en certaines provinces, en Italie d'abord, et sans doute aussi en Gaule»[78].

Ensuite, concernant l'exercice de la *potestas* papale sur un membre de l'Église dépendant de la zone d'influence papale, l'auteur affirme:

> «Ainsi c'est au pape et à lui seul que Cyprien remet la solution du différend. C'est Étienne qui excommuniera Marcianus; c'est Étienne qui le remplacera ou qui le fera remplacer; c'est Étienne enfin qui fera connaître à l'Afrique le nom de l'évêque choisi[79].

Les éléments qui se rapportent à la destitution des évêques espagnols et gaulois permettent finalement de tirer une juste conclusion de la nature de l'instance romaine à laquelle les Africains ont recours.

On doit noter avant tout que la valeur des suggestions présentées par Cyprien au pape Étienne Ier repose sur les dispositions prises dans l'unanimité épiscopale au temps du pape Corneille. A ce titre, l'avis de l'épiscopat africain comporte en soi une valeur de décision légitime à cause de l'autorité de la Tradition sur laquelle il est fondé. Bien plus, cet avis est justifié par les recommandations des Saintes Écritures[80]. De cette manière, l'avis de l'épiscopat africain que Cyprien transmet à l'évêque de Rome n'entend point être soumis à une quelconque censure. En effet, le fait de communiquer à Rome le résultat des délibérations conciliaires d'Afrique n'engage pas à recevoir de cette instance des directives provenant d'une autorité hiérarchique. A. d'Alès a bien attiré l'attention sur la nuance qu'il faut établir dans l'interprétation de la démarche du primat d'Afrique: «Évidemment, [dit l'auteur], le concile tient sa décision pour acquise; la notification est affaire de déférence

---

[78] G. BARDY, «L'autorité du Siège romain», 389, n. 62; de même P. BATIFFOL, *Cathedra Petri*, 49.

[79] G. BARDY, «L'autorité du Siège romain», 388; de même, P. BATIFFOL, *Cathedra Petri*, 49.

[80] A. D'ALÈS, *La théologie*, 173-174, présente un éventail de références scripturaires sur lesquelles Cyprien s'appuie pour légitimer la décision africaine de destituer les évêques espagnols.

fraternelle et de courtoisie; on emploierait d'autres formules pour solliciter une ratification»[81].

Il semble ainsi en dernière analyse que les délibérations africaines, fortes de l'autorité de censure sur laquelle elles reposent, sont communiquées au pape, afin qu'il les applique pour l'utilité de l'Église.

c) *La sollicitude ecclésiale*

Voici un autre trait qui caractérise la méthode africaine des recours dite ici «méthode d'autonomie dans la communion». Cet indice se rapporte au principe de sollicitude ecclésiale, d'après lequel tous les évêques ont l'obligation de veiller à la sauvegarde de la doctrine orthodoxe de la Tradition. L'évocation que le primat d'Afrique fait de la mémoire des pontifes romains Corneille et Lucius à leur successeur, le pape Étienne Ier, semble bien s'inspirer de cette doctrine, sous deux aspects. En premier lieu, il apparaît qu'à travers cette évocation, Cyprien veut rappeler au pape Étienne Ier la nécessité d'observer les prescriptions de la Tradition, qui régissent l'Église universelle. C'est en fait le message qui découle de la correspondance de Cyprien:

> Il faut en effet garder inviolable, [écrit Cyprien au pape Étienne Ier], le respect dû à nos prédécesseurs, les bienheureux martyrs Corneille et Lucius [...]. Ces deux personnages, pleins de l'esprit du Seigneur, et qui ont subi le martyre, ont été d'avis qu'il fallait donner la paix aux lapsi [...]. Telle a toujours été notre manière de voir à tous, en tous lieux[82].

Ensuite, ayant été mis au courant d'abus commis par les évêques espagnols et gaulois, Cyprien s'engage à travers une action collégiale aussi bien en faveur du pape Étienne Ier, nouveau venu dans l'épiscopat[83], que des Églises qui ont sollicité son intervention.

---

[81] A. D'ALÈS, *La théologie*, 218.

[82] CYPRIEN, *Ep.*, 68, 5: «Servandus est enim antecessorum nostrorum beatorum martyrum Cornelii et Lucii honor gloriosus [...]. Illi enim pleni spiritu Domini et in glorioso martyrio constituti dandam esse lapsis pacem censuerunt [...]. Quam rem omnes omnino ubique censuimus». (CSEL 3/2, 745). Sur le caractère collégial de la décision conciliaire à appliquer dans le cas de Marcianus, M.M. SAGE, *Cyprian*, 302, juge que c'est l'argument de l'unité d'esprit (*unanimitas*) tant recommandé par Cyprien qui sous-tend cette initiative: «His appeal [de Cyprien] to unity of spirit was sufficent incentive, so he thought, for Stephen to act».

[83] Une mise au point doit être faite au sujet de la période du procès des évêques à destituer. A. D'ALÈS, *La théologie*, 176, est de l'avis que cette affaire est survenue après la querelle baptismale, ou mieux encore «après d'autres litiges», qu'il ne précise pas toutefois. Ce qui revient à dire beaucoup de temps après l'accession d'Étienne Ier

Trois points de vue d'auteurs permettent de repérer cet aspect de «sollicitude ecclésiale», qui est présent dans les exhortations de Cyprien, en rapport avec la plainte des Églises espagnoles et gauloises.

Pour A. d'Alès, le recours des Églises espagnoles à Cyprien constitue une démarche irrégulière. L'auteur dit à ce sujet:

> Néanmoins nous sommes fort surpris de voir les Églises d'Espagne se tourner vers Carthage au lieu de se tourner vers Rome, ou plutôt y solliciter un avis contraire, après que Rome a déjà prononcé. Cette démarche prouve incontestablement l'ascendant exercé par le primat d'Afrique sur une partie de la péninsule espagnole, tout au moins sur les Églises du sud et du nord-ouest, en communication plus difficile avec Rome[84].

La seconde opinion est de M.M. Sage. Celui-ci justifie l'appel des Espagnols à Cyprien par l'autorité de son prestige, qui a fait du siège de Carthage une sorte de pendant ecclésiastique de Rome[85].

En troisième lieu, on trouve le point de vue de G. Mongelli. L'auteur pense que les chrétiens d'Espagne ont recouru à l'évêque de Carthage à cause de l'expérience que ce dernier s'était acquise dans la cohabitation avec les schismatiques[86].

De ces trois avis, celui de G. Mongelli semble être celui qui exprime le mieux le sens de la démarche de Cyprien. Car, de l'interprétation de cet auteur, se dégagent certains aspects des principes fondamentaux de la pensée juridico-ecclésiologique de la tradition africaine. Il s'agit notamment des principes de communion des fidèles avec l'évêque et de gouvernement collégial de l'Église. En dernier lieu, c'est l'unité de l'Église qui est en jeu, car elle constitue la préoccupation permanente du ministère épiscopal dans la pensée de Cyprien.

---

sur la *cathedra* de Rome. Voici une fugitive considération pour clarifier le point de vue de l'auteur. L'opinion de A. d'Alès se justifie parfaitement si l'on considère la valeur de l'adverbe *neglegenter* que Cyprien emploie dans sa mise en garde, comme expression choisie à dessein, vraisemblablement dans le but de marquer l'impertinence de la décision pontificale (*supra*, 152, n. 70). Cependant, le jugement change si l'on s'appuie sur l'évocation des prédécesseurs du pape Étienne Ier. Il apparaît en effet que Cyprien veut excuser l'ignorance de son collègue romain, qui l'a conduit à prendre par inadvertance l'initiative qui lui est reprochée. Cette interprétation se justifie aussi par le fait que l'exhortation de Cyprien, dont le ton est remarquablement amical, ne laisse transparaître aucun relent du désaccord engendré précédemment par la controverse baptismale. Dans ce sens, l'affaire des évêques espagnols et gaulois est plutôt à situer tout au début du pontificat d'Étienne Ier, pendant la période, dirions-nous, des «relations amicales».

[84] A. D'ALÈS, *La théologie*, 176.
[85] M.M. SAGE, *Cyprian*, 300.
[86] G. MONGELLI, «La Chiesa di Cartagine», 158.

Tels que ces éléments ressortent de l'affaire des évêques à destituer, il apparaît que l'évêque de Carthage est en réalité mieux informé sur les dispositions établies à l'intention des clercs apostats que le pape Étienne Ier qui vient d'accéder au siège de Rome. A ce titre, Cyprien mérite bien d'être considéré comme une instance crédible de référence en matière d'orthodoxie doctrinale. Ce jugement conduit à formuler l'hypothèse selon laquelle la réaction de désaveu de la décision papale par les chrétiens d'Espagne démontre que la connaissance canonique du pape Étienne Ier était notablement défectueuse. L'ignorance du pape des règles de la Tradition auraient ainsi déclenché la vive réaction de Cyprien dont le cri d'indignation (*quam vanum est*) lancé dans son réquisitoire met en droit de supposer l'inexpérience totale du pape Etienne Ier en ce domaine:

> Quelle incohérence, frère très cher, [s'exclame Cyprien dans son adresse au pape Étienne Ier], que de permettre, alors que Novatianus s'est vu naguère repoussé, confondu, et excommunié par les évêques du monde entier, que ses flatteurs puissent encore venir se jouer de nous, et se faire juges de ce qui convient à la majesté et à la sainteté de l'Église[87].

Aussi, en vertu du principe de liberté de décision de chaque évêque dans son Église, on doit présumer que le pape Étienne Ier, après avoir reçu l'appel des Églises espagnoles et gauloises sur lesquelles l'évêque de Rome exerce traditionnellement un droit de regard, était libre de rendre le jugement qu'il croyait le meilleur pour répondre aux requêtes qu'on lui avait présentées. Cependant, étant donné l'importance de la matière à traiter, c'est-à-dire la destitution d'évêques, qui est à qualifier de *causa maior*, car cette affaire concerne l'honneur et la dignité de l'épiscopat, une telle décision doit, semble-t-il, engager la responsabilité de tous les évêques. C'est ainsi que Cyprien rappelle l'adhésion personnelle du pape Corneille à la décision des autres évêques (*etiam Cornelius collega noster*)[88]. De même, le témoignage des papes Corneille et Lucius auquel le primat d'Afrique fait appel dans l'affaire de l'évêque gaulois Marcianus, apparaît comme un argument *ad hominem* utilisé contre le pape Étienne Ier, le successeur des prélats susmentionnés. C'est dans cette optique qu'on peut expliquer la pression que Cyprien exerce sur le pontife romain pour lui demander de

---

[87] CYPRIEN, *Ep.*, 68, 2: «Quam vanum est, frater carissime, ut Novatiano nuper retuso et refutato et per totum orbem a sacerdotibus Dei abstento nunc adulatores adhuc nobis patiamur inludere et de maiestate ac dignitate ecclesiae indicare». (CSEL 3/2, 775).
[88] Cf. *supra*, 153, n. 68.

proclamer la destitution des évêques défaillants. Ce faisant, Cyprien exhorte le pape à appliquer les prescriptions de la Tradition, dont l'autorité régit l'Église universelle. Outre l'appel à la vigilance, l'exhortation de Cyprien suppose le principe d'égalité des pouvoirs des évêques qui est à la base de la sollicitation du primat d'Afrique.

La référence que Cyprien fait à la décision prise antérieurement au sujet des clercs apostats par la double instance de l'autorité épiscopale, à savoir le pape Corneille d'une part, et les évêques du monde entier de l'autre, est d'une haute valeur ecclésiologique. Car, en rappelant au pape Étienne Ier la ligne de conduite suivie par ses prédécesseurs, Cyprien met doublement le pontife romain en demeure de décider en fonction de l'utilité de l'Église. En premier lieu, l'adhésion du pape Étienne Ier au point de vue de son prédécesseur Corneille exprimerait la fidélité dans l'observance de la doctrine orthodoxe de la Tradition. Ensuite, l'adhésion exigée au pape Étienne Ier par le primat d'Afrique veut être la manifestation de sa communion avec le corps épiscopal contemporain. Car, le ralliement de l'évêque de Rome à l'opinion de ses collègues vise à témoigner de l'esprit de collégialité, qui traduit la sollicitude que tous les évêques sont appelés à manifester à l'égard de l'Église universelle, à travers l'observance des prescriptions de la Tradition.

2.2.2 La réintégration des clercs donatistes[89]

Jusqu'à l'avènement du primat Aurelius (391) et d'Augustin (395) à la direction de l'Église d'Afrique, la solution apportée au problème de la crise donatiste a été soit l'oeuvre des empereurs[90], soit celle des pontifes romains[91]. Alors que les dispositions concernant les donatistes s'alternent en mesures de tolérance et de durcissement, l'unité de l'Église d'Afrique ne cesse de se désagréger, par manque de cohésion d'activités épiscopales, dû essentiellement à l'absence d'un chef dynamique[92].

---

[89] Cf. *supra*, 20-21.
[90] Cf. *Gesta Conlationis Carthaginensis*, III, 216-220 (CChr.SL 149 A, 232-234); AUGUSTIN, *Breviculus conlationis*, III, 7, 8; 12, 24 (CChr.SL 149 A, 276 s.; 289 s.); aussi *Conc. Carthag. sub Grato*. A. 345-348 (CChr.SL 149, 3, ligne 9 s.). A ce sujet, cf. P. MONCEAUX, *Histoire littéraire*, IV, 193-210; également C. PIETRI, «L'échec», 233-248.
[91] Cf. *supra*, 110-115.
[92] Cf. *infra*, 180, n. 29.

a) *L'initiative audacieuse d'Aurelius*

Dès l'avènement du *tandem* Aurelius-Augustin, l'activité conciliaire d'Afrique retrouve un nouvel élan[93]. Le projet de réintégration des candidats donatistes parmi le clergé catholique vainement proposé autrefois au Siège apostolique est finalement mis en exécution contre l'avis de Rome, selon les critères établis par le concile d'Afrique lui-même[94].

Au regard de l'initiative entreprise par l'épiscopat africain, il est hors de doute que le privilège de l'évêque de Rome d'être le gardien de la Tradition, tel qu'il est conçu dans l'ecclésiologie du régime dit ici de la *Sedes apostolica*, est en quelque sorte remis en question. Car, au moment où le concile d'Afrique, qui se réunit à Carthage, le 13 septembre 401, décide de passer en action, l'évêque de Rome jouit du statut de légiste: il fait fonction de jurisconsulte, étant donné que les réponses qui émanent du Siège apostolique sous forme de décrets à la suite des sollicitations qui lui sont adressées, comportent une valeur normative. Ainsi, l'initiative de l'épiscopat africain donne lieu à un comportement ambigu. Il en ressort d'une part que la prise en compte par Aurelius et ses collègues de l'admonestation du pape Anastase Ier au sujet de la malice et des intrigues des schismatiques[95] infère de la reconnaissance du privilège particulier de censure que le nouveau régime pontifical attribue à l'évêque de Rome. D'autre part, la décision du concile de réintégrer les candidats donatistes contre l'avis de Rome reflète sans doute le manque d'emprise de l'ecclésiologie romaine sur le concile d'Afrique.

L'attitude ambivalente démontrée par l'épiscopat africain dans le recrutement des candidats donatistes illustre bien l'originalité de la méthode des recours des Africains à Rome. Dans le cas présent, cette méthode se manifeste à travers la haute marque de condescendance et de bienveillance témoignée par le primat d'Afrique à l'égard de l'instance pontificale: «*maxime ad sedem apostolicam*», déclare-t-il[96]. Par ailleurs, cette attitude de déférence n'interdit pas au concile d'Afrique de mettre en pratique la décision de récupérer les clercs

---

[93] Cf. C. MUNIER, «Dossiers africains», 5.
[94] Cf. *supra*, 95, n. 49.
[95] Cf. *RECE*, après can. 65 (CChr.SL 149, 199, lignes 565-577).
[96] Cf. *RECE*, can. 68: «Deinde placuit, ut litterae mittantur ad fratres et coepiscopos nostros et maxime ad sedem apostolicam, in qua praesidet memoratus venerabilis frater et collega noster Anastasius, quo noverit habere Africam magnam necessitatem propter ecclesiae pacem et utilitatem [...]». (CChr.SL 149, 200, lignes 603-607).

donatistes. La méthode africaine des recours est exprimée dans une formule antithétique qui fait nettement ressortir la responsabilité que l'épiscopat africain est prêt à assumer face à la violation de la loi de la Tradition. Aussi, la consigne donnée par le primat Aurelius à ses collègues permet de relever les caractéristiques essentielles de la tradition juridico-ecclésiologique qui sous-tendent les rapports de l'Église d'Afrique avec l'instance pontificale: l'autonomie et la communion. La résolution africaine de récupérer les clercs donatistes sous certaines conditions met l'autorité pontificale en demeure de se rallier à l'option de l'épiscopat africain: c'est l'aspect d'autonomie qui est affirmé dans cette procédure. Par contre, lorsque le primat Aurelius prend en considération la règle de la Tradition de l'Église qui est rappelée par le pape Anastase Ier au sujet de la réintégration des apostats, c'est vraisemblablement pour souligner l'aspect de communion de l'épiscopat africain avec la *Catholica*.

Le problème de la nature de l'autorité romaine se pose à ce niveau. En scrutant à fond la méthode utilisée par le concile d'Afrique pour déroger à la loi de la Tradition, on aboutit à la conclusion selon laquelle, dans l'affaire de réintégration des clercs donatistes, le recours de l'épiscopat africain à Rome se réduit en réalité à une simple démarche d'information. Car, le projet de réintégrer les candidats donatistes dans le clergé catholique tient lieu de réponse à la préoccupation africaine de pénurie des clercs (*inopia clericorum*). En d'autres termes, ce recours met le Siège apostolique devant le fait accompli. Car, le concile d'Afrique veut amener l'évêque de Rome à reconnaître le bien-fondé de l'amendement qu'il a décidé d'effectuer sur la loi de la Tradition.

b) *La consultation préalable de l'instance romaine*

Les données sur l'initiative audacieuse du concile d'Afrique de recevoir les membres de l'Église schismatique permettent d'envisager de manière nouvelle l'interprétation des appels de l'épiscopat africain à Rome. Cette approche est centrée sur la mention d'une préalable consultation du Siège apostolique, qui est annoncée par le concile d'Afrique: «Sed hanc rem placuit non confirmari, prius quam inde transmarina ecclesia consulatur»[97].

A bien considérer la proposition de récupérer les clercs donatistes, il résulte qu'en réalité, la conjonction *priusquam* ne vise qu'à exprimer

---

[97] Cf. *Breviarium Hipponensis*, can. 37 (CChr.SL 149, 44, ligne 228). A ce sujet, cf. V. MONACHINO, «Scisma donatista», 23; de même C. PIETRI, «Les difficultés», 441.

l'intention des Africains de connaître l'avis de leurs collègues d'outre-mer. Dans ce sens, la décision du pape ou celle de l'évêque de Milan ne conditionne pas l'objectif que l'épiscopat d'Afrique s'est assigné, c'est-à-dire celui qui consiste à recruter les candidats donatistes à certaines conditions, afin de faire face à la fois à la pénurie poignante des clercs et de restaurer l'unité et la paix dans son Église. La manière de comprendre et d'analyser la démarche africaine telle qu'elle est proposée ici conduit à la conclusion selon laquelle la consultation préalable que le concile d'Afrique sollicite auprès des Églises transmarines ne fait pas dépendre la décision du concile d'Afrique de l'avis de Rome[98].

Dans le cas contraire, c'est-à-dire que si par la conjonction *priusquam* l'on entendait soumettre la proposition du concile d'Afrique à la censure effective des instances transmarines, on devrait affirmer que le même concile d'Afrique se contredit, étant donné qu'il considérerait l'évêque de Rome comme l'ultime instance de décision ou de censure, comme le conçoit l'ecclésiologie romaine dite ici de la *Sedes apostolica*. C'est ainsi que le recours du concile d'Afrique à Rome ne vise pas à faire confirmer par l'instance pontificale la décision qui a été prise dans l'unanimité par ses membres. Dans cette optique, l'autorité pontificale ne peut pas être considérée comme une instance de recours proprement dite, dont l'avis ou le jugement est censé s'imposer à ses requérants africains. Par ailleurs, la dérogation opérée par le concile d'Afrique sur la prescription de la Tradition, qui stipule l'interdiction d'accueillir les schismatiques dans le clergé manifeste nettement la conception ecclésiologique cyprianique selon laquelle chaque évêque (concile) est libre de prendre des décisions dans sa juridiction, tant qu'il ne rompe la concorde de la collégialité épiscopale. De même, la consultation préalable que les Pères d'Afrique veulent entreprendre auprès de l'instance pontificale permet de vérifier la permanence de la conception cyprianique de communion totale avec l'évêque de Rome. Car, le recours interjeté auprès du pape vise essentiellement à l'appui de l'initiative africaine par l'instance qui constitue le centre de référence de la doctrine orthodoxe de la Tradition: *cathedra Petri*. D'autant qu'en recourant *ad Sedem apostolicam*, l'épiscopat africain n'envisage pas

---

[98] Telle qu'elle apparaît dans la déclaration d'Aurelius, la conjonction *priusquam* correspond parfaitement à la définition qu'en donne H. Petimengin: «*Antequam* et *priusquam* sont suivis du subjonctif quand on veut mettre en relief, [...], soit 2° le retard d'une action par rapport à l'autre, cette autre n'ayant pas eu lieu (cas irréel)». (*Grammaire latine complète*, Paris 1978, 152, n. 322).

l'évêque de Rome comme une instance de censure au même titre que le concile d'Afrique. Le terme *consulere* semble choisi à dessein par les Pères d'Afrique pour marquer la nature de leur requête.

La procédure de recours à Rome employée dans l'affaire des candidats donatistes constitue une voie de communion, qui valorise le principe de la collégialité épiscopale. A travers cette méthode, il y a lieu d'envisager les relations de l'épiscopat d'Afrique avec Rome dans une vision moins antagoniste et moins contrastante, où d'une part, l'instance romaine chercherait à imposer ses prérogatives, et d'autre part, le concile d'Afrique s'emploierait à défendre à tout prix sa législation.

2.3 *Traits de fidélité envers la doctrine cypricanique*

2.3.1 La concorde entre les évêques

Quand on observe de plus près l'attitude de l'épiscopat africain dans les cas de recours analysés plus haut, aussi bien au temps de Cyprien qu'à l'époque d'Augustin, on constate qu'en s'opposant à l'avis de l'évêque de Rome, l'épiscopat africain ignore non seulement le point de vue de l'instance qui est considérée d'après son ecclésiologie à la fois comme le centre de référence suprême en matière d'orthodoxie et l'origine du pouvoir et de l'autorité épiscopale, c'est-à-dire la *cathedra Petri*. Bien plus, dans l'affaire de récupération des clercs donatistes, le concile d'Afrique enfreint la loi que le concile de Nicée a établie à l'intention de toutes les Églises[99]. Cette loi, qui bénéficie du soutien de l'autorité impériale[100], fait l'objet d'une attentive sollicitude des mêmes Pères d'Afrique, à tel point qu'ils en proclament l'inviolabilité[101].

Comme dans le cas de Cyprien, qui a demandé au pape Étienne Ier non pas de décider du sort de l'évêque gaulois Marcianus, mais de proclamer sa destitution en vertu des dispositions établies dans le cadre de collégialité épiscopale, de même le concile d'Afrique du 13 septembre 401 informe les sièges transmarins de la transgression de la discipline ecclésiastique qu'il a décidé d'effectuer. En évoquant les

---

[99] Cf. *supra*, 138, n. 18.

[100] Cf. *supra*, 41, n. 42.

[101] Le caractère d'inviolabilité des décrets de Nicée est signalé au concile de Carthage de 419, en ces termes: «Quod statutum est in Nicaeno concilio violari a quoquam nullatenus potest». (CChr.SL 149, 93, ligne 142). La valeur que les Africains accordent au concile de Nicée est soulignée par R. CRESPIN, *Ministère*, 26, lorsqu'il évoque le concile général d'Afrique tenu à Carthage sous l'occupation vandale, en 525: «les canons de Nicée seront relus les premiers par le concile du renouveau, soucieux de reprendre contact avec la vieille tradition africaine».

raisons pastorales, c'est-à-dire la paix et l'utilité de leur Église (*propter ecclesiae pacem et utilitatem*)[102], les évêques d'Afrique invitent le pape Anastase Ier ainsi que l'évêque milanais Venerius à se joindre à eux pour mener ensemble le combat contre le schisme et l'hérésie. Dès lors, le recours entrepris par l'épiscopat africain auprès des Églises transmarines apparaît comme une démarche en vue de rechercher l'harmonie entre les Églises, et elle vise essentiellement à aplanir les divergences des vues dans l'application des prescriptions de la Tradition. Cette procédure manifeste le souci de maintenir la concorde et l'harmonie du collège épiscopal, en dépit d'éventuelles divergences d'avis. Aussi, on comprend pourquoi l'unité de l'Église devient le cheval de bataille du concile d'Afrique dans la réalisation de la dérogation[103]. Cette initiative est fondée sur deux principes. Premièrement, l'autorité souveraine du concile. La dérogation à la loi de la Tradition que le concile réalise par la voie de tolérance est jugée par les évêques d'Afrique comme une procédure qui relève de la compétence de leur concile. Ensuite, l'accueil des candidats donatistes parmi le clergé catholique réalisé dans la communion de l'instance romaine apparaît comme une démarche en quête de légitimation de la dérogation.

Pour pénétrer davantage l'esprit de l'énoncé, on va essayer de rapprocher l'affaire de recrutement des donatistes avec la sollicitation que Cyprien a entreprise à Rome pendant que le siège pontifical était vacant. Alors que l'Église universelle ne dispose pas de discipline commune établie à l'égard des *lapsi*, Cyprien demande, — en réalité il propose —, au clergé romain la ligne de conduite à suivre[104]. Après la lecture de la

---

[102] Cf. *RECE*, can. 68 (CChr.SL 149, 200, ligne 607).

[103] Pour R. CRESPIN, *Ministère*, 172, la mesure décrétée par le concile d'Afrique de récupérer les clercs donatistes relève d'une nécessité imposée par «le salut des fidèles». C'est encore dans cette optique que d'aucuns ont interprété la récupération qu'Augustin a faite du schisme maximianiste. Car, la division au sein même de l'Église schismatique a été exploitée par l'évêque d'Hippone comme un argument solide pour inviter les donatistes à réintégrer l'unité catholique. A ce sujet, cf. J.-P. BRISSON, *Autonomisme*, 228 s.; de même A. DE VEER, «L'exploitation du schisme maximianiste», 219-237.

[104] L'absence de discipline commune concernant les *lapsi* est mentionnée dans la réponse que le clergé romain adresse à Cyprien, *Ep.*, 30, 5: «Quamquam nobis in tam ingeti negotio placeat quod et tu ipse tractasti, prius ecclesiae pacem sustinendam, deinde sic conlatione consiliorum cum episcopis presbyteris diaconis confessoribus pariter ac stantibus laicis facta lapsorum tractare rationem». (CSEL 3/2, 553).

lettre de Cyprien[105], le clergé transmarin fait preuve de perspicacité pour discerner l'objectif visé par la sollicitation du primat d'Afrique:

> Il n'est pas étonnant que telle soit votre façon d'agir, frère Cyprien, [écrit le clergé romain]; avec le zèle et la modestie qui vous sont des dons de nature, vous avez voulu que nous fussions moins les juges que les associés de vos résolutions, partageant la gloire de votre administration en l'approuvant, et devenant les bénéficiaires des résultats de vos mesures, en les faisant nôtres. On croira, [concluent les Romains], que nous avons tous collaboré à une même chose, quand on nous verra tous d'accord pour y appliquer les mêmes principes disciplinaires[106].

La réponse des Romains montre comment les propositions émises par Cyprien ne visent qu'à mettre ses correspondants au courant des résolutions qui ont été arrêtées en Afrique. En cela, le clergé romain est mis en demeure sinon d'adopter, au moins de prendre connaissance du schéma suivi en Afrique pour résoudre le problème des *lapsi*.

En mettant en parallèle la méthode de recours à Rome suivie par l'épiscopat africain aussi bien au temps de Cyprien qu'au temps d'Augustin, on est en droit d'affirmer que la praxis africaine des appels à Rome s'effectue conformément à la conception cyprianique de la *concordia* qui doit régner entre les évêques. C'est pourquoi, partant du procès d'excommunication des évêques espagnols Basilides et Martial, en passant par la cause de l'évêque gaulois Marcianus que Cyprien a soumise au jugement du pape Étienne Ier jusqu'à la décision de récupérer les clercs donatistes au temps d'Augustin, l'appel des Africains à Rome est marqué d'une dimension de sollicitude envers l'Église universelle qu'aucune autorité ou instance ecclésiastique n'a imposée aux Africains. De cette manière, le recours *extra muros* de l'épiscopat africain se révèle comme l'expression d'un engagement libre en vue de l'utilité de l'Église.

---

[105] Les allusions relatives à cette lettre, aujourd'hui perdue, dans laquelle l'évêque de Carthage énonce ses propositions, se retrouvent dans la Lettre 28 du corpus épistolaire cyprianique: cf. CSEL 3/2, 545-547. A ce sujet, cf. L. DUQUENNE, *Chronologie*, 19.

[106] CYPRIEN, *Ep.*, 30, 1: «Quod te, frater Cypriane, facere non mirum est, qui pro tua verecundia et ingenita industria consiliorum tuorum nos non tam iudices voluisti quam participes inveniri, ut in tuis rebus gestis laudem tecum dum illas probamus inveniremus et tuorum consiliorum bonorum coheredes quia et adfirmatores esse possemus. Idem enim omnes credemur operati, in quo deprehendimur omnes eadem censurae et disciplinae consensione sociati». (CSEL 3/2, 549).

2.3.2 Le langage élogieux du primat Aurelius

Après que le concile d'Afrique, qui s'est réuni à Carthage, le 13 septembre 401, eut décidé de récupérer au sein du clergé catholique les candidats donatistes sous certaines conditions, aucune réaction n'a été enregistrée de la part du Siège apostolique. Au contraire, le primat Aurelius, nonobstant la réponse négative du pontife romain, a manifesté de l'estime envers celui-ci: Aurelius va jusqu'à traiter le pape de *beatissimus frater et consacerdos noster* [...] *ecclesiae Romanae episcopi*[107] et de *optimus et sanctus antistes*[108].

Le silence du Siège apostolique a fait l'objet de nombreuses interprétations. Parmi elles, trois méritent d'être signalées, étant donné qu'elles présentent une certaine similitude.

La première interprétation est formulée par P. Batiffol. L'auteur juge que le silence du Siège apostolique reflète les égards que le concile d'Afrique a réservés à la décision romaine: «On n'entendrait pas, [dit l'auteur], pour autant méconnaître l'autorité du concile transmarin, on tenait en principe pour la règle qu'il rappelait, et même confirmerait»[109].

La seconde interprétation est faite par V. Monachino. Ce dernier soutient que, abstraction faite de la date du décès du pape Anastase Ier, qui est survenu en décembre 401, c'est-à-dire au moment où la consigne du concile africain du 13 septembre est probablement déjà mise en exécution, le silence constaté de la part du Siège apostolique correspondrait de toute façon à l'attention que l'épiscopat africain a accordée à l'avis du synode romain[110]. Troisièmement, H. Leclercq juge pour sa part que la réponse du Siège apostolique à la requête des Africains était positive: «Sans doute, [affirme-t-il], on l'obtint, car de nombreuses conversions furent alors enregistrées»[111].

---

[107] Cf. *RECE*, après can. 65: «recitatis epistolis beatissimi fratris et consacerdotis nostri Anastasii ecclesiae Romanae episcopi, quibus nos paternae et fraternae caritatis sollicitudine ac sinceritate adhortatus est, ut de haereticorum et schismaticorum Donatistarum insidiis et improbitatibus, quibus Africanam ecclesiam catholicam graviter vexant [...]». (CChr.SL 149, 199, lignes 568-573).

[108] Cf. *RECE*, après can. 65 (CChr.SL 149, 199, ligne 575).

[109] P. BATIFFOL, *Le Siège apostolique*, 233.

[110] C'est en ces termes que V. MONACHINO, *Scisma donatista*, 24, explique le silence du Siège apostolique: «specie perchè essi [c'est-à-dire les évêques d'Afrique] avevano avuto l'avvertenza di accettare e di dichiarare valida in via di principio la decisione del sinodo romano [...]».

[111] H. LECLERCQ, «Afrique», 788.

En marge de ces judicieuses opinions, signalons en passant le style ampoulé à travers lequel le primat Aurelius communique à ses collègues d'Afrique les réticences manifestées par le pape Anastase I[er][112].

Avant d'amorcer une esquisse d'explication du silence du Siège apostolique face à l'initiative du concile d'Afrique, commençons par faire remarquer que le style fort déférent utilisé par le primat Aurelius à l'endroit du pape Anastase Ier n'a rien de singulier. Il n'est que l'expression du langage en usage dans les échanges épistolaires de cette époque[113]. C'est pourquoi, en se situant dans la perspective de la conception cyprianique de communion avec l'instance romaine, le langage élogieux contenu dans le rapport d'Aurelius revêt un sens bien différent des opinions signalées ci-dessus. Ce langage se démarque de l'opinion qui voudrait lier l'absence de réaction du pape Anastase Ier à la révérence à lui manifestée par le concile d'Afrique. Les paroles respectueuses réservées au pontife romain constituent une véritable expression de satisfaction pour la sollicitude témoignée par le Siège apostolique à l'endroit de l'épiscopat africain. Cette vision s'éclaire à la lecture rétrospective d'un remarquable acte de sollicitude ecclésiale accompli par l'instance pontificale. En effet, en son temps, le pape Damase Ier (366-384) a subi la présence importune des membres de l'Église donatiste établis à Rome. Pour s'en défaire, le pontife romain a dû solliciter, en 378, l'intervention du bras séculier contre le chef de l'Église schismatique, l'évêque africain Claudianus[114]. Au regard de ce geste, ne peut-on pas considérer la mise en garde du pape Anastase Ier, qui montre du doigt le comportement fallacieux des donatistes, comme étant le fruit de sa propre expérience de cohabitation avec les shismatiques? D'après cette hypothèse, la prévenance dont le Siège apostolique entoure la requête des Africains équivaut aux yeux d'Aurelius et ses collègues à la contribution du pape aux efforts qu'ils déploient pour préserver la doctrine orthodoxe de l'Église des déviations déguisées. Le vibrant hommage que le primat Aurelius rend au Siège apostolique, *nullo modo dissimulemus*[115], traduit la convergence des vues du concile d'Afrique avec l'attention que le pape Anastase Ier porte à la requête des Africains. Car, bien qu'ayant un avis contraire, le pontife romain n'a pas méprisé la requête de l'épiscopat africain. La mise en garde du pape reflète donc la sollicitude de cette instance particulière envers les efforts

---

[112] Cf. *supra*, 95, n. 51.

[113] Cf. W. MARSCHALL, *Karthago*, 131.

[114] Cf. *Coll. Avell.*, *Ep.*, 13, 8-10 (CSEL 35/1, 56-57). Sur cette affaire, cf. J.-L. MAIER, *Le dossier du donatisme*, II, 55-57; aussi A. MANDOUZE, «Claudianus», *PCBE*, I, 210.

[115] Cf. *RECE*, après can. 65 (CChr.SL 149, 199, ligne 574).

des Africains[116]. Pour tout dire, l'attitude de compréhension manifestée par le pape Anastase Ier contraste avec le «comportement de chef», dont le pape Étienne Ier a fait montre pendant la querelle baptismale[117]. En effet, alors que dans l'affaire des clercs donatistes le refus du Siège apostolique est qualifié de «sollicitude paternelle et fraternelle», l'intervention du pape Étienne Ier dans la querelle baptismale est au contraire jugée comme «méprisante et irresponsable»[118]. C'est sous ce rapport que, d'après la conception cyprianique de la primauté romaine, l'attitude de souplesse affichée par le pape Anastase Ier correspond à l'appui que l'épiscopat africain attend du Siège apostolique. Circonscrit dans ces paramètres, il va de soi qu'on ne saurait, en toute rigueur de termes, qualifier d'expression de soumission à l'évêque de Rome le langage élogieux réservé au pape Anastase Ier, malgré le refus réitéré exprimé par le Siège apostolique face à la sollicitation du concile d'Afrique.

A partir de cette remarque, il y a moyen de saisir la perspective dans laquelle la méthode africaine de recours à Rome au temps d'Augustin s'inscrit dans la dynamique de continuité pour la défense de la tradition juridico-ecclésiologique établie par Cyprien. Dans le cas de récupération des membres de l'Église donatiste, la méthode dite ici de l'«autonomie dans la communion» est appliquée à travers un langage caractérisé par la prudence, une claire démonstration de fidélité à la loi de la Tradition et un optimisme présumé de l'interlocuteur de l'épiscopat africain. Grâce à cette technique, le concile d'Afrique cherche à gagner à sa cause les instances auxquelles il s'adresse et ce faisant, il assure la défense de sa propre tradition juridico-ecclésiologique.

3. Conclusion

Les cas de recours de l'Église d'Afrique à Rome examinés dans ce chapitre ont permis de reconstituer un tant soit peu la technique employée par le concile d'Afrique dans la collaboration recherchée auprès de l'évêque de Rome. Le bilan de cette étude se solde avec le constat suivant.

L'originalité de la méthode africaine des recours consiste essentiellement dans le fait que l'épiscopat africain cherche à mettre son interlo-

---

[116] Cf. *RECE*, après can. 65: «nos paternae et fraternae caritatis sollicitudine ac sinceritate adhortatus est [...]». (CChr.SL 149, 199, ligne 570).
[117] Cf. CYPRIEN, *Ep.*, 74,9: «Nihil innovetur, inquit, nisi quod traditum est». (CSEL 3/2, 799).
[118] Cf. *supra*, 19, n. 41.

cuteur devant le fait accompli, en s'appuyant sur l'autorité du concile d'Afrique, qui est le garant de l'observance de la Tradition orthodoxe de l'Église.

En matières processives, le concile d'Afrique s'attèle à exécuter les dispositions de la Tradition à travers une procédure tortueuse, qui se distingue par une remarquable attention accordée aux intérêts de l'Église d'Afrique et à l'observance des lois qui régissent la *Catholica*. En outre, l'application des lois est marquée par la souplesse, dont le but ultime est de tenir dans l'unité les chrétiens et de préserver la concorde entre les évêques.

A travers cette procédure, le concile d'Afrique amène l'autorité pontificale à apprécier la légitimité de ses décisions. C'est ainsi que le siège de Rome auquel les Africains ont recours représente, conformément à la conception juridico-ecclésiologique établie par Cyprien, moins une instance d'appel pour l'arbitrage des causes nées en Afrique que le centre de communion universel et de référence permanent pour l'affermissement dans la sollicitude ecclésiale.

On comprend dès lors pourquoi, lorsque le concile d'Afrique sollicite une décision auprès de l'évêque de Rome, il n'entend point recevoir de cette instance un avis qui soit contraire aux prescriptions de la Tradition, dont l'épiscopat africain se sait collégialement responsable. Dans cette optique, il apparaît que la procédure africaine des recours à Rome fait du concile d'Afrique le juge suprême des procès nés dans la juridiction africaine, en dépit d'impératives recommandations émanant de l'autorité pontificale, surtout pendant la période qualifiée ici de «régime ecclésiologique de la *Sedes apostolica*».

Par sa méthode des recours, l'épiscopat d'Afrique vise à rendre plus harmonieuse l'application des règles de la Tradition dans la communion de l'évêque de Rome. Cette harmonie fait transparaître l'unité d'esprit (*unanimitas*), non seulement au niveau des Églises d'Afrique et de Rome, mais aussi dans les relations de l'Église d'Afrique avec la *Catholica* (*concordia*). C'est de cette manière que la problématique de l'observance des prescriptions de la Tradition, dont l'évêque de Rome est le centre de référence, engage non seulement la responsabilité de chaque Église, mais implique l'application de ces recommandations dans une perspective de collégialité. En dernière analyse, la praxis africaine des recours à Rome s'avère être plus une question de méthode que de loi ou de soumission aux directives qui émanent de l'instance romaine.

Chapitre V

L'impact des canons du concile romain de 386 en Afrique

1. Préambule

Au concile provincial de Byzacène tenu à Thélepte, en 418, lecture a été faite des Actes du concile romain de 386. Par son en-tête, il se trouve que ces Actes ont été adressés explicitement par le pape Sirice à tout l'épiscopat africain: «Dilectissimis fratribus et coepiscopis per Africam Siricius [...]»[1]. Cependant, le décret romain, qui parle des ordinations épiscopales, est libellé dans les archives africaines sous une forme glosée: «Primum, ut extra conscientiam sedis apostolicae (hoc est primatis), nemo audeat ordinare: integrum enim iudicium est quod plurimorum sententia consequatur»[2]. L'incise *hoc est primatis* apparaît ainsi comme une adaptation africaine de la prescription romaine.

La présence de l'incise sus-indiquée dans les archives africaines pose problème. En effet, il est hors de doute que la lecture des canons du concile romain dans une Église d'Afrique beaucoup d'années après leur promulgation suppose leur adoption en Afrique, ou au moins une évidente connaissance de leur existence. Cependant, il convient de souligner que le contexte et les modalités de transmission ainsi que l'accueil de ces canons en Afrique demeurent obscurs. Cette translation laisse plus d'un chercheur perplexe, à tel point que l'absence de renseignements circonstaciés sur ce point a donné libre cours aux hypothèses et aux débats les plus âpres[3].

---

[1] Cf. *Conc. Thelense* (CChr.SL 149, 59, ligne 23).
[2] *Conc. Thelense* (CChr.SL 149, 60, lignes 57-59).
[3] Concernant les débats engagés au cours des siècles autour de la présence de la lettre du pape Sirice en Afrique, C. Munier, dans l'exposé introductif du concile de Thélepte, écrit: «Acriter de genuitate epistolae Siricii necnon et de ipso concilio eruditi

1.1 *Thèses de réception des Actes du concile romain en Afrique*

Quelques points de vue d'auteurs sont susceptibles de jeter un brin de lumière sur la présence de la lettre du pape Sirice dans les archives de l'Église africaine de Thélepte.

La thèse de la réception des canons romains en Afrique est soutenue par C. Mansi. Celui-ci en voit des indices dans les suggestions faites par l'évêque Epigonius de Bulla Regia (en Proconsulaire), au concile de Carthage de 390[4]. D'après C. Mansi, l'allusion faite par cet évêque à un concile antérieur qui a traité de la continence des clercs, concerne la lettre que le pape Sirice a adressée aux Africains[5].

Alors que P. Monceaux et J.-R. Palanque formulent un jugement plus nuancé sur les modalités d'accueil des canons romains en Afrique, — en effet ils parlent de cette adoption en termes de conjecture[6] —, C. Munier se limite prudemment à signaler le mode de transmission des Actes du concile romain des archives de Carthage à la province de Byzacène par des délégués de la Proconsulaire, c'est-à-dire selon la coutume: *mos quidem*[7]. Pour sa part, V. Monachino, qui est tributaire des conclusions de C. Mansi, appuie la thèse selon laquelle un concile s'était effectivement réuni à Carthage, en 386, afin d'entériner la réception des Actes du concile transmarin, qu'accompagnait la lettre du pape Sirice[8].

Par contre, dans son étude portant sur la réception des Actes du concile romain de 386 en Afrique, B. Kriegbaum note, à partir des variantes relevées dans le canon 8 qui traite de la procédure romaine de réintégration des schismatiques, l'évidente obscurité qui plane sur la

---

saec. xvi-xviii disputaverunt, quam vero Baluze, Lenain de Tillemont et Coustant ab omni suspicione vindicaverunt, teste Breviatione Canonum Ferrandi, ubi omnes ipsius regulae praebentur [...]». (CChr.SL 149, 54).

[4] Cf. *Conc. Carthag.* A. 390, can. 2 (CChr.SL 149, 13, ligne 26 s.). Sur les interventions d'Epigonius au concile de Carthage de 390, cf. A. MANDOUZE, «Epigonius», *PCBE*, I, 354.

[5] MANSI III, 687.

[6] P. Monceaux, *Histoire littéraire*, IV, 353, exprime sa thèse en ces termes: «La même année, [c'est-à-dire en 386] un concile de Carthage paraît avoir adopté les neuf canons joints à la lettre [...]». Dans le même ordre d'idées, J.-R. PALANQUE, «Les métroples ecclésiastiques», 457, dit: «En 386 seulement, un concile général semble avoir été réuni pour adopter les canons qu'un synode venait de voter et que le pape Sirice avait communiqués "à ses frères et coévêques d'Afrique" [...]».

[7] Cf. l'introduction des Actes du concile de Thélepte de 418 (CChr.SL 149, 55).

[8] A ce sujet, V. MONACHINO, «Scisma donatista», 22, affirme: «Nel primo caso, il papa Siricio inviò ai vescovi africani una lettera con le deliberazioni del concilio romano del 386; i nove canoni in esso decretati furono adottati dal concilio di Cartagine dello stesso anno».

date et le lieu d'accueil des canons transmarins en Afrique[9]. A ce propos, l'auteur fait remarquer que la coïncidence ou les allusions aux canons romains, repérées dans les Actes du concile de Carthage de 390, ne suffisent pas pour certifier la réception des Actes du concile romain de 386 par les Africains[10].

En l'état actuel de nos connaissances, il vaut mieux s'abstenir de toute conclusion à ce sujet. Pourtant, en attendant des conclusions beaucoup plus tranchantes, nous voulons offrir dans ce chapitre une esquisse du processus de la réception des dispositions romaines en Afrique.

1.2 *Structuration du chapitre*

L'étude de la problématique de l'impact des canons du concile romain de 386 en Afrique s'étend sur trois sections. Pour marquer le degré d'impact de ces canons, on envisage d'amorcer la présente étude par une analyse rétrospective du cas de défection du primat d'Afrique Restitutus au concile de Rimini (359). Dans la seconde section, on essaiera de remettre en perspective la valeur exacte que les Africains reconnaissent aux canons romains en fonction de la législation canonique en vigueur en Afrique. Cette réflexion est axée sur la question des ordinations épiscopales, à partir de la glose repérée dans le décret tiré des archives africaines. Enfin, dans la troisième section, les données issues des analyses qui précèdent serviront à établir les aspects d'autonomie et de communion de l'ecclésiologie traditionnelle d'Afrique. Pour ce faire, le champ d'investigations sera constitué par le procès de succession conflictuelle au siège de Maurétanie Césarienne et le projet d'Augustin de saisir le Siège apostolique au sujet de la plainte du comte Classicianus.

2. **La défection du primat Restitutus**

En ouvrant ce chapitre avec l'analyse de la défection du primat africain Restitutus survenue à Rimini, en 359, d'aucuns pourront objecter de bonnes raisons contre le rapport qu'on veut établir entre cette défaillance et les Actes du concile romain de 386, qui ont été transmis en Afrique plusieurs années après. En outre, l'affaire du primat d'Afrique a eu lieu bien avant le concile de Rome de 378, qui a évoqué

---

[9] B. KRIEGBAUM, «Afrikanische Autonomie», 19.
[10] B. KRIEGBAUM, «Afrikanische Autonomie», 20.

la comparution manquée d'un Africain dénommé Restitutus devant un tribunal d'évêques[11].

Il faut qu'on le mentionne. La palinodie du prélat africain Restitutus à Rimini semble bien avoir conditionné les relations des Églises de Rome et d'Afrique avant l'avènement du primat Aurelius[12]. Dans cette optique, considérant les revendications du régime ecclésiologique dit de la *Sedes apostolica*, les rapports de l'autorité pontificale avec l'Église d'Afrique sont à envisager comme se trouvant dans un état de sourde tension, ce qui nécessite un processus plus ou moins discret d'assainissement[13]. En d'autres termes, évoquer la défection du primat Restitutus dans ce contexte, c'est souligner l'état d'isolement dans lequel évolue l'Église d'Afrique, fidèle à ses principes juridico-ecclésiologiques. A ce propos, C. Pietri fait remarquer judicieusement que l'Église d'Afrique fait son chemin, tout en «ne participant guère aux grands débats qui agitent l'Église universelle»[14].

2.1 *Profil d'une Église en état d'isolement (359-391)*

2.1.1 Le contexte politico-ecclésiastique

La situation de précarité qui caractérise l'Église d'Afrique pendant la période qui va de la défection du primat Restitutus (359) à l'avènement d'Aurelius (391) est marquée par de nombreuses interventions du pouvoir séculier en faveur de l'Église catholique: la crise donatiste est au centre des préoccupations de l'épiscopat africain[15]. A ce sujet, l'appui que l'empereur Constant Ier prête à l'Église catholique à travers le mandat confié aux commissaires Paulus et Macarius, en les chargeant de mater les exactions des donatistes (343-348), redonne un élan nouveau à l'Église d'Afrique[16]. En dépit de la politique menée par les agents impériaux pour gagner les schismatiques à l'unité, — spécialement par la distribution des dons aux populations africaines —,

---

[11] Cf. la synodale *Et hoc gloriae*: *Ep. concilii romani ad Gratianum et Valentianum imperatores*: «Per Africam quoque Restitutum nomine causam dicere apud episcopos iussit vestra clementia». (MANSI III, 625).

[12] L. DUCHESNE, *Histoire ancienne*, III, 111s., fait des considérations éclairantes à ce sujet.

[13] Cf. C. PIETRI, «Les Lettres nouvelles», 347-349.

[14] C. PIETRI, «Les difficultés», 435.

[15] Cf. *supra*, 110 s.

[16] Cf. *Conc. Carthag.* A. 345-348 (CChr.SL 149, 3, lignes 9-22). A ce sujet, cf. J.-P. BRISSON, *Autonomisme*, 259-261; de même C. PIETRI, «L'échec», 241-243; aussi A. MANDOUZE, «Gratus», *PCBE*, I, 544; «Paulus» et «Macarius», *Ibid.*, 839-841 et 655-658.

la réconciliation souhaitée ne se réalisera guère, et le succès même recueilli par les catholiques dans cette opération ne sera qu'éphémère. Car, d'une part, Donat, le chef de l'Église schismatique, se refuse à toute collaboration avec le pouvoir séculier, arguant que l'Église donatiste n'a rien à voir avec le pouvoir temporel[17]; d'autre part, alors que les mesures disciplinaires renforcées par le concile réuni à Carthage sous la primatie de Gratus, en 348, semblent avoir redonné plus de vitalité à l'Église d'Afrique[18], la défection du primat Restitutus au concile de Rimini, en 359[19], ne contribue pas davantage à faire sortir cette Église du marasme dans lequel l'avait plongée la crise donatiste[20].

2.1.2 Un climat de méfiance évident

La politique du «césaropapisme», qui caractérise l'administration de l'empereur Constance II (353-361), soumet à rude épreuve toute la chrétienté occidentale[21]. Les représentants des Églises étant constam-

---

[17] Cf. OPTAT, III, 3: «Quid est imperatori cum ecclesia?». (CSEL 26, 73). A ce sujet, cf. A. AUDOLLENT, «Afrique», 774.

[18] Parmi les dispositions arrêtées dans cette assemblée conciliaire relatives à la discipline ecclésiastique, les plus significatives qui ont trait à notre propos sont les suivantes: l'interdiction de rebaptiser (Cf. *Conc. Carthag. sub Grato*, A. 345-348, can. 1: CChr.SL 149, 3, ligne 24 s.); le respect des résidences des clercs et des vierges (Cf. *Ibid*, can. 3: 5, lignes 62-83); l'interdiction de se faire ordonner dans une Église sans l'accord de son propre évêque (Cf. *Ibid*, can. 5: 6, lignes 97-106); l'interdiction de communiquer avec une autre Église sans la lettre de recommandation de son propre évêque (Cf. *Ibid*, can. 7: 7, lignes 120-128). A ce sujet, cf. P. MONCEAUX, *Histoire littéraire*, IV, 38-39; aussi A. MANDOUZE, «Gratus», *PCBE*, I, 545. Les dates de la tenue de ce concile et de la mission des agents impériaux sont controversées. Cf. à ce sujet, R. CRESPIN, *Ministère*, 32, n. 54.

[19] La description que C. PIETRI, «Les Lettres nouvelles», 344, donne du rôle assumé par Restitutus à Rimini comme représentant de la partie catholique traduit bien le contexte malsain dans lequel est avenue la défaillance dudit prélat: «Au concile de Rimini, [dit l'auteur], Restitutus de Carthage avait suppléé l'autorité romaine défaillante; contre la théologie subordinatianiste que défendait tout un clan d'évêques soutenus par le prince, il s'appuyait sur la foi de Nicée, entraînant avec lui l'énorme majorité des prélats occidentaux; envoyé à la cour, ce représentant valeureux du combat nicéen donna, avec le même éclat, l'exemple de la faiblesse et de la soumission».

[20] P. MONCEAUX, *Histoire littéraire*, IV, 191-192, porte un jugement fort tranchant sur le dommage que le mouvement donatiste a causé à l'Église d'Afrique. Pour l'auteur, l'élan indépendantiste de l'Église d'Afrique promu par Cyprien a été émoussé au profit de l'autorité pontificale principalement à cause de la «folie fratricide du Donatisme»; de même A. AUDOLLENT, «Afrique», 793.

[21] L'influence néfaste du césaropapisme à l'époque de l'arianisme est soulignée avec beaucoup de vigueur par deux témoignages, qui se complètent. D'une part, J.-R.

ment exposés aux représailles, ils s'efforcent tant bien que mal de défendre l'enseignement de la Tradition de l'Église qui, à cette époque, observe G. Folliet, manque de «doctrine sûre et de théologiens à la hauteur»[22]. En effet, la défection du primat d'Afrique Restitutus, manifestée par sa souscription au «Credo daté», c'est-à-dire la doctrine homéenne qui affirme la simple ressemblance du Père et du Fils[23], a dans une large mesure enfermé l'Église d'Afrique dans une situation d'isolement. Tant il est vrai qu'en Afrique même, outre l'arianisme, l'orthodoxie devait faire face aux doctrines erronées à l'instar du manichéisme, voire du judaïsme[24]. Dans ces conditions, tout porte à croire que la foi professée en Afrique dans un climat d'infamie était elle-même sujette aux suspicions. Par conséquent, l'Église d'Afrique devait s'attirer la méfiance des autres Églises. Cette considération prend appui non seulement sur la disposition antique qui interdit toute communion avec un clerc rendu coupable d'apostasie, mais encore sur l'accusation portée contre les évêques d'Afrique d'avoir des accointances parmi les milieux arianisants. La lettre que l'évêque Athanase d'Alexandrie écrit aux Africains constitue à ce sujet un témoignage probant[25].

PALANQUE, «Les Églises occidentales», 231, fait remarquer que «le césaropapisme de Constance qui sévit de 353 à 361 sur l'Occident étouffait toute liberté dans l'Église». D'autre part, C. PIETRI, «De la *partitio*», 328 s., explique la responsabilité assumée par Restitutus à Rimini dans un style qui montre combien pesante était l'influence de l'empereur sur son entourage: «Libère s'était abstenu et n'avait pas envoyé de légats comme Rome le faisait aux conciles convoqués par l'empereur. Son retour après la palinodie de Sirmium le plaçait en position d'infériorité et il préféra la prudence. Restitutus de Carthage s'engagea sans réticence: les circonstances lui donnaient un rôle que ne méritait guère son inexpérience des grands débats».

[22] G. FOLLIET, «L'épiscopat africain», 214.
[23] Cf. HILAIRE DE POITIERS, *Fragmenta historica*, A, V, 2 (CSEL 65, 85); aussi *Collectana antiariana*, Ep. Constantini ad episcopos italos, 1-2 (CSEL 65, 93-94). A ce sujet, cf. M. SIMONETTI, «Omei», 2467; de même A. PIGANIOL, *L'empire*, 118; également C. PIETRI, «De la *partitio*», 330.
[24] Cf. H. LECLERCQ, «Afrique», 778-779.
[25] ATHANASE, *Ep. ad Afros*, 9 (PG 26, 1045). Sur les liens des Africains avec l'arianisme, cf. J. ZEILLER, «L'arianisme», 537-538. A propos d'une probable adhésion des catholiques d'Afrique à la doctrine arienne, A. PINCHERLE, «L'arianesimo», 105-106, émet un jugement sans complaisance. L'auteur se base spécialement sur le silence constaté dans l'oeuvre d'Optat au sujet de la formule de Rimini: «Ottato sembra ignorare perfino l'esistenza di una controversia a proposito del domma trinitario, [affirme-t-il]. Ma poteva egli parlarne, senza fornire ai suoi avversari un ottimo argomento da ritorcergli contro? [...]. Che, dunque, costretti dalla necessità di assicurarsi il favore dell'ariano Costanzo, i vescovi africani mostrassero una certa arrendevolezza di fronte all'eresia, non mi sembra si possa negare. Più tardi, forse già sotto Giuliano,

Une autre donnée qui porte la marque d'une méfiance présumée des Églises à l'égard des Africains se trouve dans la prétendue approbation du donatisme par l'Église orientale pendant le concile de Sardique, comme l'affirmaient les schismatiques d'Afrique[26].

2.1.3 Indices de vitalité de l'épiscopat africain

Des considérations qui précèdent, découle la question suivante. A cause de la défection du primat Restitutus, peut-on juger l'élan suscité par les dernières victoires de l'Église catholique face au donatisme comme étant complètement émoussé, à tel point qu'une intervention de l'évêque de Rome en Afrique était rendue nécessaire pour suppléer à l'autorité ecclésiastique défaillante? Deux indications autorisent de répondre par la négative.

La première objection se fonde sur le dynamisme avec lequel l'évêque Optat de Milève affronte le schisme donatiste par la plume, vers la fin des années 360[27]. Bien plus, lorsqu'on prend en compte le fait que l'Église de Donat a repris force grâce à l'«amnistie» temporaire décrétée par l'empereur Julien l'Apostat (361-363)[28], le combat mené

---

questo episodio doloroso fu dimenticato; non tanto che anche qualche decennio dopo tra i membri più vecchi dell'episcopato, non ve ne fosse ancora qualcuno rimasto fedele alle formule sottoscritte una volta. Poi, il tempo, e il riaccendersi vivace della controversia donatista, fecero dimenticare l'arianismo del tutto; e, al momento dell'invasione dei Goti, parve una cosa nuova». Par ailleurs, G. FOLLIET, «L'épiscopat africain», 218, s'oppose à l'argumentation de A. Pincherle, dont il dit qu'elle «paraît des plus spécieuses». En effet, pour exonérer la théologie d'Optat accusée de tendance philo-arienne ou tout simplement d'indifférence consentante, G. Folliet expose un éventail de témoignages tirés de l'oeuvre même d'Optat, où Arius est cité parmi les hérétiques.

[26] Cf. HILAIRE DE POITIERS, *Fragmenta historica*, III (CSEL 65, 48-78). Le caractère de faux du document (*Volumen*) sur lequel les schismatiques tiraient autorité a été démontré par des témoignages de sources directes et indirectes. D'abord, Augustin lui-même. Dans la polémique qu'il a engagée avec l'évêque donatiste Fortunius, l'évêque d'Hippone a réussi à démanteler non sans peine l'argument de ses adversaires (Cf. AUGUSTIN, *Ep.*, 44, 3: CSEL 34/2, 113; ID., *Contra Cresconium*, III, 34, 38: CSEL 52, 445-446). A ce sujet, cf. G. FOLLIET, «L'épiscopat africain», 204-208; de même A. MANDOUZE, «Fortunius 2», *PCBE*, I, 500-503. Ensuite, la critique moderne a mis en lumière non seulement le problème d'authenticité de l'encyclique de Sardique que détenaient les donatistes, mais aussi les insuffisances constatées dans l'argumentation défensive même d'Augustin. A ce sujet, cf. G. FOLLIET, «L'épiscopat africain», 208-211.

[27] Cf. P. MONCEAUX, *Histoire littéraire*, IV, 45; de même J.-E. MERDINGER, «Optatus reconsidered», 294; aussi C. PIETRI, «Les difficultés», 440-441.

[28] Cf. OPTAT, II, 16 (CSEL 26, 50 s.); de même Aug., *Contra Litteras Petiliani*, II,

par Optat offre des éléments qui témoignent que l'épiscopat d'Afrique, loin de capituler est en réalité en état de veille. Car, sous l'impulsion du primat Aurelius, les évêques d'Afrique reprendront le combat amorcé par Optat contre le schisme avec une ferme détermination qui, comme le fait remarquer R. Crespin, «contraste avec la résignation désarmée de leurs prédécesseurs»[29].

Le deuxième argument, qui plaide en faveur de la vitalité de l'Église d'Afrique en état d'isolement concerne un aspect socio-politique: il s'agit de la révolte à caractère nationaliste du prince maure Firmus contre l'occupation romaine (372-375)[30]. Le mouvement des insurgés qui obtiennent l'appui des donatistes et des circoncellions[31] suscite plutôt le regard favorable de l'autorité impériale envers l'Église catholique[32]. En effet, celle-ci devient circonstanciellement l'«alliée» du pouvoir impérial[33].

A la lumière de ce tableau sommaire, qui brosse le profil de l'Église d'Afrique en état d'isolement, il s'avère que ni la résistance d'ordre littéraire qu'Optat oppose aux donatistes ni la protection que le pouvoir temporel lui apporte ne suffisent à la décharger de la sinistre réputation dont le prélat africain a marqué la doctrine orthodoxe pendant la palinodie de Rimini. Sous cet angle factuel, le Siège apostolique, fort des prérogatives que lui attribuent les dispositions du régime ecclésiologique dit ici de la *Sedes apostolica*, en interpellant le prélat africain défaillant, a probablement voulu clarifier l'état d'orthodoxie de l'Église d'Afrique[34]. Ce jugement nous amène à nous pencher brièvement sur quelques aspects de l'affaire de Restitutus.

83, 184 (CSEL 52, 113). A ce sujet, cf. P. MONCEAUX, *Histoire littéraire*, IV, 40-44; également J.-P. BRISSON, *Autonomisme*, 261-262.

[29] R. CRESPIN, *Ministère*, 102.

[30] Cf. A. MANDOUZE, «Firmus», *PCBE*, I, 454.

[31] Cf. P. MONCEAUX, *Histoire littéraire*, IV, 45 s.; de même A. AUDOLLENT, «Afrique», 773. Toutefois, C. PIETRI, «Les difficultés», 436, observe l'obscurité de la nature de l'alliance qui a entraîné les circoncellions dans le mouvement donatiste.

[32] C. PIETRI, «De la *partitio*», 330, voit dans le soutien que le pouvoir civil apporte à l'Église catholique la marque de dépendance excessive dont le primat Restitutus fait montre dans la lutte contre le schisme donatiste.

[33] Cf. W.H.C. FREND, *Donatist Church*, 72 s.; 197-199; de même P. MONCEAUX, *Histoire littéraire*, IV, 41; aussi L. DUCHESNE, *Histoire ancienne*, III, 114 s. et J.-P. BRISSON, *Autonomisme*, 356 s.

[34] Cf. *infra*, 183 s.

2.2 *L'affaire de Restitutus*

Dans ce paragraphe, il s'agit avant tout d'identifier le personnage Restitutus, qui a fait l'objet d'interpellation au concile de Rome de 378. Grâce à l'examen de divers aspects de la crise qu'a provoquée la défaillance du primat d'Afrique à Rimini, on va tenter ensuite de mettre en lumière l'influence que le régime ecclésiologique de la *Sedes apostolica* a exercée sur l'organisation de l'Église d'Afrique pendant sa période d'isolement.

2.2.1 Méthodes d'approche pour l'identification de Restitutus

L'identification du personnage répondant au nom de Restitutus a fait couler beaucoup d'encre[35]. Deux types d'approches aident à identifier le prévenu.

La première piste de recherche s'appuie sur les sources qui distinguent le primat d'Afrique défaillant à Rimini de l'Africain du même nom, lequel était convoqué sur l'ordre impérial dans une assemblée d'évêques. Parmi les tenants les plus en vue de cette opinion, on peut citer L. Duchesne, W. H. C. Frend et C. Pietri[36]. A. Pincherle, qui partage lui aussi cet avis, fonde sa thèse sur le traitement que le concile de Rome a réservé au dit Africain. En effet, l'auteur justifie la légèreté avec laquelle le concile transmarin traite le primat d'Afrique par le fait que sa condition est celle d'un prévenu, considéré même comme un prévaricateur récidiviste[37].

En revanche, d'autres auteurs se réservent cette présentation, jugeant particulièrement peu déférent le terme *nomine*, dépourvu de toute condescendance, utilisé par le concile romain pour désigner le primat d'Afrique Restitutus. C'est notamment l'opinion de G. Morin[38]. A sa suite, J.-L. Maier émet des doutes à la fois sur le caractère épiscopal du personnage assigné au tribunal épiscopal sur l'ordre impérial, et sur la

---

[35] Cf. A. Mandouze, «Restitutus 2», *PCBE*, I, 969.
[36] Cf. L. Duchesne, *Histoire ancienne*, II, 471-472; W.H.C. Frend, *Donatist Church*, 200.206; C. Pietri, *Roma christiana*, I, 743.775, n. 4.
[37] A. Pincherle, «L'arianesimo», 105, exprime ainsi son jugement: «Invano anzi si cercò di farlo comparire ad un giudizio che avrebbe dovuto tenersi a Roma [...]. Ma anche senza ammettere ciò, questa testimonianza è importante, perchè ci rende sicuri che il Restituto di cui parla il concilio romano è precisamente il vescovo di Cartagine, quello stesso che fu prevaricatore a Nikè in Tracia ed a Rimini».
[38] G. Morin, «Une lettre apocryphe», 123.

présence du primat défaillant au moment où se réunit le concile de Rome de 378[39].

La seconde méthode d'approche d'identification du personnage Restitutus cité en justice s'a sur les péripéties et les témoignages qui mentionnent la profession africaine de la foi orthodoxe après la défection du primat à Rimini. Cette méthode permet d'évaluer le degré de l'emprise de l'ecclésiologie pontificale sur l'Église d'Afrique. Pour ce faire, voici un canevas rassemblant des éléments complémentaires, susceptibles d'éclairer l'enquête.

2.2.2 L'état d'orthodoxie de l'Église d'Afrique

a) *Le concile d'Aquilée (381)*[40]

Le premier témoignage relatif à l'état d'orthodoxie de l'Église d'Afrique après la défection du primat Restitutus se rapporte au concile d'Aquilée. Faut-il rappeler que l'idée de convoquer ce concile est née de la nécessité d'extirper la doctrine homéenne décadente du diocèse (civil) d'Illyricum. En effet, la persistance de l'erreur subordinatianiste dans cette région s'était cristallisée dans la résistance de quelques évêques parmi lesquels Palladius de Ratiaria et Secundinianus de Singidunum. Ce concile, organisé par Ambroise de Milan et présidé par l'évêque Valérien d'Aquilée[41], se réunit sur un territoire qui dépend traditionnellement de la juridiction pontificale[42].

D'après les Actes du concile d'Aquilée, l'Église d'Afrique est représentée par deux délégués, Felix et Numidius[43]. Par contre, l'Église de Rome n'y a pas envoyé d'émissaires (par désapprobation ou par manque d'intérêt?)[44]. Au chapitre des condamnations, les deux délégués

---

[39] J.-L. MAIER, «Le dossier du donatisme», II, 53, n. 9.

[40] Cf. *Gesta concilii Aquileiensis* (MANSI III, 599-620).

[41] Cf. C. PASINI, *Ambrogio di Milano*, 75; de même C. PIETRI, «Les dernières résistances», 392-393.

[42] Cf. *supra*, 139-140.

[43] J.-L. MAIER, *L'épiscopat de l'Afrique*, 32, est de l'avis que les représentants africains sont tous deux évêques, bien que leurs sièges ne soient pas indiqués. Il est en fait établi que pendant la période où se tient le concile d'Aquilée, l'Afrique proconsulaire a deux évêques de noms de Felix et Numidius: cf. A. MANDOUZE, «Felix 16, episcopus Selemselitanus», *PCBE*, I, 415; «Numidius, episcopus Maxulitanus», *Ibid.*, 787. Par ailleurs, C. PIETRI, «Les Lettres nouvelles», 348, n. 13, attire l'attention sur la souscription des délégués africains directement après Ambroise dans la liste des signatures synodales. Cet ordre protocolaire ne vise-t-il pas à mettre en évidence l'importance de la présence africaine à Aquilée?

[44] L'absence de la représentation romaine à Aquilée ne laisse pas indifférent J.-R.

africains anathématisent avec vigueur les thèses homéennes qui faisaient l'objet d'accusation des évêques Palladius et Secundinianus: «Felis et Numidius legati Afrorum, dixerunt: Arianae haeresis sectae, in qua Palladius in Aquilejensi synodo declaratus est, anathema. Sed et eos qui contra veritatem Nicaenae synodi repugnantes sunt, condemnamus»[45].

La participation africaine au concile d'Aquilée donne lieu à deux constats. D'abord, il apparaît que la profession de foi homéenne à laquelle le primat Restitutus et ses collègues étaient contraints de souscrire à Rimini est celle que les représentants de l'Église d'Afrique condamnent solennellement à Aquilée. En d'autres termes, en réprouvant l'erreur homéenne, les délégués d'Afrique proclament devant la *Catholica* la foi orthodoxe de la Tradition dont ils sont les porte-paroles. Ensuite, la mission des émissaires africains, Felix et Numidius, à Aquilée prend un relief particulier. On doit en fait considérer la mission de ces ambassadeurs comme visant à réhabiliter aux yeux de la *Catholica* à la fois la mémoire souillée de Restitutus, le primat de leur Église, et l'orthodoxie africaine quelque peu ternie par la mauvaise réputation qu'a entraînée la défection de ce prélat. De là, on conclura que la proclamation de la doctrine orthodoxe de la Tradition par des représentants officiels de l'Église d'Afrique entreprise sous forme de souscription à Aquilée (381) porte sans nul doute l'écho de la doctrine de foi qui est professée en Afrique même.

b) *La visite romaine de l'archidiacre Aurelius*

Une autre indication qui justifie la thèse de l'orthodoxie inaltérée de l'Église d'Afrique nonobstant la défection de son primat est fournie par le témoignage d'une correspondance épistolaire que Jérôme adresse à Aurelius, devenu primat d'Afrique. Dans sa lettre, Jérôme rapporte la rencontre qu'il a eue avec Aurelius à Rome. Celui-ci, encore archidiacre de l'Église de Carthage, accompagnait son évêque, le primat Cyrus, au Siège apostolique, en 382[46]. Or, à cette époque, il se tient à Rome un

---

PALANQUE, «La victoire de l'orthodoxie», 292, n. 1, qui dit: «Damase a certainement fait grise mine à ce concile, auquel il a envoyé, non pas des légats, mais des lettres d'excuses [...]». Pour C. PIETRI, «Les dernières résistances», 392, l'absence de l'évêque de Rome au concile d'Aquilée s'explique plutôt par la suppléance qu'Ambroise assurait dans cette province d'obédience pontificale: «L'évêque de Rome n'était pas représenté, [affirme l'auteur]. A vrai dire, il n'est pas sûr qu'Ambroise ait invité Damase: il fallait éviter à un vieillard les fatigues d'un long voyage».

[45] *Gesta conc. Aquilejensis* (MANSI III, 612).
[46] Cf. AUGUSTIN, *Ep.*, 27*, 1-3 (CSEL 88, 130 s.). Notons en passant que dans la *Prosopographie* de A. Mandouze, curieusement, aucune mention n'est faite du primat

concile dans lequel, devant des évêques italiens, le pape Damase Ier définit la nature de la primauté de la *Sedes apostolica* romaine, en guise de réplique à la prérogative de primauté d'honneur que s'est arrogée le siège de Constantinople, en 381[47]. A cette occasion, la doctrine orthodoxe de la Tradition de l'Église est rappelée avec fermeté par le pontife romain[48].

La visite d'Aurelius et de son évêque à Rome, telle qu'elle est relatée dans la correspondance de Jérôme, suggère à C. Pietri de conclure au ralliement de l'Église d'Afrique à la doctrine de la Tradition dont le pontife romain se reconnaît particulièrement responsable:

> Jérôme n'a pas pris la peine de situer sa rencontre avec Aurelius, [fait remarquer l'auteur]; mais celle-ci n'a pu se produire qu'entre 382 et 384, à l'époque où il a rejoint Damase et aussi où le pape reçoit une délégation de Carthage, particulièrement prestigieuse puisqu'elle est conduite par l'évêque lui-même accompagné de son archidiacre. Cette démarche convient pour la participation à un concile; dans cette période de deux années, il y a toute chance pour que ce soit le concile de 382. Gratien avait empêché la rupture décisive en 378; Ambroise facilitait un rapprochement en 381; il est possible que l'empereur ait aidé cette réunion dans un concile dont il lançait la communication. Mais l'Afrique retrouve concrètement et explicitement la communion romaine après la disparition de Restitutus, lorsqu'un nouvel évêque occupe le siège de Carthage. Les légats africains assistaient ainsi à la grande proclamation de l'ecclésiologie romaine; Cyrus, enfin, est l'évêque de la réconciliation[49].

A l'instar de C. Pietri, qui attribue la réconciliation de l'Église d'Afrique avec Rome au primat Cyrus, Y. Duval, dans le but de justifier la reprise des relations entre les deux Églises pendant la première décennie de la primatie d'Aurelius, évoque la collaboration prêtée par Rome à l'épiscopat africain dans sa lutte contre le schisme donatiste[50]. En effet, le pape Damase Ier avait exigé l'expulsion de l'évêque donatiste africain

---

Cyrus. Ce silence constitue, à notre sens, un indice évident de la précarité de dirigeants de poigne dans l'Église d'Afrique pendant la période qui précède la primatie d'Aurelius.

[47] Cf. DAMASE, *De explanatione fidei* (PL 13, 374 s.).

[48] La doctrine de l'Église professée dans cette assemblée conciliaire est contenue dans l'ouvrage *Tomus Damasi*, qui fait partie d'un dossier composite et dont la paternité est discutée. A ce sujet, cf. P. GALTIER, «Le tome de Damase. Date et origine», *RSR* 26 (1936) 385-418; 563-578; de même M. SIMONETTI, «La crisi ariana», 551, n. 77; aussi C. PIETRI, *Roma christiana*, I, 868-871.

[49] C. PIETRI, «Les Lettres nouvelles», 349.

[50] Cf. Y. DUVAL, «L'Afrique: Aurélius et Augustin», 805.

Claudianus de Rome[51]. Dans cette perspective, l'intervention du pape contre un ressortissant africain paraît bien incliner en faveur de la thèse selon laquelle l'Église d'Afrique était suspectée de professer une doctrine peu orthodoxe, dont un membre dénommé Restitutus était même sommé de rendre compte de sa foi devant un tribunal ecclésiastique. A ce propos, le tableau suivant que L. Duchesne brosse de la situation de l'Église d'Afrique avant la primatie d'Aurelius rend bien l'idée du malaise dont était affectée la réputation de la foi africaine:

> Les deux évêques de Carthage étaient alors Restitutus pour les catholiques, Parménien pour les dissidents. Le premier, l'un des chefs du concile de Rimini, n'avait pas peu contribué à la prévarication de cette assemblée. Il semble que, même sous les empereurs orthodoxes, il ait maintenu sa fâcheuse attitude. Saint Athanase fut obligé d'insister auprès des Africains pour les faire abandonner le symbole de Rimini et se rallier à celui de Nicée. Cette circonstance, avec l'isolement ecclésiastique qui s'ensuivait, n'était guère propre à renforcer, en face du donatisme ressuscité, la situation de l'orthodoxie africaine. Et cela était d'autant plus à regretter que les dissidents avaient donné à leur illustre chef Donat, mort en exil, un successeur très distingué, lui aussi: Parménien ne se bornait pas à diriger sa secte; il écrivait pour la défendre[52].

En référence à ces deux derniers témoignages, l'hypothèse qui lie la convocation de l'Africain dénommé Restitutus, dont le concile de Rome de 378 déplore le non-lieu, à la défection du primat survenue une dizaine d'années auparavant acquiert du crédit et s'impose avec pertinence. En effet, la synodale romaine rappelle le cas de Restitutus avec une attention particulière, en prenant bien soin de justifier le manque de comparution du prévenu, comme on peut le constater dans la requête adressée à l'empereur: «En Afrique [...] un nommé Restitutus a été l'objet d'un ordre de votre clémence lui enjoignant de plaider sa cause devant des évêques. Il aurait dû acquiescer, mais les violences d'une troupe irrégulière l'ont fait échapper à la nécessité de plaider sa cause»[53].

Lorsqu'on se représente le contexte dans lequel le concile de Rome de 378 évoque l'autorité impériale dans l'affaire de Restitutus, il y a

---

[51] Cf. *supra*, 41, n. 44.
[52] L. DUCHESNE, *Histoire ancienne*, III, 111-112.
[53] La synodale *Et hoc gloriae*: *Ep. concilii romani ad Gratianum et Valentianum imperatores*: «Per Africam quoque Restitutum nomine causam dicere apud episcopos jussit vestra clementia. Debuit acquiescere; sed idem saeva et insolentium manu a causa dicendae necessitate diffugit». (MANSI III, 625-626; trad. J.-L. MAIER, Le dossier du donatisme, II, 54, 1).

bien lieu d'attribuer la recommandation romaine à la prérogative que l'ecclésiologie du régime dit de la *Sedes apostolica* accorde à l'évêque de Rome, celle d'être le modèle de foi orthodoxe pour la partie occidentale de l'empire et le juge des évêques[54]. Dans ce sens, les égards réservés au dénommé Restitutus inclinent de même à faire de ce personnage une autorité de haut rang, vraisemblablement un évêque, dont la cause devait être examinée devant un tribunal d'évêques, ses collègues[55].

c) *Modalités de réhabilitation de l'orthodoxie africaine*

Les modalités de réhabilitation de l'orthodoxie africaine après la défection du primat Restitutus à Rimini s'appuient sur la profession de foi solennelle des représentants de l'Église d'Afrique à Aquilée. Cette thèse aide à éclairer la nature de la communion avec Rome, qui est développée par l'Église d'Afrique pendant sa phase d'isolement.

Des données analysées ci-dessus, découle le constat selon lequel l'épiscopat africain est resté fidèle à sa doctrine traditionnelle de communion avec l'évêque de Rome. Cependant, cette assertion doit être nuancée. A bien examiner la déclaration des représentants de l'Église d'Afrique à Aquilée, il semble que ceux-ci avaient pleine conscience de l'infamie dont était entachée la réputation de leur Église. Autant la lettre que l'évêque Athanase écrit aux Africains sert d'argument plausible qui confirme ce jugement[56], autant deux opinions d'auteurs jettent plus de lumière sur ce constat. Alors que A. Pincherle souligne l'état de dépendance excessive dont les Africains font montre à l'égard de l'autorité séculière dans leur combat contre le donatisme[57], G. Folliet pour sa part verse dans ce dossier un argument qui nuance l'opinion

---

[54] Cf. *supra*, 41, n. 45.

[55] Toutefois, P. BATIFFOL, *Le Siège apostolique*, 43, à travers une judicieuse réflexion, émet des réserves qui démontrent le caractère hypothétique de l'assignation du prévenu Restitutus au tribunal pontifical: «Est-ce à Rome et au concile de Rome que Gratien a renvoyé Restitutus? [s'interroge-t-il]. On ne peut l'affirmer».

[56] Cf. *supra*, 178, n. 25.

[57] A. PINCHERLE, «L'arianesimo», 164, énonce son jugement de la manière suivante: «Comunque, che i vescovi facessero qualche concessione all'Arianesimo, non mi pare si possa mettere in dubbio. Il pericolo, almeno, ci fu, e abbastanza forte, se dopo Rimini Atanasio sentì il bisogno d'inviare agli africani quella sua lettera, in cui rifaceva la storia del concilio, e accenava all'origine della controversia, e tentava di far capire a quei vescovi, non troppo profondi in teologia, qual'era veramente il nodo della questione, spiegando loro altresì le difficoltà della terminologia».

précédente, en mettant davantage en relief la situation générale d'insuffisance de préparation théologique des évêques occidentaux:

> Athanase s'était bien rendu compte que depuis le concile de Nicée les ariens profitaient beaucoup de l'ignorance de la plupart des évêques d'Occident et qu'ils avaient beau jeu de les amener à toutes les capitulations sur le plan doctrinal [...]. Après avoir montré combien certains d'entre eux s'étaient laissé facilement tromper au concile de Rimini, Athanase tente de leur expliquer [il s'agit ici des Africains] en termes simples et clairs la doctrine de la consubstantialité. Et nous venons de voir comment il se met à la portée des plus incultes[58].

La critique de G. Folliet comprend des éléments qui permettent de mieux appréhender l'aspect d'engagement libre des Africains dans la défense de la doctrine orthodoxe. Car, cette remarque révèle l'état général de vulnérabilité dans lequel se trouvaient les Églises de la *pars occidentalis* de l'empire, — et non seulement les Africains —, au point de vue de la connaissance et du discernement théologiques. C'est pourquoi, la légèreté ou l'indolence qu'on reproche aux Africains au point de vue doctrinal ne peuvent, compte tenu du contexte ecclésial global, être considérées comme un choix délibéré. La fragilité des Africains reflète en réalité l'incertitude qui est liée au manque d'autorité capable d'orienter les Églises dans une direction bien définie. Faut-il rappeler à ce propos que pour l'Église d'Afrique les options et les décisions d'importance majeure relatives à la doctrine tant dogmatique que disciplinaire ont toujours été définies au sein du concile et toujours dans la communion de l'évêque de Rome?

Cette considération permet de préciser la nature de la démarche entreprise par les Africains à Aquilée: la profession de foi orthodoxe des délégués africains s'avère être une initiative des Africains eux-mêmes et non le résultat d'une prétendue pression extérieure, en l'occurrence celle venant de l'autorité pontificale. La participation des Africains au rassemblement des Églises à Aquilée est conforme à la vision de leur tradition juridico-ecclésiologique. En effet, cette procédure s'apparente au principe de sollicitude envers l'Église que recommande l'ecclésiologie cyprianique, d'après laquelle est requise l'intervention collégiale du corps épiscopal tout entier en faveur de la doctrine de la Tradition, dès que celle-ci se trouve en péril[59].

La mission des légats africains à Aquilée démontre ainsi que, nonobstant la défaillance du primat de cette Église, l'observance de la

---

[58] G. FOLLIET, «L'épiscopat africain», 219.
[59] Cf. *supra*, 46, n. 59.

doctrine de foi orthodoxe n'y a jamais été abandonnée. Cette interprétation de l'engagement des Africains permet d'ébaucher une reconstruction des étapes de disculpation du primat Restitutus. En considérant l'état d'isolement dans lequel les Églises s'étaient enlisées pendant le règne de Constance II, on présume que le primat Restitutus à peine revenu de Rimini en Afrique, c'est-à-dire loin des pressions et des intrigues du «césaropapisme étouffant», a professé la foi traditionnelle de l'Église d'Afrique[60]. Cette vision peut être étayée par de nombreux témoignages parmi lesquels celui de A. Mandouze. Ce dernier, en s'appuyant sur des indications contenues dans l'*Elenchus* de Possidius, le biographe d'Augustin[61], s'interdit d'identifier le personnage Restitutus convoqué dans une assemblée d'évêques par l'autorité séculière avec l'homonyme dont la date de la mort (*depositio*) est pieusement rappelée dans le «Calendrier de Carthage»[62]. Dans ce cas, il y a plus de chance que ce personnage soit le primat défaillant à Rimini. Car, la réaction de désapprobation et d'indignation que la défection de Restitutus a suscitée aux yeux de la *Catholica*, a plutôt donné lieu à une attitude d'indulgence et de compréhension de la part de ses collègues d'Afrique[63].

Revenons-en à l'attitude de compréhension de l'épiscopat africain à l'égard de leur primat évoquée ci-dessus. G. Folliet en appelle au sens de solidarité des membres de l'Église d'Afrique. L'auteur fait remarquer judicieusement qu'un éventuel recours à la force, ordonné par l'empereur pour faire comparaître l'évêque de Carthage devant un tribunal, ne pouvait laisser indifférents les chrétiens d'Afrique. Une telle procédure pouvait engendrer la révolte et les troubles parmi les chrétiens d'Afrique. Bien plus, le fait qu'aucun adversaire de l'Église catholique, — entendu les donatistes —, n'ait fait allusion à cette convocation, «pour charger un peu plus la mémoire de Restutus [sic] et par là discréditer davantage l'église catholique d'Afrique», constate G.

---

[60] J. MESNAGE, *L'Afrique romaine*, 4-5, parle de la rétractation effective de Restitutus. A ce propos, l'auteur affirme que le primat revenu de Rimini «se repentit ensuite et mourut saintement»; de même A. AUDOLLENT, «Afrique», 776.

[61] Cf. POSSIDIUS, *Operum S. Augustini elenchus*, [X6], 52, A. WILMART, ed., *Miscellanea agostiniana*, 2, Roma 1931, 195.

[62] Cf. *Kalendarium antiquissimum Ecclesiae Carthaginensis* (PL, 13, 1224). A ce sujet, cf. A. MANDOUZE, «Restitutus 1», *PCBE*, I, 969; également P. MONCEAUX, *Histoire littéraire*, III, 46.

[63] Cf. *Pseudo-hieronymi ad Damasum papam* (PLS 1, 303-304). Sur ce, cf. A. DI BERARDINO, «Restituto (o Restuto)», 2984.

Folliet[64], interdit d'identifier le prévenu dont il est question dans la lettre du concile de Rome avec le primat d'Afrique défaillant à Rimini. C'est pourquoi, à l'appui de cette thèse, l'on doit parler de la défaillance de Restitutus comme d'une chute passagère.

Les modalités de réhabilitation de la doctrine orthodoxe par les Africains charrient les caractéristiques essentielles de la tradition juridico-ecclésiologique d'Afrique. Celles-ci se retrouvent dans les différentes étapes de réhabilitation brossées ci-dessus. Ainsi donc, partant de l'indice d'une présumée disculpation du primat Restitutus constaté dans la fervente évocation de sa mémoire dans le calendrier officiel de l'Église de Carthage, en passant par la proclamation solennelle de la foi orthodoxe au concile d'Aquilée par les émissaires africains, Felix et Numidius, jusqu'à l'approbation de la doctrine orthodoxe par la délégation africaine conduite par le primat Cyrus et son archidiacre Aurelius au concile de Rome, il suit que l'engagement des Africains témoigne de l'attention particulière qu'ils portent sur l'observance de la doctrine établie par la Tradition de l'Église.

A travers toutes ces étapes, on note l'aspect du comportement ambivalent de l'épiscopat africain: d'une part, apparaît l'esprit d'autonomie, qui consiste à s'engager par ses propres initiatives à observer et à défendre le patrimoine de la doctrine orthodoxe de la Tradition; d'autre part, on constate l'esprit de communion, qui se manifeste par l'ouverture des Africains à la collaboration de l'instance romaine et de la *Catholica*.

2.3 *Valeur des décrets du concile d'Aquilée*

La réflexion qui est proposée dans ce paragraphe vise à épingler le contraste qui se dégage de la vision «exclusiviste» de l'autorité pontificale par rapport au système d'autonomie des Églises en vigueur dans l'Antiquité.

La thèse d'après laquelle la réhabilitation de l'orthodoxie africaine s'est effectuée sur l'initiative des Africains eux-mêmes postule l'examen de la valeur du concile d'Aquilée, qui a reçu la profession de foi des délégués africains. En d'autres termes, à travers la réflexion qui est développée ici, on voudrait déterminer la valeur de l'autorité du concile régional d'Aquilée, dont les procès, les sentences et les décrets ont été définis sans l'intervention censoriale du Siège apostolique, à qui l'ecclésiologie romaine du nouveau régime réserve la compétence

---

[64] G. FOLLIET, «L'épiscopat africain», 220.

d'ultime instance, surtout pour les *causae maiores*[65]. Le contexte dans lequel se déroule le concile d'Aquilée se distingue par les éléments suivants.

2.3.1 L'initiative d'Ambroise

Dans la convocation et l'organisation du concile d'Aquilée, il n'y a pas trace de collaboration entre le pape Damase Ier et l'évêque Ambroise de Milan. Bien au contraire, ce dernier s'est engagé à résoudre une crise d'ordre dogmatique dans un territoire relevant traditionnellement de la juridiction pontificale. L'observation faite par C. Pietri à ce sujet met au clair la paternité exclusive du rassemblement du concile réuni à Aquilée par le prélat milanais:

> D'ailleurs, [dit l'auteur], l'évêque de Milan, encore peu sûr de l'orthodoxie de l'épiscopat oriental, convainquit Gratien d'abandonner le projet initial d'un concile oecuménique et de convoquer un synode régional. Alors que Damase, recommandant la prudence, restait sur la réserve, Ambroise tenait le premier rôle. Le concile se réunit à Aquilée à la fin de l'été de 381: l'assemblée tirait sa légitimité de la convocation impériale [...][66].

Cependant que cette réflexion évoque l'autorité prépondérante d'Ambroise dans le concile tenu à Aquilée, elle permet en même temps de saisir indirectement la valeur que l'ecclésiologie africaine accorde à la communion de la *Catholica*.

2.3.2 La teneur de l'autonomie de l'Église d'Afrique

Partant de quelques points de vue d'auteurs qui sont en rapport avec l'attitude de profil bas affichée par le pape Damase Ier face à l'initiative

---

[65] Une considération paradigmatique de la vision «exclusiviste» de l'autorité censoriale de l'instance romaine est formulée par G. Falbo. Celui-ci, parlant de l'autorité du pape Damase dans la condamnation de l'hérésie arienne prononcée au concile de Constantinople (381), affirme: «Siamo dinanzi ad affermazioni di importanza fondamentale, in quanto condizionano la validità di qualunque deliberazione conciliare all'approvazione del vescovo di Roma. Se manca la sua voce, per quanto numerosi possano essere i vescovi convenuti, le dichiarazioni conciliari in materia di fede sono destituite di ogni validità e non sono pertanto vincolanti per la Chiesa universale». (*Il primato*, 355); on retrouve la même idée chez V. GRUMEL, «Le siège de Rome», 411.

[66] C. PIETRI, «Les dernières résistances», 392. Pour sa part, M. MESLIN, «Les Ariens», 89, n. 178, fait remarquer le manque de dextérité dont l'empereur Gratien a fait montre dans le dossier d'Aquilée. En effet, à travers le Rescrit qui a été lu à l'ouverture des débats, ce document dévoile l'initiative et l'influence d'Ambroise sur la tenue du concile d'Aquilée.

d'Ambroise, il y a lieu d'établir la valeur du concile d'Aquilée et la teneur de l'autonomie de l'Église d'Afrique.

La caractéristique générale qui ressort des opinions d'auteurs concernant l'action d'Ambroise dans les territoires d'obédience pontificale consiste en la mise en évidence de l'aspect du «bon sens» des évêques de Rome au détriment des privilèges dévolus au Siège apostolique. Cette considération se dégage du portrait d'Ambroise que dépeint R. Gryson. L'auteur met spécialement en évidence le souffle nouveau dont le charisme de l'évêque de Milan a apporté dans l'administration des Églises du nord de l'Italie:

> Chef naturel des Églises "italiennes" et même italo-illyriennes, [fait remarquer l'auteur], l'évêque de Milan s'est acquis dans ce vaste ressort une autorité qui dépasse de loin celle d'un simple métropolitain; il donne même à plusieurs reprises l'impression d'agir en leader de toutes les Églises occidentales[67].

De son côté, évoquant l'action d'Ambroise en Occident, L. Duchesne table sur un *a priori*. Celui-ci présume que les relations de l'évêque de Milan avec son collègue de Rome étaient fondées sur le principe de collaboration harmonieuse. Cette considération découle du jugement que l'auteur porte sur les appels que les Églises adressaient conjointement à ces deux sièges transmarins. A ce propos, L. Duchesne prend soin de souligner que ces deux Églises ne jouissaient certainement pas de la même autorité. Car, une décision issue de la consultation du siège de Milan ne pouvait valoir celle de Rome qu'«en supposant qu'elles [c'est-à-dire les deux Églises] ne pouvaient que marcher d'accord», précise l'auteur[68].

Une autre catégorie d'opinions souligne l'aspect de complémentarité dans les relations qu'Ambroise entretient avec l'instance pontificale. C'est notamment le point de vue de P. Batiffol et de R. Gryson. Sur les interventions d'Ambroise dans les territoires d'obédience pontificale, P. Batiffol dit:

> On ne voit nulle part que l'évêque de Rome se soit opposé à l'acte qui a détaché les sept provinces de l'Italie septentrionale du ressort métropolitain de Rome. L'évêque de Rome jugea sans doute que ces provinces étaient

---

[67] R. GRYSON, *Le prêtre*, 163.
[68] L. DUCHESNE, *Autonomies des Églises*, 36. C. PASINI, *Ambrogio di Milano*, 201, est, lui aussi, de cet avis: «Rileviamo, [dit-il], il riguardo che il vescovo di Milano manifesta per l'autorità romana: i suoi interventi a raggio universale non esprimevano una prevaricazione nei confronti di quella sede ma erano piuttosto concepiti in consonanza con essa e in doveroso rispetto delle sue prerogative».

trop éloignées pour se grouper autour de lui, que la discipline en souffrait, que l'évangélisation du pays en était retardée, et donc que cette décentralisation était un bien[69].

Quant à R. Gryson, la passivité des papes dans la revendication des droits du Siège apostolique face aux interventions d'Ambroise sur les Églises relevant traditionnellement du ressort du pontife romain s'explique par le facteur que l'on peut qualifier de «chance». L'auteur observe à ce sujet:

> Le pape Damase avait dû se convaincre depuis un certain temps déjà, qu'avec la multiplication des sièges épiscopaux dans cette région, il lui devenait impossible d'en contrôler efficacement la vie ecclésiastique, comme ses prédécesseurs du IIIe et du début du IVe s. avaient pu le faire. L'émergence d'une nouvelle métropole au nord de la péninsule ne pourrait qu'y promouvoir l'évangélisation, y renforcer la discipline et, maintenant qu'elle était aux mains d'un orthodoxe, y activer la lutte contre l'arianisme[70].

Par ailleurs, d'autres chercheurs, tout en nuançant l'autorité que s'est constituée Ambroise, infèrent de son autonomie par rapport à l'évêque de Rome. C'est le cas de G. Bardy, qui explique l'exercice de l'autorité d'Ambroise dans le nord de la péninsule italique de la manière suivante: «par la force des choses, [souligne l'auteur], toutes les grandes questions ecclésiastiques, aussi bien celles de l'Orient que celles de l'Occident, sont soumises à Ambroise, et celui-ci assemble des conciles, formule des opinions, prend des décisions»[71].

A l'instar de G. Bardy, J.-L. Palanque note: «Dans le domaine qu'Ambroise de Milan avait réussi à constituer à son profit, les papes ont souvent évité d'intervenir directement»[72].

Un constat similaire se dégage du jugement émis par J. Gaudemet. En effet, ce dernier présente l'administration de la juridiction tenue par Ambroise comme dépendant entièrement de sa responsabilité tant pour les matières d'ordre dogmatique que disciplinaire:

> On sait la place que tenait en Italie le siège de Milan, [dit J. Gaudemet]. Métropole de l'Italie padane, grande ville populeuse et active où Gratien et Valentinien II résident plus volontiers que dans la vieille Rome, autant de raisons pour que l'évêque de Milan, surtout lorsqu'il a l'autorité d'Ambroise, éprouve quelque réticence à approuver bien haut la primauté

---

[69] P. BATIFFOL, *Le Siège apostolique*, 155.
[70] R. GRYSON, *Le prêtre*, 179.
[71] G. BARDY, «La papauté», 242.
[72] J.-L. PALANQUE, «Les métropoles ecclésiastiques», 480.

de Rome. Dans ses écrits et par son attitude, Ambroise fait preuve à cet égard de beaucoup de nuances. Il reconnaît au pape un "*primatus ordinis*", qu'il fonde sur la succession de Pierre; mais il discute le "*primatus honoris*" et plus encore le "*primatus iurisdictionis*". Plutôt que d'insister sur la place singulière de Pierre et de ses successeurs romains, il préfère mettre l'accent sur une égalité entre les Apôtres et leurs successeurs, les évêques. Il n'en proclame pas moins Rome "tête du monde romain" et dans le "*De incarnationis dominicae sacramento*" (mais là seulement) il reconnaît nettement la Primauté[73].

En marge des considérations qui justifient le silence des évêques de Rome face à l'activité multiforme d'Ambroise par le facteur du bon sens, les interventions des papes en Afrique où l'organisation ecclésiastique connaît pourtant un essor considérable[74] accusent un certain contraste teinté d'appréciation tendacieuse au regard du système d'autonomie des Églises, qui est en vigueur dans la période qui nous occupe. En effet, l'action des papes dans cette contrée est souvent présentée comme étant conforme à l'exercice ordinaire d'une autorité supérieure, qui ne peut souffrir de résistance[75]. Par contre, J. Guyon attire, à bon droit, l'attention sur la manière opportuniste de procéder des évêques de Rome. Par une pertinente observation, l'auteur fait état des conditions qui, généralement, requièrent l'ingérence de l'autorité pontificale dans les affaires des Églises particulières: c'est la situation de faible organisation ecclésiastique qui impose l'influence de l'instance pontificale. Pour le cas de l'Église d'Afrique, J. Guyon en veut pour preuve la situation créée par l'occupation vandale:

> L'Église d'Afrique, [observe l'auteur], en proie à une terrible persécution, avait cessé pour longtemps de compter; ce qui ne pouvait que conforter l'évêque de Rome et lui permettre d'exercer, sans en avoir le titre, ce rôle de patriarche d'Occident qu'il s'était acquis dans l'intervaille[76].

Dans la même perspective, P. Monceaux mentionne le déblayage du terrain, que l'aveuglement du donatisme a entrepris et qui a facilité l'intervention de l'autorité pontificale dans les affaires internes d'Afrique:

> Bref, le Donatisme a été, pour la civilisation et pour le christianisme local, un terrible agent destructeur, [affirme l'auteur]. Seule, la papauté a tiré profit du schisme africain, qui a favorisé ses ambitions en diminuant la

---

[73] J. GAUDEMET, *Église et cité*, 135-136.
[74] Cf. A. MANDOUZE, «Aurelius 1», *PCBE*, I, 105.
[75] Cf. V. MONACHINO, «Scisma donatista», 44.
[76] J. GUYON, «L'Église de Rome», 789; de même G. BARDY, «Afrique», 295.

résistance de la glorieuse Église africaine, en forçant la Carthage catholique, jadis animée d'un si vif esprit d'indépendance, à solliciter l'appui de Rome. De Cyprien à Augustin, d'Augustin à Grégoire le Grand, on mesure aisément les étapes de la suprématie romaine en Afrique. A ce recul de Carthage devant Rome, il y eut sans doute bien des causes: mais l'une de ces causes est la folie fratricide du Donatisme[77].

Des opinions d'auteurs exposées plus haut, ressort le cadre suivant, dans lequel s'inscrit le caractère *sui generis* de l'autonomie de l'Église d'Afrique.

En proclamant solennellement à Aquilée la foi de l'Église qui les a délégués, il est sans conteste que Felix et Numidius veulent témoigner de la communion de l'Église d'Afrique avec la *Catholica*. Pour ce faire, les émissaires africains se réfèrent, contre l'erreur homéenne, à la doctrine définie à Nicée: «Sed et eos qui contra veritatem Nicaenae synodi repugnantes sunt, condemnamus». La foi de Nicée est en fait considérée comme la doctrine la plus authentique de la Tradition en matière dogmatique.

Partant de cette indication, l'on doit constater que la manière dont l'épiscopat africain a géré la «crise de méfiance» que la défaillance du primat Restitutus a suscitée auprès de la *Catholica* correspond à la conception cyprianique de sollicitude de l'Église et de l'indépendance vis-à-vis de toute autorité extra-africaine. En effet, la formule même utilisée par les représentants de l'Église d'Afrique à Aquilée met en évidence aussi bien la fidélité de celle-ci à la doctrine de Nicée que l'esprit de communion avec la *Catholica*:

> Felix episcopus et legatus dixit: Si quis Filium Dei negaverit, et sempiternum et coeternum negaverit, non solus ego legatus totius Africae provinciae damno, sed et cunctus chorus sacerdotalis, qui ad hunc coetum sanctissimum me misit, etiam ipse ante damnavit[78].

L'organisation et le déroulement des travaux du concile d'Aquilée permettent ainsi d'affirmer que l'observance ou la fidélité manifestées par l'Église d'Afrique à l'égard de la doctrine de la Tradition, pour être authentifiées, n'ont pas requis la censure de l'instance pontificale, mais plutôt l'assentiment de la *Catholica*.

---

[77] P. MONCEAUX, *Histoire littéraire*, IV, 192.
[78] *Gesta concilii Aquilejensis* (MANSI III, 604).

3. La réception des canons romains en Afrique

Partant des facteurs tant internes qu'externes à l'Église d'Afrique, et en l'absence de toute preuve patente, on tentera de reconstituer les étapes qui ont concouru à l'adoption des canons du concile de Rome de 386. Un tel procédé nous amène à distinguer deux étapes: d'abord les préalables de réception des décrets romains, et ensuite l'origine de la glose *hoc est primatis*.

3.1 *Préalables*

3.1.1 L'accueil intégral des décrets romains

Avant d'esquisser le processus d'adoption des canons du concile romain de 386 en Afrique, il convient d'énoncer le présupposé suivant, qui s'avère fondamental pour une meilleure compréhension de la nature de l'autorité que l'épiscopat africain reconnaît aux décrets romains. Il s'agit des modalités d'accueil des Actes du concile romain en Afrique. C'est-à-dire que dans l'hypothèse où les canons transmarins ont été reçus en Afrique, ils l'ont été intégralement et non pas partiellement, en vertu de la méthode africaine des recours. Des éléments qui caractérisent cette forme de réception apparaissent dans l'attitude affichée par l'épiscopat africain dans les années qui suivent la tenue du concile de Rome. Cette attitude consiste à défendre l'autonomie judiciaire du concile d'Afrique dans un état de totale communion avec l'évêque de Rome.

3.1.2 Le contexte législatif d'Afrique

Pour déterminer l'origine de la glose relevée dans le décret romain qui traite des ordinations épiscopales, on envisage d'entreprendre l'enquête en fonction de la législation en vigueur en Afrique, à la fois pendant la période où se tient le concile transmarin (386) et pendant la période où les Actes de ce concile sont lus en Afrique (418). En effet, la connaissance de la législation africaine s'avère indispensable pour reconstituer l'état des relations de l'Église d'Afrique avec Rome. Grâce à cette connaissance, on peut évaluer le poids de l'autorité pontificale sur l'Église d'Afrique et, en même temps, il devient plus aisé de replacer au coeur du débat la confrontation des dispositions législatives d'Afrique avec la prérogative de l'ecclésiologie romaine, qui établit l'évêque de Rome comme le garant exclusif sinon ultime de la doctrine orthodoxe de la Tradition[79].

3.2 *L'origine de la glose «hoc est primatis»*

Le propos est ici d'évoquer quelques traits qui permettent de comprendre, malgré l'absence des données sûres, le contexte et l'environnement dans lesquels s'est effectuée l'opération de glose du décret venu de Rome.

3.2.1 L'adhésion libre

La situation de précarité constatée dans l'organisation ecclésiastique d'Afrique avant l'entrée en scène d'Aurelius semble être l'une des raisons principales d'adoption des canons romains envoyés en Afrique[80]. Cependant, des indications tirées des Actes des conciles d'Afrique infirment cette thèse. Car, on trouve une similitude assez frappante entre les formules des décrets romains et les dispositions législatives d'Afrique, spécialement celles qui traitent de la moralité du clergé[81]. Les recommandations du Siège apostolique rejoignent sensiblement les préoccupations que les rares conciles tenus avant Aurelius ont vivement soulignées: il s'agit spécialement de la fidélité aux règles de la Tradition parmi lequelles l'interdiction de réitérer le baptême[82] et l'observance de la continence et de la chasteté par les membres du clergé[83]. Il apparaît ainsi que les dispositions établies par le concile romain de 386 rencontrent une remarquable adhésion de la part de l'épiscopat africain, à tel point que celui-ci s'en inspire.

---

[79] C'est en effet la revendication qui se dégage de la recommandation que le pape Sirice adresse à ses collègues d'Afrique: Cf. *Conc. Thelense*: «litteras tales dare placuit non quae nova praecepta aliqua imperent, sed ea quae per ignaviam desidiamque aliquorum neglecta sunt observari cupiamus, quae [il s'agit des *praecepta*] tamen apostolicae Patrum constitutione sunt constituta, sicut scriptum est: "State et traditiones nostras sive per verbum sive per epistolam."». (CChr.SL 149, 59, lignes 35-40).

[80] B. KRIEGBAUM, «Afrikanische Autonomie», 18 s., démontre les limites de cette opinion.

[81] A ce sujet, R. CRESPIN, *Ministère*, 177-209, dresse un bilan d'activités multiformes entreprises par Augustin.

[82] Cf. *Conc. Carthag.* A. 345-348, can. 1 (CChr.SL 149, 3, ligne 24 s.).

[83] Cf. *Conc. Carthag.* A. 390, can. 2: «Cum praeterito concilio de continentia et castitate tractaretur, gradus isti tres qui constrictione quadam castitatis per consecrationem annexi sunt, episcopus inquam, presbyter et diaconus, tractatu pleniori, ut pudicitiam custodiant, doceantur». (CChr.SL 149, 13, lignes 27-30).

Cependant, tout bien considéré, l'essentiel des règles africaines ne démontre aucune dépendance de l'autorité des canons venus de Rome. Car, d'après les décrets établis par les conciles africains consécutifs à celui réuni à Rome en 386, la réception des canons transmarins se présente plutôt comme une opération effectuée dans un esprit d'accueil libre, conformément à l'usage antique, qui consiste en la communication mutuelle entre les Églises des comptes rendus des activités entreprises localement[84].

3.2.2 La législation du *Breviarium Hipponensis*

La législation africaine concernant les ordinations épiscopales renferme des éléments qui permettent de préciser la nature d'accueil que l'épiscopat africain a réservé à la *Tractoria* pontificale. Pour expliciter cet énoncé, on va procéder par le rapprochement des normes africaines contenues dans le recueil canonique dit *Breviarium Hipponensis* avec le décret romain qui stipule l'obligation de soumettre toute candidature épiscopale à l'appréciation de la *Sedes apostolica* (*hoc est primatis*).

Faut-il souligner que la référence faite à la législation du *Breviarium Hipponensis* relève de sa valeur particulière? En effet, ce code de droit se présente comme une législation d'avant-garde, élaborée au temps de reprise décisive des activités conciliaires d'Afrique, sous l'impulsion du *tandem* Aurelius-Augustin[85].

---

[84] Cf. *supra*, 33, n. 4.
[85] Cf. *Breviarium Hipponensis* (CChr.SL 149, 30-44). L'élaboration du recueil canonique dit *Breviarium Hipponensis*, telle qu'elle est décrite par C. MUNIER, «La tradition manuscrite», 45, montre l'importance des dispositions conciliaires arrêtées à Hippone (393), dans l'assemblée qui se réunit à l'aube d'une ère nouvelle pour l'Église d'Afrique. En effet, la tenue même de ce concile dans un diocèse de province sous la présidence d'Augustin encore prêtre plutôt qu'à Carthage relève, semble-t-il, d'un choix stratégique. A cette occasion, la suggestion formulée par les évêques de Byzacène arrivés anticipativement au concile général de Carthage de 397 de constituer un abrégé des Actes du concile précédent, démontre la valeur et la fidélité que les Pères d'Afrique accordent aux règles de leur législation, dans une perspective de continuité. A ce sujet, C. Munier, dit: «Ils déploraient [il s'agit des évêques de Byzacène] que les décisions du dernier concile plénier, celui d'Hippone, réuni quatre ans plus tôt, n'étaient pas observées — par ignorance, alléguait-on pour excuse. Pour leur part, ils s'engageaient à les faire connaître et respecter, dans leur province. Ils estimaient enfin qu'une rédaction abrégée des canons d'Hippone permettrait d'en assurer une meilleure diffusion et du même coup, une observation plus exacte». De même, en ce qui concerne la désignation d'Augustin dont le diocèse a abrité les travaux du premier concile du renouveau, H. LECLERCQ, «Afrique», 786-787, fournit dans son étude des indications qui sont des plus éclairantes: «Une circonstance

a) *Des ordinations épiscopales*

C'est l'ecclésiologie romaine du régime dit de la *Sedes apostolica* qui est à la base de la réflexion développée. En considérant l'esprit qui sous-tend cette ecclésiologie, il y a lieu d'affirmer que les décrets transmarins expédiés en Afrique ont été établis à l'intention des Églises dépendant de la juridiction pontificale[86]. Cependant, ces prescriptions ont rencontré en Afrique un contexte juridique qui n'était pas lacunaire. Cette thèse donne lieu à la justification suivante de la glose *hoc est primatis*, présente dans le décret qui traite des ordinations épiscopales.

Ayant été transmis en Afrique, le décret romain, pour s'intégrer dans le code de droit africain, a dû subir des adaptations aux usages africains. Car, dans l'organisation interne de l'Église d'Afrique, les dispositions relatives aux ordinations épiscopales ne prévoient pas de soumettre à l'appréciation de l'évêque de Rome, entendu comme *Sedes apostolica*, l'ordination d'un candidat africain. Les modifications opérées sur le canon romain constituent dès lors un premier indice de fidélité de l'épiscopat africain à sa législation traditionnelle. Pour étayer cette assertion, un rapide regard rétrospectif sur les activités conciliaires d'Afrique s'impose.

D'emblée, signalons qu'on n'entend pas dresser ici un tableau complet des directives africaines relatives aux ordinations épiscopales.

---

particulière avait du reste attiré l'attention sur Augustin pendant cette période, [observe l'auteur]. Les maximianistes venaient à peine de se réunir à Cabarsussi pour condamner Primianus, que les catholiques tenaient à leur tour de solennelles assises à Hippone (8 octobre 393). On peut supposer que son influence personnelle, [c'est-à-dire Augustin], ne fut pas étrangère au choix de cette ville. Ce qui tendrait à le prouver, c'est la marque d'estime singulière que les membres de l'assemblée donnèrent à ce simple prêtre. Sur leur demande, il prononça devant eux le discours "De fide et symbolo" qui nous a été conservé. Quelque intérêt cependant qu'il y ait à voir ce grand homme admis ainsi par avance au gouvernement général des chrétientés africaines, la véritable importance du concile est ailleurs. Depuis l'origine du donatisme, les catholiques, on s'en souvient, avaient trop souvent lutté en ordre dispersé. Un seul concile, tenu par l'évêque Gratus, dans des circonstances spéciales, groupa un instant leurs chefs. Il semblait vraiment que le souvenir des synodes du siècle précédent et des heureux effets qu'ils avaient produits se fût effacé. Mais voici qu'on revenait à une plus saine appréciation des choses. La double tentative de Genethlius pour discipliner les efforts de ses collègues était d'un favorable augure. C'est pour y donner une suite qu'Aurelius, deux ans à peine après son installation sur le siège de Carthage, rassemblait les évêques de toute l'Afrique à Hippone dans le "secretarium basilicae Pacis". Ils s'y rendirent nombreux, et ils adoptèrent une série de mesures si efficaces que les conciles fréquents des vingt années suivantes ne cessèrent d'y faire des emprunts».

[86] Cf. P. BATIFFOL, *Le Siège apostolique*, 231.

Le rappel de grands moments qui marquent la législation africaine jusqu'à la période où les Actes du concile romain sont lus dans l'Église de Byzacène suffisent à nous donner une juste image du contexte dans lequel les décrets transmarins ont été adoptés en Afrique.

+ Le concile de Carthage de 390

La législation africaine consécutive au concile de Rome de 386 remonte au concile qu'a réuni le primat Geneclius, en 390[87]. Pour donner suite à la suggestion de l'évêque Numidius de Maxula (en Proconsulaire), le concile prescrit que toute ordination épiscopale soit soumise à l'appréciation préalable du primat de province:

> Ab universis episcopis dictum est: Placet omnibus ut inconsulto primate cuiuslibet provinciae tam facile nemo praesumat: licet cum multis, in quocumque loco, sine eius, ut dictum est, praecepto, episcopum non debere ordinare. Si autem necessitatem fuerit, tres episcopi, in quocumque loco sint, cum primatis praecepto ordinare debebunt episcopum[88].

+ Le concile de Carthage de 397

Il apparaît qu'au concile de Carthage du 28 août 397, une dérogation avait été faite à la disposition traditionnelle. Les évêques d'Afrique avaient en fait revendiqué en faveur du primat Aurelius la compétence d'intervenir dans les cas d'ordinations épiscopales. Aurelius requérait de ses collègues la ligne de conduite à suivre en cas de refus de certaines Églises (évêques) de prêter des candidats à ordonner pour les Églises qui en étaient moins pourvues. On lui répondit résolument que la prérogative d'ordonner des évêques était réservée au primat d'Afrique par la tradition africaine non pas comme une faveur, mais comme un droit, voire une obligation: «Epigonius dixit: "Unde tibi non potestatem damus sed tuae adsignamus, ut liceat voluntati tuae et semper tenere quem voles ut praepositos plebibus vel ecclesiis constituas qui postulati fuerint, et unde volueris"»[89].

Néanmoins, cette affirmation, pour être appréciée à sa juste valeur, doit être nuancée. En effet, s'il est établi que le droit d'intervenir dans le domaine des ordinations épiscopales revient au primat d'Afrique comme un privilège lié à sa fonction en tant qu'il est, comme le fait

---

[87] Cf. *Conc. Carthag.* A. 390 (CChr.SL 149, 12).
[88] *Conc. Carthag.* A. 390, can. 12 (CChr.SL 149, 18, lignes 175-180). A ce sujet, cf. A. MANDOUZE, «Numidius 1», *PCBE*, I, 786.
[89] *RECE*, can. 55 (CChr.SL 149, 192, lignes 336-339).

remarquer à juste titre C. Munier, «l'autorité qui incarne pour tous la tradition, le devoir, la justice et la charité»[90], l'on ne doit pourtant pas ignorer le fait qu'on n'a recours à cette instance que dans des situations d'exception. C'est le cas du recours qu'Augustin adresse simultanément au primat Aurelius et au pape Célestin Ier pour l'ordination du successeur de Deuterius au siège de Césarée de Maurétanie. En effet, comme cette succession a suscité beaucoup d'animosité, au point de rendre plus difficile l'élection d'un nouvel évêque pour remplacer le défunt titulaire Deuterius, l'action du primat Aurelius a été requise[91].

+ Le concile de Carthage de 418

A la suite de l'appel du prêtre Apiarius à Rome, le concile général d'Afrique (418), invoquant la tradition, reprend les anciennes prescriptions dans une formule très impérative: en matière d'ordinations épiscopales, le concile exclut toute référence à une instance juridique autre que celle du primat de province, désigné à dessein par le terme *prima sedes*:

> Ab universis episcopis dictum est: A nobis veterum statuta debere servari sicut et inconsulto primae <sedis> cuiusque provinciae episcopum, tam facile non temere praesumant multi congregati episcopi episcopum ordinare. Si vero necessitas fuerit, tres episcopi in quocumque loco sint, eius praecepto ordinare debebunt episcopum. Et si qui contra suam professionem vel subscriptionem venerit, ipse se ab hoc coetu separabit[92].

A bien observer la facture des normes africaines concernant les ordinations épiscopales, on est amené à formuler l'hypothèse que pendant la période où se tient le concile de Carthage de 397 pour procéder à l'élaboration du *Breviarium Hipponensis*, les Actes du concile romain de 386 sont déjà reçus ou tout au moins connus en Afrique. Or, dans cette assemblée conciliaire, on assiste à l'élaboration d'un décret qui concerne les conditions d'ordination épiscopale et qui comporte un élément très significatif. Il s'agit notamment de la censure préalable de la candidature épiscopale effectuée à travers l'approbation

---

[90] C. MUNIER, «Canons africains», 8.

[91] AUGUSTIN, *Ep.*, 22*, 5, 3: «Interim episcopi cum ad ipsam civitatem necessitatis ipsius gratia convenissent, ut eligeret populus quem sibi cuperent ordinari, gravibus etiam iniuriis turbulentae multitudinis compulsi sunt eum illic ponere tamquam vices agentem episcopi proprii, donec consuleretur sedes apostolica et antistes Carthaginiensis ecclesiae, ut tunc fieret, sui ipsi voluissent [...]». (CSEL 88, 115).

[92] *Canones in causa Apiarii*, can. 12 (CChr.SL 149, 121, lignes 121-128). A ce sujet, cf. P. BATIFFOL, «Le "primae sedis episcopus"», 429 s.

des évêques et des fidèles: «Ut nullus ordinetur nisi probatus vel episcoporum examine vel populi testimonio»[93].

Selon toute vraisemblance, la nouvelle règle ne fait que renforcer les dispositions traditionnelles en usage dans les Églises d'Afrique. En guise de législation plus ancienne relative aux ordinations épiscopales, on peut évoquer la mesure rappelée autrefois par Cyprien (254/255). En son temps, pour motiver le pape Étienne Ier à proclamer l'excommunication de l'évêque gaulois Marcianus, Cyprien fait appel aux conditions dans lesquelles a eu lieu l'ordination du pape Corneille, dont la légitimité a fait l'objet d'un fâcheux malentendu. Les investigations ordonnées par Cyprien ayant été conclues, le prélat africain affirme que la consécration du pontife romain a été effectuée conformément aux règles établies par la Tradition de l'Église: c'est-à-dire qu'elle a été célébrée en Église, selon le jugement de Dieu, sur l'approbation du clergé et le suffrage du peuple[94]. De même, lorsqu'il s'est agi d'exhorter le pape Célestin Ier à collaborer avec les évêques d'Afrique pour appuyer la peine canonique qui était infligée à Antoninus (424/425), Augustin, tout en manifestant sa confiance au pontife romain, lui a rappelé à travers des compliments révérencieux la régularité de son ordination: l'évêque d'Hippone tient surtout à souligner le fait que cette ordination a été faite selon les dispositions canoniques, avec l'assentiment du peuple[95]. Au sujet du langage élogieux utilisé par l'évêque d'Hippone[96], il faut rappeler que l'ordination du pape Célestin Ier s'est pacifiquement déroulée par rapport à l'élection de son prédécesseur immédiat, le pape Boniface Ier, qui a connu la rivalité de l'archidiacre romain Eulalius[97].

---

[93] Cf. *Breviarium Hipponensis,* can. 20 (CChr.SL 149, 39, ligne 122).

[94] CYPRIEN, *Ep.*, 68, 2: «qui episcopo Cornelio in catholica ecclesia de Dei iudicio et cleri ac plebis suffragio ordinato profanum altare erigere et adulteram cathedram conlocare et sacrilega contra verum sacerdotem sacrificia offerre temptaverit [...]». (CSEL 3/2, 745). A ce sujet, cf. L. DUQUENNE, *Chronologie,* 29.

[95] AUGUSTIN, *Ep.*, 209, 1: «Primum gratulationem reddo meritis tuis, quod te in illa sede dominus deus noster sine ulla, sicut audivimus, plebis suae discissione constituit». (CSEL 57, 347).

[96] Pour W.H.C. FREND, «Fussala», 254, la déclaration d'Augustin est un acte d'adulation. En effet, l'évêque d'Hippone aurait écrit au pontife romain en ces termes parce qu'il se trouvait en position de faiblesse.

[97] La rivalité qui a divisé le clergé romain après le décès du pape Zosime est connue par diverses correspondances de l'empereur Honorius, qui sont conservées dans la *Collectio Avellana*: d'une part, il y a la lettre que Symmaque, le préfet de Rome, adresse à l'empereur Honorius Ier et celle que le procureur Largus écrit au primat Aurelius: cf. *Epp.*, 14; 36 (CSEL 35/1, 59-60; 82); d'autre part, on trouve la requête

Comme on peut le constater, il apparaît clairement que d'après les règles africaines, aucune mention n'est faite de l'avis ou de l'information préalable de l'évêque de Rome pour les ordinations épiscopales d'Afrique. Bien plus, en retenant que les prescriptions susmentionnées permettent d'affirmer que le concile d'Afrique est le seul juge des affaires nées sur son territoire, il ne fait pas l'ombre d'un doute que les canons du concile romain de 386 transmis en Afrique ne sont pas accueillis comme des ordres à exécuter. Ils sont plutôt reçus comme des directives proposées et laissées à la discrétion de l'autorité législative d'Afrique, pour s'en inspirer, et au besoin en user à bon escient, c'est-à-dire en fonction des réalités ecclésiales locales.

Fort de ces données, on est fondé à conclure que les dispositions canoniques exposées ci-dessus tendent plus à justifier la fidélité de l'épiscopat africain à sa tradition législative qu'à démontrer un quelconque attachement aux recommandations venues de Rome.

b) *Le remaniement du décret romain*

Le moment et les circonstances dans lesquels a été opéré le remaniement du décret romain demeure le point névralgique pour savoir comment les Actes du concile romain de 386 ont été reçus. Certains indices d'adaptation du canon romain semblent toutefois figurer dans les Actes du concile d'Afrique, qui a eu lieu en été de l'année 397. En effet, parmi les matières qui sont soumises à la discussion des Pères, le concile traite du nombre requis d'évêques consacrants pour l'ordination d'un évêque. A cette occasion, le primat Aurelius en appelle explicitement aux dispositions traditionnelles. De même, au cours des débats, un détail particulier, qu'il convient de signaler, vient au grand jour: il s'agit de l'esprit de liberté que démontre le primat d'Afrique pour effectuer des dérogations à la règle du nombre d'évêques consacrants. En effet, Aurelius prenant partie pour les diocèses de Tripoli et du peuple d'Arzuges (province de la Tripolitaine) où le clergé est moins nombreux, — vu la situation de ces contrées qualifiées de

---

adressée par les prêtres de Rome à l'empereur Honorius en faveur de leur collègue Boniface: cf. *Ep.*, 17 (CSEL 35/1, 63-65); les lettres d'Honorius demandant au clergé africain d'intervenir au concile de Spolète: cf. *Ep.*, 26 (CSEL 35/1, 72); la lettre que l'empereur écrit au primat Aurelius: cf. *Ep.*, 27 (CSEL 35/1, 73). A ce sujet, cf. H. MAROT, «Eulalius», 1385; aussi L. DUCHESNE, *Histoire ancienne*, III, 247-249; également C. PIETRI, «Les difficultés», 471

barbarae gentes —, suggère à l'assemblée de dispenser ces Églises de dispositions établies pour l'ensemble d'Afrique[98].

Au regard de l'initiative prise par le primat Aurelius, un second indice de la thèse de la paternité africaine de la glose *hoc est primatis* se confirme. Cette initiative laisse davantage transparaître l'attachement de l'épiscopat africain à sa législation traditionnelle plutôt qu'à celle venue de Rome. Une rapide évocation de la procédure suivie par Augustin dans l'affaire d'Antoninus peut suffire à illustrer cette considération. Dans le but de pourvoir au remplacement d'Antoninus au siège de Fussala, Augustin précise que l'appréciation du candidat à promouvoir n'est pas confiée aux soins d'Aurelius, l'évêque de Carthage et primat de toute l'Afrique. Cette délicate responsabilité est spécialement laissée à la compétence du primat de Numidie, Aurelius de Nicomades, dit *senex*[99].

Cette procédure témoigne, de toute évidence, de la fidélité de l'épiscopat africain aux prescriptions de sa législation traditionnelle en matière d'ordinations épiscopales. En outre, cette procédure éclaire d'un jour nouveau l'autorité dont le concile d'Afrique revêt les décrets venus de Rome. Car, tout en faisant siens les canons transmarins, le concile d'Afrique entend, conformément à sa tradition, que soit reconnu le privilège du primat de la province du candidat à ordonner évêque. On comprend dès lors pourquoi, dans la glose, l'autorité ou l'instance de référence compétente pour censurer toute candidature est désignée par la proposition explétive *hoc est primatis*[100]. Ainsi, la présence de cette

---

[98] Cf. *RECE*, can. 49: «Aurelius episcopus dixit: Forma antiqua servabitur, ut non minus quam tres sufficiant, qui fuerint destinati, ad episcopum ordinandum. Praeterea, quia in Tripoli forte et in Arzuge interiacere videntur barbarae gentes — nam in Tripoli, ut asseritur, episcopi sunt quinque tantummodo, et possunt forte de ipso numero vel duo necessitate aliqua occupari; difficile est enim ut de quolibet numero omnes possint occurrere — numquid debet hoc ipsum impedimento esse ecclesiasticae utilitati ? Nam et in hac ecclesia, ad quam dignata est vestra sanctitas convenire, crebro ac paene per diem dominicam ordinandos habemus; numquidnam frequenter potero duodecim vel decem vel non multo minus advocare episcopos ? Sed facile est mihi duos adiungere meae parvitati vicinos. Quapropter cernit mecum caritas vestra hoc ipsum observari non posse». (CChr.SL 149, 188, lignes 185-199); aussi, can. 50 (*Ibid.*, 188); également *Breviarium Hipponensis*, can. (additus) 38 (*Ibid*, 45-46, lignes 230-259). A. AUDOLLENT, «Arzuges», 864, note la particularité du christianisme dans ces régions, où beaucoup de tribus demeurèrent païennes jusqu'à la fin du IVe siècle; aussi A. MANDOUZE, «Honoratus 5», *PCBE*, I, 565.

[99] AUGUSTIN, *Ep.*, 20*, 9, 3: «Deinde maior senex misit Fussalam episcopos, coram quibus eligeretur suffragiis quis eis ordinaretur episcopus et ad se ordinandus dirigeretur, et factum est». (CSEL 88, 99).

[100] Cf. *supra*, 173, n. 2.

proposition se justifie comme un ajout, qui exprime l'adaptation de la recommandation romaine à la tradition canonique d'Afrique[101].

3.2.3 La communion de l'évêque de Rome

Un autre critère qui a commandé la réception des Actes du concile romain en Afrique est, semble-t-il, le principe ecclésiologique de communion avec l'évêque de Rome. Cette donnée constitue un autre aspect de la fidélité de l'épiscopat africain à sa tradition juridico-ecclésiologique. En d'autres termes, en développant ce thème, c'est le caractère ambivalent du comportement de l'épiscopat africain face à l'évêque de Rome qu'on voudrait élucider.

L'examen des normes africaines relatives aux ordinations épiscopales conduit, comme nous l'avons démontré, au constat selon lequel aucune règle canonique ne fait allusion à l'intervention de l'évêque de Rome dans ce domaine. De même, il est tout aussi vraisemblable qu'en leur adressant les Actes du concile de Rome, le pape Sirice entendait rallier les évêques d'Afrique à la ligne de conduite romaine. La péroraison même de la *Tractoria* papale comporte des revendications qui apparaissent crûment sous la forme prescriptive. Ainsi lit-on dans la finale de la décrétale romaine: celui qui n'observerait pas les règles contenues dans l'encyclique pontificale se rendrait passible d'excommunication et même, serait sanctionné par les peines de l'enfer[102]. A ce propos, il n'est pas superflu de faire remarquer ici que le langage comminatoire du communiqué pontifical est imposé par l'état des désordres ecclésiaux engendrés par la disparité des traditions qui règnent dans les Églises appartenant à la partie occidentale de l'empire, dans lesquelles la tradition romaine doit servir de modèle. C'est dans ce contexte que le pape Sirice recommande vivement à Himère de Tarragone de communiquer l'observance des prescriptions qui lui viennent du Siège apostolique à d'autres Églises d'Occident[103].

Si tel est, comme il apparaît de toute évidence, l'objectif visé par l'encyclique papale[104], on doit par ailleurs constater que ce but n'a pas

---

[101] Cependant, J.-R. PALANQUE, «Les métropoles ecclésiastiques», 479, n. 2, fait remarquer que la spécification du primat, qui doit veiller à l'examen des candidatures à l'épiscopat est indiquée dans une lettre que le pape Sirice a adressée à tous les évêques orthodoxes. Cependant, cette lettre est de date inconnue.

[102] Cf. *Conc. Thelense*: «Si quis sane inflatus mente carnis suae ab hac canonis ratione voluerit evagari, sciat se et a nostra communione seclusum et gehennae poenas habiturum». (CChr.SL 149, 63, lignes 105-108).

[103] Cf. *supra*, 48, n. 63.

[104] C. MUNIER, «"Sollicitudo"», 458, note la finesse du pontife romain dans la

été atteint. Car, les évêques d'Afrique, quoiqu'ayant connu les instructions romaines, ont plutôt continué à observer leurs règles traditionnelles en matière d'ordinations épiscopales. Peut-on pour autant inférer du rejet des directives du Siège apostolique par les Africains? La conception africaine de communion avec l'évêque de Rome, qui sous-tend la réception des Actes du concile transmarin, offre des éléments de réponse à cette réflexion.

Il y a en premier lieu le principe cyprianique qui recommande de demeurer en état de communion totale avec l'évêque de Rome surtout pour les affaires qui concernent l'autorité et la dignité épiscopale. En vertu de ce principe, on doit affirmer qu'aussi bien l'adoption que la mise en application des décrets romains relèvent de l'initiative propre de l'épiscopat africain et non pas de l'évêque de Rome, quand bien même celui-ci entendait pour sa part que son communiqué soit accueilli comme une réponse conforme au régime ecclésiologique dit de la *Sedes apostolica*.

Ensuite, il y a le principe cyprianique de la liberté de chaque évêque dans son Église. C'est dans ce principe que s'enracine la thèse de la paternité africaine de la glose *hoc est primatis*. Cet ajout reflète bien la conception spécifique de l'ecclésiologie africaine. Pour corroborer cette assertion, voici un texte, qui éclaire par sa formulation même, l'origine de la glose opérée sur le décret romain au sujet des ordinations épiscopales. Il s'agit du deuxième canon du concile général d'Afrique, tenu à Carthage, en 390. Ce décret fait mention de l'attention que les membres du clergé, en l'occurrence les diacres, les prêtres et les évêques doivent réserver à l'observance de la discipline relative à la continence et à la chasteté:

> Epigonius episcopus Bullensium regionum dixit: Cum praeterito concilio de continentia et castitate tractaretur, gradus isti tres qui constrictione quadam castitatis per consecrationem annexi sunt, episcopus inquam, presbyter et diaconus, tractatu pleniori, ut pudicitiam custodiant, doceantur [...]. Geneclius episcopus dixit: Ut superius dictum est, decet sacros antistites ac Dei sacerdotes necnon et levitas vel qui sacramentis divinis inserviunt, continentes esse in omnibus, quo possint simpliciter quod a Domino

---

présentation de son encyclique: «Nulle part, [observe l'auteur], Sirice ne se pose en législateur autonome; nulle part il n'invoque l'autorité propre à l'évêque de Rome. Tout se passe comme si le pape voulait s'effacer derrière le synode romain et se fondre en lui. [...]».

postulant impetrare, ut quod apostoli docuerunt et ipsa servavit antiquitas nos quoque custodiamus[105].

Le législateur africain fonde l'obligation d'observer cette prescription sur l'autorité et les recommandations de la Tradition de l'Église. En effet, cette disposition est rappelée comme une règle ancienne reçue des Apôtres, et non pas comme un ordre émanant de l'autorité pontificale. Bien plus, un détail frappant se dégage de l'engagement de l'épiscopat africain: le débat conciliaire ne fait aucune allusion à la récente *Tractoria* du pape Sirice (386), qui parle de l'obligation des clercs d'observer la continence dans une formule remarquablement impérative: «Qua de re hortor, moneo, rogo: tollatur hoc obprobrium, quod potest iure etiam gentilitas incusare [...]»[106].

A ce propos, quand bien même la lecture de la déclaration du primat Geneclius pourrait suggérer d'interpréter l'incise *nos quoque custodiamus* comme faisant allusion aux Actes du concile romain envoyés en Afrique, et par conséquent donner à penser que l'examen de ces décrets était à l'ordre du jour au concile de 390, cette hypothèse perd en consistance, car la présente assemblée évoque un concile antérieur qui fait autorité (*Cum praeterito concilio de continentia et castitate tractaretur* [...]) concile bel et bien africain non précisé, et non le concile romain de 386.

Étant donné la procédure africaine d'après laquelle la séance conciliaire s'ouvrait avec la lecture des canons du concile précédent, il y a lieu de croire que le primat Geneclius se réfère au concile d'Afrique tenu sous le primat Gratus à Carthage (345-348), puisque ce concile «est, [comme le fait remarquer C. Munier], le plus élaboré de la série»[107]. En effet, un canon de ce concile recommande vivement la prudence aux membres du clergé dans leurs relations avec les vierges consacrées:

> Gratus episcopus dixit: Et illud praecipue, si videtur vestrae dilectioni, cavendum est; ut pastoris curam, quantum debet et potest, regalis providentia tota praemuniat, ut nullis liceat extraneis ab affectu carnali abstinentibus diverse pariter commorari. [...]. Universi dixerunt: Qui nollunt nubere et pudicitiae meliorem elegunt partem, vitare debent non solum habitare simul, sed nec habere ad se aliquem accessum. Hoc ergo et

---

[105] *Conc. Carthag.* A. 390 (CChr.SL 149, 13, lignes 26-36).
[106] *Conc. Thelense*, can. 9 (CChr.SL 149, 61, lignes 83-84).
[107] C. MUNIER, «Canons africains», 6-7.

lex iubet et sanctitas vestra commendat, hoc et in singulis conciliis a nobis statutum est[108].

L'autorité de la législation traditionnelle d'Afrique résiste ainsi à la thèse qui veut justifier l'adoption des Actes du concile romain de 386 en Afrique par le fait que l'épiscopat africain aurait vu dans ces décrets la contribution du pape Sirice à la lutte commune contre le donatisme[109]. Tout en étant valide, cette thèse ne peut enlever au concile d'Afrique sa compétence délibérative de décider des affaires qui se produisent dans la juridiction ecclésiastique d'Afrique. C'est dans cette perspective que, nonobstant l'adoption des canons romains en Afrique, les ordinations épiscopales restent bien soumises aux règles établies par la législation locale (*placita, statuta*).

4. Le jugement d'un évêque

Après avoir esquissé le processus des retouches opérées sur le décret des Actes du concile romain, nous allons maintenant examiner l'impact des recommandations pontificales sur le procès d'un évêque. La mise en cause de l'évêque Auxilius constitue la matière principale des investigations.

4.1 *La plainte du comte Classicianus*

L'affaire de Classicianus est connue par trois Lettres d'Augustin. La Lettre 250 comporte l'exhortation que l'évêque d'Hippone adresse à son jeune collègue Auxilius[110]. Alors que la Lettre 250 A est traditionnellement connue sous la forme de *fragmentum*[111], elle fait en revanche partie intégrante de la Lettre 1* du corpus augustinien de la correspondance nouvellement mise à jour par J. Divjak[112]. Cette dernière

---

[108] *Conc. Carthag.* A. 345-348, can. 3 (CChr.SL 149, 5, lignes 62-66; 72-76).

[109] Parmi les tenants de cette opinion, on trouve B. KRIEGBAUM, «Afrikanische Autonomie», 12, qui dit: «Nicht die Frage, ob der Glaube oder die Disziplin nun auf dem Spiele stand, war ausschlaggebend für die Möglichkeit eines Eingreifens der Päpste in Afrika, sondern die Einschätzung der eigenen Stärke im Abwehrkampf gegen den Donatismus durch den afrikanischen Episkopat».

[110] Cf. AUGUSTIN, *Ep.*, 250 (CSEL 57, 593-599). A ce sujet, cf. A. MANDOUZE, «Auxilius 1», *PCBE*, I, 132.

[111] Cf. AUGUSTIN, *Ep.*, 250 A (CSEL 57, 598-599). Un commentaire circonstancié de ce fragment est présenté par G. FOLLIET, «Notes complémentaires», BAug 46 B, 421.

[112] Cf. AUGUSTIN, *Ep.*, 1*, 5, 1 (CSEL 88, 6). A ce sujet, cf. G. FOLLIET, «Le dossier de l'affaire Classicianus», 146.

Lettre, à l'instar de la précédente 250 A, est la réponse que l'évêque d'Hippone communique à Classicianus, le comte qui a sollicité son arbitrage pour la peine d'excommunication collective que son évêque, Auxilius, lui a infligée[113].

4.1.1 Nature de la peine d'excommunication collective

Ayant été interpellé par le comte Classicianus, Augustin propose de saisir le concile d'Afrique, et au besoin, d'en appeler *ad Sedem apostolicam*:

> avec l'aide du Seigneur, [dit Augustin], j'ai l'intention d'intervenir dans notre concile et, si besoin est, d'écrire au Siège Apostolique, pour que soit prise et confirmée, avec l'autorité d'un accord unanime, la décision que nous aurons à suivre dans ces affaires[114].

A bien scruter cette déclaration d'Augustin, il semble que le projet de l'évêque d'Hippone de recourir à Rome après une éventuelle consultation auprès du concile d'Afrique s'accommode des dispositions du régime ecclésiologique dit de la *Sedes apostolica*, notamment celle qui stipule que toute décision ecclésiastique prise même dans une contrée lointaine doit être communiquée à Rome où la cause doit recevoir son dernier jugement. De même, l'excommunication collective dont Augustin lui-même avoue ne pas retrouver des directives bien définies dans l'enseignement de la Tradition, est de toute évidence une cause d'intérêt majeur pour l'Église. Bien plus, l'appel à l'autorité des Saintes Écritures ou à quelque autre argument solide sur lesquels Augustin invite son jeune collègue Auxilius à fonder sa décision[115] induit à considérer l'excommunication collective comme une véritable *causa maior*.

---

[113] Cf. AUGUSTIN, *Ep.*, 1*, 5 (CSEL 88, 6). A ce sujet, cf. A. MANDOUZE, «Classicianus», *PCBE*, I, 210; également G. FOLLIET, «Le dossier de l'affaire Classicianus», 143-146.

[114] AUGUSTIN, *Ep.*, 1*, 5, 1: «adiuvante domino et in concilio nostro agere cupio et, si opus fuerit, ad sedem apostolicam scribere, ut in his causis quid sequi debeamus concordi omnium auctoritate constituatur atque firmetur». (CSEL 88, 6).

[115] AUGUSTIN, *Ep.*, 250, 1: «ut, si habes de hac re sententiam certis rationibus vel scripturam testimoniis exploratam, nos quoque docere digneris, quomodo recte anathemetur pro patris peccato filius aut pro mariti uxor aut pro domini servus aut quisquam in domo etiam nondum natus, si eodem tempore, quo universa domus est anathemate obligata, nascatur, nec ei possit per lavacrum generationis in mortis periculo subveniri». (CSEL 57, 594).

4.1.2 L'autorité du concile d'Afrique

Dans son projet, Augustin parle de s'adresser à Rome en termes d'intention, de désir ou de souhait: «in concilio nostro agere cupio». Alors qu'il a déjà exprimé son point de vue à son interlocuteur, c'est-à-dire qu'il a avoué au comte Classicianus son innocence dans la version des faits qui lui a été rapportée[116], l'évêque d'Hippone propose néanmoins de porter la plainte dont il a été saisi au jugement du concile.

Un bref rapprochement de la procédure suivie par Augustin dans l'affaire de Classicianus avec celle utilisée autrefois par Cyprien au sujet des *lapsi* peut aider à mieux comprendre le sens de l'autorité du concile à laquelle l'évêque d'Hippone entend recourir.

Au temps de Cyprien, des évêques de la province de Byzacène s'étant réunis, ils sollicitèrent l'avis de l'évêque de Carthage, afin d'établir les modalités de réconciliation des pénitents. Alors que, personnellement, il avait un avis favorable sur la réadmission des pénitents réguliers dans la communion de l'Église, Cyprien ne préféra pas moins se référer à l'autorité du concile général d'Afrique[117]. Le primat d'Afrique répondit aux évêques de la Byzacène en ces termes:

> Cependant, puisque vous m'avez demandé de traiter de ce même objet à fond avec tant d'autres collègues, une chose si importante réclame, en effet, une étude plus approfondie et plus sérieuse, où plusieurs mettent leurs lumières en commun [...]. De cette manière, nous prendrons un parti ferme et vous transmettrons un avis émanant de plusieurs évêques[118].

La réflexion axée sur la nécessité de recourir au concile d'Afrique constatée aussi bien au temps de Cyprien qu'à l'époque d'Augustin pour le jugement d'une affaire qui a valeur de *causa maior* conduit à la conclusion suivante, qui recouvre deux aspects. D'abord, la procédure qui consiste à recourir à l'autorité du concile constitue non seulement un indice de continuité, mais surtout la marque de fidélité de l'épiscopat du temps d'Augustin à la tradition d'autonomie judiciaire du concile

---

[116] AUGUSTIN, *Ep.*, 1*, 3, 1: «Iam vero cum causam considero quam mihi litteris intimasti, propter quam vel ipse solus utrum tali coherticione fueris dignus inquiritur, non invenio culpam tuam, si vera narrasti». (CSEL 88, 5).

[117] CYPRIEN, *Ep.*, 56, 1-2: «De quibus consulendum putastis an eos ad communicationem iam fas esset admittere. Et quidem quod ad mei animi sententiam pertinet, puto his indulgentiam domini non defuturam [...]». (CSEL 3/2, 648).

[118] CYPRIEN, *Ep.*, 56, 3: «Quoniam tamen scripsistis ut cum pluribus collegis de hoc ipso plenissime tractem et res tanta exigit maius et pensius de multorum conlatione consilium [...] ut de eo quod consuluistis figatur apud nos et rescribatur vobis firma sententia multorum sacerdotum consilio ponderata». (CSEL 3/2, 649-650).

d'Afrique comme l'avait ébauchée Cyprien. Car, dans l'affaire du comte Classicianus, la raison principale qui justifie le projet d'Augustin de recourir à l'autorité du concile est, semble-t-il, le manque de dispositions préalablement établies au sujet de l'excommunication collective. Pour les causes de cette nature, le concile d'Afrique a toujours été considéré comme l'instance compétente pour légiférer aussi bien en décrétant des mesures disciplinaires qu'en définissant des doctrines dogmatiques.

En second lieu, quand Augustin projette d'en appeler au Siège apostolique, on remarque la valeur que l'ecclésiologie africaine accorde au critère de l'*unanimitas*. La présente considération démontre que, nonobstant l'avènement du régime dit ici de la *Sedes apostolica*, l'épiscopat africain au temps d'Augustin ne s'est pas détaché de la vision traditionnelle, qui reconnaît le concile comme l'autorité suprême de l'Église, étant donné que les évêques, qui sont des chefs investis de charismes spéciaux y confrontent leurs opinions et décident à l'unanimité pour l'utilité de l'Église.

Cependant, le projet formulé par Augustin suscite une remarque de fond. Il semble que l'autorité du concile d'Afrique, qui se veut autonome, ne suffit pas pour résoudre de manière péremptoire le problème de l'excommunication collective. En proposant de recourir à Rome, l'évêque d'Hippone aurait-il vu quelque limite dans l'autorité du concile d'Afrique?

4.2 La «raison d'être» du recours à Rome

L'essai d'explication de la «raison d'être» du projet d'Augustin de recourir *ad Sedem postolicam* est fondé sur deux données complémentaires. La première se rapporte à la date du recours de Classicianus auprès d'Augustin, à partir des éléments qui aident à identifier l'évêque mis en cause, Auxilius. La seconde donnée a trait au statut de l'accusé: Auxilius est évêque et il appartient à la province de Maurétanie, traditionnellement encline à suivre les usages de l'Église de Rome.

4.2.1 De la date du recours de Classicianus

Pour déterminer la date du recours du comte Classicianus, il convient de considérer un instant l'identité de l'évêque Auxilius, telle qu'elle est évoquée par les sources. Les différentes opinions émises autour de l'identité du personnage Auxilius ont été réunies en dernier lieu par G.

Folliet[119]. A partir de la conclusion établie par ce dernier, à savoir que le recours de Classicianus est à situer vers les dernières années de la vie d'Augustin (427-430), il y a lieu de cerner le sens des précautions dont l'évêque d'Hippone entoure son projet de saisir le Siège apostolique. La locution adverbiale *si opus fuerit* employée dans ce projet constitue la clé principale d'interprétation de la «raison d'être» pour ce recours.

a) *L'identité du personnage Auxilius*

Plusieurs auteurs identifient Auxilius, le destinataire de la Lettre 250 d'Augustin avec l'évêque du même nom, qui a participé à la Conférence de Carthage de 411. Parmi les tenants de cette opinion, on trouve J. Mesnage et J.-L. Maier[120]. Pour sa part, bien qu'il partage le point de vue de ces auteurs, A. Mandouze observe avec pertinence «la rareté du nom d'Auxilius» dans les listes épiscopales d'Afrique[121].

Par contre, d'autres chercheurs s'appuient sur les dates de rédaction des Lettres d'Augustin signalées ci-dessus, qui traitent de l'affaire de Classicianus. Sur l'autorité de ces éléments, les auteurs réfutent l'identification du destinataire des Lettres d'Augustin avec l'évêque Auxilius, qui a pris part à la Conférence de Carthage de 411. Cette thèse est soutenue par G. Folliet[122]. Ce dernier mise particulièrement sur le blâme qu'Augustin a adressé à Auxilius. Pour ce faire, l'auteur oppose l'ancienneté d'Augustin dans l'épiscopat (*tot annorum*) au jeune âge de son collègue Auxilius (*necdum anniculus*)[123]. En effet, en l'année 411, Augustin est âgé de 57 ans et exerce l'épiscopat depuis 17 ans[124]. Dans cette optique, en se basant sur l'écart d'âges qui séparent les deux évêques, A. Audollent fait remarquer pour sa part que le ton adopté par Augustin dans le reproche qu'il adresse à Auxilius reflète une autorité chargée d'expérience. C'est pourquoi, conclut l'auteur, l'affaire de

---

[119] G. FOLLIET, «Le dossier de l'affaire Classicianus», 138-140.

[120] Cf. J. MESNAGE, *L'Afrique chrétienne*, 479; J.-L. MAIER, *L'épiscopat de l'Afrique*, 264.

[121] A. MANDOUZE, «Auxilius 1», *PCBE*, I, 132.

[122] G. FOLLIET, «Le dossier de l'affaire Classicianus», 132.139; ID., «Notes complémentaires», BAug, 46 B, 422.

[123] AUGUSTIN, *Ep.*, 250, 2: «Sed, si tibi forte, quam iuste fiat, dominus revelavit, nequaquam in te aetatem tuam et honoris ecclesiastici rudimenta contemno. En adsum, senex a iuvene et episcopus tot annorum a collega necdum anniculo paratissum discere, quo modo possumus vel Deo vel hominibus iustam reddere rationem [...]». (CSEL 57, 595).

[124] Cf. L.S.L. DE TILLEMONT, *Mémoires*, XII, 536.

Classicianus est à situer dans une période sensiblement postérieure à la Conférence de Carthage de 411[125].

b) *L'état des rapports de l'Église d'Afrique avec Rome*

Jusqu'à la période où se tient la Conférence de Carthage (411), les relations de l'Église d'Afrique avec Rome sont, semble-t-il, plutôt rares[126]. L'épiscopat africain en proie à la crise donatiste se défend en s'appuyant sur les mesures impériales, qui mettent sévèrement en cause les adversaires de l'Église catholique. A ce propos, on doit souligner particulièrement le fait que l'épiscopat africain n'a pas associé le Siège apostolique à la Conférence de Carthage de 411 pour la recherche de solution à la crise donatiste[127]. Cette remarque, qui est fondée sur deux considérations, accorde leur valeur spécifique aux rapports que l'Église d'Afrique entretient avec Rome.

Il y a d'abord à considérer le caractère spécifique de la controverse africaine. Le schisme africain avait focalisé la discorde sur l'aspect dogmatique, en niant la valeur du sacrement conféré par un traditeur. Vient ensuite le privilège que l'ecclésiologie dite de la *Sedes apostolica* accorde à l'évêque de Rome, celui de l'établir comme le garant exclusif de la doctrine orthodoxe. Au regard de ces deux données, on doit constater que l'autorité du concile d'Afrique à l'époque où se produit l'affaire de Classicianus apparaît suffisamment solide puisque l'intervention de l'évêque de Rome en Afrique n'est pas sollicitée. Dans ce contexte, la solution apportée au problème du schisme africain par l'engagement du seul épiscopat africain prouve la vitalité de l'autorité judiciaire de l'Église d'Afrique. En outre, l'esprit de solidarité qu'Au-

---

[125] A. AUDOLLENT, «Auxilius Murconensis», 973.

[126] Pour élucider ce constat, on peut invoquer l'observation faite par O. WERMELINGER, *Rom*, 123, au sujet de la crise pélagienne, qui est survenue cinq ans après la Conférence de Carthage de 411: «Bis zu diesem Zeitpunkt waren Kontakte auf höchster Ebene zwischen römischer und afrikanischer Kirche eher selten [...]». De même, V. MONACHINO, «Scisma donatista», 22, rend témoignage de cette situation, lorsqu'il affirme: «A questi [c'est-à-dire les grandes lignes de la politique impériale] ed a molti altri interventi dei pubblici poteri fa riscontro qualche raro intervento del vescovo di Roma, e precisamente un atto del papa Siricio nel 386 e due risposte a consultazioni dei vesovi africani, l'una del medesimo papa Siricio nel 397/98, l'altra del papa Anastasio I nel 401».

[127] Cf. *RECE*, can. 67; 69 (CChr.SL 149, 199, lignes 592-600; 200, lignes 629-649). Sur les démarches de l'épiscopat africain à la cour impériale au sujet des préparatifs de la Conférence de 411, cf. l'historique plus détaillé présenté par S. LANCEL, *Actes*, I, 12-50; également C. PIETRI, «Les difficultés», 435; aussi V. SAXER, «Autonomie africaine», 197.

gustin manifeste à l'égard de ses collègues d'Afrique[128] contredit l'assertion selon laquelle le concile d'Afrique n'était pas habilité à définir de manière authentique les dispositions concernant l'excommunication collective. Sur l'autorité de ces deux énoncés, on peut affirmer que l'appel des Africains à l'autorité papale pour résoudre l'affaire de Classicianus pendant la période qui vient après le triomphe de 411 n'est pas, en tout état de cause, envisageable.

Le second facteur qui permet à la fois de dater l'affaire de Classicianus et d'appréhender le sens du projet d'Augustin de saisir le Siège apostolique est la situation législative de l'Église d'Afrique pendant les dernières années de la vie d'Augustin. Cette période est spécialement marquée par le renforcement de l'autorité judiciaire du concile d'Afrique. Car, le concile de Carthage de 424/425 interdit de manière péremptoire aux Africains d'interjeter appel en dehors de la juridiction africaine[129]. Vu l'état des relations plutôt conflictuelles de l'épiscopat africain avec le pape Célestin Ier, destinataire de la synodale *Optaremus*, l'autonomie de censure que revendique cette synodale rend peu imaginable un appel au Siège apostolique pour résoudre le problème de Classicianus. Pour tout dire, le climat de tension qui règne entre l'épiscopat africain et le Siège apostolique pendant cette période est stigmatisé dans la procédure de réconciliation employée par Augustin dans l'affaire d'Antoninus. En effet, pour dénouer la crise suscitée par l'obstination d'Antoninus, l'évêque d'Hippone recourt à la médiation de la dame Fabiola plutôt qu'aux bons offices du pape Célestin I[er][130].

---

[128] L'esprit de solidarité d'Augustin avec ses collègues d'Afrique est bien mis en évidence à travers cette remarque de R. CRESPIN, *Ministère*, 133: «Ce n'est pas l'aspect le moins attachant de la sainteté d'Augustin, [observe l'auteur], que cette humilité dont il ne se départit jamais malgré l'autorité qu'il avait acquise auprès de ses collègues. Sans renoncer à mettre au service de l'Église ses talents exceptionnels, il refusa toujours de s'en prévaloir pour échapper à la loi commune. La discipline élaborée par les conciles africains peut être fortement marquée de son empreinte; elle s'impose néanmoins à tous les évêques d'Afrique: quand il s'agit d'obéir, il n'est que l'un d'entre eux, et non le moins docile»; de même W. MARSCHALL, *Karthago*, 158; aussi A. MANDOUZE, «Aurelius 1», *PCBE*, I, 105.

[129] Cf. *Conc. Carthag.* A. 424/425: «Prudentissime enim iustissimeque viderunt quaecumque negotia in suis locis orta fuerint finienda, nec unicuique provinciae gratiam sancti Spiritus defuturam, qua aequitas a Christi sacerdotibus et prudenter et constantissime teneatur [...]». (CChrSL 149, 171, lignes 58-62).

[130] Cf. AUGUSTIN, *Ep.*, 20*, 33, 1-4 (CSEL 88, 111-112). A ce sujet, cf. C. PIETRI, «Les Lettres nouvelles», 352-354.

L'état des rapports de l'Église d'Afrique avec Rome permet ainsi de mieux apprécier la «raison d'être» du projet d'Augustin de saisir le Siège apostolique. C'est ainsi que la décision à prendre de concert avec le Siège apostolique est à inscrire dans l'ordre de la fidélité de l'évêque d'Hippone au principe ecclésiologique cyprianique, d'après lequel il convient de demeurer en état de communion permanente avec l'évêque de Rome. Du reste, l'initiative d'Augustin correspond au schéma dont s'est servi Cyprien dans son adresse au clergé romain pendant que le siège épiscopal de Rome était vacant. A cette occasion, le primat d'Afrique expliquant au clergé romain la «raison d'être» de la Lettre qu'il lui avait précédemment expédiée au sujet des décisions prises en Afrique à l'égard des *lapsi*, précise: «Notre amitié réciproque et la raison même demandent de nous, frères très chers, qu'il n'y ait rien que nous ne portions à votre connaissance de ce qui se fait ici, afin que, pour le bon gouvernement de l'Église, nous mettions nos idées en commun»[131].

De même, l'appel à l'instance romaine dépend de l'appréciation que l'autorité conciliaire d'Afrique porte sur la matière à juger: elle en détermine la nature (*causa maior* ou *causa minor*) et évalue ensuite les implications que cette cause comporte sur le plan de la communion de l'Église universelle. La locution adverbiale *si opus fuerit* contenue dans la déclaration d'Augustin vient à point nommé corroborer cette interprétation. Cette locution fait transparaître les caractéristiques du comportement traditionnel de l'épiscopat africain face à l'évêque de Rome: l'aspect d'autonomie et de communion. Aussi la procédure augustinienne fait écho au schéma employé autrefois par Cyprien, lorsqu'il a voulu justifier l'ignorance dans laquelle il tenait le pape Corneille au sujet de l'ordination du pseudo-évêque Fortunatus, qui a été abusivement effectuée par les schismatiques d'Afrique:

> Je ne vous ai pas, frère très cher, écrit immédiatement au sujet de Fortunatus, ce pseudo-évêque institué par quelques hérétiques opiniâtres, [dit Cyprien]. C'est que l'affaire n'était pas telle qu'elle dût être portée en hâte à votre connaissance, comme si elle avait été importante et redoutable [...]. Je ne vous avais pas écrit ces nouvelles, car nous n'en faisons pas de cas, et, d'autre part, je vous avais tout récemment envoyé la liste des évêques d'ici [...][132].

---

[131] CYPRIEN, *Ep.*, 35, 1: «Et dilectio communis et ratio exposcit, fratres carissimi, nihil conscientiae vestrae subtrahere de his quae apud nos geruntur, ut sit nobis circa utilitatem ecclesiasticae administrationis commune consilium». (CSEL 3/2, 571).

[132] CYPRIEN, *Ep.*, 59, 9: «Quod autem tibi de Fortunato isto pseudo-episcopo a

La déclaration de Cyprien éclaire ainsi, dans la perspective de la continuité ecclésiologique, la proposition émise par Augustin. Dans ce cadre, un éventuel recours de l'évêque d'Hippone ou du concile d'Afrique à Rome au sujet de l'excommunication collective après le débat engagé en Afrique doit par conséquent être considéré comme une démarche inspirée par le principe de communion avec l'instance d'où l'épiscopat tire son pouvoir et son autorité, c'est-à-dire la *cathedra Petri*. Car, c'est par cette ouverture que la *concordia collegii* manifeste l'unité de décision de l'épiscopat africain avec l'instance romaine. Dès lors, on comprend pourquoi, les arguments développés par l'évêque d'Hippone sur la question de l'excommunication collective sont devenus la source de référence pour l'Église universelle[133], à l'image du canon des Saintes Écritures qui, ayant été élaboré en Afrique, a été par la suite transmis à Rome et adopté par la *Catholica*[134]. A l'appui de cette indication, l'on est amené à affirmer qu'un éventuel recours d'Augustin ou du concile d'Afrique à Rome après le débat engagé en Afrique n'a pour but que de rechercher l'harmonie de discipline à observer au sujet d'une matière qui présente un intérêt majeur pour l'Église, en l'occurrence l'excommunication collective.

Sous un certain rapport, on peut aussi invoquer la considération suivante, moins déterminante peut-être, mais chargée de valeur significative, parce qu'elle est en relation avec le pouvoir de juridiction. Étant donné que l'évêque Auxilius appartient à la province ecclésiastique de Maurétanie, qui entretient traditionnellement un commerce particulier avec l'Église de Rome, le recours *ad Sedem apostolicam* proposé par Augustin semble sous-entendre le droit de regard du pape sur l'Église où a surgi cette cause. Cette hypothèse ne justifie pas moins la déclaration précautionneuse de l'évêque d'Hippone, qui est exprimée par l'incise *si opus fuerit*. Dans ce cas, le projet d'Augustin constitue aussi bien la mise en application de la règle qui recommande d'exercer la *potestas* épiscopale dans les limites territoriales imparties que la défense de la sentence rendue par le concile d'Afrique.

---

paucis et inveteratis haereticis constituto non statim scripsi, frater carissime, non ea res erat quae in notitiam tuam deberet festinato statim quasi magna aut metuenda perferri [...]. Nec tamen de hoc tibi scripseram, quando haec omnia contemnantur a nobis et miserim tibi proxime nomina episcoporum istic constitutorum qui integri et sani in ecclesia catholica fratribus praesunt». (CSEL 3/2, 676).

[133] Cf. G. FOLLIET, «Le dossier de l'affaire de Classicianus».

[134] C. MUNIER, «La tradition manuscrite», 55, retrace les différentes étapes de l'élaboration par les Africains du canon des Saintes Écritures.

4.2.2 La fidélité d'Augustin

Pour régler l'affaire du comte Classicianus, Augustin affiche un comportement qui reflète les caractéristiques essentielles de l'ecclésiologie africaine traditionnelle. Il s'agit de la sollicitude épiscopale et de la procédure conciliante faite d'accommodements plutôt que d'une application rigoureuse de la loi[135]. Car, dans sa démarche, l'évêque d'Hippone paraît plus préoccupé de corriger Auxilius par des exhortations qu'à lui imposer des normes ou à lui infliger des peines canoniques.

a) *La sollicitude épiscopale*

Les déclarations formulées par Augustin sur l'affaire de Classicianus portent l'écho de la doctrine cyprianique de la responsabilité collégiale dans le gouvernement de l'Église. A ce sujet, on notera particulièrement l'exhortation que l'évêque d'Hippone adresse à Auxilius pour qu'il se réconcilie avec Classicianus, afin de rétablir l'amitié qui les liait depuis leur préparation commune au catéchuménat[136]. Abstraction faite de la gravité de l'abus commis par Auxilius, c'est-à-dire que dans l'hypothèse où le comportement inavouable du jeune évêque aurait engendré un scandale[137], ou même qu'il ait été suscité par la légèreté due à l'inadvertance ou à l'ignorance de la loi[138], Augustin s'emploie à corriger Auxilius avec une autorité qui dénote une plus grande expérience de la

---

[135] J. GAUDEMET, «Note sur les formes d'excommunication», 71, rappelle cette particularité de la conception judiciaire d'Afrique.

[136] AUGUSTIN, *Ep.*, 250, 3: «Aufer itaque gesta ecclesiastica, quae perturbatior fortasse fecisti, et redeat inter vos caritas, quam cum illo et catechumenus habuisti; aufer litem et revoca pacem, ne tibi pereat homo amicus et de vobis gaudeat diabolus inimicus». (CSEL 44, 349).

[137] Cette considération s'éclaire à la lumière de l'affaire d'Antoninus. Dans le cas de l'évêque de Fussala, Augustin déplore le fait qu'à cause de la faute d'un évêque catholique, tous les fidèles catholiques d'Afrique sont devenus la risée des païens et des Juifs: *Ep.*, 20*, 26, 2 (CSEL 88, 108). D'où, l'évêque d'Hippone recommande à la dame Fabiola d'exhorter Antoninus, afin qu'il revienne à de meilleurs sentiments par amour de l'Église que lui-même déclare vouloir servir: *Ep.*, 20*, 33, 1-4 (CSEL 88, 111-112).

[138] Le cas d'Augustin, qui s'est fait ordonner évêque du vivant de son prédécesseur Valerius, est un exemple emblématique de contravention aux dispositions canoniques. Par la suite, s'étant rendu compte de la transgression de la loi effectuée par inattention, Augustin s'en repent avec humilité: *Ep.*, 213, 4: «Adhuc in corpore posito beatae memoriae patre et episcopo meo sene Valerio, episcopus ordinatus sum, et sedi cum illo: quod concilio Nicaeno prohibitum fuisse nesciebam [...]». (CSEL 57, 376). A ce sujet, cf. A. MANDOUZE, «Valerius 2», *PCBE*, I, 1141.

vie épiscopale, comme l'atteste cette vive interpellation: «Ne croyez pas que, parce que nous sommes évêques, [dit Augustin à Auxilius], l'injustice ne se glisse pas dans notre coeur. Songeons plutôt que comme hommes, nous vivons au milieu des pièges et des dangers de toutes les tentations»[139].

L'aspect de sollicitude collégiale que comporte la démarche d'Augustin est mieux élucidé par la remarque faite par C. Pietri au sujet de l'issue pacifique dans laquelle s'est dénoué le procès d'Auxilius. L'auteur observe que l'affaire de Classicianus a été conclue à l'amiable en Afrique même, sans le concours de Rome. Le mérite de cet heureux dénouement, C. Pietri l'attribue totalement à Augustin, qui a su exercer de l'ascendant sur le jeune prélat Auxilius[140].

b) *Le facteur de l'âge: cause atténuante*

La mention qu'Augustin fait du facteur de l'âge dans les exhortations qu'il adresse à Auxilius accorde à son projet d'en appeler au Siège apostolique une signification bien particulière. Il semble en effet que l'évêque d'Hippone insiste sur le facteur de l'âge comme pour couvrir une irrégularité[141]. Le jeune âge d'Auxilius serait donc évoquée comme une cause atténuante, pour excuser la bévue commise par ce jeune évêque.

Cette considération amène à la formulation d'une hypothèse autour des conditions d'accès d'Auxilius à l'épiscopat. A y regarder de plus près, l'ordination d'Auxilius semble avoir été effectuée à l'encontre des dispositions canoniques d'Afrique, notamment celle qui interdit d'admettre à l'ordination cléricale un candidat âgé de moins de 25 ans: «Ut ante XXV aetatis annos nec clerici ordinentur nec virgines consecrentur»[142]. A titre de rappel, le concile de Nicée, qui constitue la norme canonique pour l'Église universelle recommande pour l'accession à l'épiscopat seulement une période d'épreuves plus ou moins prolongée après la réception du baptême[143]. Alors que la législation africaine fixe

---

[139] AUGUSTIN, *Ep.*, 250, 3: «Nec arbitreris ideo nobis non posse subrepere iniustam commotionem, quia episcopi sumus, sed potius cogitemus inter laqueos temptationum nos periculosissime vivere, quia homines sumus». (CSEL 57, 597).
[140] C. PIETRI, *Roma christiana*, II, 1176.
[141] W.H.C. FREND, «Fussala», 254, juge l'insistance qu'Augustin manifeste sur le facteur de l'âge d'Antoninus comme étant une manière voilée de se justifier, étant donné qu'il avait lui-même enfreint les conditions d'accession aux ordres cléricaux établies par le pape Sirice.
[142] Cf. *Breviarium Hipponensis*, can. 1 (CChr.SL 149, 33, lignes 2-3).
[143] Cf. *Conc. Nicaenum*, can. 2: «καὶ γὰρ καὶ χρόνου δεῖ τῷ κατηχουμένῳ

l'âge minimum de réception du diaconat à vingt ans[144], la législation romaine par contre est, sur ce point précis, plus explicite et plus détaillée. Elle établit en fait l'âge requis correspondant à chaque ordre clérical. Selon les dispositions romaines, l'épiscopat ne peut être conféré qu'à un candidat qui a atteint les quarante ans d'âge, et dont le *cursus* ecclésiastique particulièrement soumis à la discipline de la chasteté, doit être entériné par le témoignage d'une foi intègre[145].

L'hypothèse de l'irrégularité de l'ordination d'Auxilius s'appuie sur un cas voisin, celui d'Antoninus de Fussala: du fait que l'évêque d'Hippone est appelé à servir de médiateur, il se sent particulièrement responsable.

La peine que l'épiscopat africain a décidé d'infliger à Antoninus a été établie en fonction de son jeune âge considéré comme une cause atténuante. C'est pourquoi, la radiation du collège épiscopal est épargnée à Antoninus, cependant que l'occasion lui est offerte de s'amender[146]. En se référant à la justification fournie par Augustin dans le procès d'Antoninus, il semble bien que l'évêque d'Hippone, dans le but de réprouver la décision d'Auxilius, emploie à dessein un langage cousu de termes contrastants, qui traduisent à la fois la déception et le regret d'avoir confié une responsabilité aussi élevée que l'épiscopat à un candidat insuffisamment préparé. C'est dans cette optique qu'Augustin apostrophe Auxilius:

> Si cependant Dieu vous a révélé que vous pouviez agir ainsi sans manquer à la justice, je respecterai votre âge encore bien jeune, et votre élévation récente à l'épiscopat. Me voilà donc, moi vieillard, évêque depuis de si longues années, tout prêt à apprendre d'un jeune et d'un collègue qui n'a

---

καὶ μετὰ τὸ βάπτισμα δοκιμασίας πλείονος». (*Les conciles oecuméniques*, II/1, 36, 1).

[144] Cf. *Can. in causa Apiarii*, can. 16: «Et ut ante viginti annos aetatis nec diaconi ordinentur nec virgines consecrentur». (CChr.SL 149, 139, lignes 172-173).

[145] Cf. SIRICE, *Ep.*, 1, 9, 13: «Quicumque itaque se Ecclesiae vovit obsequiis a sua infantia, ante pubertatis annos baptizari, et lectorum debet ministerio sociari [...]. Qui accessu adolescentiae usque ad tricesimum aetatis annum, si probabiliter vixerit, una tantum, et ea, quam virginem communi per sacerdotem benedictione perceperit, uxore contentus, acolythus et subdiaconus esse debebit; postque ad diaconi gradum probarit accedat. Ubi si ultra quinque annos laudabiliter ministrarit, congrue presbyterium consequatur. Exinde, post decennium, episcopalem cathedram poterit adipisci, si tamen per haec tempora integrita vitae ac fidei ejus fuerit approbata». (PL 13, 1142-1143). A ce sujet, cf. A. PIGANIOL, *Histoire romaine*, IV/2, 365 s.

[146] Cf. *supra*, 23, n. 67.

pas encore un an d'épiscopat, comment nous pouvons rendre raison à Dieu[147].

C'est encore dans cette perspective que l'évêque d'Hippone somme Auxilius d'étayer par des arguments solides la décision qu'il a prise d'excommunier le comte Classicianus avec toute sa maisonnée:

> Si vous pouvez rendre raison de votre conduite, veuillez donc nous en faire part, [dit Augustin], pour que nous puissions nous l'expliquer à nous-mêmes. Et si cela vous est impossible, pourquoi vous laisser aller à des mouvements inconsidérés de colère, par des actes que vous ne sauriez justifier?[148]

Enfin, l'hypothèse d'une probable irrégularité de l'ordination d'Auxilius acquiert davantage de consistance lorsqu'on prend en compte l'attitude générale d'Augustin face aux honneurs et aux responsabilités cléricaux. Le témoignage que R. Crespin porte sur cet aspect du comportement de l'évêque d'Hippone jette quelque lumière sur le facteur de l'âge, constaté dans le reproche fait à Auxilius. A ce propos, l'auteur dit:

> L'évêque d'Hippone est peu sensible aux honneurs de l'épiscopat. La charge pastorale et, plus largement, les fonctions cléricales, lui paraissent surtout des fardeaux difficiles à porter. Il en connaît le poids, il redoute de l'imposer à des sujets trop faibles : il sait, en effet, que toute défaillance, tout manquement du clergé à ses devoirs, peut devenir la cause de graves scandales et entraîner la perte de nombreux chrétiens [...]. Il veut connaître ceux qui seront promus à la cléricature, il s'occupe personnellement de leur formation, il vit avec le clergé d'Hippone, dans la pauvreté, il choisit avec un soin particulier ceux qui doivent exercer loin de lui leur ministère, il rappelle à leurs devoirs ceux qui ont oublié ses leçons, il punit et exclut même, au besoin, ceux qui s'obstinent à donner l'exemple du péché et de la négligence[149].

---

[147] AUGUSTIN, *Ep.*, 250, 2: «Sed, si tibi forte, quam iuste fiat, dominus revelavit, nequaquam in te aetatem tuam et honoris ecclesiastici rudimenta contemno. En adsum, senex a iuvene et episcopus tot annorum a collega necdum anniculo paratissum discere, quo modo possumus vel Deo vel hominibus iustam reddere rationem [...]». (CSEL 57, 595).

[148] AUGUSTIN, *Ep.*, 250, 2: «Si ergo de hac re potes reddere rationem, utinam et nobis rescribendo praestes ut possimus et nos; si autem non potes, quid tibi est inconsulta commotione animi facere, unde si fueris interrogatus, responsionem rectam non vales invenire?». (CSEL 57, 596).

[149] R. CRESPIN, *Ministère*, 286.

Des éléments issus de différentes analyses présentées ci-dessus, il ressort la conclusion suivante. Dans son reproche, Augustin cherche plus à corriger l'inexpérience de son jeune collègue Auxilius en redressant ses opinions erronées qu'à le punir en lui infligeant des peines canoniques.

4.3 *Le double langage d'Augustin*

Dans l'affaire de Classicianus, on relève des déclarations contradictoires de l'évêque d'Hippone. Car, en s'adressant à son jeune collègue Auxilius, Augustin avoue d'une part ne pas connaître des cas où des gens ont été punis collectivement pour la faute d'un seul[150]. Pour ce faire, l'évêque d'Hippone montre à Auxilius l'impertinence de la décision qu'il a prise à l'égard d'un accusé dont la culpabilité est toute à prouver. D'autre part, en répondant au comte Classicianus, et tout en le défendant, Augustin prétend connaître des cas où des évêques ont puni des fidèles, mais ceux-ci n'en ont pas appelé contre le jugement de leur pasteur[151].

Le double langage d'Augustin laisse perplexe et suscite une réflexion. Car, le fait que personne parmi ceux qui ont subi une peine semblable à celle de Classicianus n'ait fait recours contre le jugement de son évêque ne peut innocenter Auxilius. La plainte du comte mérite donc justice[152]. Étant donné qu'il y a matière à procès, il est tout indiqué de recourir au tribunal *ad hoc*, c'est-à-dire aux instances judiciaires prévues par la législation africaine[153].

---

[150] AUGUSTIN, *Ep.*, 250, 2: «Audisti fortassis aliquos magni nominis sacerdotes cum domo sua quempiam anathemasse peccantium. Sed forte, si essent interrogati, reperirentur idonei reddere inde rationem; ego autem, quoniam, si quis ex me quaerit, utrum recte fiat, quid ei respondeam, non invenio, numquam hoc facere ausus sum, cum de quorundam facinoribus immaniter adversus ecclesiam perpetratis gravissime commoverer». (CSEL 57, 595).

[151] AUGUSTIN, *Ep.*, 1*, 1, 3: «Verumtamen exempla non desunt anathematizatos esse homines non solos qui huiusmodi correctione digni videbantur, sed cum omni domo sua, quamvis sui nihil tale commiserint, nec quisquam episcoporum qui hoc fecerit accusatus aut causas inde praestare compulsus sit faciens in grege Christi, quod expedire ovibus suae dispensationi creditis iudicaret». (CSEL 88, 3).

[152] A. MANDOUZE, «Classicianus», *PCBE*, I, 210, commentant la plainte que Classicianus a présentée à Augustin, en vient à la conclusion selon laquelle ce recours a rencontré «effectivement la sympathie de l'évêque d'Hippone».

[153] Cette procédure constitue la pratique usuelle en Afrique, comme il ressort de l'intervention de Felix, '*episcopus Selemselitanus*': cf. *Conc. Carthag. A. 390*, can. 10: «Etiam et hoc adicio secundum statuta veterum conciliorum, ut si quis episcopus, quod non optamus, reatum aliquem incurrerit, et fuerit ei nimia necessitas non posse

Par ailleurs, l'accusation dont l'évêque d'Hippone est saisi engage un évêque catholique dans une affaire au civil[154]. Cette matière est réglementée par la législation séculière. A ce sujet, on doit rappeler que la peine canonique dont le comte Classicianus se plaint a été occasionnée par le manquement à la discipline relative au droit d'asile. L'absence de discipline bien définie sur l'asile se vérifie effectivement au temps d'Augustin: en 419, le concile d'Afrique délègue les évêques Alypius et Peregrinus à Ravenne auprès de l'autorité impériale pour requérir une directive précise concernant l'asile[155]. Ce contexte explique en partie l'attitude d'Augustin: l'implication d'un évêque dans une affaire qui relève de la compétence de l'autorité séculière peut avoir des conséquences inattendues, d'autant que le seul statut d'évêque n'habilite pas à exercer un quelconque pouvoir juridique sur les fugitifs qui cherchent asile dans une Église[156].

5. Conclusion

A travers l'essai de reconstruction des conditions et modalités de réception des canons du concile romain de 386 en Afrique, on peut dégager la teneur de l'impact de l'ecclésiologie romaine dite dans cette dis-

---

plurimos congregari: ne in crimine remaneat, a duodecim episcopis audiatur et a sex presbyter et a tribus diaconus cum proprio suo episcopo». (CChr.SL 149, 17, lignes 143-148). A ce sujet, cf. A. MANDOUZE, «Felix 15», *PCBE*, I, 415 s. R. ENO, «Pope», 195, est plutôt de l'avis qu'Augustin a fait recours au concile à cause de son manque d'informations des assemblées précédentes: «Augustine evidently had serious gaps, in his knowledge of earlier Councils».

[154] Cf. G. FOLLIET, «Le dossier de l'affaire Classicianus», 145.

[155] Cf. AUGUSTIN, *Ep.*, 15*, 2, 3 (CSEL 88, 84). Sur la mission des délégués africains, cf. M.-F. BERROUARD, «Un tournant», 49. A propos de l'asile, J. GAUDEMET, *L'Église dans l'empire*, 258, précise: «Ce n'est qu'avec les constitutions de 431 et 432 que la législation occidentale réglemente en détail l'asile»; de même, J.-R. PALANQUE, «Le catholicisme», 521. Toutefois, l'on doit reconnaître que l'autorité temporelle avait déjà mis sur pied certaines dispositions concernant l'asile. Car, le 27 avril 399, le concile de Carthage envoya les évêques Epigonius et Vincentius auprès de l'empereur Honorius pour lui demander de faire respecter les mesures établies sur l'asile: cf. *RECE*, après can. 56 (CChr.SL 149, 193, lignes 388-396). A ce sujet, cf. A. MANDOUZE, «Aurelius 1», *PCBE*, I, 110.

[156] Une prescription impériale du 13 mars 392 est transmise au préfet du prétoire Tatianus: elle interdit aux particuliers de prendre la défense des fugitifs (Cf. *Cod. Theod.*, IX, 40, 15: ed. T. Mommsen, I/2, 504). Par ailleurs, M.-F. BERROUARD, «Un tournant», 56.59-60, voit dans l'affaire d'excommunication qui est liée au droit d'asile un double enjeu: au nom de la miséricorde de Dieu, l'Église a le devoir de défendre les fugitifs, mais aussi la paix publique.

sertation «ecclésiologie du régime de la *Sedes apostolica*» sur la praxis africaine des recours à Rome.

Le travail de reconstitution se fait en fonction de l'état de l'organisation de l'Église d'Afrique. Ce contexte est caractérisé par la précarité d'organisation avant l'avènement du *tandem* Aurelius-Augustin à la direction de l'Église d'Afrique. Car, la période qui précède l'accession d'Aurelius à la primatie d'Afrique offre d'une part, un répertoire maigrement pourvu d'activités conciliaires et d'autre part, les relations de l'Église d'Afrique avec Rome sont rares à bien des égards. Les rapports entretenus par les deux Églises se réduisent à des échanges ponctuels, étant donné que l'épiscopat africain, baignant dans une atmosphère de méfiance suscitée par la palinodie de son primat Restitutus à Rimini, évolue dans un état de repli, tout préoccupé à se défendre contre la fureur irréductible des donatistes.

Toutefois, l'absence d'autorité de poigne dans l'Église d'Afrique n'autorise pas d'emblée d'inférer d'une certaine velléité de l'épiscopat africain à renoncer à ses droits au profit des prérogatives revendiquées par l'évêque de Rome. Il en va ainsi de la réception par les Africains des décrets du concile romain de 386. Le concile général d'Afrique présidé par le primat Geneclius en 390, qui est consécutif au dit concile transmarin, ne présente aucun indice d'affaiblissement, qui requière l'intervention d'une autorité extérieure supplétive dans l'Église d'Afrique. La manière dont ce concile s'emploie à recommander l'observance des règles de la Tradition aux membres du clergé africain interdit d'envisager, en dépit de la situation d'isolement, l'éventualité que l'épiscopat africain ait cédé à l'emprise de l'ecclésiologie romaine du régime dit de la *Sedes apostolica*.

Fort de ces données, on en vient à la conclusion d'après laquelle la glose dont est affecté le décret romain traitant des ordinations épiscopales, s'avère être l'oeuvre de la main du législateur africain. L'adaptation de la disposition romaine à la réalité juridico-ecclésiologique d'Afrique constitue à ce point de vue une preuve de vitalité de cette Église. C'est dans cette optique, d'engagement libre et spontané, qu'on doit inscrire d'une part, la thèse de réhabilitation par les Africains eux-mêmes de la doctrine orthodoxe de la Tradition ternie par la défection du primat Restitutus à Rimini et d'autre part, la responsabilité des instances judiciaires compétentes d'Afrique face à un éventuel procès à intenter contre l'évêque Auxilius.

Comprise d'après ces paramètres, la réception des canons du concile romain de 386 en Afrique s'avère être d'abord une affaire de libre adhésion des Africains aux règles qui leur sont proposées. Car, l'adoption des décrets romains par l'épiscopat africain (province de Thélepte), n'enlève pas à celui-ci l'initiative particulière d'observer ses normes canoniques traditionnelles. Bien que rien ne le prouve avec certitude, la raison principale qui porte à affirmer que l'incise *hoc est primatis* est une glose effectuée en Afrique est la suivante. Alors que le décret romain recommande de porter toute candidature à la dignité épiscopale au jugement de la *Sedes apostolica*, la version africaine restreint la disposition romaine en précisant l'instance à laquelle les Africains doivent recourir. L'expression *hoc est primatis* revêt ainsi la marque d'un ajout, qui manifeste à la fois la communion de l'Église d'Afrique avec Rome et la fidélité de l'épiscopat africain à la législation locale. La thèse de la retouche des Actes du concile romain opérée par les Africains acquiert davantage du crédit lorsque l'on envisage la préoccupation qui sous-tend l'oeuvre du législateur africain: il s'agit d'une part, de la préservation de la doctrine orthodoxe de la Tradition, et d'autre part, de la consolidation de l'unité des chrétiens d'Afrique sous le contrôle de l'épiscopat africain dans un contexte de tensions et de divisions religieuses toujours croissantes. Dans ces conditions, l'amoindrissement ou la cession du pouvoir judiciaire du concile d'Afrique à une autre instance ou compétence aurait risqué d'affaiblir l'action menée par les évêques d'Afrique. C'est ainsi que les décrets romains en Afrique ont été adoptés en fonction de l'appui qu'ils apportaient aux dispositions africaines, pour le redressement moral du clergé catholique. Partant, on doit admettre que la prescription romaine qui exige d'informer le Siège apostolique de toute ordination épiscopale est restée caduque en Afrique.

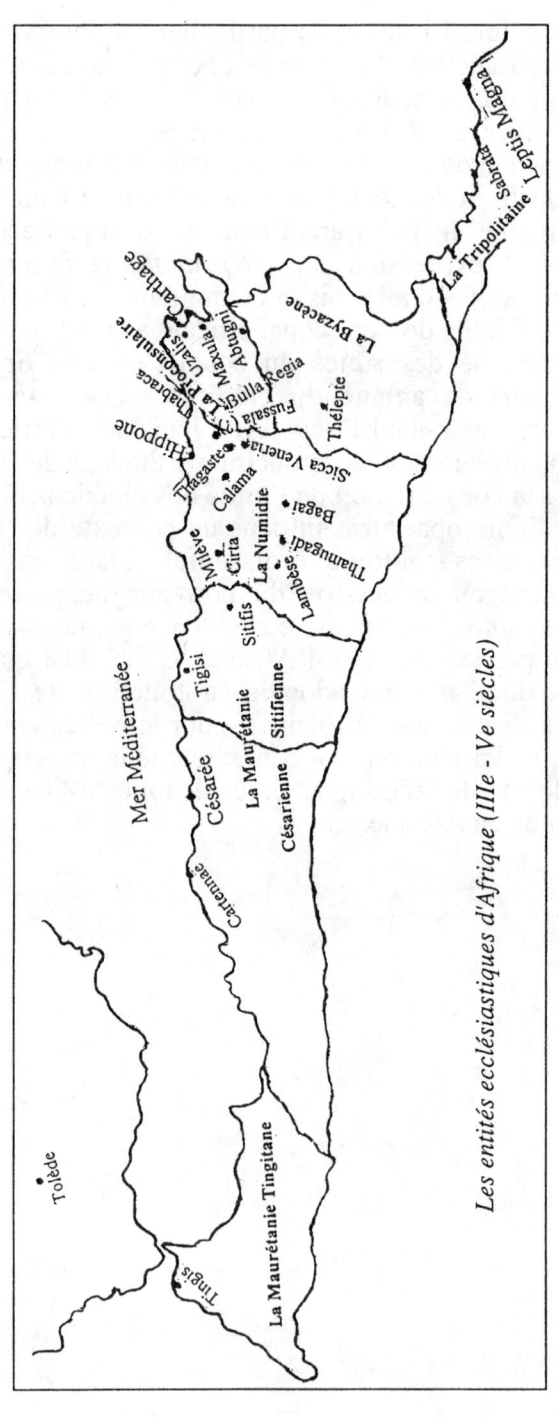

Les entités ecclésiastiques d'Afrique (IIIe - Ve siècles)

CHAPITRE VI

Les disparités dans l'organisation ecclésiastique d'Afrique

Les interventions des évêques de Rome en Afrique sont marquées par les diversités d'accueil que leur réserve l'épiscopat africain. Ces interventions, semble-t-il, sont plus ou moins acceptées ou rejetées selon qu'elles sont engagées dans l'une ou l'autre province ecclésiastique d'Afrique. La passivité manifestée par l'épiscopat africain en certaines circonstances témoigne de ce trait particulier des relations de Rome avec l'Église d'Afrique. Bien plus, cette attitude ambivalente de l'épiscopat africain donne à penser qu'il existe un droit de regard traditionnel non prescrit de l'autorité pontificale sur certaines Églises d'Afrique. La position des Églises maurétaniennes dans la controverse baptismale offre une pertinente indication du particularisme de cette province africaine[1]. A ce propos, la reconstruction élaborée par A. d'Alès d'éventuels échanges entrepris par l'Église de Maurétanie avec l'autorité pontificale à l'aube de la crise baptismale permet de cerner la nature du «commerce privilégié» entretenu par les deux partenaires:

> A priori, [dit l'auteur], on ne saurait croire que, le jour où la question baptismale se posa en Maurétanie, le pape n'en ait pas été saisi. Placée à l'ouest du littoral africain, la Maurétanie correspondait avec Rome presque aussi aisément qu'avec Carthage; cette situation explique son indépendance relative à l'égard de Carthage, et ne permet pas de croire que, tandis que deux évêques de Maurétanie, Quintus et Jubaïen, écrivaient à saint Cyprien, on ait négligé d'écrire au pape. La Maurétanie suivait, au moins en partie, l'usage romain. Et il était naturel que Rome mît plus d'empressement à correspondre avec la Maurétanie, où elle était sûre d'être comprise et obéie,

---

[1] Cf. CYPRIEN, *Epp.*, 71-73 (CSEL 3/2, 771-778). A ce sujet, cf. G. BARDY, «Afrique», 294; de même G. BAVAUD, «Introduction», BAug 29, 31; également A.-P. FÉVRIER, «Aux origines du christianisme», 797; Y. DUVAL, «Densité et répartition», 519.

qu'avec l'Afrique proconsulaire et la Numidie, où elle rencontrait une opposition décidée[2].

La thèse conçue par A. d'Alès permet de constater que l'Église d'Afrique est organisée autour de deux principaux centres d'administration, qui sont d'inégale importance. D'un côté, il y a Carthage pour l'Afrique romaine, et, de l'autre, Césarée, le chef-lieu de la Maurétanie Césarienne, qui regroupe les Églises de la région occidentale d'Afrique. S'agissant de cette répartition administrative, C. Lepelley observe une diversité de traits, qui n'est pas sans influence dans les rapports des Églises d'Afrique. L'auteur dit à ce sujet: «Mais à l'ouest de la Numidie, la situation se présentait d'une manière très différente: il existe un contraste radical entre le coeur de l'Afrique romaine et les Maurétanies, pays d'insécurité et de romanisation précaire»[3].

Ce chapitre voudrait mettre en relief l'aspect moins souligné par les auteurs du comportement ambivalent de l'épiscopat africain face aux rapports particuliers entretenus par l'autorité pontificale avec certains diocèses d'Afrique. Par cette étude, on voudrait non seulement suggérer des hypothèses de travail, mais aussi confirmer certaines intuitions d'auteurs se rapportant aux relations de l'Église d'Afrique antique avec Rome. Pour ce faire, l'examen des divergences interafricaines est développé en trois sections. Dans la première section, on expose des considérations d'ordre général concernant l'Église d'Afrique. Par contre dans la seconde section, on tâchera d'amorcer une réflexion autour des mandats que les évêques de Rome ont confiés à Augustin dans la province de Maurétanie Césarienne. Enfin, dans la troisième section, on essaiera de reconstituer le processus latent, mais déterminant d'insertion des provinces maurétaniennes dans la «principale» juridiction ecclésiastique d'Afrique: Carthage.

1. Considérations d'ordre général

Le comportement de flexibilité constaté en l'épiscopat africain face à certaines interventions pontificales relève de facteurs complexes. Ces facteurs aident à déterminer le sens qu'il convient d'accorder à l'attitude

---

[2] A. D'ALÈS, *La théologie*, 194; de même V. SAXER, «Autonomie africaine», 209-210; également Y. DUVAL, «Densité et répartition», 519; C. LEPELLEY, «Africa», 185; 193; aussi S. LANCEL, *Actes*, I, 146-154.

[3] C. LEPELLEY, Les cités, I, 49; de même P. MONCEAUX, *Histoire littéraire*, III, 7.

changeante de l'épiscopat africain face aux interventions des évêques de Rome en Afrique.

1.1 *L'avènement du christianisme en Afrique*

La perspective dans laquelle le thème d'organisation ecclésiastique inter-africaine est envisagé ici n'entend nullement passer en revue l'historique de l'évangélisation des provinces d'Afrique. Les disparités d'organisation ecclésiastique d'Afrique elles-mêmes s'expliquent par le caractère hétérogène de l'évangélisation de cette province romaine. A défaut de connaissance d'itinéraires sûrs[4], on est réduit à reconstituer la pénétration du christianisme en Afrique à partir de diverses conjectures[5].

Du point de vue de l'identité culturelle, on doit signaler, en plus des éléments d'ordre linguistique[6] et ceux relatifs à la structure géo-physique de l'Afrique romaine[7], la tendance accentuée à l'indépendance, qui caractérise les peuples d'Afrique[8]. A ce sujet, plus d'un a tenté d'expliquer le phénomène du donatisme par la forte

---

[4] D'utiles indications à ce sujet se trouvent dans A.-P. FÉVRIER, «Aux origines du christianisme», 767-809.

[5] Parmi les thèses qui tentent d'expliquer l'origine du christianisme africain, celle avancée par A. AUDOLLENT, «Afrique», 710, paraît des plus probantes. Pour l'auteur, l'avènement du christianisme en Afrique s'est réalisé en deux étapes. La découverte de la foi chrétienne par l'Afrique s'est produite d'abord à travers la rencontre de missionnaires non identifiés venus d'Orient, «d'une manière obscure, sans doute intermittente»; ensuite, par le contact avec Rome, d'où est issue «une évangélisation régulière, une prédication effective, suivie de l'organisation des communautés [...]»; de même H. LECLERCQ, «Afrique», 578-579. Pour sa part, J. MESNAGE, *Évangélisation de l'Afrique*, 63-91, signale l'arrivée du christianisme en Afrique comme étant l'œuvre du patriciat romain.

[6] Pour W.H.C. FREND, *Donatist Church*, 52, le facteur linguistique est, dans une large mesure, à l'origine du développement de divergences religieuses d'Afrique. C'est ainsi que la religion donatiste s'est davantage enracinée dans la zone d'expression berbère, tandis que les milieux parlant le latin et le punique ont adhéré à la religion catholique. De même, G. BONNER, *Saint Augustine*, 237, fait remarquer que les Berbères, ne parlant pas latin, ont refusé de se faire sujets de l'empire romain.

[7] Parmi les différentes raisons qui la sous-tendent, Y.M.-J. CONGAR, «Introduction», BAug 28, 13, attribue l'accentuation de l'incompréhension théologique dans la crise donatiste à l'élément géo-physique à travers lequel s'est cristallisée «une opposition latente, [dit-il], entre la Numidie montagneuse et le littoral, tant de Numidie (Hippone) que d'Afrique proconsulaire (Carthage)».

[8] En rapport avec le penchant «indépendantiste» des peuples d'Afrique, H. LECLERCQ, «Afrique», 576, fait remarquer que l'adhésion des Africains à la civilisation romaine s'est opérée à travers un processus fait «des résistances acharnées et sans cesse renaissantes».

aspiration des peuples d'Afrique à l'affranchissement. Tant il est vrai que de querelle religieuse, le donatisme a pris tout au long de son évolution des formes variées de revendications de nature socio-politique[9].

On note en outre dans l'organisation ecclésiastique d'Afrique qu'une vive attention est accordée à l'observance des règles juridico-ecclésiologiques, notamment l'aspect de communion et d'autonomie. Les communautés chrétiennes d'Afrique sont en fait unies entre elles par des contacts fréquents, qui sont fondés sur leur autonomie respective[10]. Cependant, des tensions engendrées par des rivalités d'ordre hégémonique ne laissent pas à l'abri les diocèses, en dépit de leur remarquable sens de la communion. C'est pourquoi, dans l'échiquier ecclésiastique africain, alors que Carthage joue depuis le troisième siècle le rôle de centre de gravité naturel des Églises d'Afrique romaine[11], la province de Byzacène, forte de ses nombreux synodes, affiche une attitude de large autonomie vis-à-vis de Carthage. Cette tendance atteint son paroxysme «au Vè siècle, [fait remarquer S. Lancel], jusqu'au conflit ouvert avec le siège de Carthage»[12].

Les frontières qui séparent les provinces ecclésiastiques coïncident généralement avec les limites des circonscriptions civiles[13]. Toutefois, il n'est pas rare de rencontrer des extensions de territoires ecclésiastiques, qui vont au-delà des provinces civiles correspondantes[14]. C'est ainsi que les revendications frontalières constituent parfois l'objet d'âpres contentieux entre les évêques. En ce qui concerne les limites territoriales, d'aucuns ont observé que le droit africain aime la multiplication des diocèses, et qu'il les autorise même dans des villes de mineure importance[15]. C'est probablement pour parer aux abus engendrés par une telle pratique que le concile d'Afrique de 390 réglemente par des dispositions bien définies la création de nouveaux sièges épiscopaux et

---

[9] Cf. J.-P. BRISSON, *Autonomisme*, 411-414; de même A. AUDOLLENT, «Afrique», 793; également E. BUONAIUTI, *Il cristianesimo*, 327.

[10] Cf. M.M. SAGE, *Cyprian*, 332; de même A. MANDOUZE, «Notes sur l'organisation», 222; également P. MONCEAUX, *Histoire littéraire*, III, 85-86.

[11] Cf. G. BARDY, «Afrique», 300; de même Y. DUVAL, «L'Afrique», 801 s.

[12] S. LANCEL, «Africa», 209; de même G. BARDY, «Afrique», 299.

[13] Cf. H. LECLERCQ, «Afrique», 577; de même G. BARDY, «Afrique», 300; également J. GAUDEMET, *L'Église dans l'empire*, 382-383; J.-L. MAIER, *L'épiscopat de l'Afrique*, 9.

[14] Cf. S. LANCEL, «Africa», 205; de même P. MONCEAUX, *Histoire littéraire*, III, 87; aussi J.-L. MAIER, *L'épiscopat de l'Afrique*, 246.

[15] A ce sujet, cf. G. BARDY, «Afrique», 295.

le recrutement des vocations. Bien plus, le concile prend des mesures qui interdisent toute intervention d'évêque dans une juridiction autre que la sienne propre[16]. Néanmoins, à défaut de cadre définissant les limites territoriales, les évêques font souvent preuve d'esprit de souplesse dans le règlement des différends relatifs à cette matière[17].

1.2 *Institution des provinces ecclésiastiques d'Afrique*

S'il est admis que les facteurs indiqués ci-dessus contribuent dans une large mesure à expliquer les relations inter-ecclésiales en Afrique, il n'en demeure pas moins vrai que ces éléments ne justifient pas de manière convaincante la situation d'isolement et de disparité de traditions juridico-ecclésiologiques dans laquelle évoluent certains diocèses d'Afrique, notamment ceux appartenant aux provinces de Numidie et de Maurétanie.

L'Église de Numidie est divisée en deux provinces en 305, sous Dioclétien[18]. Dans le processus de regroupement des provinces d'Afrique sous l'obédience de l'autorité primatiale de Carthage, Cyprien doit, en son temps (IIIe siècle), composer avec l'autorité du siège de Lambèse, le chef-lieu de la Numidie, dont le prestige rivalise celui de Carthage[19]. Aussi, la grande affluence à la Conférence de Carthage de 411 des donatistes venus de la Numidie démontre non seulement la vitalité de cette Église, mais encore la diversité du christianisme au sein même de cette région. Ainsi, dans le compte rendu qu'il donne des activités de ladite Conférence, Augustin, tout en restreignant le grand nombre des donatistes dans la Numidie proconsulaire, n'en reconnaît pas moins la force:

> de his locis dici verissime potuit ubi nostrorum coepiscoporum et clericorum atque laicorum longe maior est numerus et maxime in Proconsulari provincia, quamquam excepta Numidia consulari etiam in ceteris provinciis Africanis nostrorum numero facillime superentur[20].

---

[16] Cf. *Conc. Carthag.* A. 390, can. 5; can. 11 (CChr.SL 149, 14, lignes 66-77; 17, lignes 154-164). A ce sujet, cf. R. CRESPIN, *Ministère*, 55; A. MANDOUZE, «Felix 16», *PCBE*, I, 415; «Victor 15», *Ibid.*, 1158.

[17] Cf. J. GAUDEMET, *L'Église dans l'empire*, 115 s.

[18] Cf. P. MONCEAUX, *Histoire littéraire*, III, 85; de même J. GAUDEMET, *L'Église dans l'empire*, 383; également P.-A. FÉVRIER, «Aux origines du christianisme», 798; aussi J.-L. MAIER, *L'épiscopat de l'Afrique*, 246.

[19] Cf. Y. DUVAL, «L'Occident et ses marges», 132.

[20] *Gesta Conlationis Carthaginiensis*, I, 18 (CChr.SL 149 A, 70, lignes 123-127).

Jusqu'à la fin du III^è siècle, la Maurétanie n'est pas organisée en provinces ecclésiastiques autonomes[21]; elle n'est constituée qu'en entités civiles[22]. Lors du découpage administratif des provinces en diocèses civils pendant la réforme dioclétienne (292-297), la partie nord-occidentale du territoire maurétanien a été rattachée au diocèse civil d'Espagne. Cette partition a donné naissance à la province dite: la Maurétanie Tingitane[23]. Cependant, bien qu'évoluant en marge de l'Afrique romaine[24], c'est-à-dire sous la dépendance de l'administration civile d'Espagne[25], la Maurétanie Tingitane, n'en a pas moins conservé des liens ecclésiastiques avec la juridiction de la Maurétanie Césarienne[26].

La province de la Maurétanie, dont la ville de Césarée est le chef-lieu, connaît l'organisation ecclésiastique tardivement, à la suite de la réorganisation des provinces civiles[27]. Par ailleurs, au concile général d'Afrique tenu à Hippone, le 8 octobre 393, on décida d'ériger la province de Maurétanie Sitifienne en la détachant de la juridiction de la Numidie dont elle a reçu l'évangélisation. Une primatie autonome fut ainsi instituée[28], sous le règne de Théodose Ier. Quant à l'érection du siège

---

[21] A ce propos, P. MONCEAUX, *Histoire littéraire*, III, 88, observe spécialement l'absence d'un primat aussi bien en Maurétanie Césarienne qu'en Tripolitaine.

[22] Cf. S. LANCEL, *Actes*, I, 152, n. 1; de même J. MESNAGE, *L'Afrique chrétienne*, 529; aussi P.-A. FÉVRIER, «Aux origines du christianisme», 798.

[23] Cf. P. MONCEAUX, *Histoire littéraire*, III, 85; aussi S. LANCEL, «Africa», 205. J.-L. MAIER, *L'épiscopat de l'Afrique*, 9, explique pour sa part le rattachement de la Maurétanie Tingitane à l'Espagne par la facilité des communications entre les deux régions.

[24] Cf. C. LEPELLEY, *Les cités*, I, 55.

[25] Dans le contexte du détachement de l'administration africaine, H. LECLERCQ, «Afrique», 582, fait remarquer que le territoire maurétanien ayant été annexé à l'Espagne, était commandé «par un "comes" Tingitanae relevant directement du "magister peditum", à Rome».

[26] Cf. H. LECLERCQ, «Afrique», 583; de même J. GAUDEMET, *L'Église dans l'empire*, 383.

[27] Une indication très suggestive est fournie à ce sujet par J.-L. MAIER, *L'épiscopat de l'Afrique*, 247-248. En effet, l'auteur nous apprend qu'entre le IVe et le Ve siècle, «on distingua la Maurétanie Sitifienne et la Maurétanie Césarienne, division que l'Église adopta à son tour pour ses provinces ecclésiastiques, mais que supprima l'empereur Justinien à la chute du régime vandale (533)».

[28] Les renseignements relatifs à l'érection de la primatie de la Sitifienne sont contenus dans les canons extraits des Actes du concile d'Hippone de 393, mais qui n'ont pas été reçus dans la collection de l'Abrégé d'Hippone: cf. *Breviarium Hipponensis*: «Primatum proprium Mauretania Sitifensis, cum id postularent, habere permissum est, inchoantibus Mauris». (CChr.SL 149, 32, lignes 10-12). A ce sujet, cf.

CHAP. VI: LES DISPARITÉS DANS L'ORGANISATION 231

primatial en Maurétanie Césarienne, elle pourrait remonter au IVe siècle[29]. En effet, l'évêque de Maurétanie, qui est délégué au concile convoqué par Constantin à Arles, en 314, semble y participer en qualité de représentant principal, c'est-à-dire comme primat de la province de la Maurétanie Césarienne[30]. Partant de cette indication, il y a lieu de soutenir la thèse selon laquelle la Maurétanie Césarienne avait déjà un primat depuis une durée respectable. Car, au concile de Carthage du 25 août 403, les évêques de la Sitifienne excusent l'absence de leurs collègues de la Césarienne, avec le motif qu'ils avaient été avertis trop tard:

> Lucianus et Silvanus, episcopi legati provinciae Mauritaniae Sitifensis dixerunt: Sero ad Caesarienses fratres nostros tractoria venit, nam iam et illi venirent; tamen necesse est veniant; et confidimus de animis illorum quia, si quid in hoc concilio gestum fuerit, et ipsi sine dubio suos consensus adhibebunt[31].

Par ailleurs, un autre indice plus précis de la néo-structure ecclésiastique se trouve dans la mention qui est faite du nom du primat de Maurétanie au concile de Carthage du 13 juin 407: «venerabilis frater senex Innocentius»[32].

Concernant la province de la Césarienne, il convient de signaler la particularité suivante de son organisation. Contrairement à l'usage en vigueur dans les provinces regroupées autour de la primatie carthaginoise, c'est l'évêque métropolitain, c'est-à-dire le prélat qui a sa résidence dans la métropole ou le chef-lieu, en l'occurrence la ville de Césarée, qui est institué comme l'agent principal des relations extérieures de la province plutôt que le primat, qui est d'habitude l'évêque le plus ancien en âge d'ordination[33].

J. MESNAGE, *L'Afrique chrétienne*, 527; de même P. MONCEAUX, *Histoire littéraire*, III, 86 s.; aussi J.-L. MAIER, *L'épiscopat de l'Afrique*, 247.

[29] J.-L. MAIER, *L'épiscopat de l'Afrique*, 247, observe à cet effet que «l'existence de la Maurétanie Césarienne comme circonscription ecclésiastique paraît attestée au milieu du IVe siècle, puisqu'un concile de Maurétanie se réunit vers 348».

[30] Cf. P. MONCEAUX, *Histoire littéraire*, III, 86-87; de même, J. MESNAGE, *L'Afrique chrétienne*, 529.

[31] Cf. *RECE*, après can. 90 (CChr.SL 149, 209, lignes 911-916). A ce sujet, cf. A. MANDOUZE, «Lucianus 5», *PCBE*, I, 647; «Silvanus 3», *Ibid.*, 1080-1081.

[32] Cf. *RECE*, can. 97 (CChr.SL 149, 216, ligne 1168). A ce sujet, cf. A. MANDOUZE, «Innocentius 4», *PCBE*, I, 602; de même J. GAUDEMET, *L'Église dans l'empire*, 383.

[33] Cf. *infra*, 243, n. 70.

S'agissant de la province de la Tripolitaine, on doit admettre que l'existence de la structure primatiale paraît difficile à établir. La Tripolitaine ne comportant que cinq diocèses[34], aussi, cette circonscription s'avère être la plus petite des provinces ecclésiastiques d'Afrique. Cette situation explique la grande dépendance de la Tripolitaine de la province voisine de Byzacène[35], dont l'existence du siège primatial est attestée à travers la participation active de son représentant, Numidius, aux diverses assemblées conciliaires d'Afrique[36].

1.3 *L'attitude de passivité de l'épiscopat maurétanien*

A bien observer le comportement de l'épiscopat maurétanien, on a l'impression qu'il ne participe guère à la vie ecclésiale d'Afrique. A ce sujet, alors que certains chercheurs attribuent la tiédeur des Maurétaniens à l'éloignement de leurs diocèses de Carthage[37], d'autres imputent ce manque d'ouverture au faible niveau d'urbanisation de cette région[38].

L'indifférence qui caractérise l'épiscopat maurétanien se vérifie non seulement à travers le processus latent du ralliement de cette province à la mouvance de la primatie carthaginoise, mais encore par une participation passive aux grands rendez-vous qui engagent toute l'Église d'Afrique. Le relevé des présences établi par S. Lancel des Actes de la Conférence de Carthage de 411 dans laquelle s'est joué le destin de l'Église d'Afrique face au schisme donatiste constitue à ce point de vue un témoignage patent[39]. Il apparaît en effet que, alors que les évêques catholiques des deux provinces de Maurétanie, c'est-à-dire la Sitifienne et la Césarienne, sont évalués à 33 contre 45 donatistes, la seule province de la Proconsulaire compte 102 évêques catholiques contre 60 donatistes[40]. L'auteur peut donc conclure:

> Tout se passe comme si, dans sa grande majorité, l'épiscopat catholique de Césarienne ne s'était pas senti concerné par la confrontation carthaginoise.

---

[34] Cf. MANSI, III, 741.886.

[35] Cf. J.-L. MAIER, *L'épiscopat de l'Afrique*, 247; de même A. MANDOUZE, «Dulcitius 1», *PCBE*, I, 329-330.

[36] Cf. *RECE*, après can. 90 (CChr.SL 149, 208, lignes 904-909; 209, lignes, 934-942). A ce sujet, cf. A. MANDOUZE, «Numidius 1», *PCBE*, I, 786-787; également P. BATIFFOL, «Le Primae sedis episcopus», 429.

[37] O. PERLER, *Les voyages*, 58; 45-46, signale que la Maurétanie Césarienne est distante de Carthage de «700 km à vol d'oiseau».

[38] Cf. C. LEPELLEY, «Africa», 186 s.

[39] Cf. *Gesta Conlationis Carthaginiensis*, I, 1 (CChr.SL 149 A, 53).

[40] Cf. S. LANCEL, *Actes*, I, 144.

[...]. Mais la frappante disparité entre la représentation de la Césarienne occidentale, réduite à un évêque, et celle de la partie orientale de la province, qui avait envoyé au moins trente-cinq évêques, dont certains n'étaient guère moins éloignés, peut faire soupçonner que cet état de choses pourrait aussi s'expliquer par le contexte politique de cette région à cette époque. [...]. Des indices donnent à penser que, dès le milieu du IVe siècle, dans cette région où l'on faisait toujours allégeance aux empereurs, l'autonomie des cités était devenue plus large, et que l'organisation de la défense de ces villes qui se repliaient sur elles-mêmes était laissée à l'initiative de leurs magistrats. A la veille de l'invasion vandale, la Césarienne occidentale a pu devenir une sorte de «marche» où l'administration et l'armée impériale ne faisaient plus qu'épisodiquement acte de présence. Ainsi expliquerait-on que les convocations à la Conférence de 411, assurées par la voie administrative, aient malaisément touché les évêques qui résidaient en ces contrées[41].

2. Les interventions papales en Maurétanie Césarienne

Le propos est ici de faire ressortir la complexité des situations, qui ont entraîné l'affermissement de l'autorité primatiale de l'évêque de Carthage sur l'ensemble de l'Afrique au détriment de l'influence pontificale.

2.1 *Les mandats pontificaux*

2.1.1 Le voyage d'Augustin en Maurétanie Césarienne, en 418

Peu après la condamnation des thèses pélagiennes prononcée aussi bien par le concile d'Afrique qui s'est réuni à Carthage, le 1er mai 418[42], que par le pape Zosime à travers sa *Tractoria*[43], le pontife romain confie à Augustin le mandat de se rendre en terre maurétanienne[44]. La notice de cette mission est contenue dans la lettre que l'évêque d'Hippone adresse à son collègue Optat:

> Quoique je n'aie reçu aucune lettre particulière de votre Sainteté, celle que vous avez envoyée aux évêques de la Maurétanie Césarienne est arrivée lorsque j'étais moi-même à Césarée, où m'avaient amené des affaires

---

[41] S. LANCEL, *Actes*, I, 153-154.147.149. A ce sujet, cf. A. MANDOUZE, «Deuterius 4», *PCBE*, I, 275-276.
[42] Cf. *Conc. Carth.* A. 418 (CChr.SL 149, 69 s.).
[43] Cf. AUGUSTIN, *Epp.*, 181, 8; 182, 6 (CSEL 44, 711 s.; 721); 190, 23 (CSEL 57, 159).
[44] O. PERLER, *Les voyages*, 337 s., place cette mission en septembre de l'année 418.

concernant l'Église, dont j'avais été chargé par le vénérable pape Zosime, évêque du Siège apostolique[45].

2.1.2 Le voyage d'Alypius en Italie, en 419

D'après la Lettre 22*, Augustin adresse un mémoire à ses collègues Alypius et Peregrinus, qui sont en voyage en Italie. Les délégués de la province de Numidie sont chargés de traiter avec les fonctionnaires de la cour de Ravenne des affaires concernant la législation civile[46]. Dans ce mémoire, Augustin sollicite l'intervention du pape Boniface Ier pour trancher le conflit né autour de la succession au siège de Césarée de Maurétanie. Dans sa recommandation, l'évêque d'Hippone dit: «Que vos Saintetés en fassent rapport au pape Boniface, bien que, avec l'aide du Seigneur, il ne soit nullement à craindre que dans une telle cause, vis-à-vis d'un tel homme, il ne faille procéder par des insinuations»[47].

Comme on peut le constater, le mandat confié à Augustin par le pape Zosime ainsi que l'intervention que l'évêque d'Hippone sollicite auprès du pape Boniface Ier portent vraisemblablement sur des affaires d'ordre disciplinaire (*ecclesiastica necessitas*). En effet, force est de constater que les deux missions, bien qu'elles aient eu lieu à des périodes différentes, ont néanmoins en commun le même objet, à savoir le rétablissement de l'ordre dans l'Église de la Maurétanie Césarienne[48].

2.2 *Émergence d'un nouvel ordre ecclésiastique*

Dans ce paragraphe, on voudrait reconstituer, en partant de l'activité d'Augustin dans la province de Maurétanie Césarienne sur mandat

---

[45] AUGUSTIN, *Ep.*, 190, 1: «Quamvis tuae sanctitatis nullas ad me ipsum datas acceperim litteras; tamen quia illae, quas ad Mauritaniam Caesariensem missisti, me apud Caesaream praesente venerunt, quo nos iniuncta nobis a venerabili papa Zosimo apostolicae Sedis episcopo ecclesiastica necessitas traxerat [...]». (CSEL 57, 137). Sur l'identité de l'évêque Optat, cf. A. MANDOUZE, «Optatus 7», *PCBE*, I, 803 s.

[46] Cf. *supra*, 25, n. 80.

[47] AUGUSTIN, 22*, 7, 3: «Haec papae Bonifatio vestra sanctitas suggerat, quamvis nihil metuendum sit adiuvante domino ne in tali causa tali viro opus sit obrepi». (CSEL 88, 116-117).

[48] Dans son étude, qui traite de la mission d'Alypius en Italie, en 419, M.-F. BERROUARD, «Un tournant», 70, met en lumière une autre dimension de l'engagement de l'épiscopat africain pour la défense des populations civiles à travers la collaboration de l'autorité temporelle. Cet engagement ne concerne pas seulement l'aspect religieux, mais aussi l'aspect civil à l'instar des dispositions relatives au droit d'asile, la lutte contre le trafic d'esclaves et l'assouplissement de la loi en vue du recrutement du personnel ecclésiastique.

pontifical, le clivage produit par l'institution des provinces ecclésiastiques autonomes en Afrique. Ce clivage s'est effectué, semble-t-il, en deux étapes: d'abord le rapprochement, suivi ensuite de l'intégration effective des provinces maurétaniennes dans le giron de Carthage.

2.2.1 Le rapprochement des Églises maurétaniennes de Carthage

a) *Quelques avis d'auteurs*

Le fait que le pape Zosime a chargé Augustin d'une mission dans la province de Maurétanie Césarienne après les démêlés qui l'ont vivement opposé à l'épiscopat africain dans l'affaire pélagienne interpelle plus d'un observateur. A ce sujet, G. Bonner a recueilli les opinions d'auteurs les plus significatives[49]. Parmi celles-ci, nous en relevons deux, à cause de leur caractère complémentaire.

La première opinion est émise par G. Bardy. D'après celui-ci, c'est en signe de reconnaissance pour la défense qu'Augustin a prise du pape Zosime dans la condamnation du pélagianisme que le pontife romain lui a confié une mission en terre maurétanienne. Toutefois, l'auteur précise que ce mandat consiste en une mission, dont on ignore la véritable nature[50].

Le second point de vue est celui de O. Perler. L'auteur déclare qu'Augustin a accepté la mission pontificale par suite de la confiance que le pape lui a témoignée après l'heureux dénouement de la crise pélagienne[51].

En marge de ces opinions, il convient de signaler la remarque suivante faite par S. Lancel au sujet de l'expression *ecclesiastica necessitas*. D'après ce dernier, c'est par euphémisme qu'Augustin emploie cette formule pudique dans un souci de ne pas étaler au grand jour une situation délicate[52].

b) *La procédure augustinienne d'appel à Rome*

La procédure utilisée par Augustin pour solliciter l'intervention du pape Boniface Ier dans l'affaire de succession au siège de Césarée est

---

[49] G. BONNER, «Augustine's Visit», 104-113.
[50] G. BARDY, *Saint Augustin*, 408. G. BONNER, «Augustine's Visit», 112, pense quant à lui que l'objet de la mission que le pape Zosime a confiée à Augustin est contenu dans le *commonitorium* qu'il a adressé aux Africains dans l'affaire du prêtre Apiarius.
[51] O. PERLER, *Les voyages*, 345.
[52] S. LANCEL, *Actes*, II, 186.

insolite. Car, en comparaison avec la mission reçue du pape Zosime en 418, c'est l'évêque d'Hippone qui prend l'initiative de faire intervenir l'autorité pontificale dans l'affaire de Césarée. Augustin explique le recours au Siège apostolique par la difficulté de mener à bonne fin la mission dont il a été chargé: «Et pour cette raison, [dit-il], il est très difficile que puisse être menée ici à bonne fin cette cause que les animosités humaines et la nature même de l'affaire recommandent de terminer plutôt par un jugement du siège apostolique»[53].

En mettant en parallèle les cas d'interventions pontificales exposés plus haut, il convient d'interpréter le comportement d'Augustin comme conforme à celui de l'épiscopat africain tout entier. En effet, en tenant compte du climat de tension qu'a suscité la condamnation controversée des pélagiens[54] et le refus de l'épiscopat africain de reconnaître le jugement du pape Zosime dans l'affaire d'Apiarius, qui a suivi de peu le procès des pélagiens[55], l'on aboutit à une double conclusion, qui révèle l'aspect traditionnel du comportement ambivalent de l'épiscopat africain face à l'autorité pontificale. D'une part, l'initiative prise par le pape Zosime d'intervenir dans une province africaine dans ce contexte de tension, — et l'épiscopat africain y consent!, — ressemble sans doute à un acte de provocation. Car, la désignation d'Augustin par le pape plutôt que par le primat d'Afrique ou même par le primat

---

[53] AUGUSTIN, *Ep.*, 22*, 11, 2: «ac per hoc difficilimum est ut hic possit causa ipsa finiri quam magis iudicio sedis apostolica terminari animositas hominum atque ipsa necessitas cogit». (CSEL 88, 119).

[54] Pour C. Pietri, la condamnation de l'hérésie pélagienne par le pape Zosime est à considérer comme étant l'expression d'une défection, d'autant que le pontife romain s'est retrouvé seul à vouloir rendre justice aux «maîtres» de ladite hérésie par une procédure judiciaire qui serait, en son sens, plus équitable: «Zosime, [dit l'auteur], lui, capitulait. Les contemporains ont glissé sur un épisode pénible pour le Siège apostolique: les Africains surtout, qui ne voyaient aucun avantage à affaiblir l'autorité d'une Église qui ralliait leur orthodoxie [...]. Le pape, je le suppose, s'était déjà incliné devant l'édit impérial avant de connaître les anathèmes de Carthage. [...]. J'imagine plus volontiers que Zosime ne perdit point son temps. Il constatait l'absence de l'appelant, celui que Honorius venait d'expulser. Du même coup tombait toute la procédure entreprise contre la sentence de 411 [...]». (*Roma christiana*, II, 1235-1236). Sur les modalités d'expédition de la *Tractoria* papale: cf. *Ibid.*, 1230-1237; ID., «Les difficultés», 466-469.

[55] G. BONNER, «Augustine's Visit», 110, relève le malaise qui a affecté les relations de l'épiscopat africain avec le Siège apostolique à la suite de l'affaire d'Apiarius à partir de la démonstration de l'impertinence des revendications romaines qui ont été confrontées aux textes de Nicée venus d'Orient: «They [c'est-à-dire les prescriptions du *commonitorium* du pape Zosime] do, however, suggest that relations between Rome and Africa at the midsummer of 418 were still very strained».

(métropolitain) de la province de Maurétanie pour une mission dans un diocèse d'Afrique est une procédure peu conforme à l'usage protocolaire d'Afrique; cette démarche ne tient pas compte des dispositions établies par la législation africaine. En effet, celle-ci stipule que toute démarche à caractère sentencieux ou processif doit être entreprise auprès des instances judiciaires africaines adéquates que sont, en premier lieu le tribunal épiscopal du plaignant, ensuite le tribunal présidé par les évêques voisins, puis le primat de la province et en dernière instance, le concile général d'Afrique[56].

---

[56] Cf. *Canones in causa Apiarii*, can. 28: «Item placuit ut presbyteri et diaconi vel ceteri inferiores clerici in causis quas habuerint, si de iudicio episcoporum suorum questi fuerint, vicini episcopi eos audiant et inter eos quidquid est causae finiant adhibiti ab eis episcopi ex consensu episcoporum suorum. Vicini episcopi eos ex consensu episcopi sui audiant et inter eos definiant adhibiti episcopi. Quod si et ab eis provocandum putaverint, non provocent nisi ad africana concilia vel ad primatus suarum provinciarum, ad transmarina iudicia, sed ad primates suarum provinciarum, sicut et de episcopis saepe constitutum est. Ad transmarinam autem qui putaverit appellandum a nullo intra Africam in communionem suscipiatur». (CChr.SL 149, 109, lignes 277-291). L'importance particulière du concile du 25 mai 419, qui a élaboré la législation relative aux appels, a été soulignée par les auteurs, dans ses aspects spécifiques, parmi lesquels le grand déploiement des participants à l'assemblée. C'est le cas de P. BATIFFOL, *Le catholicisme*, 428, qui dit: «Il fut un très grand concile, où toutes les provinces africaines furent représentées et qui ne compta pas moins de deux cents évêques». Dans le même ordre d'idées, se range C. PIETRI, *Roma christiana*, II, 1258: «Ces gestes conciliants [c'est-à-dire la réponse donnée au *commonitorium* du pape Zosime] venaient d'une assemblée sûrement encadrée: ils avaient toute leur valeur». J. CHAPMAN, «Apiarius», 190, ajoute, que par cette imposante démonstration, les Africains voulaient affirmer au pape leur soumission aux canons nicéens: «It was for the purpose of publicly reading the Nicene decrees as they possessed them, and assuring the Pope of their loyal acceptance of them». Par contre, C. MUNIER, «Dossiers africains», 46, est de l'avis que les Africains ont voulu seulement prouver par la grande affluence des Pères au concile la conformité de leur tradition avec les prescriptions nicéennes contenues dans les copies venues d'Orient. Outre l'accent mis sur le nombre remarquable des participants, d'autres auteurs affirment que ce concile avait pour but de proclamer l'indépendance des Africains vis-à-vis de Rome en matière d'appel. Ce point de vue est notamment soutenu par W. MARSCHALL, K*arthago*, 174, lorsqu'il affirme: «Die grosse Zahl der Teilnehmenden Bischöfe erklärt sich vielmehr aus der Wichtigkeit der zu behandelnden Materie; sollte doch auf dem Konzil das grosse Gesetzeswerk der afrikanischen Kirche, der "Codex Canonum Ecclesiae Africanae", verkündet und zur Annahme vorgeschlagen werden»; aussi F.-L., CROSS, «History and Fiction», 227. Par ailleurs, l'échéance d'entrée en vigueur de cette disposition est discutée. En considérant les péripéties qui ont conduit à la tenue du concile de Carthage du 25 mai 419, S. LANCEL, «Saint Augustin et la Maurétanie», 51, fait remarquer que l'attribution des mesures ayant trait à l'*appellatio* à ce concile est discutable, car les canons dudit concile comportent des mesures antérieurement

D'autre part, l'acceptation par Augustin et ses collègues de l'intervention romaine en Afrique après qu'ils ont désavoué l'autorité de l'instance pontificale que le même évêque d'Hippone a naguère qualifiée d'«irrévocable» lorsqu'il exhortait les pélagiens à renoncer à leur enseignement[57] ne constitue pas moins un revirement de l'attitude de l'épiscopat africain.

---

définies. J. CHAPMAN, «Apiarius», 187, pour sa part trouve que le canon 28 élargit effectivement aux prêtres et aux membres du bas-clergé le droit d'appel naguère réservé aux seuls évêques. C'est là, conclut l'auteur, une preuve que ce droit n'existait pas auparavant. Pour J. GAUDEMET, *L'Église dans l'empire*, 439, la possibilité d'en appeler à Rome même pour les évêques n'était pas envisageable en Afrique. C. MUNIER, «Dossiers africains», 44, n. 8, partage cet avis. L'auteur estime en effet que, eu égard à l'esprit de la législation africaine, il est hors de propos de penser qu'à cause de l'absence d'une interdiction explicite, il fût permis aux évêques d'en appeler à Rome: «Si les "appels" des évêques africains à Rome avaient toujours été autorisés par la discipline locale, [dit-il], on ne voit vraiment pas pourquoi Zosime aurait eu besoin d'alléguer les "canons de Nicée", pour faire reconnaître en Afrique la procédure proposée par les Pères de Sardique»; ID., «Un canon inédit», 120. L'auteur ajoute ensuite que la mention de la seule catégorie du bas-clergé est indiquée pour montrer la «faveur toute particulière» qui lui est maintenant accordée de pouvoir recourir comme les évêques «aux conciles d'Afrique ou aux primats de leurs provinces [...]». («Un canon inédit», 121). F. HOFMANN, *Der Kirchenbegriff*, 451, interprète diversement ce canon. Selon lui, l'instance des recours à l'intérieur de l'Afrique a toujours existé, même pour les évêques. Cependant, il n'y a pas de données qui démontrent que les appels transmarins étaient interdits. Quant à W. MARSCHALL, *Karthago*, 180, l'interdiction d'interjeter appel *ad transmarina* ne concernait que les prêtres et le bas-clergé, mais non pas les évêques. Une étude comparative de décrets africains relatifs aux appels entreprise par certains chercheurs met en lumière deux orientations dans lesquelles peut bien s'inscrire l'interdiction intimée par le concile de recourir à Rome. La thèse de ces auteurs est la suivante. Selon toute vraisemblance, la disposition canonique d'Afrique s'appuie sur le canon 5 de Nicée, qui recommande de faire conclure les jugements par la sentence au tribunal provincial. Cette mesure aurait été interprétée diversement dans son application africaine soit dans le sens de l'innovation: cf. L.S.L. DE TILLEMONT, *Mémoire*, XIII, 1034; de même W. MARSCHALL, *Karthago*, 178; soit dans le sens d'extrapolation, comme soutient R. CRESPIN, *Ministère*, 127, lorsqu'il dit: «Ils [c'est-à-dire les évêques d'Afrique] enchérirent en prétextant que cette disposition devait a fortiori être appliquée, si l'excommunié était évêque. C'était refuser nettement, même aux évêques, le droit d'appeler à Rome»; de même P. BATIFFOL, *Le catholicisme*, 467-468; également J. CHAPMAN, «Studies», 195.

[57] AUGUSTIN, *Sermo*, CXXXI, 10, 10: «Iam enim de hac causa duo concilia missa sunt ad Sedem Apostolicam : inde etiam rescripta venerunt. Causa finita est : utinam aliquando finiatur error!». (PL 38, 734).

2.2.2 L'insertion de la Maurétanie dans la mouvance carthaginoise

a) *L'autorité plénipotentiaire d'Augustin*

Deux éléments ayant trait à la sollicitude épiscopale entrent en jeu pour reconstruire le processus d'insertion de la Maurétanie Césarienne dans la juridiction primatiale de Carthage: il y a d'un côté le témoignage de solidarité que l'épiscopat africain tout entier a montré à Augustin autour de l'affaire pélagienne; d'un autre côté, il y a à considérer la haute autorité dont l'évêque d'Hippone est investi par les mandats pontificaux. Ces éléments concourent en même temps à démontrer le changement d'attitude de l'épiscopat maurétanien à l'égard de Carthage.

Le premier indice de ce processus se trouve dans la présentation protocolaire du concile général d'Afrique, tenu à Carthage, le 1er mai 418, en vue d'en découdre définitivement avec la crise pélagienne[58]. La manière dont les Actes conciliaires mentionnent la participation des deux provinces maurétaniennes de la Césarienne et de la Sitifienne à ce rassemblement de toute l'Afrique laisse entrevoir le rapprochement décisif de ces Églises naguère éloignées de l'autorité carthaginoise. Ainsi, peut-on lire dans la relation des Actes conciliaires:

> Cum Aurelius episcopus simul cum Donatiano Teleptensi primae sedis episcopo provinciae Bizacenae et aliis ducentis tribus coepiscopis suis, tam ex provincia Bizacena quam Mauretania Sitifensis, Tripolitana, Numidia, Mauritania Caesariensi et Hispania, in concilio consedisset, adstantibus diaconibus[59].

A la différence de la Conférence de 411, qui n'a connu qu'une faible participation d'évêques maurétaniens, la présence de ces deux provinces au concile général d'Afrique de 418 est méticuleusement soulignée dans les Actes conciliaires. Compte tenu de l'importance de la matière à débattre, à savoir la réfutation et la condamnation de l'erreur pélagienne, le déplacement des délégués des Églises maurétaniennes à cette assemblée mémorable constitue assurément une nette démonstration de l'engagement de l'épiscopat maurétanien à la cause défendue par Carthage.

---

[58] Cf. les neuf propositions de condamnation du pélagianisme (CChr.SL 149, 69-73).

[59] Cf. *Conc. Carthag.* A. 418 (CChr.SL 149, 69, lignes 5-8). Cependant, malgré ce témoignage, O. PERLER, *Les voyages*, 348, refuse de reconnaître que la province de Maurétanie Césarienne y a été représentée «au concile de Carthage du 1er mai 418, [dit-il], bien que ce fût un concile général d'Afrique»!

Le second événement qui montre l'alliance des provinces maurétaniennes avec la mouvance carthaginoise est l'activité, somme toute de nature pastorale qu'Augustin a entreprise pendant son séjour à Césarée: il s'agit spécialement des débats contradictoires soutenus publiquement par Augustin avec l'évêque donatiste Emeritus sous l'égide de l'évêque catholique Deuterius, en 418[60].

La teneur de l'initiative d'Augustin relève du fait que l'organisation des débats par les défenseurs de la doctrine orthodoxe, c'est-à-dire les évêques d'Afrique dont l'évêque d'Hippone préside la délégation en territoire maurétanien, induit à penser à la mise en application des dispositions prises à la Conférence de Carthage de 411 au sujet de la réconciliation des catholiques avec les donatistes. C'est dans cette optique que l'on doit comprendre l'initiative prise par Augustin d'expulser de la ville et même de l'ordre clérical le sous-diacre Victorinus, qui était accusé de pactiser avec le manichéisme[61]. Dans ce sens, la thèse qui veut qu'en se rendant en Maurétanie, Augustin n'ait fait qu'exploiter la réconciliation faite par le pape Zosime avec l'épiscopat africain à travers la publication de la *Tractoria*[62] pontificale se justifie. C'est de cette manière que l'activité entreprise par l'évêque d'Hippone en terre maurétanienne reçoit, avec l'argument du mandat pontifical, plus de poids auprès de Deuterius, le primat de Maurétanie Césarienne. Ce faisant, l'accueil solennel réservé par Deuterius à son illustre hôte, à qui il laisse les mains libres de prendre des initiatives qu'il juge opportunes, revêt le caractère d'un véritable ralliement de la province qu'il représente à l'autorité primatiale de Carthage. En cette circonstance, Augustin recommande à Deuterius d'adopter la pratique en usage dans les Églises dépendant de Carthage, c'est-à-dire celle qui

---

[60] Cf. AUGUSTIN, *Sermo ad Caesariensis ecclesiae plebem*, 1; ID., *Gesta cum Emerito*, 1 (CSEL 53, 168; 181). Sur les personnages impliqués dans ces débats, cf. A. MANDOUZE, «Emeritus 2», *PCBE*, I, 340-349; «Deuterius 4», *Ibid.*, 275-276.

[61] Cf. AUGUSTIN, *Ep.*, 236 (CSEL 57, 523-525). A ce sujet, cf. A. MANDOUZE, «Victorinus 12», *PCBE*, I, 1199.

[62] C. PIETRI, *Roma christiana*, II, 1248-1249, se fait particulièrement l'écho de cette opinion. A ce sujet, il dit: «Non pas qu'il ait reçu [il s'agit d'Augustin], avec ses collègues de Numidie, une mission explicite de gagner la Maurétanie; mais en publiant son encyclique, le pape entendait rallier l'adhésion de la chrétienté entière. [...]. L'affaire de Césarée ne relève pas de la politique romaine: elle reflète seulement le prestige du Siège apostolique et le bon usage qu'on savait en faire, depuis que Rome s'accordait avec les conciles africains». Dans la même optique, A. AUDOLLENT, «Africa», 792, fait remarquer qu'«en 418, Augustin se trouvait par hasard à Caesarea, de Maurétanie [...]».

consiste à lire tous les ans pendant le carême, les Actes de la Conférence de 411[63].

La visite d'une délégation officielle venue de Carthage en Maurétanie ouvre ainsi la voie à une nouvelle perspective de collaboration inter-provinciale. A ce titre, que des solutions aux problèmes d'ordre pastoral ou disciplinaire (*ecclesiastica necessitas*) de l'Église de Maurétanie soient proposées, voire définies par des représentants de la mouvance carthaginoise avec ou sans le mandat pontifical, cette procédure ne fait qu'accroître l'ascendant de l'autorité juridictionnelle de Carthage sur l'Église maurétanienne. Dans ce sens, la participation des représentants de la province de Maurétanie à ce même concile d'Afrique, qui s'est réuni à Carthage, le 1er mai 418, après avoir «défié», — pourrait-on dire—, l'autorité pontificale en sollicitant l'intervention du pouvoir séculier pour condamner les auteurs de l'hérésie pélagienne, ne démontre pas moins la volonté de ces Églises de réintégrer pleinement la juridiction carthaginoise. Toutefois, cette intégration s'effectue en fonction des particularismes qui caractérisent ces provinces, spécialement la Césarienne. En premier lieu, l'on doit signaler l'esprit aiguisé du «nationalisme» du peuple maurétanien qui, jaloux de son identité, ne veut pas être désigné comme faisant partie de l'*Africa*[64]. Ce trait du particularisme maurétanien apparaît avec plus d'évidence dans le mouvement des revendications socio-politiques, fomenté par les princes Firmus (373/374) et Gildon (397/398). Les soi-disant révoltes ont même bénéficié de l'appui d'intégristes donatistes, notamment lorsque les factions «orthodoxes» de l'Église schismatique ont rallié le soulèvement de Firmus[65]. Ensuite, on rencontre des groupes des donatistes, notamment les «rogatianistes» basés à Cartennae, qui subissent les violences de leurs coreligionnaires intégristes. En effet, les

---

[63] Cf. AUGUSTIN, *Gesta cum Emerito*, 4 (CSEL 53, 184).

[64] Cf. AUGUSTIN, *Ep.*, 93, 8, 24: «Mauretania tamen Caesariensis occidentali quam meridianae parti vicinior, quando nec Africam se vult dici, quo modo de meridie gloriabitur, non dico adversus orbem terrarum sed adversus ipsam partem Donati, unde pars Rogati brevissimum frustrum de frustro maiore praecisum est?». (CSEL 34/2, 469-470).

[65] Cf. AUGUSTIN, *Contra epistulam Parmeniani*, I, 10, 16; XI, 17 (CSEL 51, 36-37; 38-39); *Ep.*, 87, 10 (CSEL 34/2, 406). A ce sujet, cf. P. MONCEAUX, *Histoire littéraire*, IV, 128-129; de même W.H.C. FREND, *Donatist Church*, 73.198; également A. AUDOLLENT, «Afrique», 793. Concernant l'influence que le donatisme a exercée sur la révolte des Maurétaniens à travers la participation des circoncellions, B. KRIEGBAUM, *Kirche*, 17, nuance le sens que l'on doit donner à cette intervention. Le mouvement religieux ne doit pas être considéré, fait remarquer l'auteur, comme la cause de la revendication politique; il n'en est que l'élément catalyseur.

«rogatianistes» demeurés fidèles à l'autorité temporelle, n'ont pas participé à la révolte de Firmus à l'instar des circoncellions[66]. Un dernier élément, qui caractérise la situation ecclésiale de Maurétanie est constitué par l'existence des rivalités intestines parmi les catholiques. Les péripéties du conflit de succession au siège de Césarée dénotent en fait le manque de communion au sein de cette Église. Les intrigues orchestrées par les partisans de l'évêque Honorius, que des religieux ont par ailleurs dénoncées[67], prouvent qu'une action pastorale à la mesure du désordre était requise dans l'Église maurétanienne[68].

En rapport avec le processus d'insertion de la province de la Maurétanie Césarienne au sein de la juridiction carthaginoise, l'on doit aussi signaler la discrétion qui caractérise la mission d'Augustin dans cette province. En effet, aussi bien dans les débats contradictoires engagés par Augustin avec l'évêque schismatique Emeritus que dans les décisions prises par l'évêque d'Hippone à l'endroit du sous-diacre Victorinus, on n'aperçoit nulle part une trace de référence au mandat pontifical, alors que c'est le pape Zosime qui est pourtant présenté comme le promoteur de la mission d'Augustin en territoire maurétanien. Au regard de cette considération, c'est à juste titre que d'aucuns ont qualifié la mission d'Augustin et ses collègues en Maurétanie d'acte fignolé d'habileté et de récupération opportuniste[69].

b) *L'amenuisement de l'autorité pontificale*

+ Un procès aux multiples enjeux

L'évolution de l'influence particulière de l'autorité pontificale dans l'Église maurétanienne peut être établie à partir des éléments qui ressortent de différentes analyses de l'affaire d'Honorius. Le degré de cette influence se mesure à partir du clivage même qui s'est créé à travers l'institution des primaties autonomes dans l'Église d'Afrique. A cet effet, la lecture attentive d'une indication contenue dans le

---

[66] Cf. AUGUSTIN, *Contra litteras Petiliani*, II, 83, 184 (CSEL 52, 113); *Ep.*, 93 (CSEL 34/2, 445-496). A ce sujet, cf. A. AUDOLLENT, «Afrique», 780-781; de même W.H.C. FREND, *Donatist Church*, 197.

[67] Cf. AUGUSTIN, *Ep.*, 22*, 5, 2: «Quidam religiosi scripserunt inde ad nos quantum mali fiat, si hoc factum fuerit». (CSEL 88, 115).

[68] P. MONCEAUX, *Histoire littéraire*, III, 8, observe la persistance du paganisme en Maurétanie malgré la forte diffusion du christianisme au deuxième siècle. A cause de l'endurcissement qui les caractérise, l'auteur qualifie ces contrées de «pays à demi barbares».

[69] Cf. *supra*, 240, n. 62.

mémorandum qu'Augustin adresse aux délégués de la Numidie, Alypius et Peregrinus, qui sont en voyage en Italie, fait émerger l'aspect d'exercice libre de l'autorité pontificale dans la province africaine de Maurétanie. Car, dans ce document, l'évêque d'Hippone, parlant de l'affaire d'Honorius, fait allusion à une réponse antérieure du pape (*Sedes apostolica*), qui évoque un rapport des évêques d'Afrique (*nostra relatio*):

> Entre-temps, [dit Augustin], nous avons écrit aux évêques que nous n'avions pas adressé la réponse faite par le siège apostolique à notre rapport pour la raison que l'évêque métropolitain n'y est pas encore établi et, à cette occasion, nous nous sommes efforcés, autant que nous le pouvions, de les dissuader de faire d'Honorius ce que réclame une foule séditieuse[70].

L'intervention papale en Maurétanie, qui est signalée dans la lettre d'Augustin a particulièrement attiré l'attention de quelques chercheurs. Sur ce, M.-F. Berrouard est de l'avis que l'expression *relatio nostra* fait plutôt allusion à la synodale du 26 mai 419, qui a été adressée au pape Boniface Ier, à la suite de l'affaire d'Apiarius[71]. Par contre, S. Lancel, qui s'oppose à cette interprétation, envisage *nostra relatio* comme un rapport auquel Augustin a associé Possidius, «déjà, [précise-t-il], partie prenante dans les affaires de Césarienne lors de l'été 418 [...]» et que, ledit rapport a été adressé au Siège apostolique au sujet de l'affaire de succession au siège de Césarée[72].

D'après les données fournies par S. Lancel, il semble que les désordres survenus dans l'Église de Césarée sont bien latents. En se basant sur les conclusions d'étude de G. Bonner, qui porte sur le voyage d'Augustin à Césarée en 418, S. Lancel met en relation les mesures disciplinaires prises par le Siège apostolique à l'égard de trois évêques de cette province avec l'objet de la mission que le pape Zosime a confiée à l'évêque d'Hippone[73]. A ce propos, il convient de souligner le fait que c'est Augustin lui-même qui évoquera dans le cas d'Antoninus

---

[70] AUGUSTIN, *Ep.*, 22*, 6, 1: «Nos interim scripsimus ad episcopos propterea non a nobis fuisse directum quod <ad> nostram relationem respondit apostolica sedes, quia metropolitanus episcopus nondum ibi est constitutus, et ex hac occasione, ne de isto faciant quod seditiosa expetit multitudo, quantum potuimus dissuasimus [...]». (CSEL 88, 116). A ce sujet, cf. S. LANCEL, «Notes complémentaires», BAug 46 B, 528.

[71] M.-F. BERROUARD, «L'activité littéraire», 324.

[72] S. LANCEL, «Notes complémentaires», BAug 46 B, 526-527. Pour sa part, O. PERLER, *Les voyages*, 346, adjoint même Alypius à Possidius dans la rédaction du rapport envoyé à Rome.

[73] S. LANCEL, *Actes*, I, 187.

(424/425) la peine infligée à ces trois évêques comme un précédent de référence⁷⁴.

S. Lancel voit des allusions lointaines de cette décision dans un passage des Actes du concile de Carthage du 1ᵉʳ mai 418, où le pape Zosime serait déjà intervenu. Une commission d'enquête restreinte d'évêques africains aurait débattu de ce problème sans toutefois aboutir à un résultat escompté⁷⁵.

+ L'initiative d'Augustin

Dans l'affaire d'Honorius, il apparaît qu'Augustin traite directement avec le Siège apostolique, dont un diacre a même été dépêché à Hippone, afin de veiller au dénouement du différend dans lequel un évêque africain était impliqué. Ce détail ressort de la lettre qu'Augustin écrit à son collègue Possidius, l'évêque de Calama:

> Depuis qu'il est arrivé de Rome, [signale Augustin], le diacre qui a apporté cette lettre est ici, auprès de nous; je l'ai retenu jusqu'à ce qu'il sache qui a été ordonné à Césarée à la place de notre frère Deuterius, — c'est en effet du plus haut intérêt —, et jusqu'à ce qu'on écrive pour que nous sachions comment il nous faut écrire⁷⁶.

La manière dont Augustin passe outre aux prescriptions législatives d'Afrique pour faire intervenir l'autorité du Siège apostolique dans l'affaire d'Honorius ne valorise nullement les résolutions prises en concile au sujet des ingérences des évêques de Rome en Afrique. C'est ainsi qu'en s'appuyant sur la période pendant laquelle Augustin sollicite l'intervention papale dans l'affaire d'Honorius, c'est-à-dire l'hiver 419⁷⁷, —soit après le concile de Carthage du 25 mai 419 —, l'hypothèse selon laquelle l'évêque de Rome exerçait traditionnellement un droit de regard direct sur l'Église de Maurétanie se confirme. Sur la base de

---

⁷⁴ AUGUSTIN, *Ep.*, 209, 8: «Existunt exempla ipsa sede apostolica iudicante vel aliorum iudicata firmante quosdam pro culpis quibusdam nec episcopali spoliatos honore nec relictos omnimodis impunitos. Quae ut a nostris temporibus remotissima non requiram, recentia memorabo». (CSEL 57, 351).

⁷⁵ S. LANCEL, «Le dossier de l'affaire Classicianus», 52.

⁷⁶ AUGUSTIN, *Ep.*, 23* A, 5, 1: «Diaconus qui easdem litteras attulit ex quo de Roma venit hic est apud nos. Ego eum tenui, donec sciat quisnam fuerit in locum fratris Deuterii Caesariensibus ordinatus. Plurimum quippe interest; atque scribatur, ut quemadmodum scribendum sit noverimus». (CSEL 88, 124). L'identification du destinataire de cette lettre d'Augustin est l'œuvre de F.-M. BERROUARD, «Notes complémentaires», BAug 46 B, 533-535.

⁷⁷ Cf. M.-F. BERROUARD, «Un tournant», 49.

cette donnée, la démarche menée par Augustin ouvre à deux pistes d'interprétations.

D'abord, une perspective conciliante. Le fait qu'en 419, Augustin sollicite l'intervention du pontife romain dans l'Église africaine de Maurétanie, suppose selon toute vraisemblance que le pape Boniface Ier voulant compléter l'oeuvre diplomatique amorcée par son prédécesseur Zosime dans une mission restée inachevée, a préféré poursuivre les tractations dont l'objet concerne l'administration pontificale en territoire maurétanien par la collaboration des mêmes émissaires. Cette hypothèse trouve des fondements dans la confirmation de la mission des légats pontificaux en Afrique, faite par le pape Boniface Ier au sujet de l'affaire d'Apiarius, après le décès du pape Zosime, en 418[78]. C'est pourquoi, il faut conclure à la suite de S. Lancel, que l'intervention pontificale sollicitée par l'évêque d'Hippone dans l'affaire d'Honorius est une démarche qui vise à clôre un vieux procès, dont le début est obscurément connu[79]. L'irrégularité constatée dans la procédure d'appel d'Augustin à Rome, qui implique l'engagement du corps épiscopal africain tout entier, semble bien liée à la nature même de ce procès, qui trouve son point de départ dans l'instance pontificale.

La seconde remarque relative à la procédure d'appel d'Augustin reflète l'affermissement du nouvel ordre ecclésiastique émergeant. Cette remarque se rapporte à la mention qu'Augustin fait du primat d'Afrique dans la recommandation qu'il adresse à ses collègues, en vue d'une intercession auprès du Siège apostolique:

> Sur ces entrefaites, [dit Augustin], comme des évêques s'étaient rassemblés dans cette cité en raison de cette affaire, pour que le peuple élise celui dont il souhaitait l'ordination, ils furent contraints par les graves violences d'une foule déchaînée à mettre là Honorius comme faisant fonction d'évêque local, jusqu'à ce que soient consultés le siège apostolique et le chef de l'Église de Carthage, afin que l'ordination eût lieu, si ces derniers étaient d'accord[80].

---

[78] Cf. *Conc. Carth.* A. 419 (CChr.SL 149, 89, lignes 6 et 12). A propos de la confirmation de l'ambassade romaine en Afrique, C. PIETRI, *Roma christiana*, II, 1256, observe que l'autorité des délégués pontificaux n'est pas davantage renforcée dans leur lettre de créance. Notons en passant que ce jugement peut contribuer à affirmer l'esprit de souplesse manifestée par le pape Boniface Ier dans ses rapports avec l'épiscopat africain.

[79] Cf. S. LANCEL, «Saint Augustin et la Maurétanie», 51.

[80] AUGUSTIN, *Ep.*, 22*, 5, 3: «Interim episcopi cum ad ipsam civitatem necessitatis ipsius gratia convenissent, ut eligeret populus quem sibi cuperent ordinari, gravibus etiam iniuriis turbulentae multitudinis compulsi sunt eum illic ponere tamquam vices

Les éléménts qui entrent en ligne de compte dans le jugement formulé plus haut autour de l'initiative d'Augustin permettent de préciser en le nuançant le sens à accorder à la procédure augustinienne. Dans le cas présent, étant admis, comme il apparaît de toute évidence, que l'affaire d'Honorius constitue une cause dont le Siège apostolique avait été précédemment saisi, l'appel que l'évêque d'Hippone adresse simultanément aux deux plus hautes instances hiérarchiques, c'est-à-dire d'une part, le Siège apostolique et d'autre part, le primat d'Afrique pour arbitrer le litige de succession épiscopale, constitue ni plus ni moins la recherche d'harmonie dans la décision à prendre. Cette procédure veut se conformer à la conception cyprianique de communion totale avec l'évêque de Rome, pour des causes qui regardent la dignité et l'honneur de l'épiscopat, comme Augustin lui-même le mentionne: «*Plurimum quippe interest*». En outre, le ton sur lequel s'exprime Augustin laisse penser à l'ingérence des évêques d'Afrique dont lui-même est le porte-parole, dans une juridiction qui ne fait pas partie de leur circonscription administrative ordinaire.

Cette interprétation permet de déterminer l'objectif poursuivi par le double appel d'Augustin: tout porte à croire que l'évêque d'Hippone cherche de s'assurer l'appui du primat d'Afrique, qui représente la plus haute instance judiciaire, étant donné qu'on procède à la mise de l'Église de Maurétanie sous la tutelle de l'autorité primatiale d'Afrique. De cette manière, l'administration ecclésiastique de Maurétanie passe progressivement sous la direction de Carthage en se déliant aussi progressivement de l'emprise traditionnelle de l'autorité pontificale. Étant donné que l'ordre de régler les affaires de l'Église de Maurétanie est venue de Rome, la concorde s'impose dans la décision à prendre entre les instances compétentes[81]. A cet effet, l'évêque d'Hippone fait appel à l'autorité du concile de Nicée, qui sert de norme canonique de référence suprême à toute législation ecclésiastique: «Mais, ils ne pourront en aucune façon, [déclare Augustin], être d'accord à l'encontre du concile de Nicée et d'autres conciles d'évêques»[82].

---

agentem episcopi proprii, donec consuleretur sedes apostolica et antistes carthaginiensis ecclesiae, ut tunc fieret, si ipsi voluissent». (CSEL 88, 115).

[81] Pour J.E. MERDINGER, «The Politics», 533-534, le recours de l'épiscopat africain à Rome dépend du prestige de l'accusé. Il en est ainsi du procès d'Honorius, qui est soutenu par le haut clergé et la plus grande partie du peuple.

[82] AUGUSTIN, *Ep.*, 22*, 5, 4: «quod nullo utique pacto velle poterunt contra concilium Nicenum et alia concilia episcoporum». (CSEL 88, 115).

+ Les retombées de l'affaire d'Apiarius

Il reste à considérer un autre aspect de l'appel d'Augustin à l'autorité primatiale d'Afrique. Le fait que l'évêque d'Hippone associe le primat d'Afrique au règlement d'une affaire suscitée dans une zone qui, traditionnellement est sujette au droit de regard de l'évêque de Rome comporte, semble-t-il, quelque relent de tension dont le concile d'Afrique du 25 mai 419 porte l'écho[83]. Dans les Actes de ce concile, qui rappellent les dispositions relatives à l'*appellatio*, la présence d'Augustin à cette assemblée est explicitement mentionnée. En effet, c'est l'évêque d'Hippone qui, à travers une suggestion remarquablement engageante, recommande aux Pères d'observer provisoirement les prescriptions venues de Rome, en attendant de les collationer avec les exemplaires des originaux des canons de Nicée commandés en Orient: «Cumque recitaretur Augustinus episcopus ecclesiae Ypponiensis provinciae Numidiae dixit: "Et hoc nos servaturos profitemur, salva diligentiore inquisitione Nicaeni concilii"»[84].

En mettant en relation l'appel d'Augustin à l'autorité du primat d'Afrique dans l'affaire d'Honorius avec son engagement remarqué au concile de Carthage de 419, il résulte que tout en s'ouvrant à la collaboration de l'instance pontificale[85], l'évêque d'Hippone tient aussi à manifester sa fidélité à la législation africaine, dont il est l'un des «promoteurs charismatiques»[86].

c) *Les interventions du primat Aurelius*

Le processus d'intégration des provinces maurétaniennes au sein de la mouvance carthaginoise ne se réalise pas d'après un schéma linéaire préalablement établi. Les différentes interventions du primat Aurelius en faveur des Églises maurétaniennes le démontrent.

---

[83] Cf. J.E. MERDINGER, «The Politics», 537.
[84] Cf. *Conc. Carthag.* A. 419 (CChr.SL 149, 93, lignes 134-136).
[85] Pour ce qui regarde l'intervention qu'Augustin sollicite auprès de l'évêque de Rome, J.E. MERDINGER, «The Politics», 539-540, est de l'avis que l'évêque d'Hippone se trouve en mauvaise posture: c'est pourquoi il exerce des pressions sur le pape Boniface Ier. Aussi, ce recours de désespérance est exprimé par le terme *instantia*, qui est le même qu'Augustin emploie habituellement dans la sollicitation du bras séculier pendant la controverse donatiste: «It is scarcely any wonder, then, that Augustine harbored few scruples against using "instantia" late in his career, even with the bishop of Rome. It had become second nature to him [...]. Center stage, though, throughout his affair, is Augustine of Hippo, tactician extraordinaire [...]».
[86] Cf. AUGUSTIN, *Retractatio*, II, 57 (51) (*CSEL* 36, 187 s.).

Au concile d'Hippone du 8 octobre 393, lors de l'institution de la primatie de la Maurétanie Sitifienne, le primat Aurelius intervient favorablement en appuyant les propositions des évêques délégués des Églises maurétaniennes. Parmi ces propositions, il y en a qui portent explicitement des indices de dépendance et de loyalisme de ces provinces à l'égard de l'autorité juridictionnelle de Carthage. Trois exemples tirés des Actes conciliaires d'Afrique sont témoin de ce constat.

La première proposition concerne les modalités d'élection du primat de la Sitifienne. Dans les débats, on propose que le primat de cette province soit choisi par son concile et qu'il soit présenté à l'évêque de Carthage. Cette disposition est rappelée plus tard au concile de Carthage de 525:

> Caecilianus et Honoratus episcopi dixerunt: Carthaginensem ecclesiam cognoscimus, favente Divinitate, habere primae sedis episcopum omnium provinciarum Africanarum. Hoc desideramus ut in provincia nostra consequatur se ordo ut primae sedis episcopum habeamus specialiter de concilio electum, de quo necesse est eligatur. Unde pofitemur in conscientiam ecclesiae Carthaginensis perferre, quandocumque voluerimus habere primae sedis episcopum, ita ut cum primae sedis episcopus de corpore recesserit, qui in eius locum succedet ad ecclesiam Carthaginis mittat et eam instruat, ut fiat primae sedis episcopus; et si qua de eadem Carthaginensi nuntianda sunt ad provintiam Mauritaniam, causa regulae e disciplinae, hoc profitemur episcopum Sitifensem debere conveniri, per quem omnes episcopi in Mauritania constituti possint informari[87].

Une seconde revendication dénonce l'abus du pouvoir constaté chez de nombreux évêques. Ceux-ci, bien qu'ils soient régulièrement ordonnés, ne s'interdisent pas d'empiéter sur les prérogatives des titulaires d'autres diocèses:

> Honoratus et Urbanus episcopi dixerunt: Audivimus constitutum ut dioceses non mereantur episcopos accipere nisi consensu eius sub quo fuerant constitutae. Sed in provincia nostra, cum aliqui forte in diocesi, concedente eo episcopo in cuius potestate fuerant constitutae, ordinati sunt episcopi, etiam dioceses sibi vindicant. Hoc et corrigi caritatis vestrae iudicio et inhiberi de cetero debet[88].

---

[87] *Conc. Carthag.* A. 525 (CChr.SL 149, 269, lignes 575-589). A ce sujet, cf. A. MANDOUZE, «Caecilianus 5», *PCBE*, I, 177; «Honoratus 5», *Ibid.*, 565-566; «Urbanus 2», *Ibid.*, 1229-1230.
[88] *RECE*, can. 56 (CChr.SL 149, 192, lignes 355-361).

CHAP. VI: LES DISPARITÉS DANS L'ORGANISATION

La troisième suggestion, qui témoigne la volonté de la province de la Sitifienne de se rapprocher davantage de la juridiction de Carthage, traite de la fixation de la date de Pâques. En effet, au concile de Carthage du 28 août 397, les prélats Urbanus et Honoratus réclament que la date de Pâques soit notifiée d'avance à toutes les provinces par l'évêque de Carthage:

> Honoratus et Urbanus episcopi dixerunt: Quoniam de commonitorio nostro omnia tractata noscuntur, addimus etiam de die Paschae nobis esse mandatum, ut de ecclesia semper Carthaginensi, sicuti adsolet, instruamur, et non sub angusto temporis spatio[89].

Le primat Aurelius soutient cette proposition et suggère que la communication de la date de Pâques soit faite aux délégués de chaque province au concile général annuel:

> Aurelius episcopus dixit: Si sanctitati vestrae videtur, quoniam nos spopondisse iamdudum meminimus ut singulis quibusque annis ad tractandum conveniamus, et cum convenierimus in unum, tunc divulgabitur sanctus Paschae dies per legatos qui adfuerint concilio[90].

Bien plus, pour exprimer sa pleine approbation, le primat va jusqu'à exiger que cette notification soit faite immédiatement aux représentants de l'Église maurétanienne séance tenante. Aurelius déclare dans une formule normative que cette requête doit être absolument exécutée: «Ita fiat necesse est»[91].

A bien examiner les doléances des émissaires maurétaniens, il apparaît que les désordres qui règnent dans leur province sont à l'origine des décrets qui traitent de l'érection des diocèses et de recrutement des clercs, qui ont été expressément établis au concile de Carthage de 390[92]. De même, la manière dont les Pères conciliaires accueillent les propositions de leurs collègues maurétaniens montre combien grande est l'attention que les évêques de la mouvance carthaginoise prêtent aux requêtes de cette province, qui a choisi de se remettre à leur sollicitude. Pour ce faire, le primat Aurelius lui-même prend l'initiative en appuyant par son approbation les suggestions qui sont soumises à l'examen du concile:

> Aurelius episcopus dixit: Quoniam igitur universa arbitror fuisse tractata, si omnia cum animo vestro convenerunt, sermone vestro cuncta roborrate —

---

[89] Cf. *RECE*, can. 51 (CChr.SL 149, 188, lignes 214-218).
[90] Cf. *RECE*, can. 51 (CChr.SL 149, 189, lignes 219-223).
[91] Cf. *RECE*, can. 51 (CChr.SL 149, 189, ligne 227).
[92] Cf. *supra*, 229, 16.

Universi episcopi dixerunt: Omnibus nobis haec placuerunt et haec nostra subscriptione firmabimus⁹³.

Aussi à en juger par le comportement du primat Aurelius, on doit affirmer que ce dernier est bien conscient du revirement qui est en train de s'opérer au sein des Églises maurétaniennes. Cette considération trouve appui dans l'empressement avec lequel le chef de l'Église d'Afrique répond à la requête des délégués Honoratus et Urbanus au sujet de la date de Pâques. La réponse d'Aurelius suggère l'idée selon laquelle le primat tient à lever toute équivoque sur la volonté affichée des diocèses maurétaniens de se mettre sous la houlette de son autorité. Car, la date de Pâques pourrait, à l'occasion, engendrer un conflit entre le Siège apostolique et Carthage, étant donné que les Églises de la Maurétanie sont traditionnellement enclines à suivre les usages romains. En plus, le privilège de l'évêque de Rome de communiquer la date de Pâques aux Églises (d'Occident) relève juridiquement d'une disposition définie au concile d'Arles (314)⁹⁴. Par contre, il semble que l'évêque de Carthage a compétence pour fixer la date de Pâques et la communiquer aux différentes Églises d'Afrique à travers leurs primats réunis en concile (annuel), bien entendu indépendamment des directives romaines. C'est la disposition qu'a rappelée le concile de Carthage de 525:

> Et quia constitutum est ut ab hac sancta Carthagine sede diversis provinciis Africanis petentibus Paschae dies insinuatur, intimamus Resurrectionis dominicae sacramentum septimo Iduum aprilium die adfuturum fore [...]⁹⁵.

Ce privilège du primat d'Afrique est vraisemblablement établi de longue date. En effet, le concile général d'Afrique tenu à Hippone, en 393, a invoqué le droit du primat d'Afrique de communiquer la date de Pâques aux Églises se trouvant dans sa juridiction⁹⁶. La même mesure

---

⁹³ Cf. *RECE*, can. 56 (CChr.SL 149, 193, lignes 369; 373-377).

⁹⁴ Cf. *Conc. Arelatense* (*Canones ad Silvestrum*), can. 1: «Primo in loco de observatione Paschae dominichae: Ut uno die et uno tempore per omnem orbem a nobis observaretur, ut iuxta consuetudinem litteras ad omnes tu dirigas». (CChr.SL 148, 9).

⁹⁵ Cf. *Conc. Carthag.* A. 525 (CChr.SL 149, 278, lignes 223-226). A ce sujet, cf. J. GAUDEMET, *L'Église dans l'empire*, 397; de même H. LECLERCQ, «Afrique», 584.

⁹⁶ Cette indication est suggérée par un décret du concile d'Hippone, qui se trouve parmi les canons qui ne sont pas reçus dans le *Breviarium Hipponensis*: cf. can. A: «Placuit [etiam], propter errorem qui saepe solet aboriri, ut omnes Africanae provinciae observationem diei paschalis ab ecclesia Carthaginensi curent accipere». (CChr.SL 149, 32, lignes 1-4). Au sujet du droit du primat d'Afrique de fixer et de communiquer la date de Pâques aux Églises relevant de son ressort, un renseignement tiré de la présentation du concile de Nicée confirme cette thèse. G. Alberigo dit à ce

est explicitement signalée au concile général d'Afrique réuni à Carthage, le 13 septembre 401:

> Item placuit ut dies venerabilis Paschae formatarum subscriptione omnibus intimetur, dies vero concilii idem servetur qui in Hipponensi concilio constitutus est, idest X. kale. septembris. Et scribendum ad singularum quarumque provinciarum primates, ut quando apud se concilium congregant, istum diem non impediant[97].

Dans ce sens, l'étroite marge de temps que déplorent les évêques maurétaniens à propos de la communication de la date de Pâques (*non sub angusto temporis spatio*) semble être une formule pudique qui, dans le contexte du rapprochement des Églises maurétaniennes de la juridiction de Carthage, constitue une déclaration voilée de la volonté d'observer la disposition édictée à Carthage plutôt que d'attendre les instructions de Rome.

De ces considérations, on peut tirer la conclusion suivante: les vibrantes interventions des délégués maurétaniens veulent traduire la conscience et la volonté de leurs Églises de s'insérer harmonieusement dans la principale juridiction ecclésiastique d'Afrique, c'est-à-dire Carthage.

3. La spécificité du procès d'Antoninus

Pour établir la différence de comportement des évêques d'Afrique dans une cause relevant de la juridiction carthaginoise et dans celle sur laquelle ils n'ont pas le droit de regard direct, on va examiner la seconde phase du procès d'Antoninus, dont Augustin a reçu le mandat de la part même des évêques de Rome, en l'occurrence les papes Boniface Ier et Célestin Ier.

La manière dont l'épiscopat africain s'est mobilisé pour répondre à l'ordre du pape Boniface Ier pose le problème de la nature de l'autonomie que les Africains revendiquent par rapport au droit de regard que l'ecclésiologie du régime dit de la *Sedes apostolica* réserve à l'évêque de Rome. Une certaine contradiction émerge du comportement que les Africains arborent dans l'affaire d'Antoninus. En effet, alors que dans le procès d'Antoninus la commission épiscopale d'enquête s'efforce d'éla-

---

sujet: «Le concile s'est aussi occupé de la question du jour de Pâques: il s'avère qu'il récuse la coutume d'Antioche et demande de suivre l'habitude juive, mais, [souligne l'auteur], les Pères ne semblent pas être arrivés à un accord, ni avoir promulgué quelque décret sur ce point». (Cf. *Les conciles œcuméniques*, II/1, 31).

[97] *RECE*, can. 73 (CChr.SL 149, 202, lignes 673-678).

borer les Actes juridiques en guise de procès-verbal, Antoninus pour sa part, s'estimant victime d'une injustice, promet à ses collèges d'en appeler *ad Sedem apostolicam*[98]. Augustin réagit contre le projet de son jeune collègue par des déclarations marquant à la fois l'indignation et l'empressement à clarifier le malentendu, qui mettent en relief aussi bien la nécessité que le devoir de transmettre à Rome le rapport des enquêtes effectuées en Afrique. En conséquence, l'évêque d'Hippone dit:

> comme si nous, nous avions été disposés à dépêcher auprès d'un autre siège tout débat avec lui qui aurait été consigné au procès-verbal! [...] Il restait donc à instruire le siège apostolique en lui adressant lettre et procès-verbaux. Ce que nous avons pris soin de faire avec la plus grande rapidité possible[99].

3.1 *La complexité des procédures en phase de révision*

De prime abord, les interventions des papes dans l'affaire d'Antoninus rappellent les prérogatives que le concile de Sardique attribue à l'évêque de Rome. Il s'agit spécialement de la compétence de recevoir les recours des évêques à titre de tribunal de dernière instance[100]. Or, à analyser de plus près la seconde phase du procès d'Antoninus, on a l'impression que la méthode employée par les évêques d'Afrique comporte des aspects des deux législations juxtaposées. C'est-à-dire que d'un côté, apparaît la législation romaine (Sardique) et de l'autre, on trouve celle de l'Église d'Afrique. Cette complexité de législations permet d'évaluer diversement la collaboration à laquelle les évêques d'Afrique s'engagent en acceptant de réexaminer la cause d'Antoninus sur la demande du Siège apostolique. Car, comme dit Augustin, la présence des évêques dans cette nouvelle phase du procès consiste essentiellement en un rassemblement de témoins, qui a pour but, non pas de juger de nouveau Antoninus, mais de clarifier certains aspects de la sentence rendue

---

[98] Cf. AUGUSTIN, *Ep.*, 20*, 25, 3: «"Nihil ego", inquit, "gestis loquor" et turbulentus surrexit atque abiit continuoque rediens turbido corporis et animi motu ad apostolicam sedem se denuntiavit iturum [...]». (CSEL 88, 108).

[99] AUGUSTIN, *Ep.*, 20*, 25, 3; 26, 1: «quasi nos ad aliam missuri fueramus quidquid cum illo gestis actum fuisset. [...]. Restabat itaque, ut apostolica sedes directis litteris instrueretur et gestis. Quod ut fieret quanta potuimus celeritate curavimus». (*CSEL* 88, 108).

[100] Cf. *supra*, 43 s.

précédemment contre le jeune évêque[101]. A cette fin, l'évêque d'Hippone emploie la locution verbale *si res posceret* (en cas de besoin), choisie à dessein pour exprimer une éventualité.

La seconde phase du procès d'Antoninus comprend plusieurs aspects. Nous nous bornons à en analyser quatre.

3.1.1 Le nombre des juges

Le premier indice de complexité des méthodes employées dans la seconde phase du procès d'Antoninus a trait au nombre des juges habilités à examiner la cause du plaignant. La mention du nombre non atteint des juges réclamés par Antoninus[102] induit à soutenir l'idée d'après laquelle le tribunal organisé circonstanciellement en Afrique a voulu suivre le schéma proposé par la législation africaine dans le cas du procès d'un évêque. En effet, la règle en vigueur prévoit que pour le jugement d'un évêque, le tribunal provincial soit formé de douze évêques[103]. Au regard de cette disposition, il s'avère que le schéma employé ici par le tribunal en révision entend manifester le caractère irrévocable de la sentence rendue par le tribunal précédent. Car, selon le décret qui établit le nombre des juges en appel, toute sentence rendue par un tribunal dont les juges ont été choisis de commun accord par l'accusateur et l'accusé est sans appel: «Sane si ex consensu partium qui electi fuerint iudices etiam a pauciore numero quam constitutum est non liceat provocari»[104]. Cette procédure est, bien entendu, prévue pour le jugement en révision. Or, il est hors de propos que de penser que le cas d'Antoninus requiert la révision, en vertu de la loi qui interdit les recours à l'instance conciliaire, au-delà du délai juridiquement prévu[105].

3.1.2 L'identité des juges

Alors que l'identité des juges composant le tribunal de révision est vaguement signalée dans le rapport d'Augustin, l'objet de leur mandat est par contre bien défini. Celui-ci consiste à vérifier la véracité des faits rapportés par Antoninus:

---

[101] AUGUSTIN, *Ep.*, 20*, 12,4: «Aderamus et nos [...] non ut de illo iudicaremus iterum [...] sed ut, si res posceret, rationem nostri iudicii redderemus». (CSEL 88, 101).

[102] Cf. AUGUSTIN, *Ep.*, 20*, 11, 3: «[...] quamvis postulatus ab eo numerus episcoporum non fuisset impletus [...]». (CSEL 88, 101).

[103] Cf. *Conc. Carthag.* A. 390, can. 10 (CChr.SL 149, 17, ligne 143 s.).

[104] *Breviarium Hipponensis*, can. 10 b (CChr.SL 149, 37, lignes 84-85).

[105] Cf. *supra*, 24, n. 71.

En effet, [souligne Augustin], le pape Boniface de vénérable mémoire désigna des juges pour connaître si l'explication présentée était étayée par les faits, s'il avait indiqué de façon fidèle l'ordre de succession des événements, si les choses étaient bien telles qu'il les avait exposées dans le texte de son libelle [...][106].

Cette mise au point d'Augustin soulève une réflexion. Parmi les juges, y a-t-il des étrangers comme délégués pontificaux, ou sont-ils tous des Africains? En effet, selon le canon 7 du concile de Sardique, qui sous-tend vraisemblablement la requête pontificale, il est prévu qu'en phase de révision d'un procès, outre les juges locaux, le pape envoie un délégué de son côté (*de latere suo presbyterum mittat*), qui aura à apprécier en son nom (*in potestate episcopi*) le verdict à prononcer[107]. Dans le cas d'Antoninus, les sources d'informations ne sont pas aussi explicites à ce sujet[108].

En revanche, alors que dans le cas d'Apiarius, les émissaires du pape Zosime sont facilement identifiables[109], dans le soi-disant procès en révision d'Antoninus, pour toute représentation papale, il est fait simple mention des juges désignés en termes génériques comme groupe d'évêques, c'est-à-dire membres de commission d'enquête: *numerus episcoporum, cum aliquibus e numero episcoporum*[110]. Bien plus, parmi ces juges, il s'en trouve même qui sont venus pour des motifs divers (invités

---

[106] AUGUSTIN, *Ep.*, 20*, 12, 1: «Iudices enim dedit venerandae memoriae papa Bonifatius qui cognoscerent utrum ratio fulciretur asserta, utrum ordinem rerum fideliter indicasset, utrum ita res essent quemadmodum in sui libelli tenore posuisset [...]». (CSEL 88, 101); ID., *Ep.*, 209, 9 (CSEL 57, 351).

[107] Cf. *supra*, 43, n. 48.

[108] W.H.C. FREND, «Fussala», 259, identifie deux délégués pontificaux parmi les juges présents dans la seconde phase du procès d'Antoninus. Toutefois, l'auteur ne précise pas l'origine de ces émissaires: «As well as the Primate there were two of the pope's delegates, some bishops from bishoprics in the vicinity of Fussala and three who formed the Primate's personal suite to supply the needs of their colleagues». Par contre, S. LANCEL, «Saint Augustin et la Maurétanie», 53, n. 28, soutient que c'est Augustin et ses collègues d'Afrique qui font fonction de légats pontificaux dans le deuxième procès d'Antoninus.

[109] Parmi la délégation papale qui s'est rendue en Afrique en 418, il est explicitement fait mention de l'évêque Faustinus de Potenza et des prêtres romains Philippe et Asellus (Cf. *Conc. Carthag. A.* 419: CChr.SL 149, 89, ligne 6). C'est encore le même évêque qui sera mandaté par le pape Célestin Ier pour le second procès d'Apiarius, en 424/425 (Cf. *Conc. Carthag. A.* 424-425: CChr.SL 149, 172, ligne 94). A ce sujet, cf. R. CRESPIN, *Ministère*, 127.

[110] Cf. AUGUSTIN, *Ep.*, 20*, 12, 4; 13, 3 (CSEL 88, 101; 102).

ou non?, foule de curieux?)[111], sous la présidence d'Aurelius, le primat de Numidie nommément désigné par l'attribut de *senex*[112]. Notons en passant que la présidence du tribunal par le primat de province constitue un trait spécifique de l'organisation des Églises appartenant à la mouvance carthaginoise[113].

3.1.3 L'ordre de révision

Le procès en révision d'Antoninus est aussi caractérisé par la nature même quelque peu insolite du tribunal de révision. La formule qui mentionne l'ordre que le pape donne aux évêques d'Afrique d'enquêter sur la véracité des faits récusés par Antoninus, ne traduit pas, semble-t-il, le caractère normatif et contraignant d'un ordre émanant d'une instance judiciaire supérieure. D'après cette remarque, il résulte que le langage du pape Boniface Ier contraste profondément avec celui dont le pape Étienne Ier avait fait usage dans la controverse baptismale[114], ou encore avec celui qu'a employé le pape Zosime dans l'affaire d'Apiarius, lorsqu'il a ordonné aux évêques d'Afrique de réhabiliter le prêtre excommunié, sans ambages, en des termes qui font loi[115]. De même, les

---

[111] Cf. AUGUSTIN, *Ep.*, 20*, 12, 4: «erant ibi et alii quos non petiverat alias veniendi causas habentes». (CSEL 88, 101).

[112] Cf. AUGUSTIN, *Ep.*, 20*, 12, 5: «exposuit causam Numidiae primatus senex Aurelius cur episcopum Fussalensibus ordinasset». (CSEL 88, 101). Grâce à cette indication rendue possible par les découvertes de J. Divjak, l'obscurité qui planait sur le président du tribunal qui a réexaminé la cause d'Antoninus est finalement dissipée. A ce sujet, cf. P. BATIFFOL, *Le catholicisme*, 458; de même O. PERLER, *Les voyages*, 371.

[113] Cf. *Canones in causa Apiarii*, can. 19 (CChr.SL 149, 140, ligne 202 s.).

[114] CYPRIEN, *Ep.*, 74, 2: «Nihil innovetur, inquit, nisi quod traditum est». (*CSEL* 3/2, 800). A. D'ALÈS, *La théologie*, 199, souligne le caractère impératif de la déclaration du pape en ces termes: «Rescrit d'une portée immédiatement disciplinaire — *Nihil innovetur*, — mais appuyé de considérants dogmatiques. Ces considérants ont mis Cyprien hors de lui: tant de fois il avait répété qu'il ne prétendait imposer à aucun collègue son sentiment, chaque évêque étant souverain dans sa sphère, et voici que de Rome on lui intimait un ordre, appuyé d'une leçon». Dans le même ordre d'idées, G. FALBO, *Il primato*, 309, en vient à la conclusion selon laquelle le point de vue du pape Étienne Ier est une décision qui a valeur irrévocable: «La sua risposta non si fece attendere. Piombò precisa e perentoria, senza possibilità di discussione: era la sentenza definitiva del vescovo di Roma, pronunziata nella pienezza della sua autorità».

[115] Le *Commonitorium* du pape Zosime impose des conditions à l'épiscopat africain dans un style impératif: cf. *Conc. Carthag. A. 419, Ep. ad Bonifatium*: CChr.SL 149, 158: 1°- les évêques doivent faire appel à Rome: «unum de appellationibus episcoporum ad Romanae ecclesiae sacerdotem […]». (*Ibid.*, loc. cit., ligne 45); 2°- interdiction est faite de se rendre à la cour impériale: «alterum ne ad comitatum

tergiversations d'Antoninus et la confrontation des témoignages dans ce procès n'aboutissent que difficilement à l'établissement de l'acte de reconnaissance juridique, c'est-à-dire le procès-verbal, auquel le jeune évêque se refuse même de souscrire: «"Nihil ego", inquit, "gestis loquor"[...]»[116]. Bien plus, Augustin lui-même avoue qu'il doit exercer quelque pression sur le primat qui préside les débats pour obtenir les déclarations d'Antoninus[117].

Le caractère moins solennel de l'ordre donné par le pape Boniface Ier aux évêques d'Afrique de revoir le procès d'Antoninus apparaît plus clairement lorsqu'on compare la procédure utilisée dans cette affaire avec celle du procès intenté par les évêques gallo-romains, Héros et Lazare, contre Pélage à Diospolis, en 415. Dans le cas de Pélage, l'organisation du tribunal, c'est-à-dire la désignation des juges et la confrontation entre les témoins, démontre le caractère souverain de l'autorité judiciaire, comme le montre cette vibrante description de G. de Plinval:

> Une plainte officielle qu'ils avaient tout au moins signée fut déposée en leur nom contre Pélage, non pas entre les mains de l'évêque de Jérusalem, mais auprès du métropolite de Césarée, Euloge, qui décida de convoquer les évêques de Palestine. Il ne s'agissait plus comme au mois de juillet d'une conférence officieuse [il s'agit de l'assemblée réunie circonstanciellement par Jean à Jérusalem]; pour la première fois, Pélage était cité en personne devant une assemblée d'évêques pour rendre compte de ses idées; sa doctrine allait faire l'objet d'un examen direct et d'un jugement de l'Église. Des actes authentiques devaient enregistrer tous les détails du débat. Le

---

importune episcopi navigent [...]». (*Ibid.*, loc. cit., ligne 46); 3°- pour les procès concernant les prêtres et les diacres, que le recours soit adressé aux évêques des provinces voisines: «tertium de tractandis presbyterorum et diaconorum causis apud finitimos episcopos, si a suis excommunicati perperam fuerint [...]». (*Ibid.*, loc. cit., lignes 47-49); 4°- que l'évêque Urbain, protagoniste dans l'affaire d'Apiarius, soit excommunié ou renvoyé à Rome s'il ne corrigeait pas le comportement qui lui est reproché: «quartum de Urbano episcopo excommunicando vel etiam Romae vocando nisi ea quae videbantur corrigenda corrigeret». (*Ibid.*, loc. cit., lignes 49-51).

[116] Cf. AUGUSTIN, *Ep.*, 20*, 25, 3 (CSEL 88, 108).

[117] AUGUSTIN, *Ep.*, 20*, 25, 2: «Quo audito instare sancto seni coepi, ut aliquid cum illo secundum gesta Tegulatensia gestis ecclesiasticis agerretur quod referri posset ad apostolicam sedem». (CSEL 88, 108). Pour W.H.C. FREND, «Fussala», 261, l'aveu de l'évêque d'Hippone reflète le degré du discrédit que lui a procuré l'affaire d'Antoninus. C'est dans cette optique, conclut-il, que le Siège apostolique devient la dernière instance de recours.

Concile qui se réunit à Diospolis dans les derniers jours de décembre (20/12/415) groupait 14 évêques[118].

3.1.4 La proposition explétive *quid enim esset improbius*

Face à la procédure employée dans le procès d'Antoninus, d'aucuns ont conclu que cette cause a été réexaminée selon les dispositions établies à Sardique. C'est le cas de C. Munier, qui affirme: «Grâce à la publication de cette dernière [c'est-à-dire la Lettre 20* d'Augustin], nous savons désormais de science certaine que la deuxième phase de la procédure s'est déroulée selon les règles définies à Sardique»[119].

Il va sans dire que d'après cette opinion, toute initiative de révision de la sentence africaine incombe à l'évêque de Rome, qui devient *de facto* l'ultime instance de recours à travers l'appréciation que son délégué est habilité à émettre. Cependant, à bien creuser la technique employée par les Africains, il s'avère que l'épiscopat africain s'est permis trop de liberté pour modifier sa propre législation dans la recherche de solution au problème d'Antoninus. Car, tout au long des débats, les évêques d'Afrique se préoccupent d'abord de résoudre le problème de l'unité de leur Église. Ce faisant, les membres de la commission d'enquête donnent suite à la recommandation papale à travers des voies et des moyens qui, somme toute, tendent plus à renforcer la décision de l'épiscopat africain et à la justifier. Face à cette remarque, il suit que l'opinion qui attribue la réinstruction du procès d'Antoninus exclusivement à la procédure prévue par le concile de Sardique se heurte à l'objection suivante. En appeler au schéma du concile de Sardique dans le cas du second procès d'Antoninus, c'est affirmer que l'épiscopat africain s'est dessaisi de la compétence délibérative de son concile sur les causes nées dans la juridiction africaine au profit de l'autorité pontificale[120]. Or, l'autorité du concile de Sardique n'est pas reconnue en Afrique[121]. Par contre, la souveraineté de l'autorité

---

[118] G. DE PLINVAL, *Pélage*, 285-286.

[119] C. MUNIER, «La question des appels», 298-299; de même S. LANCEL, «Saint Au-gustin et la Maurétanie», 52.

[120] W.H.C. FREND, «Fussala», 258, soutient dans cette perspective la thèse de la reddition des Africains devant l'ordre du pape. C'est pourquoi, il dit: «It is interesting that neither Augustine nor anyone else apparently raised any objection to what might seem to be papal interference in a purely internal disciplinary matter in the North African Church».

[121] Cf. *Conc. Carthag.* A. 424-425: «Nam ut aliqui tamquam a tuae sanctitatis latere mittantur, in nullo invenimus patrum synodo constitutum [...]». (CChr.SL 149, 171, ligne 72 s.). A ce sujet, cf. A. AUDOLLENT, «Afrique», 806.

judiciaire d'Afrique est habilement dissimulée derrière les déclarations mêmes des Africains, à l'instar de l'instante exhortation qu'Augustin adresse au pape Célestin Ier d'adhérer à la décision de ses collègues: «Travaillez avec nous, je vous en conjure, bienheureux seigneur, saint et vénérable pape. Ordonnez qu'on vous lise tout ce qui a été fait dans cette circonstance»[122]. De même, la mémoire de l'apôtre Pierre que l'évêque d'Hippone invoque dans sa plaidoirie[123] s'inscrit dans l'optique de la méthode traditionnelle de défense de l'autorité judiciaire du concile d'Afrique. En effet, la conception ecclésiologique reçue de Cyprien établit en Pierre l'origine commune du pouvoir des évêques. Dès lors, en acceptant de réexaminer la cause d'Antoninus, il semble qu'Augustin et ses collègues veulent par cette procédure amener le Siège apostolique à adhérer à la sentence des évêques d'Afrique, qu'ils jugent légitime, car fondée sur des preuves solides. De cette manière, le ralliement du Siège apostolique accorderait à la revendication des Africains le crédit qui découle de l'autorité d'un fondement authentique.

Étant donné ce considérant, il suit clairement que le schéma de Sardique, qu'on rencontre dans la seconde phase du procès d'Antoninus n'est pas appliqué en Afrique comme une procédure ordonnée par une instance juridique supérieure, dont la compétence remettrait en cause la sentence précédemment rendue. L'exclamation d'Augustin, qui est exprimée par la proposition explétive *quid enim esset improbius*, montre bien l'aspect de fidélité que les juges africains manifestent à l'égard de leur tradition canonique: «Nous étions là nous aussi, [dit Augustin], je veux dire Alypius et moi, avertis par une lettre du primat, non point pour juger de nouveau sur son cas — qu'y eût-il eu de plus malhonnête? — mais afin, au besoin, de rendre compte de notre jugement»[124].

Ainsi s'explique le fait que dans aucun passage du rapport d'Augustin, il ne soit fait mention de la possibilité de revenir sur la décision arrêtée par

---

[122] AUGUSTIN, *Ep.*, 209, 6: «Sed quid multis morer? Conlabora obsecro, nobiscum, pietate venerabili domine beatissime et debita caritate venerande sancte papa, et iube, tibi quae directa sunt, omnia recitari». (CSEL 57, 350).

[123] AUGUSTIN, *Ep.*, 209, 9: «Non sinas ista fieri obsecro te per Christi sanguinem, per apostoli Petri memoriam, qui Christianorum praepositos populorum monuit, ne violenter dominentur in fratres». (CSEL 57, 352).

[124] AUGUSTIN, *Ep.*, 20*, 12, 4: «Aderamus et nos, frater scilicet Alypius et ego, litteris primatis ammoniti, non ut de illo iudicaremus iterum — quid enim esset improbius, — sed ut, si res posceret, rationem nostri iudicii redderemus [...]». (CSEL 88, 101).

les évêques d'Afrique[125]. Par contre, en faisant usage d'une complexité de schémas, les évêques d'Afrique cherchent à sauvegarder la communion avec le Siège apostolique, cependant qu'ils manifestent l'attachement à leur tradition juridico-ecclésiologique, qui reconnaît aux décisions prises collégialement et à l'unanimité une valeur et une autorité irrévocables.

3.2 *Échéance de l'observance des canons romains*

Après que le *commonitorium* du pape Zosime est arrivé en Afrique, en été de l'année 418, le primat Aurelius réunit circonstanciellement quelques évêques pour examiner en présence des délégués romains les recommandations pontificales. Cependant, Augustin ne prend pas part à cette rencontre[126]. Les participants à cette assemblée décident d'adopter provisoirement les dispositions romaines, en attendant que lumière soit faite sur la nature des revendications alléguées par le pape Zosime. N'ayant pas retrouvé ces privilèges dans les exemplaires de Nicée conservés dans les archives africaines[127], Alypius rappelle la résolution antérieure au concile général de toutes les provinces d'Afrique réuni à Carthage, le 25 mai 419[128]. Dans cette assemblée, dans un climat de

---

[125] R. CRESPIN, *Ministère*, 127, a une opinion contraire sur cette question. La manière dont l'auteur interprète la lettre qu'Augustin écrit au pape Célestin Ier donne à penser que l'épiscopat africain était disposé à changer de décision à la suite de l'appréciation que le pontife romain émettrait du procès d'Antoninus. A ce sujet, l'auteur dit: «D'une part, Antoninus s'adresse à Rome avec la permission et même l'appui du primat de Numidie. D'autre part, Augustin, dans sa lettre au pape Célestin, qui venait de remplacer Boniface, le supplie d'épargner la population de Fussala et de ne pas imposer à ces pauvres gens, pour la plupart convertis du donatisme, l'autorité d'un évêque qui s'est montré odieux. Mais il ne conteste nullement à l'évêque de Rome le pouvoir de se prononcer après un jugement africain. Il s'en remet au contraire à la sagesse du pontife romain, dont il espère une décision équitable et conforme aux justes aspirations des chrétiens dont il se sent responsable». W.H.C. FREND, «Fussala», 262-263, partage lui aussi cet avis, notamment lorsqu'il affirme: «Augustine himself does not leave the impression at any time that the Papacy was trying to enforce an appellate jurisdiction on the North Africans, nor to lay down the law, for Antoninus was able to re-open the case when Celestine became Pope in 422».

[126] L'absence d'Augustin à cette rencontre est particulièrement mise en relief par A. AUDOLLENT, «Afrique», 806; de même O. PERLER, *Les voyages*, 351; C. MUNIER, «Dossiers africains», 44.

[127] Cf. *Conc. Carthag.* A. 419: «Alypius [...] dixit: Adhuc tamen me movet quoniam, cum inspiceremus graeca exemplaria huius synodi Nicaeni, ista ibi nescio qua ratione minime invenimus». (CChr.SL 149, 91, ligne 86).

[128] Cf. *Conc. Carthag.* A. 419: «Et cum recitaret, Alypius episcopus ecclesiae Thagastensis legatus provinciae Numidiae dixit: Ista nos tamen paulisper servaturos, ut

relations plus détendues avec le Siège apostolique[129], Augustin relayant son collègue de Thagaste, propose de vérifier la légitimité des revendications papales à travers la collation des copies des canons de Nicée[130].

En suivant la trame des tractations qui ont conduit à l'adoption provisoire des dispositions romaines par l'épiscopat africain, on va maintenant tenter de déterminer la valeur que les Africains accordent à l'ordre reçu du pape Boniface Ier de réinstruire le procès d'Antoninus. A ce propos, C. Munier énonce deux thèses. La première a trait à l'initiative d'Antoninus d'en appeler à Rome: «Si Antoninus a fait appel à Rome, [dit l'auteur], c'est qu'il y était expressément autorisé en vertu des dispositions transitoires arrêtées par le concile général de Carthage de mai 419»[131].

La seconde thèse concerne l'extension de la période d'adoption des canons romains en Afrique: «L'affaire d'Antoninus de Fussala, [observe C. Munier], se place très exactement dans l'intervalle qui s'étend entre le concile de Carthage du 25/5/419 et celui de 424/425, où la cause d'Apiarius fut évoquée pour la seconde fois»[132].

S. Lancel, qui abonde dans le même sens que C. Munier, s'appuie sur la date de rédaction des Lettres 209 et 20* d'Augustin, qui traitent de l'affaire d'Antoninus. L'auteur situe cette double rédaction dans la période qui va de l'automne 422 au début de l'hiver 422/423[133].

Par contre, un examen approfondi de la date de la seconde phase du procès d'Antoninus fait émerger une conclusion insoupçonnée: il apparaît que l'appel de l'évêque de Fussala à Rome a été effectué dans une période où la législation africaine traditionnelle est déjà remise en vigueur. Certains aspects du débat, qui émaillent ce procès, permettent de justifier cette assertion.

---

antea dixi, donec integra exemplaria veniant, profitemur». (CChr.SL 149, 159, ligne 86).

[129] L'atmosphère de sérénité constatée dans le concile général d'Afrique du 25 mai 419 est généralement attribuée par les chercheurs à l'esprit de collaboration et de compréhension dont le nouveau pape Boniface Ier, qui a succédé à Zosime, a fait montre: cf C. PIETRI, *Roma christiana*, II, 1256. A ce sujet, J.E. MERDINGER, «The Politics», 537, souligne spécialement l'attitude moins interventionniste affichée par le pape Boniface Ier dans les relations de Rome avec l'Église d'Afrique: «After Zosimus'death, Boniface had merely renewed the commission's status; he had not involved himself personally in the proceedings».

[130] Cf. *supra*, 247, 84.
[131] C. MUNIER, «La question des appels», 288.
[132] C. MUNIER, «La question des appels», 288.
[133] S. LANCEL, «Notes complémentaires», BAug 46 B, 517.

3.2.1 Période de présence active des canons romains

a) *Points de repère*

Le premier point de repère de fixation de la période d'observance des recommandations romaines en Afrique est le concile de Carthage de 419. En considérant les péripéties de l'affaire d'Apiarius, il résulte que c'est la mesure arrêtée au concile de Carthage du 25 mai 419 qui a été rappelée et même confirmée dans la synodale *Optaremus* de 424/425. Car, ce décret interdit explicitement tout recours au tribunal transmarin aux membres du clergé africain. Les instances et les modalités d'appel définies dans cette disposition expriment clairement le caractère contraignant de ladite prescription[134].

Le second point de repère est l'engagement des évêques d'Afrique dans la recherche de solution au problème posé par le *commonitorium* du pape Zosime. Les démarches entreprises par les Africains sont sans doute effectuées en pleine période d'adoption provisoire des dispositions romaines. Cette période est marquée par les événements suivants.

Le pape Zosime meurt le 26 décembre 418; le prêtre Boniface lui succède en avril 419, après une longue période de tensions engendrées par la rivalité de l'archidiacre Eulalius[135]. Au lendemain du concile général d'Afrique du 25 mai 419, les Pères réunis à Carthage avec les trois délégués pontificaux écrivent une lettre au pape Boniface Ier. Dans cette correspondance, les évêques d'Afrique exposent les avancées de l'affaire d'Apiarius, et émettent des propositions susceptibles de désamorcer la crise engendrée par l'appel de ce prêtre à Rome[136]. En date du 30 mai 419, un autre concile se tient dans le *secretarium* de la basilique Restituta de Carthage en présence de l'évêque Faustinus, le chef de la délégation romaine. A cette occasion, les Pères arrêtent une série de mesures disciplinaires relatives à la peine d'excommunication[137]. Le 1er juin, une lettre rédigée par le primat Aurelius et signée par les seuls membres de la commission d'enquête au nom de tout l'épiscopat africain est envoyée au pape Boniface Ier[138]. Entre-temps, des émissaires

---

[134] Cf. *supra*, 237, n. 56.
[135] Cf. *supra*, 201, n. 97.
[136] Cf. *Ep. concilii Carthaginensis ad Bonifatium papam* (CChr.SL 149, 156-161).
[137] Cf. *Concilii Carthaginense* 30. Maii 419 (CChr.SL 149, 229-232). A ce sujet, cf. A. AUDOLLENT, «Afrique», 807.
[138] Cf. MANSI, III, 827; IV, 509.

partent en Orient en quête des exemplaires des textes originaux du concile de Nicée[139].

b) *Le séjour prolongé d'Augustin à Carthage*

Dans la recherche de la délimitation de la période d'observance des décrets romains en Afrique, le séjour prolongé d'Augustin dans la capitale africaine peut constituer à quelque point de vue un argument décisif. Pour ce faire, on va procéder brièvement à la récapitulation de rendez-vous-clés de l'épiscopat africain indiqués ci-dessus.

La conclusion qui se dégage de l'examen des points de repère signalés dans les lignes précédentes peut être résumée à travers l'itinéraire suivant. L'assemblée restreinte circonstanciellement réunie par le primat Aurelius, qui a examiné le *commonitorium* du pape Zosime, en 418, marque le début de la période d'observance des dispositions romaines en Afrique. Cette période passe par la composition d'une commission d'enquête dont quelques résultats sont signalés au concile de Carthage du 25 mai 419[140], et s'étend jusqu'à la rédaction de la relation qui est envoyée par les évêques d'Afrique au pape Boniface Ier, à la fin du mois de novembre de la même année. Par ailleurs, il convient de faire remarquer que le rapport d'enquête expédié au pontife romain est établi probablement après l'arrivée à Carthage des exemplaires orientaux des textes de Nicée. Ces copies sont ensuite expédiées par les mêmes évêques à Rome, le 26 décembre 419[141].

Lorsqu'on analyse attentivement le déroulement des événements tels qu'ils sont agencés ici, l'on aboutit à la conclusion selon laquelle la question des appels à Rome suscitée par le recours d'Apiarius est de toute évidence tirée au clair avant la fin de l'année 419. Le rapport final de la commission d'enquête, qui est expédié à Rome à la fin d'automne 419, est un dossier abondant, qui comprend les différents éléments

---

[139] Les difficultés relatives à la datation du départ des émissaires africains en Orient en quête des textes originaux de Nicée sont relevées par C. PIETRI, *Roma christiana*, II, 1259, n. 2.

[140] Cf. *Conc. Carthag.* A. 419: «Super est ut tam exemplaria Nicaeni concilii, quae nunc habemus et a patribus constituta sunt, quam hic a decessoribus nostris eandem synodum firmantes, vel quae secundum eam formam per omnes clericorum gradus a summo usque in ultimo salubriter ordinata sunt, in medio proferantur». (CChr.SL 149, 89, lignes 19-24). A ce sujet, cf. A. AUDOLLENT, «Afrique», 807.

[141] Cf. *Rescripta episcoporum Cyrilli et Attici ad concilium Africanum* (CCh.rSL 149, 162-163). La date d'arrivée des textes grecs du concile de Nicée en Afrique est discutée: cf. HEFELE – LECLERCQ, I/2, 211; également A. AUDOLLENT, «Afrique», 807 s.; aussi G. BONNER, «Some remarks», 160.

d'investigations. Ce dossier vise à justifier en droit la position africaine, l'authenticité de la version orientale des canons de Nicée, les lettres des évêques d'Alexandrie et de Constantinople[142]. En outre, ce document porte la souscription explicite de l'évêque d'Hippone. Dans ce sens, la présence post-conciliaire d'Augustin à Carthage à travers un séjour remarquablement prolongé démontre parfaitement le souci de ce proche collaborateur d'Aurelius d'en découdre définitivement avec le malentendu qui a été occasionné par le mépris manifesté par le pape pour les règles établies collégialement. Au sujet du séjour d'Augustin à Carthage, O. Perler ébauche d'une manière très suggestive la reconstruction d'éléments qui l'ont motivé. Ces données tendent à justifier la thèse selon laquelle la conclusion de l'affaire d'Apiarius a bien eu lieu avant la fin de l'année 419:

> Augustin est-il rentré à Hippone après toutes ses démarches? Nous ne le pensons pas, bien qu'aucun texte ne nous dise formellement qu'il passa l'été 419 à Carthage. Toutefois au début du 'De anima et eius origine', dont la rédaction commença au cours de l'hiver 419-420, le docteur affirme avoir été absent de chez lui en été et jusqu'à la fin de l'automne. Or comme nous le dirons tout à l'heure, nous possédons un certain nombre de sermons qu'il prêcha à Carthage au cours de l'automne 419, la dernière de ces prédications ayant même été prononcée en décembre de cette année. Et nous ne connaissons pas d'exemple où l'évêque, présent dans la métropole d'Afrique au mois de juin, soit revenu chez lui en été pour retourner ensuite à Carthage en septembre. Étant maintenant un vieillard de près de soixante-cinq ans, l'évêque ne devait pas apprécier les voyages davantage qu'autrefois. D'autre part, non seulement il était dans ses habitudes de faire de longs séjours dans la capitale de la Proconsulaire, mais encore, membre d'une commission conciliaire désignée pour tirer au clair une importante question de droit, le maître se devait de demeurer auprès de son ami Aurelius jusqu'à ce que la réponse arrivât, d'autant plus qu'on pouvait toujours craindre une nouvelle difficulté avec Rome où l'arrogant légat Faustinus n'allait pas tarder de rentrer. Nous en concluons donc qu'en 419 Augustin séjourna à Carthage du mois de mai jusqu'au courant de décembre[143].

De cette manière, le séjour prolongé de l'évêque d'Hippone dans la capitale africaine infère bien de l'attente des textes de Nicée commandés en Orient, en vue d'une conclusion définitive du procès

---

[142] Cf. le commentaire que J. GAUDEMET, *Les sources du droit*, 82, fait de ce dossier.
[143] O. PERLER, *Les voyages*, 356; de même M.-F. BERROUARD, «Un tournant», 52.

d'Apiarius. L'enchaînement même des rencontres organisées autour du primat Aurelius concourt à confirmer cette thèse.

3.2.2 Période de caducité des décrets romains

Avec la promulgation des résultats de collation des textes du concile de Nicée venus d'Orient, on doit présumer que l'observance des dispositions romaines à titre de compromis transitoire (*paulisper*) est devenue caduque. Tout porte en effet à croire que le climat de durcissement des rapports qu'a suscité l'intervention intempestive du pape Zosime auprès de l'épiscopat africain au sujet de la réhabilitation d'Apiarius s'est apaisé[144]. La date d'expédition du texte authentique des canons de Nicée au pape Boniface Ier marque par conséquent la conclusion du procès d'Apiarius en même temps qu'elle ouvre officiellement la période de normalisation des relations de l'Église d'Afrique avec le Siège apostolique[145]. Les doutes qui planaient sur l'origine des canons romains ayant été dissipés de manière claire et irrévocable, la tension devait effectivement céder la place à la détente et à la réconciliation entre l'épiscopat africain et le Siège apostolique[146].

La paix rétablie, il est tout naturel que les relations entre les deux Églises soient revenues à la situation d'antan. D'ailleurs, des indices lointains de cette embellie sont contenus dans la déclaration solennelle et franche de la lettre synodale du 26 mai 419, que les évêques

---

[144] L'intervention du pape Zosime dans l'affaire d'Apiarius est diversement interprétée. D'aucuns la considèrent comme étant l'expression de revanche de l'évêque de Rome sur ses collègues d'Afrique, étant donné que ces derniers se sont engagés à exécuter la condamnation du pélagianisme en recourant non pas à l'autorité pontificale, mais à la cour impériale: cf. E. AMMAN, «Urbain», 2307; de même C. PIETRI, «Les difficultés», 468.

[145] A ce sujet, le témoignage suivant de J.E. MERDINGER, «The Politics», 537-538, est on ne peut plus éclairant: «Boniface, when he accedes to power, treads a traditional path and restores the status quo».

[146] D'après C. PIETRI, *Roma christiana*, II, 1254.1238, le rétablissement de la paix entre l'épiscopat africain et le Siège apostolique après la condamnation du pélagianisme par la *Tractoria* papale relève essentiellement de l'attitude conciliante des Africains. Car, après avoir reçu les dispositions romaines à la suite de l'appel d'Apiarius, Aurelius et ses collègues ont choisi la méthode la moins conflictuelle d'adoption transitoire. D'ailleurs, la doctrine théologique contenue dans la *Tractoria* papale, qui condamne l'enseignement de Pélage, comporte les soi-disant défaillances dont les Africains ont fait peu de cas: «Point de déclarations fracassantes, [dit l'auteur], pas de débat théologique: les Africains se contentaient de proposer la critique des textes. Aurelius ne voulait sûrement pas briser avec Rome, qui menait maintenant le combat contre les pélagiens».

d'Afrique ont écrite au pape Boniface Ier, lui exprimant leur volonté de ne plus recevoir des ordres venant de Rome:

> Sed credimus, adiuvante misericordiam Domini Dei nostri, quod tua sanctitate Romanae ecclesiae praesidente non sumus iam iustum tyfum passuri, et servabuntur erga nos quae nobis etiam non disserentibus custodiri debeant; cum fraterna caritate secundum sapientiam atque iustitiam quam sibi donavit Altissimus etiam ipse perspicis esse servanda — nisi forte aliter se habeant canones concilii Nicaeni[147].

3.2.3 L'accueil de l'ordre papal

D'après la reconstruction des événements effectuée dans les pages antérieures, l'assemblée de la Proconsulaire qui a la première reçu, examiné et proposé d'adopter les décrets romains au printemps ou au début de l'été de 418 constitue le *terminus ante quem* de la présence agissante des dispositions transmarines en Afrique. A ce propos, l'on doit préciser que la mesure fixée au concile de Carthage du 25 mai 419 concernant les appels à Rome ne supprime pas le compromis. Bien au contraire, cette mesure entend poursuivre l'enquête jusqu'à l'établissement de l'authenticité des décrets romains par la collation des textes originaux du concile de Nicée. Cette opération accomplie, la communication des résultats d'investigations au Siège apostolique marque, en tout état de cause, la fin de l'observance des dispositions romaines en Afrique. Cette échéance constitue donc le *terminus post quem* de la validité des décrets du *commonitorium* papal en Afrique.

Circonscrite entre ces deux termes extrêmes, il s'ensuit que la période d'observance des mesures romaines ne peut excéder, *in iure africano*, la date de l'envoi au pape Boniface Ier du rapport concernant la vérification des textes nicéens, soit la date limite du 26 novembre 419. Dans ce contexte, l'adoption transitoire des canons romains par le concile d'Afrique est, à bien des égards, à considérer comme une exception. La normalisation des relations ayant été rétablie entre les Églises de Rome et d'Afrique, la législation africaine a dû être appliquée après cette crise, dans son intégralité, c'est-à-dire selon les dispositions traditionnelles. C'est pourquoi, le décret conciliaire de 419 qui interdit aux membres du clergé tout appel à Rome ne peut être considéré comme une nouveauté ni même lorsqu'il est rappelé en

---

[147] *Conc. Carthag. A. 419, Ep. ad Bonifatium papam* (CChr.SL 149, 159, lignes 93-100).

424/425 lorsque, après le recours interjeté par Antoninus *ad Sedem apostolicam*, l'affaire d'Apiarius rebondit.

Au regard de cette indication, la thèse qui étend la période d'adoption provisoire des décrets romains jusqu'au concile de Carthage de 424/425 se heurte à l'objection suivante. La fermeté avec laquelle les conciles de Carthage de 419 et de 424/425 prescrivent l'interdiction des appels à Rome constitue l'arme de cette objection. Avant tout, on doit se garder d'attribuer de manière exclusive et rigoureuse le schéma de Sardique à la deuxième phase du procès d'Antoninus. Car, s'il est vrai que l'interdiction explicite d'en appeler à Rome est, *in facto*, formulée à l'intention des évêques d'Afrique seulement en 424/425, on doit par ailleurs reconnaître que l'esprit de cette mesure est déjà présent dans le canon de 419. Sous cet angle, l'acceptation des Africains de revoir le jugement porté antérieurement à Hippone contre Antoninus ne peut être justifiée par le fait que l'évêque de Fussala aurait interjeté appel à Rome à la suite de l'accueil provisoire des dispositions romaines en Afrique. La démarche entreprise par Antoninus est, somme toute, à considérer comme un abus. Car, ce recours à Rome relève plutôt de l'opportunisme, comme les condamnés d'Afrique avaient l'habitude de le faire. Par contre, les évêques d'Afrique ont accueilli l'intervention papale selon l'esprit de leur tradition juridico-ecclésiologique, dont le principe bipolaire d'autonomie et de communion recommande de partager les décisions d'une certaine importance avec l'évêque de Rome.

En ce qui regarde l'attitude consentante de l'épiscopat africain face à l'ordre intimé par le pape Boniface Ier, une autre remarque s'impose. Dans la seconde phase du procès d'Antoninus, l'esprit des canons du concile de Sardique est certainement présent, tandis que la manière de les appliquer est proprement africaine. Pour élucider cette opinion, la réflexion formulée par J. Sieben est, semble-t-il, d'un intérêt particulier. L'auteur observe en effet qu'en considérant le fait que la praxis des recours des Églises à Rome dans l'Antiquité est une pratique qui remonte à une tradition immémoriale, on doit se garder de qualifier tous les appels interjetés au Siège apostolique après le concile de Sardique comme étant forcément assujettis aux prescriptions de ce concile. J. Sieben recommande à bon droit d'analyser chaque cas de recours, afin de vérifier si l'intention qui sous-tend l'appel à Rome est inspirée par l'esprit de Sardique ou non[148].

---

[148] J. Sieben, «Die Partikularsynode», 197.

C'est dans cette optique que l'accueil de l'ordre papal par l'épiscopat africain dans l'affaire d'Antoninus s'avère être une fois de plus une question de communion plutôt que de dépendance juridictionnelle.

4. Conclusion

Les interventions papales en Afrique étudiées dans ce chapitre portent à circonscrire deux réseaux d'exercice de l'autorité pontificale, qui sont d'inégale valeur. Il y a d'une part, le réseau composé d'Églises dépendant de la juridiction primatiale de Carthage. Ce foyer regroupe les provinces ecclésiastiques de la Proconsulaire, la Numidie, la Byzacène et la Tripolitaine, qui subissent l'ascendant direct de l'autorité primatiale de l'évêque de Carthage. Le concile général d'Afrique constitue pour ces provinces la plus haute instance hiérarchique. D'autre part, les provinces africaines des Maurétanies Césarienne et Sitifienne, et dans une certaine mesure de la Tingitane, sont traditionnellement enclines à recevoir les injonctions de Rome, et dépendent donc de l'autorité pontificale plutôt que de l'évêque de Carthage.

Par ailleurs, l'avènement de la structure primatiale autonome dans l'organisation des provinces d'Afrique a entraîné des conséquences inattendues dans le système traditionnel d'autonomie des Églises. Cette désarticulation se vérifie non seulement au niveau des relations internes des Églises d'Afrique, mais aussi bien dans les rapports des diocèses d'Afrique avec l'évêque de Rome que dans les relations avec l'autorité séculière[149]. Avec l'accession d'Aurelius à la tête de l'Église d'Afrique, doublée de la collaboration inestimable d'Augustin, on note la montée en puissance du siège métropolitain de l'Afrique romaine, qui supplantera graduellement l'influence de l'autorité pontificale dans les provinces maurétaniennes. Toutefois, l'influence romaine naguère vacillante survit dans ces régions africaines, non sans avoir perdu bien de sa rigueur d'antan. C'est dans cette perspective que, semble-t-il, le processus de la double mutation simultanée s'est opéré: d'un côté, on note une discrète démarche d'affranchissement de Rome et de l'autre, la mise sous l'autorité de Carthage de la tutelle des Églises maurétaniennes.

En arrière-fond des missions d'Augustin en territoire maurétanien, il y a le principe juridico-ecclésiologique de la délégation de la *potestas*. C'est pourquoi, ayant reçu les mandats pontificaux, l'évêque d'Hippone prend soin d'associer le primat et tout l'épiscopat d'Afrique à ses

---

[149] Cf. P. MONCEAUX, *Histoire littéraire*, III, 86.

démarches. Ce faisant, l'évêque d'Hippone démontre la fidélité à la tradition juridico-ecclésiologique d'Afrique, qui est fondée sur le gouvernement collégial de l'Église et la valeur suprême du concile d'Afrique qu'incarne son primat.

Compte tenu de l'accueil favorable réservé par l'épiscopat africain aux interventions des évêques de Rome en Afrique en dépit du climat de tensions suscité par la crise pélagienne et l'affaire d'Apiarius, force est de constater que pour Augustin et ses collègues, l'instance romaine jouit de considérations qui dépassent l'aspect juridique de droit défini aussi bien par les dispositions canoniques que civiles. C'est dans ce sens que l'évêque de Rome constitue par rapport aux particularismes ecclésiastiques d'Afrique à la fois le centre de communion des Églises dans leurs diversités et le centre de référence pour la légitimité de toute revendication ecclésiologique. Il apparaît ainsi que dans sa praxis de recours à Rome, l'épiscopat africain ne se dresse ni en opposition ni en rivalité par rapport à l'autorité pontificale.

CHAPITRE VII

L'hérésie pélagienne: un défi pour l'Église universelle

1. Préambule

Lors de l'invasion de Rome par les Visigoths d'Alaric (24 août 410), de nombreux aristocrates et intellectuels italiens trouvent refuge en Afrique. Parmi eux, il y a Pélage, un moine breton qui prêche une doctrine dont le message incite «à la pratique d'une morale sévère et exigeante en dehors de laquelle il n'est point de salut», fait remarquer C. Pietri[1]. Pour sa part, ayant été averti de la diffusion de cette doctrine[2], Augustin prend l'initiative de sensibiliser toute la chrétienté du danger que comporte la nouvelle hérésie[3]. A cet effet, l'évêque d'Hippone entreprend d'écrire plusieurs ouvrages[4]. Signalons d'abord que le champ de la propagande pélagienne est essentiellement constitué de territoires

---

[1] C. PIETRI, «Les difficultés», 460; de même A. AUDOLLENT, «Afrique», 794; aussi, G. DE PLINVAL, «Notes complémentaires», BAug 21, 417; également J. DANIÉLOU, *Des origines,* 450.

[2] AUGUSTIN, *Ep.*, 4*, 2, 3: «et haec illis usquequaque iactantibus plurimi quid actum esset ignari cum magno ecclesiarum scandalo ita esse credebant». (CSEL 88, 26 s.). A ce sujet, cf. G. BONNER, *St. Augustine of Hippo,* 56.

[3] AUGUSTIN, *Contra duas epistulas Pelag.*, IV, 8, 20: «sed ut admoneantur qui putant istos aliquid dicere, quem admodum de his rebus ante nova istorum vaniloquia catholici antistites eloquia divina secuti sint, et sciant a nobis rectam et antiquitus fundatam catholicam fidem adversus recentem Pelagianorum haereticorum praesumptionem perniciemque defendi». (CSEL 60, 542-543). A ce sujet, cf. G. BARDY, *Saint Augustin,* 225 s.

[4] Les écrits d'Augustin les plus incisifs contre l'hérésie pélagienne sont rassemblés dans le tome XLII de l'édition de CSEL, et les tomes XLIV et XLV de l'édition de PL. A ce sujet, cf. A. AUDOLLENT, «Afrique», 794; de même J. QUASTEN, *Patrologia,* III, 365-367.

appartenant à la *pars occidentalis* de l'empire. Il s'agit de l'Italie, la Sicile, la Gaule, la Bretagne et l'Afrique[5].

1.1 *Question de la condamnation du pélagianisme*

Les péripéties du procès intenté par l'épiscopat africain contre le pélagianisme démontrent par plus d'un point que l'erreur du moine breton requiert la condamnation particulière du Siège apostolique[6]. Car, nonobstant l'intervention de l'épiscopat oriental, qui a revêtu la querelle pélagienne d'une dimension plus universelle[7], les évêques d'Afrique exigent instamment que le nouvel enseignement soit examiné par le pontife romain et qu'il soit condamné par lui:

> Votre sainteté devrait donc faire venir Pélage à Rome, [ainsi les évêques *leaders* d'Afrique écrivent au pape Innocent Ier], l'interroger avec soin, et lui demander quelle est cette grâce par laquelle il avoue, si toutefois il fait cet aveu, que les hommes sont aidés pour vivre justement et ne pas pécher[8].

L'attitude affichée par l'épiscopat africain dans la crise pélagienne a suscité des opinions multiples. Alors que l'approfondissement de cette problématique ne cesse de s'accroître et que les points de vue d'auteurs divergent à quelques nuances près, néanmoins les conclusions des recherches s'accordent quasiment toutes pour affirmer que l'épiscopat africain s'est montré très dépendant du jugement de l'évêque de Rome pour la condamnation définitive du pélagianisme. Parmi les opinions les plus significatives, quatre ont particulièrement retenu notre attention.

---

[5] Cf. A. AUDOLLENT, «Afrique», 793; de même C. PIETRI, «Les difficultés», 453; aussi G. BONNER, «Les origines africaines», 115.

[6] Cf. la correspondance épistolaire entreprise par l'épiscopat africain avec le Siège apostolique: AUGUSTIN, *Epp.*, 175-177 (CSEL 44, 652-688).

[7] Parmi la correspondance qu'Augustin entreprend avec la *Catholica* au sujet du pélagianisme, on notera particulièrement les lettres envoyées aux évêques Jean de Jérusalem (*Ep.*, 179: CSEL 44, 691-697) et Cyrille d'Alexandrie (*Ep.*, 4*: CSEL 88, 26-29); celles adressées au moine Jérôme à Bethléem (*Ep.*, 19*: CSEL 88, 91-93), à Atticus de Constantinople (*Ep.*, 6*: CSEL 88, 32-36) et à l'évêque Paulin de Nole, qui est un ami commun d'Augustin et de Pélage (*Ep.*, 186: CSEL 57, 45-80).

[8] AUGUSTIN, *Ep.*, 177, 3: «Aut ergo a tua veneratione accersendus est Romam et diligenter interrogandus, quam dicat gratiam, qua fateatur, si tamen iam fateatur, ad non peccandum iusteque vivendum homines adiuvari aut hoc ipsum cum eo per litteras agendum». (CSEL 44, 671-672). Les cinq évêques appelés ici *leaders* sont les prélats les plus influents d'Afrique pendant la primatie d'Aurelius. Il s'agit d'Aurelius, l'évêque de Carthage et primat d'Afrique, Augustin d'Hippone, Alypius de Thagaste, Evodius d'Uzalis et Possidius de Calama. On peut trouver les indications plus utiles relatives à la contribution de chacun de ces prélats dans la vie de l'Église d'Afrique dans: A. MANDOUZE, *PCBE*, I.

E. Caspar justifie le recours de l'épiscopat d'Afrique auprès du Siège apostolique par le fait que l'instance romaine est l'Église dont l'autorité ecclésiastique est la plus élevée[9]. Une opinion similaire est soutenue par G. de Plinval. Celui-ci affirme que les Africains ont renvoyé le dossier de Pélage à Rome pour l'effet que le jugement papal était censé produire, c'est-à-dire «dans le centre religieux, [précise-t-il], où une déclaration officielle de l'Église aurait le retentissement le plus étendu»[10]. Par ailleurs, A. Pincherle soutient la thèse selon laquelle la sentence définitive de la condamnation du pélagianisme était réservée au Siège apostolique, étant donné que les évêques d'Afrique y ont présenté les Actes de leurs conciles et les ont soumis au jugement de cette instance[11]. Pour sa part, O. Wermelinger est de l'avis que les évêques d'Afrique s'en sont référés à Rome pour la condamnation du pélagianisme, parce que leur décision seule ne pouvait contraindre l'Église universelle[12].

D'après ces opinions, il apparaît clairement que les évêques d'Afrique concèdent à l'évêque de Rome l'autorité de leur concile pour trancher en dernière instance[13]. Cependant, une analyse attentive du procès intenté contre l'enseignement de Pélage démontre que la procédure employée par les évêques d'Afrique dans leurs recours au Siège apostolique consiste essentiellement à faire adhérer le pape à la décision arrêtée par leur concile, et que l'attribution à l'évêque de Rome du droit de prononcer en dernier lieu relève d'un malentendu, comme l'a si bien noté C. Pietri: «Innocent traduit les thèmes de la rhétorique africaine dans le langage de la primauté»[14].

---

[9] E. CASPAR, *Geschichte des Papsttums*, I, 332.

[10] G. DE PLINVAL, *Pélage*, 296.

[11] A. PINCHERLE, *Sant Agostino*, 247; de même S. GRABOWSKI, *Saint Augustine*, 112.

[12] O. WERMELINGER, *Rom*, 125, exprime son point de vue en ces termes: «Die Afrikaner haben zum Nutzen aller Kirchen entscheiden wollen; da sie aber nur einzelnen Kirchen vorstehen, wußten sie, daß ein solches Urteil nicht schon durch die Bekanntgabe an irgendeine Nachbarkirche, sondern erst durch den Bericht an Rom für alle Kirchen verpflichtend ist».

[13] Un résumé très éclairant de cette vision d'auteurs est présenté par W. MARSCHALL, *Karthago*, 130: «Die Afrikaner wünschen, daß der Römische Stuhl ihre eigenen Beschlüsse und Entscheidungen mit seiner Autorität unterstütze und ihnen dadurch zum Erfolg verhelfe. In einem solchen Fall faßt man die Schreiben mit besonderer Höflichkeit ab und vermeidet alles, was den Adressaten in ergendeiner Weise vor den Kopf stossen würde. Freilich lassen einzelne Stellen des Briefes auch erkennen, dass die Afrikaner die päpstliche Autorität als etwas Besonderes ansehen».

[14] C. PIETRI, *Roma christiana*, II, 1210; de même A. MANDOUZE, *Saint Augustin*.

1.2 *Structure du chapitre*

Le présent chapitre s'emploie à élucider les subtilités que renferment les nombreux appels que l'épiscopat africain adresse au Siège apostolique, en vue de la condamnation du pélagianisme. Pour demeurer fidèle à l'objectif qu'on a assigné à cette dissertation, à savoir la mise en évidence de l'aspect d'autonomie et de communion de l'épiscopat africain face à l'évêque de Rome, on propose d'analyser ici quelques formules utilisées dans la correspondance des Africains dans leur sollicitation de l'intervention papale contre la doctrine pélagienne. Car, ces formules charrient de manière insoupçonnée les thèses de la tradition juridico-ecclésiologique établie par Cyprien. Des éléments tirés de la correspondance épistolaire et de l'ouvrage *De gestis Pelagii* d'Augustin, servent de source principale d'informations pour cette enquête. L'avantage qu'offre cette documentation, est qu'elle comporte des données qui exposent non seulement la doctrine théologique de la grâce, mais aussi les différentes étapes de l'enquête visant à démontrer les déviations de l'enseignement de Pélage. A ce propos, on fera particulièrement appel aux indications fournies par la Lettre 4* d'Augustin[15], afin de clarifier un tant soit peu la position africaine par rapport aux opinions émises précédemment au sujet des recours des Africains à Rome.

L'étude de la condamnation du pélagianisme s'articule autour d'un thème central et s'échelonne sur trois sections.

D'abord, le thème. Celui-ci constitue l'ossature du procès intenté par les évêques d'Afrique pour condamner la doctrine de Pélage. Cependant, l'on doit tout de suite signaler que ce thème est de nature juridico-ecclésiologique, et qu'il sous-tend toutes les démarches de l'épiscopat africain. Cet argument traite de la valeur spécifique que l'épiscopat africain accorde aux décisions issues des délibérations collégiales. En second lieu, ce chapitre est composé de trois sections. La première s'occupe de la plaidoirie africaine contre la propagande pélagienne. Elle fait état de différents comportements qu'affiche l'épiscopat africain en fonction de l'évolution du combat antipélagien. Les appels des Africains à Rome y sont interprétés à la lumière des principes du droit, tels qu'ils sont définis dans la législation africaine. La seconde section tente de marquer les traits saillants d'autonomie, contenus dans le dossier africain du pélagianisme. A partir de différents éléments tirés de la correspondance épistolaire de l'épiscopat africain,

---

L'aventure, 426-427.
[15] Cf. AUGUSTIN, *Ep.*, 4* (CSEL 88, 26-29).

on s'efforce de mettre en lumière la méthode proprement africaine de défense des décisions conciliaires. Enfin, l'aspect des compétences juridictionnelles occupe la troisième section du chapitre. Le transfert du dossier de condamnation des pélagiens de l'instance africaine au tribunal romain constitue la matière principale d'étude de cette section.

2. La plaidoirie africaine

Lorsque la controverse pélagienne éclate en 416, au retour du prêtre espagnol Orose d'Orient, le primat Aurelius et ses collègues d'Afrique réunis en concile à Carthage[16], s'engagent dans toutes les directions avec l'autorité d'une sentence de condamnation arrêtée pour endiguer l'expansion de la doctrine jugée par eux erronée. Les évêques d'Afrique expriment leur appréhension à travers cette mise en garde du concile de Carthage:

> Il ne s'agit pas seulement de Pélage qui peut-être est déjà revenu à de meilleurs sentiments, et plaise à Dieu qu'il en soit ainsi, mais encore de beaucoup d'autres, qui, par leurs discours, entraînent les âmes faibles et ignorantes, et finissent par fatiguer celles qui sont fermes dans la foi. Tout est plein de ces gens-là[17].

De même, l'avertissement plein d'indignation qu'Augustin adresse à son collègue Cyrille d'Alexandrie au sujet de la prétendue disculpation que Pélage a obtenue auprès des évêques orientaux porte l'écho de la préoccupation des Pères de Carthage:

> Car beaucoup, [dit Augustin], impliqués dans son erreur, du fait de son absolution répandaient l'idée que ses doctrines hérétiques se trouvaient également confirmées comme catholiques par le jugement d'évêques catholiques; et leur insistance à répandre partout cette façon de voir amenait un très grand nombre de gens, ignorant ce qui s'était passé, à croire qu'il en était bien ainsi, au grand scandale des églises[18].

---

[16] AUGUSTIN, *Ep.*, 175, 1: «Cum ex more ad Carthaginiensem ecclesiam solemniter venissemus, atque ex diversis causis congregata ex nobis synodus haberetur, conpresbyter noster Orosius nobis litteras sanctorum fratrum et consacerdotum nostrorum dedit Herotis et Lazari, quarum formam his constituimus esse subdendam». (CSEL 44, 653-654).

[17] Cf. AUGUSTIN, *Ep.*, 177, 3: «Non agitur de uno Pelagio, qui iam forte correctus est, quod utinam ita sit, sed de tam multis, quibus loquaciter contenditibus et infirmas atque ineruditas animas velut convictas trahentibus, firmas autem et in fide stabiles ipsa contentione fatigantibus usque quaque iam plena sunt omnia». (CSEL 44, 671).

[18] AUGUSTIN, *Ep.*, 4*, 2, 3: «Multi quippe iactabant errore illius implicati illo absoluto etiam dogmata eius haeretica iudicio catholicorum episcoporum tamquam

De ce double témoignage, il apparaît clairement que les évêques d'Afrique, à travers une démarche aussi bien collégiale qu'individuelle, s'adressent à leurs correspondants pour conjurer ensemble un enseignement qui risque de détourner de la doctrine orthodoxe des gens non préparés.

2.1 *La défense de la doctrine africaine de la grâce*
2.1.1 La responsabilité commune de la Tradition

En 417, après avoir analysé les justifications de Celestius, contenues dans son *Libellus*[19], et fort des documents expédiés à Rome par Pélage depuis l'Orient avec l'appui de Praylos, qui a succédé à l'évêque Jean de Jérusalem, le pape Zosime s'engage à réhabiliter les deux maîtres de la nouvelle erreur[20]. Cependant, le primat Aurelius qui, à l'instar d'Augustin, connaît mieux les subtilités de la doctrine pélagienne[21] recommande au pape de revenir à la condamnation africaine du pélagianisme, qui avait obtenu l'appui de son prédécesseur, le pape Innocent Ier[22].

La correspondance épistolaire multilatérale qu'Augustin entreprend avec l'appui de tout l'épiscopat africain cherche indubitablement une large approbation. C'est ce que montre la réaction d'Aurelius face à la révocation de la décision africaine par le pape Zosime. En effet, lorsqu'ils en appellent contre le pape Zosime au ralliement exprimé précédemment par le pape Innocent Ier à la sentence de leur concile, les évêques d'Afrique, semble-t-il, reconnaissent bien la valeur de l'appro-

---

catholica esse firmata et haec illis usquequaque iactantibus plurimi quid actum esset ignari cum magno ecclesiarum scandalo ita esse credebant». (CSEL 88, 26-27).

[19] Cf. *Coll. Avell., Ep.*, 45, 2-3 (CSEL 35/1, 99-100).

[20] Cf. *Coll. Avell., Ep.*, 46, 2: «ecce epistolam Hierosolymitani episcopi Prayli, qui in locum quondam sancti Iohannis episcopus est ordinatus, accepimus, qui causae Pelagius purgationem tenentes abundantissimas misit, quibus et professionis suae fidem, quid sequeretur quidue damnaret, sine aliquo fuco, ut cessarent totius interpretationis insidiae, cumulavit». (CSEL 35/1, 103). A ce sujet, cf. G. DE PLINVAL, *Pélage*, 315.

[21] Augustin affirme à cet effet que c'est en terre africaine que la ruse de Celestius a été démasquée avec le plus de discernement: cf. *Contra duas epistulas Pelag.*, II, 3, 5: «Et hoc ut plenius et manifestius in illo fieret, expectabatur venturis ex Africa litteris in qua provincia eius calliditas aliquanto evidentius innotuerat». (CSEL 60, 464).

[22] Cette suggestion se déduit de l'exposé que le pape Zosime fait de son engagement dans la défense des intérêts de l'Église. En effet, après quelque hésitation, le pontife romain montre sa bonne volonté de coopérer avec les évêques d'Afrique pour juger les pélagiens: cf. *Coll. Avell., Ep.*, 50, 4: «sed pariter vobiscum voluimus habere tractatum de illo, qui apud vos, sicut ipsi per litteras dicitis [...]». (CSEL 35/1, 116). A ce sujet, cf. C. PIETRI, «Les difficultés», 466.

bation pontificale, qui a plébiscité leur décision. Cependant, à observer de plus près l'évolution de la controverse pélagienne, la déférence que les Africains manifestent à l'égard de l'opinion papale se présente en réalité comme un argument *ad hominem*. Car, à la suite du reproche du pape Zosime, qui déplore le manque de confrontation des pélagiens avec leurs accusateurs[23], Augustin évoque pour sa part l'absence des témoins catholiques au tribunal de Diospolis, qui a réhabilité Pélage. L'évêque d'Hippone dit à ce sujet: «Pélage, réputé catholique, fut absous pour s'être dissimulé derrière d'habiles paravents de mots et avoir trompé nos frères qui présidaient alors en qualité de juges, aucun adversaire ne s'étant trouvé de l'autre côté pour le réfuter»[24].

A partir de cette remarque, on peut définir l'objet de défense des évêques d'Afrique. L'engagement des Africains porte essentiellement sur l'interprétation de la doctrine de la grâce. Cette matière, qui est proprement dogmatique, les évêques d'Afrique ne la laissent pas aux soins (*cura*) du seul évêque de Rome à qui l'ecclésiologie du régime dit ici de la *Sedes apostolica* attribue le statut de garant exclusif de l'orthodoxie[25]. Bien plus, après que le primat Aurelius lui a reproché la négligence de ne pas veiller à l'utilité de l'Église, le pape Zosime s'en défend en évoquant l'autorité irrécusable dont est doté le Siège apostolique: «ut nullus de nostra possit retractare sententia»[26]. C'est ainsi que

---

[23] Cf. *Coll. Avell.*, *Ep.*, 45, 8: «Cui [le pape parle ainsi de Celestius] etiam prior libellus ab eo intra Africam <datus> testimonio apud vos esse debuisset nec inexploratis famaque iactatis tam facile crederetur». (CSEL 35/1, 101).

[24] AUGUSTIN, *Ep.*, 4*, 2, 1: «Pelagius putatus catholicus absolutus est, cum sesse callidis verborum latibulis occultasset et fratres nostros qui tunc iudices praesidebant nullo ex alia parte refellente adversario fefellisset». (CSEL 88, 26).

[25] La lettre que le diacre Paulin de Milan écrit au pape Zosime pour dénoncer l'enseignement de Celestius oppose plus explicitement la doctrine de Pélage à celle de la Tradition, dont il invoque les témoins les plus authentiques: cf. *Coll. Avell.*, *Ep.*, 47, 9: «Contra quem etiam magister suus litigat Pelagius, quia ille ea ipsa damnavit in iudicio orientali, quae iste in sedis apostolicae coeto conatur astruere. Habet adversum se et veteres ecclesiarum doctores catholicos plurimos, orientales occidentales, meridianae partis atque septentrionalis, qui in libris suis illum de originali peccato, si sanari desiderat, possit docere; habet beatum Cyprianum martyrem, beatum Ambrosium confessorem, Gregorium Nazianzenum, beatum papam Innocentium [...]». (CSEL 35/1, 110).

[26] Cf. *Coll. Avell.*, *Ep.*, 50, 3: «cum ergo tantae auctoritatis et Petrus caput sit sequentia omnium maiorum statuta firmaverint, ut iam humanis divinisque legibus disciplinis omnibus finietur Romanam Ecclesiam, cuius locum regere, ipsius quoque potestatem nominis optinere (non latet vos sed nostris, fratres carissimi et, quemadmodum sacerdotes, scire debetis): tamen, cum nobis tantum esset auctoritatis, ut nullus de nostra possit retractare sententia [...]». (CSEL 35/1, 115-116).

le rappel fait par les évêques d'Afrique de la décision antérieurement prise par le pape Innocent Ier contre son successeur immédiat Zosime, accorde à la plaidoirie africaine un sens bien différent de l'attitude de dépendance ou de soumission à l'autorité du Siège apostolique: en dernière analyse, c'est l'exhortation à la vigilance et à l'engagement pour l'utilité de l'Eglise qui a appuyé la sentence des Africains.

2.1.2 Défense de la procédure judiciaire d'Afrique

Après avoir examiné l'Acte de foi (*Libellus fidei*) de Celestius et de Pélage en concile, le pape Zosime proclame l'innocence de ces accusés qui ont recouru au jugement du Siège apostolique. Le pontife romain déplore particulièrement la procédure employée par le concile d'Afrique et exige la comparution dans un délai de deux mois de leurs accusateurs à Rome, en l'occurrence le diacre Paulin de Milan, qui séjourne en Afrique, et les évêques gallo-romains Héros et Lazare[27].

La problématique des modalités procédurières que le pape Zosime met au premier plan pour révoquer la décision africaine n'est envisagée qu'en second lieu par les évêques d'Afrique. La question de fond pour Aurelius et ses collègues s'avère être non pas tant les préoccupations d'ordre juridique, mais la défense de la doctrine de la grâce. Dans cette divergence d'approche, il ressort que l'attention que les évêques d'Afrique prêtent à la décision du pape Innocent Ier, qui a condamné avec eux les auteurs du pélagianisme, n'envisage pas la possibilité de remettre en question la doctrine africaine de la grâce qu'ils défendent[28]. Il va sans

---

[27] Cf. *Coll. Avell., Ep.*, 45, 8: «Quare intra secundum mensem aut veniant, qui praesentem redarguant aliter sentire quam libellis et professione contexuit, aut nihil post haec tam aperta et manifesta, quae protulit, dubiis sanctitas vestra resedisse cognoscat». (CSEL 35/1, 101-102). A. AUDOLLENT, «Afrique», 797, fait remarquer qu'après avoir reçu la notification de la convocation papale, le primat Aurelius rassemble en hâte un certain nombre d'évêques à Carthage pour examiner l'affaire pélagienne qui commençait à prendre des proportions fort inquiétantes. Cependant, les documents relatifs à cette rencontre n'ont pas survécu. Pour sa part, C. PIETRI, «Les difficultés», 466, soutient l'idée que c'est probablement dans ce concile local qu'Aurelius appuie Paulin de Milan dans sa décision de ne pas se rendre à Rome. A cet effet, ce dernier écrit un *Libellus*, dans lequel il reprend les accusations portées antérieurement contre Celestius. Par ailleurs, O. WERMELINGER, *Rom*, 142, observe que c'est le *Libellus* de Paulin qui pose pour la première fois au pape le problème du *peccatum originale*.

[28] C. PIETRI, *Roma christiana*, II, 1240 signale la discrétion et l'habileté dont le pape Innocent Ier fait montre en ne soumettant pas à la critique l'interprétation africaine de la doctrine de la grâce. En effet, le pontife romain se limite à louer l'acte de déférence des évêques d'Afrique, qui se sont référés au Siège apostolique; ID., «Les

dire que dans cette optique, toute procédure de révision de la sentence africaine attenterait non seulement à la légitimité de cette décision, mais encore elle remettrait en cause la compétence du concile d'Afrique de décider même sur les matières dogmatiques. Au demeurant, la méthode employée par les évêques d'Afrique dans la crise pélagienne présente quelque analogie avec celle utilisée par Augustin et ses collègues lorsque le pape Boniface Ier, saisi en appel par Antoninus, leur a demandé de réinstruire le procès du jeune évêque en Afrique même. Étant donné qu'une décision était déjà prise à l'égard d'Antoninus, Augustin justifie la présence des évêques à cette seconde phase du procès comme une simple séance d'audience, qui a pour but de témoigner par des pièces justificatives en faveur de la sentence rendue antérieurement[29].

On en vient donc à conclure que, même en sollicitant l'appui de l'autorité du Siège apostolique pour condamner l'enseignement de Pélage[30], les évêques d'Afrique ne défendent pas moins la procédure de leur tribunal, qui a conduit à déclarer comme erronée la doctrine du moine breton et à exiger la rétractation de Celestius.

2.2 *La plaidoirie d'Augustin*

Le sens de la plaidoirie d'Augustin est déterminé par deux facteurs que l'on doit prendre en considération. Il s'agit du langage utilisé par l'évêque d'Hippone et de l'appui qu'il obtient de la part de l'épiscopat africain tout entier.

2.2.1 Le problème du langage

Dans l'hypothèse où la condamnation africaine du pélagianisme ne peut être rejetée par l'évêque de Rome, le refus que l'épiscopat africain oppose à l'initiative du pape Zosime de réhabiliter les pélagiens s'éclaire davantage lorsqu'on observe l'intention qui sous-tend la correspondance multilatérale d'Augustin. C'est-à-dire que, en mettant en garde ses correspondants contre l'enseignement de Pélage[31],

---

difficultés», 465; de même V. SAXER, «Autonomie africaine», 201.

[29] Cf. *supra*, 253, n. 101.

[30] Les évêques de la Proconsulaire réunis autour d'Aurelius écrivent ainsi au pape Innocent Ier: cf. AUGUSTIN, *Ep.*, 175, 4: «Si ergo Pelagius episcopalibus gestis, quae in Oriente confecta dicuntur, etiam tuae venerationi iuste visus fuerit absolutus; error tamen ipse et impietas, quae iam multos assertores habet, per diversa dispersos, etiam auctoritate apostolicae Sedis anathemanda est». (CSEL 44, 658).

[31] L'aspect de vigilance que renferme la mise en garde d'Augustin est souligné par

Augustin cherche à rallier ses interlocuteurs sur sa doctrine de la grâce. A ce point de vue, il s'avère que la démarche de l'évêque d'Hippone trahit une certaine conscience de la singularité dans le langage de son enseignement. Car, Pélage a su habilement exploiter tous les atouts dont il disposait pour s'assurer de la réussite de sa propagande. En effet, dans sa supercherie, le moine breton a d'une part, gagné les évêques orientaux à sa cause en misant sur le manque de discernement du terme *gratia*, tel qu'Augustin l'entendait; d'autre part, Pélage a même récupéré des conceptions théologiques contenues dans un écrit venu d'Espagne et faussement attribué à Augustin, comme étant une preuve d'approbation de son enseignement par l'évêque d'Hippone[32]. On dénote ainsi chez Augustin un certain acharnement, qui présente sa lutte contre le pélagianisme comme la défense d'une cause personnelle[33]. C'est pourquoi, en tout état de cause, Augustin est obligé de se justifier devant les réserves que certains de ses collègues affichent à l'égard de son enseignement, et cela se traduit, semble-t-il, dans des affirmations tranchées. Au sujet de l'ambiguïté de la terminologie que recèle la doctrine d'Augustin, de nombreuses remarques ont été formulées par les chercheurs. En voici quelques-unes, qui ont un rapport direct avec le propos développé ici.

La première observation concerne l'attitude généralement conciliante d'Augustin à l'égard de ses adversaires. Cette attitude fait paradoxalement de l'évêque d'Hippone la victime de sa propre méthode d'approche. Le témoignage suivant de R. Crespin, exprime bien les limites de la procédure augustinienne:

> Plus on y met de courtoisie, plus ce premier pas risque d'être mal interprété et de tourner finalement au désavantage de la cause qu'on veut défendre [...]. Plus d'une fois, il [c'est-à-dire Augustin] éprouve le besoin d'expliquer le sens de sa démarche afin d'éviter tout malentendu[34].

O. PERLER, *Les voyages*, 8.

[32] Ainsi, se plaint Augustin de cette diffamation: cf. *De gestis*, VI, 19: «Nam et mihi quidam fratres nostri nonnulla opuscula sub meo nomine in Hispaniam venisse dixerunt, quae quidem ab eis qui alia nostra legissent non agnoscerentur, ab aliis tamen nostra esse crederentur». (CSEL 42, 72).

[33] Le constat que A. AUDOLLENT, «Afrique», 799, établit sur l'engagement sans réserve de l'évêque d'Hippone contre l'enseignement de Pélage est à ce point vue très éclairant: «Mais toute cette polémique a une allure personnelle, [observe l'auteur]. Ce n'est plus l'épiscopat africain dans son ensemble qui résiste aux novateurs, c'est Augustin qui maintient à la fois la tradition catholique et les conceptions particulières qu'il y avait ajoutées».

[34] R. CRESPIN, *Ministère*, 147; de même, A. MANDOUZE, *Saint Augustin. L'aven-*

La seconde remarque relative à la méthode d'approche d'Augustin est faite par E. Buonaiuti. Elle porte sur l'aspect théologique de la conception augustinienne de la grâce. L'auteur souligne particulièrement le fait que l'opposition de l'évêque d'Hippone au moralisme de Pélage l'a conduit à faire usage d'un langage véhiculant des affirmations excessivement pessimistes, à tel point que la Tradition chrétienne a dû les atténuer au long des siècles[35]. A cette remarque, on peut adjoindre celle de V. Saxer, qui apporte un détail complémentaire d'après lequel l'enseignement d'Augustin a subi des durcissements spécialement lorsque Julien d'Éclane est entré en lice, c'est-à-dire pendant la période «où fut élaborée la doctrine de la *massa damnata* et de la prédestination»[36].

En quatrième lieu, on trouve le point de vue de A. Pannier, qui évoque l'appréciation de Jérôme sur l'oeuvre antipélagienne d'Augustin. Cette fois, c'est l'ignorance d'Augustin de la langue grecque qui est mise en évidence. L'auteur reprend l'idée que l'oeuvre d'Augustin est inaccessible aux Orientaux, étant donné que le controversiste africain ne se réfère pas à la tradition des commentateurs grecs dans son enseignement[37]. Cette opinion est aussi partagée par J.-P. Bouhot. En effet, commentant la méfiance dont Justus, un collaborateur d'Augustin, a été l'objet parmi ses compatriotes latins à Alexandrie, l'auteur montre comment l'étrangeté du langage d'Augustin oriente la chrétienté vers deux blocs pendant les siècles:

> Cet incident révèle tout l'enjeu de la querelle pélagienne, qui a opposé au lieu de chercher à les unir liberté et grâce dans l'œuvre du salut, et en même temps il permet de mesurer le rôle d'Augustin, qui a donné une place éminente dans l'Occident médiéval à une intuition fondamentale du christianisme, mais en faisant s'accroître les divergences avec le monde oriental[38].

Étant donné ces considérations, il devient loisible d'appréhender la nature de la plaidoirie d'Augustin. L'engagement multiforme que l'évêque d'Hippone déploie à travers l'explicitation de la doctrine de la grâce contenue dans l'ouvrage *De gestis* se révèle comme une vaste campagne de vulgarisation, qui vise deux objectifs. D'abord, Augustin veut mettre en garde ses correspondants contre l'erreur du moine breton. Ensuite, il tient à éclarifier son propre langage, qui fait l'objet de fâcheux

---

ture, 421.
[35] E. BUONAIUTI, *Il cristianesimo*, 377 s.
[36] V. SAXER, «Autonomie africaine», 200, n. 72.
[37] A. PANNIER, «Saint Augustin, Saint Cyprien», 237, n. 5.
[38] J.-P. BOUHOT, «Une lettre d'Augustin», 152.

malentendus tant en Occident qu'en Orient. C'est dans ce but, semble-t-il, qu'Augustin, écrivant à Cyrille d'Alexandrie, dit:

> Nous voici donc pris d'un soupçon [...] et nous ne devons pas le négliger: nous soupçonnons que notre formule sur la condamnation au supplice éternel, non de tous les pécheurs, mais de certains déplaît aux gens selon qui les saints connaissent même cette vie mortelle exempte de péchés et n'ont pas besoin par conséquent, pour obtenir le pardon de leurs péchés puisqu'ils n'en ont pas, de prononcer la Prière du Seigneur où l'Église toute entière chante: "Remettez-nous nos dettes." [...][39].

Ce faisant, la plaidoirie d'Augustin assure la défense de l'oeuvre théologique élaborée par l'épiscopat africain tout entier[40].

2.2.2 L'appui de l'épiscopat africain

La réflexion qu'on entend développer dans ce paragraphe est axé sur certains éléments contenus dans la lettre qu'Augustin adresse à Cyrille d'Alexandrie. Dans ce document, qui tient lieu de plaidoirie *pro domo suo*, deux pronoms personnels sujets, *ego* (moi) et *nos* (nous), s'interchangent sans se heurter face à un même objet de référence. Les deux sujets, qui représentent les plaignants et accusateurs des pélagiens, soulignent non seulement la paternité augustinienne de cette lettre, mais aussi ils mettent en évidence l'esprit de collégialité avec lequel l'évêque d'Hippone s'évertue à défendre la doctrine africaine de la grâce. Voici à titre d'exemple, une indication sommaire de la collaboration que l'épiscopat africain apporte à l'oeuvre d'Augustin.

Dans l'exorde de sa lettre, Augustin annonce qu'il en est l'auteur. En même temps, il met en relief l'engagement de ses collègues, qui se confond avec le sien propre. Augustin écrit à cet effet:

> Je me recommande par-dessus tout à tes saintes prières et je rends à ta Vénération le devoir de salutation par l'intermédiaire du serviteur de Dieu nommé Justus en qui, j'ai reconnu, tout récemment, un bon frère. Venu de

---

[39] AUGUSTIN, *Ep.*, 4*, 4, 1: «Proinde quoniam nos tangit [...] non tamen contemnenda suspicio hanc sententiam, qua dicimus non omnes, sed quosdam peccatores damnari supplicio sempiterno, eis displicere qui dicunt etiam istam mortalem vitam sanctos habere sine peccato, ut eis ad indulgentiam peccatorum suorum, quoniam nulla sunt, nec oratio dominica sit necessaria, in qua tota clamat ecclesia: "dimitte nobis debita nostra" [...]». (CSEL 88, 27).

[40] Concernant la doctrine de la grâce, G. BONNER, «Les origines africaines», 116, fait remarquer qu'il est bien possible que la conception africaine était déjà répandue en Occident au moment où surgit la crise pélagienne. Cette hypothèse s'appuie sur le fait qu'on note une large adhésion de correspondants d'Augustin à la doctrine qu'il défend.

ton pays chez nous là-bas, il nous fournit l'occasion très agréable de nous acquitter de ces devoirs envers ta Béatitude. Et je ne crois pas devoir taire la raison qui l'a poussé à se rendre auprès de nous; c'est lui-même qui me l'a expliquée et fait connaître[41].

Il va sans dire que la déclaration d'Augustin rend témoignage du concours que l'épiscopat africain apporte à son entreprise. Il résulte en effet qu'à travers sa plaidoirie, l'évêque d'Hippone s'applique à défendre la doctrine de la grâce qu'il a élaborée non pas pour son compte personnel, mais au nom de tout l'épiscopat africain[42]. Augustin fait preuve d'une vigilante sollicitude envers l'Église[43]. Sa démarche revêt ainsi un caractère décidément collégial, à telle enseigne que les évêques d'Afrique qualifient leur enseignement d'*ecclesiastica et apostolica veritas*[44]. Cet attribut, semble-t-il, veut marquer le contraste avec la nouveauté

---

[41] AUGUSTIN, *Ep.*, 4*, 1, 1-3: «Plurimum *commendo* me sanctis orationibus tuis reddens venerationi tuae salutationis obsequium per dei servum Iustum nomine quem *cognovi* nuperrime bonum fratrem; qui cum inde *ad nos* usque venisset atque illo rursus remearet *a nobis*, occasionem gratissimam praestitit, qua tuae beatitudini haec officia *solueremus*. Nec tacendam causam *existimo* quae illum *ad nos* compulit pergere; ipso eam quippe indicante *cognovi*». (CSEL 88, 26).

[42] G. MARTINETTO, «Les premières réactions», 116, épingle le zèle dont Augustin fait montre dans la controverse pélagienne qui a débuté sans lui à Carthage, en 411, en ces termes: «il a été obligé d'entrer dans la controverse et uniquement pour défendre la tradition de l'Église et le sentiment des évêques africains»; de même A. AUDOLLENT, «Afrique», 795. Par contre, G. BONNER, «Augustine and Modern Research», 58, est de tout autre avis. Eu égard à l'intérêt particulier que l'évêque d'Hippone démontre pour la défense de la doctrine de la grâce, G. Bonner pense que, voyant son prestige menacé à cause du refus des Orientaux de reconnaître le jugement africain à Diospolis (415), Augustin aurait écrit à cette fin le traité *De Spiritu et Littera*. Cependant, O. PERLER, *Les voyages*, 459, réfute cette opinion, en situant la rédaction dudit traité en 412, c'est-à-dire bien avant la sentence de Diospolis.

[43] Bien qu'il n'ait pas pris part à l'assemblée qui a condamné l'enseignement de Pélage à Carthage, en 411, néanmoins informé de la présence des disciples de cet hérésiarque en Afrique, Augustin dénonce cette présence, en 414, en la qualifiant de source de menace pour la foi de l'Église: *Ep.*, 157, 22: «Nec tamen hic deesse aliquos arbitror maxime apud Carthaginem, sed iam occulte mussitant timentes ecclesiae fundatissimam fidem». (CSEL 44, 471). A ce sujet, cf. G. BONNER, «Les origines africaines», 116; de même A. MANDOUZE, *Saint Augustin. L'aventure*, 418, n. 9. Quant à l'absence d'Augustin à l'assemblée susmentionnée, G. DE PLINVAL, *Pélage*, 260, la justifie en arguant que «l'évêque d'Hippone n'avait rien à voir dans une affaire qui échappait complètement à sa juridiction».

[44] Cf. AUGUSTIN, *Ep.*, 177, 3: «Et cum inventus fuerit hanc dicere, quam docet ecclesiastica et apostolica veritas, tunc sine ullo scrupulo ecclesiae, sine latibulo ambiguitatis ullius absoluendus est, tunc est re vera de eius purgatione gaudendum». (CSEL 44, 672).

instaurée par Pélage, qui, elle, n'a point d'autorité de référence. De cette façon, la plaidoirie d'Augustin prend la forme d'une démarche collégiale en quête d'approbation. Et inversement, on peut dire que, par son recours *ad Sedem apostolicam*, l'épiscopat africain cherche à fonder la doctrine qu'il a élaborée.

2.3 L'expression de satisfaction d'Augustin

Dans le but de conjurer l'hérésie pélagienne, Augustin alerte toutes les Églises de la *Catholica*. Ensuite, face à l'appui que le pape Innocent Ier apporte à la condamnation africaine du pélagianisme, il s'exclame sur un ton qui traduit à la fois la satisfaction et le soulagement. Ce sentiment ressort de la lettre commune qu'Augustin et Alypius écrivent à l'évêque Paulin de Nole, dans laquelle ils rendent compte de l'activité que l'épiscopat africain a entreprise pour mieux approfondir l'enseignement de Pélage:

> Avec les rapports des conciles, nous adressâmes aussi au pape Innocent, de bienheureuse mémoire, des lettres particulières, où nous sommes entrés dans de longs développements sur cette question. Il répondit à nos lettres, comme devait le faire celui qui occupe le siège apostolique[45].

La déclaration des évêques d'Afrique fait l'objet de différentes interprétations. A ce propos, voici quelques avis d'auteurs.

2.3.1 Relevé d'opinions

Le premier avis est celui de B.J. Kidd, d'après lequel l'objectif ultime de la démarche des Africains est d'obtenir la condamnation pontificale du pélagianisme, sans s'embarrasser des critiques du Siège apostolique[46]. F. Hofmann affirme de même que le pape Innocent Ier, en louant les Africains pour l'appel qu'ils lui ont adressé, a voulu démontrer que la décision du Siège apostolique clarifiait nettement la doctrine que les Africains professaient. Car, connaissant l'autorité spéciale du Siège

---

[45] AUGUSTIN, *Ep.*, 186, 2: «Scripsimus etiam ad beatae memoriae papam Innocentium, praeter conciliorum relationes, litteras familiares, ubi de ipsa causa aliquanto diutius egimus. Ad omnia nobis ille rescripsit eodem modo, quo fas erat atque oportebat apostolicae sedis antistitem». (CSEL 57, 47). Au sujet de l'amitié particulière d'Augustin avec Alypius, cf. A. MANDOUZE, «Alypius», *PCBE*, I, 53.

[46] A ce propos, B.J. KIDD, *A History*, III, 100, dit: «The question, however [...] is not whether Pelagius is gulty or otherwise of heresy, though it would be as well if the Pope would summon him to Rome and examine him as to what he means by the grace that he confesses [...] no more the question is whether the doctrine ascribed to Pelagius should or should not find a place in the Catholic Church».

apostolique, les évêques d'Afrique s'attendaient à ce que la décision de l'évêque de Rome oblige les autres Églises à suivre la doctrine défendue par eux[47].

A l'argument de la nature de l'*auctoritas* papale, s'ajoute celui du langage. Le constat que H. Ulbrich fait autour du langage d'Augustin insinue l'idée que l'épiscopat africain dépendait du jugement de l'autorité romaine. En effet, H. Ulbrich trouve que la clarté des arguments des trois lettres des évêques d'Afrique a beaucoup influencé le pape Innocent Ier dans sa décision[48].

Par ailleurs, J. Chapman estime que les évêques d'Afrique se sont référés au Siège apostolique pour condamner le pélagianisme et n'ont pas protesté contre l'appel de Celestius au pape Zosime, étant donné qu'il s'agissait d'une affaire de nature dogmatique[49]. Dans la même perspective, S. Grabowski fait remarquer que la nature du recours interjeté par l'épiscopat africain auprès du Siège apostolique était bien connue d'Augustin[50].

Bref, ces opinions concourent à affirmer que ce sont les réponses pontificales, appelées à dessein *Rescripta*, qui ont accordé à la sentence africaine un caractère contraignant. Ainsi, la décision définitive de la condamnation pélagienne n'a pas été arrêtée en Afrique, mais à Rome[51]. De même, il apparaît qu'en recourant au Siège apostolique dans l'affaire pélagienne, les évêques d'Afrique ont affirmé le rôle éminent du successeur de Pierre dans la proclamation de la foi[52].

2.3.2 L'autorité des *Rescripta* pontificaux

Le terme *Rescripta* employé par les évêques Augustin et Alypius dans leur lettre pour qualifier les réponses pontificales est d'une haute portée juridico-ecclésiologique. Car, ce terme permet d'évaluer l'évolution de la conception primatiale de l'autorité pontificale dans une double perspective. D'une part, le terme *Rescripta* apparaît comme l'expression de reconnaissance par les Africains des prérogatives que l'ecclésiologie du régime dit de la *Sedes apostolica* revendique en faveur de l'évêque

---

[47] F. Hofmann, *Der Kirchenbegriff*, 411.437.441.
[48] H. Ulbrich, «Augustins Briefe», 74, exprime son constat à travers cette formule: «Seine Lehre [c'est-à-dire la doctrine d'Augustin] wird in den wesentlichsten Punkten übernommen, seine Argumente anerkannt».
[49] J. Chapman, «Studies», 136.
[50] S. Grabowski, «St Augustine and the Primacy», 112.
[51] Cf. W. Marschall, *Karthago*, 56.
[52] Cf. C. Pietri, *Roma christiana*, II, 1244.

de Rome. En effet, à l'époque où s'affermit cette ecclésiologie, la chancellerie impériale à laquelle les services pontificaux ont probablement emprunté le langage et les procédures administratifs, emploie le terme *Rescriptum* pour désigner un document à caractère normatif et irrévocable[53]. D'autre part, le terme *Rescriptum* permet de saisir la nature du loyalisme que les Africains manifestent à l'égard du Siège apostolique. Ce sont les compliments même du pape Innocent Ier qui rendent compte de ce sentiment de dévouement des Africains:

> Lorsque vous vous êtes occupés de questions qui conviennent à la sollicitude d'hommes consacrés au sacerdoce, et surtout à un concile véritable, légitime et catholique, vous vous êtes conformés à l'usage des antiques traditions et à la discipline de l'Église. Vous avez même imprimé une nouvelle vigueur à notre sainte religion, vous l'avez assise sur des bases plus solides, autant en nous consultant et en vous en référant à notre jugement, qu'en rendant vous-mêmes vos décrets. En effet, vous avez montré par là que vous saviez ce qui est dû au siège apostolique, où nous tous, qui l'occupons successivement, nous désirons suivre les traces de l'Apôtre. Car c'est de ce siège que dérivent tout l'épiscopat et toute l'autorité de ce nom[54].

La réponse du pontife romain comporte des éléments qui s'accordent parfaitement avec la pensée ecclésiologique cyprianique. Vu l'attachement que montrent les Africains pour l'autonomie de leur Église, on est amené à conclure que l'accueil favorable qu'Aurelius et ses collègues réservent aux exhortations pontificales dépendent des réponses que le Siège apostolique apportent à la cause défendue par eux. L'examen de certains éléments extraits de la déclaration papale permet d'étayer ce constat.

a) *Le ton et le style des réponses pontificales*

La manière dont les évêques d'Afrique invoquent les réponses du pape Innocent Ier démontre sans nul doute que le pontife romain a

---

[53] A. BLAISE, *Dictionnaire*, I, 717, 1, définit *Rescriptum* comme étant une «réponse du prince, rescrit impérial (ayant valeur juridique)».

[54] Cf. AUGUSTIN, *Ep.*, 181, 1: «In requirendis divinis rebus, quas omni cum sollicitudine decet a sacerdotibus, maxime a vero iustoque et catholico tractari concilio, antiquae traditionis exempla servantes et ecclesiasticae memores disciplinae nostrae religionis vigorem non minus nunc in consulendo quam antea, cum pronuntiaretis, vera ratione firmatis, qui ad nostrum referendum approbastis esse iudicium scientes, quid apostolicae sedi, cum omnes hoc loco positi ipsum sequi desideremus apostolum, debeatur, a quo ipse episcopatus et tota auctoritas nominis hujus emersit». (CSEL 44, 701-702).

comblé leur attente⁵⁵. Cependant, l'objet du recours des Africains au Siège apostolique prête à équivoque. Car, à y voir de plus près, les Africains recourent au pape non pour mettre leur doctrine en examen, — bien qu'eux-mêmes le mentionnent⁵⁶ —, mais pour que le pape se rallie à la décision qu'ils ont eux-mêmes prise à l'encontre des pélagiens. La réponse que adresse aux évêques de la Proconsulaire témoigne de sa sensibilité à la démarche africaine:

> Que le corps tout entier de l'Église garde cette pureté de doctrine, pour laquelle vous avez montré, dans votre décret, un zèle et un attachement que je partage avec vous [...]. Vos conseils et les nombreux passages de nos Écritures que vous avez cités, sont une réponse suffisante aux novateurs que nous combattons, et je n'ai rien trouvé à y ajouter, puisque vous n'avez rien omis de ce qui pouvait les réfuter et les convaincre. C'est pourquoi nous ne citons ici aucun nouveau témoignage des divins livres, puisque votre mémoire en est rempli, et que tant de doctes évêques ont dit tout ce qu'il y avait à dire. Il ne convient pas de savoir qu'il soit rien échappé de ce qui pourrait servir la cause dont ils avaient pris la défense⁵⁷.

Dans cette optique, le recours des Africains à Rome dans la crise pélagienne diffère de celui de Pélage. Celui-ci en effet, s'en est remis entièrement au jugement du pape, en lui suggérant de corriger son ignorance si une telle intervention s'avérait nécessaire⁵⁸. En outre, les arguments théologiques mêmes utilisés par le pontife romain ne

---

⁵⁵ Le commentaire que A. AUDOLLENT, «Afrique», 796, fait de la lettre d'Augustin montre bien la nature de l'attente «anxieuse» de l'épiscopat africain: «Peut-être n'était-on pas sans inquiétude en Afrique sur l'accueil qui attendait à Rome la triple requête, [note l'auteur]. Le bruit avait couru, en effet, qu'Innocent, circonvenu sans doute par les nombreux partisans que Pélage comptait en Italie, jusque parmi les hauts dignitaires ecclésiastiques, ne se montrait pas défavorable à ses théories religieuses».

⁵⁶ Cf. *infra*, 309, n. 129.

⁵⁷ Cf. AUGUSTIN, *Ep.*, 181, 9: «Sit totius corporis inlibata perfectio, quam vos sequi et tenere hac in illos pronuntiatione cognovimus et una vobiscum pari assensione servamus [...]. Sed satis vestris monitis et sic satis abundantibus nostrae legis exemplis probatur esse responsum, nec quicquam superesse duximus, quod dicamus, cum nihil praetermissum a vobis, nihil constet esse suppressum quo illi refutati et penitus agnoscantur esse convicti. Ideoque a nobis testimonia nulla ponuntur, quia et his plena relatio est et satis constat tot doctissimos sacerdotes cuncta dixisse, nec decet credere vos aliquid, quod ad causam possit proficere, praeterisse». (CSEL 44, 712-713).

⁵⁸ Cf. AUGUSTIN, *De gratia et peccato originale*, II, 23, 26: «"Si quae vero", inquit, "praeter fidem quaestiones natae sunt, de quibus esset inter plerosque contentio, non ego, quasi auctor alicujus dogmatis, definita hoc auctoritate statui, sed ea, quae de Prophetarum et Apostolorum fonte suscepi, vestri apostolatus offerimus probanda esse iudicio ut, si forte, ut hominibus quispiam ignorantiae error obrepsit, vestra sententia corrigatur"». (CSEL 42, 185).

comportent pas d'indices d'une éventuelle remise en question de la doctrine de la grâce élaborée par l'épiscopat africain. Bien au contraire, le pape présente tout simplement sa conception de la doctrine de la grâce dans un langage hautement pastoral chargé d'exhortations, sans s'attarder sur les nuances qui peuvent se dégager de l'exposé des Africains:

> si, ouvrant leurs cœurs aux salutaires enseignements de la foi, ils se montraient disposés à se corriger, et à se soumettre aux conseils de la vérité, pour se guérir de leurs erreurs, alors les évêques pourraient leur tendre une main secourable, pour apporter des remèdes à leurs blessures et leur offrir les secours que l'Église ne refuse jamais aux pécheurs. Alors aussi, retirés des précipices au milieu desquels ils erraient, ils rentreraient en sûreté dans le bercail du Seigneur. Hors de là, et privés du rempart de la foi, ils resteraient exposés à tous ces périls, livrés à la fureur des loups, auxquels ils pourraient d'autant moins échapper qu'ils les auraient excités contre eux par la perversité de leur doctrine[59].

Dans la méthode africaine que l'on a qualifiée dans cette dissertation d'«autonomie dans la communion», Aurelius et ses collègues ne pouvaient attendre mieux de l'autorité pontificale, dont l'adhésion accorde à la doctrine africaine un parfait témoignage d'authenticité[60]. C'est

---

[59] Cf. AUGUSTIN, *Ep*. 181, 9: «quod si fecerint, erit in potestate pontificum istis aliquatenus subvenire et talibus aliquam curam praestare vulneribus, quam solet lapsis, cum resipuerint, ecclesia non negare, ut a suis revocati praecepitiis intra ovile Domini redigantur, ne foris positi et tanto praesidio a fide munitionis exclusi periculis omnibus exponantur devorandi luporum dentibus atque vexandi, quibus obsistere hac, qua illos in se inritaverant, doctrinae perversitate non possunt». (CSEL 44, 713-714). L'originalité de la procédure papale a été fortement soulignée par les chercheurs, comme étant une démarche, dirions-nous, «prudente» et «indépendante». Les opinions suivantes d'auteurs suffisent à marquer l'habileté du pape Innocent Ier. V. SAXER, «Autonomie africaine», 202, signale l'attitude particulière du pape, qui démontre l'aspect traditionnel de la communion tel qu'il est envisagé par l'épiscopat africain lorsqu'il recourt au Siège apostolique: «sur le fond, [dit-il], son attitude était pastorale que théologique, car il se préoccupait moins de délimiter un débat doctrinal que de préserver une pratique disciplinaire». De même, C. PIETRI, «Les difficultés», 465, met en évidence la procédure utilisée par le pontife romain, qui a sans doute inspiré la déclaration d'Augustin: «Si le pape déclare que les accusés sont exclus de la communion ecclésiastique, [observe l'auteur], il insiste sur la voie de réconciliation ouverte aux condamnés qui corrigeraient leurs erreurs. Enfin, il ne s'occupe pas de publier une sentence d'excommunication, signalée aux accusateurs et non aux accusés, dans la discrétion d'un rescrit»; ID., *Roma christiana*, II, 1197.1206.

[60] A. AUDOLLENT, «Afrique», 796, formule une pertinente remarque au sujet de la satisfaction qu'Augustin exprime en recevant les réponses papales: «Son entier acquiescement [il s'agit du pape Innocent Ier] aux vues d'Augustin et de ses collègues

pourquoi, nonobstant la satisfaction exprimée par Augustin et Alypius à la réception de la lettre papale, on doit avouer que la manière dont le pape répond à la requête des Africains révèle que la prérogative de droit de regard direct de l'évêque de Rome sur les Églises, revendiquée par la nouvelle formule de l'ecclésiologie romaine, n'avait pas prise sur l'épiscopat africain au Ve siècle[61].

b) *L'autorité de la «Catholica»*

Il s'agit de déterminer la valeur des témoignages qu'Augustin recueille de la part de ses correspondants aussi bien ecclésiastiques qu'extra-ecclésiastiques, à l'instar des anciens disciples de Pélage[62]. Ces réactions ont suscité des avis différents. La remarque faite par P. Batiffol a particulièrement sollicité notre attention. Car l'auteur n'accorde qu'une valeur relative aux différents témoignages et instances qui ont concouru au procès du pélagianisme. Il conclut en disant que l'ouverture de l'épiscopat africain à Rome est un indice de l'absence de tribunal *ad hoc* en Afrique pour des causes d'ordre dogmatique:

> Carthage n'a pas à anathématiser Pélage, qui est absent, [affirme l'auteur], mais Carthage peut conciliairement se prononcer sur un point de doctrine, et reprendre pour lui donner corps la pensée de son concile de 411, en formulant l'anathématisme qu'on vient de lire[63].

L'on comprend dès lors la pointe d'ironie que l'auteur réserve à la démarche africaine. Il constate de fait qu'en recourant à Rome, les évêques d'Afrique ont dû se résoudre à une démarche pénible[64].

était pour eux une belle revanche. Ils pouvaient maintenant opposer la sentence de Rome à celles de Jérusalem et de Diospolis».

[61] Dans la recension qu'il fait de l'ouvrage de M. Wojtowytsch (*Pappstum und Konzile*), C. MUNIER, «Comptes rendus», 465, attire l'attention sur le fait que la reconnaissance de la prérogative de droit de regard de l'évêque de Rome sur les Églises s'est effectuée à travers un cheminement oscillant, latent, voire incertain. Ainsi, s'agissant du pontificat d'Innocent Ier, l'auteur dit: «S'il s'efforce, de toute manière, de soumettre les conciles régionaux à l'autorité du pontife romain, Innocent procède toutefois avec un sens diplomatique très sûr, qui manquera parfois à ses successeurs immédiats»; de même O. WERMELINGER, *Rom*, 124 s.; aussi C. PIETRI, *Roma christiana*, II, 1210.

[62] Cf. AUGUSTIN, *De gestis*, X, 22: «Ego autem propter illum librum, quem mihi refellendum servi dei dederunt, qui discipuli eius fuerunt et, cum eundem Pelagium valde diligerent, eius esse dixerunt [...]». (CSEL 42, 75).

[63] P. BATIFFOL, *Le catholicisme*, 382.

[64] P. BATIFFOL, *Le catholicisme*, 388, n. 2.

D'après la vision de P. Batiffol, il est sans conteste que l'autorité pontificale est conçue en fonction de la prérogative que l'ecclésiologie romaine du régime dit de la *Sedes apostolica* attribue à l'évêque de Rome, c'est-à-dire celle qui habilite ce dernier à se prononcer en ultime ressort pour des causes en suspens.

Par ailleurs, l'intervention que le corps épiscopal africain sollicite auprès du Siège apostolique dans la crise pélagienne est, — pour le rappeler brièvement —, en rapport étroit avec la correspondance multilatérale entreprise par Augustin. Cette double action ne vise en fait qu'un objectif, à savoir de condamner la doctrine de Pélage.

+ Aspect pastoral de la condamnation du pélagianisme

L'intervention de l'Église orientale dans la controverse pélagienne placée à côté de nombreux contacts qu'Augustin entretient avec différents correspondants, porte au grand jour une autre dimension de la tradition ecclésiologique d'Afrique. Il s'agit de l'aspect pastoral fondé sur le gouvernement collégial de l'Église plutôt que l'exercice de l'autorité juridique, qui est lié aux circonscriptions ecclésiastiques. Deux indications révèlent cette caractéristique.

En premier lieu, il y a l'autorité de l'évêque de Rome. En examinant minutieusement l'évolution de la crise pélagienne, il ressort que la condamnation qu'Aurelius et ses collègues sollicitent auprès de l'évêque de Rome consiste à manifester l'authenticité de la décision du concile d'Afrique à partir de l'instance qui constitue l'origine de l'autorité et du pouvoir des évêques. Ce n'est donc pas le pouvoir de délibérer du pontife romain qui est recherché. De cette manière, la démarche des Africains se réduit à une procédure visant à informer le pape de la sentence qui avait été arrêtée en 411 et dont il n'a pas été mis au courant. Ainsi, en recourant au Siège apostolique, les évêques d'Afrique n'entendent pas soumettre à la censure de l'évêque de Rome leur théologie; ils cherchent plutôt à démontrer que la doctrine qu'ils défendent est celle de la Tradition de l'Église universelle. Cette approche de la démarche africaine met en droit d'affirmer que l'obligation d'en appeler à l'évêque de Rome, qui est évoquée par le pape Innocent Ier dans sa réponse, est reçue en Afrique comme une exhortation à caractère pastoral, qui invite de demeurer en communion avec le Siège apostolique. Car, la même prérogative, énoncée quelques temps après par le pape Zosime dans l'affaire d'Apiarius dans une perspective juridique, a vivement heurté la sensibilité de l'épiscopat africain. Celui-ci en est arrivé à imposer à l'évêque de Rome, qui est pourtant reconnu comme le premier témoin de la Tradition orthodoxe, de se confronter aux sources d'autorité dont se réclamaient les deux parties en désaccord. Pour tout dire, l'évêque Faustinus, délégué du pape s'est refusé à cette procédure moins noble!⁶⁵

On trouve ensuite le témoignage de la *Catholica*, qu'atteste l'abondante correspondance épistolaire d'Augustin. Cette correspondance vise non seulement à éveiller la conscience de la *Catholica* au risque de corruption auquel l'enseignement de Pélage expose la doctrine orthodoxe de l'Église, mais elle cherche surtout à s'assurer l'appui et la communion de cette instance dans l'action à mener contre un mal qui menace toute la chrétienté. Cet aspect de la pensée ecclésiologique d'Afrique se retrouve dans le devoir de sollicitude envers l'Église, qu'Augustin rappelle à son collègue Paulin de Nole: «Mais des lettres arrivées de l'Orient nous ayant appris que cette affaire y faisait du bruit, [écrit-il], il était de notre devoir et de notre autorité d'évêques, de ne pas abandonner la cause de l'Église»⁶⁶.

Dès lors, l'on comprend pourquoi, lorsque l'affaire de Pélage rebondit en 416, les évêques d'Afrique décident de maintenir la sentence qu'ils avaient précédemment rendue contre Celestius (*ante ferme quinquennium*)⁶⁷. Ensuite, ayant reçu les Actes des tribunaux orientaux, Aurelius et ses collègues s'emploient à démasquer la supercherie du moine breton contenue dans ses abjurations plutôt qu'à censurer la soi-disant «sentence de disculpation» émise par les évêques orientaux, sur laquelle le pape Zosime se fondait pour innocenter Pélage⁶⁸. La lettre qu'Augustin écrit à Cyrille d'Alexandrie fait transparaître nettement cet aspect de condamnation, qui est essentiellement d'ordre pastoral plutôt que juridique. En effet, dans cette lettre missive, l'évêque d'Hippone accorde foi au jugement de ses

---

⁶⁵ Cf. *Conc. Carthag.* A. 419: «Faustinus episcopus legatus ecclesiae Romanae dixit: Nec vestra sanctitas praeiudicat ecclesiae Romanae sive de hoc capitulo sive de aliis, quia ut dicere dignatus est frater noster et coepiscopus Alypius dubios esse canones; sed haec ipsa ad sanctum ac beatis simum papam nostrum scribere dignemini, ut et ipse integros canones inquirens cum vestra sanctitate de omnibus constitutis tractare possit. Sufficit autem ut et ipse beatissimus episcopus urbis Romae, sicuti et vestra sanctitas apud se tractat, ita et ipse inquirat, ne contentio inter ecclesias nasci videatur, sed magis caritate fraterna deliberare possitis, ipso rescribente, quid melius observari debeat». (CChr.SL 149, 92, lignes 94-105).

⁶⁶ AUGUSTIN, *Ep.*, 186, 1, 2: «Sed posteaquam ad nos litterae de Oriente venerunt eandem causam apertissime ventilantes, nullo modo iam qualicumque episcopali auctoritate deesse ecclesiae debueramus». (CSEL 57, 46-47).

⁶⁷ Cf. AUGUSTIN, *Ep.*, 175, 1: «Unde factum est, ut recensendum peteremus, quid ante ferme quinquennium super Celestii nomine hic apud Carthaginem fuerit agitatum». (CSEL 44, 654).

⁶⁸ Cf. *supra*, 274, n. 20.

collègues orientaux et leur manifeste un esprit de collégialité en les qualifiant de *fratres nostri* et de *catholici iudices*, pour la défense commune de la doctrine orthodoxe de l'Église:

Ta Sincérité, je pense, [ainsi Augustin écrit à Cyrille], se souvient de nous avoir envoyé les Actes ecclésiastiques tenus dans la province de Palestine lorsque Pélage, réputé catholique, fut absous pour s'être dissimulé derrière d'habiles paravents de mots et avoir trompé nos frères qui présidaient alors en qualité de juges, aucun adversaire ne s'étant trouvé de l'autre côté pour le réfuter. Ayant regardé et examiné ces Actes avec diligence possible, j'en écrivis un livre que j'adressai à notre vénérable frère et coévêque Aurelius, évêque de l'église de Carthage: j'y montrai, autant que le Seigneur m'accorda de le faire, quelles raisons avaient déterminé des juges catholiques, devant les réponses de Pélage, à l'absoudre comme catholique[69].

+ La censure de la *Catholica*

Grâce aux éclaircissements apportés par les Actes des tribunaux orientaux, la sentence africaine prend une dimension universelle. Et pour défendre la décision de leur concile, les évêques *leaders* d'Afrique s'appuient désormais sur l'autorité des évêques de la *Catholica*. Aurelius et ses collègues prennent la défense des évêques de Palestine qui, comme les Africains, prêchent la doctrine qu'ils ont héritée de la Tradition et qui ne s'accorde nullement avec la conception pélagienne de la grâce. Ainsi, lit-on dans la lettre qu'ils écrivent au pape Innocent Ier:

---

[69] AUGUSTIN, *Ep.*, 4*, 2, 1-2: «Recolit quantum arbitror sinceritas tua misisse te nobis gesta ecclesiastica habita in provincia Palestina, ubi Pelagius putatus catholicus absolutus est, cum sese callidis verborum latibulis occultasset et fratres nostros qui tunc iudices praesidebant nullo ex alia parte refellente adversario fefellisset. Quibus gestis quantum diligenter potui consideratis atque perspectis librum de his ad venerabilem fratrem et consacerdotem nostrum Aurelium ecclesiae Carthaginensis episcopum scripsi, in quo sicut dominus donavit ostendi, quid secuti fuerint catholici iudices in Pelagii responsionibus, ut eum velut catholicum absoluerunt». (CSEL 88, 26). A propos des Actes des assemblées de Jérusalem et de Diospolis. Quelque incertitude planait sur les modalités de leur expédition en Afrique, comme l'a si bien exprimé H. ULBRICH, «Augustines Briefe», 68: «Es ist jedoch nicht erkennbar, ob ein Brief die Aktensendung begleitete». Désormais, grâce à la publication des Lettres de Saint Augustin par J. Divjak, ce doute est dissipé, à tel point que Y.-M. Duval affirme avec satisfaction: «Cette Lettre 4* nous apprend un fait nouveau important: c'est Cyrille qui a procuré à Augustin ces Gesta (§2: "misisse te nobis gesta ecclesiastica)" [...]». («Notes complémentaires», BAug 46 B, 432).

Mais si des évêques de ces contrées l'ont proclamé catholique, il faut croire que c'est uniquement parce qu'il aura reconnu la grâce de Dieu, et que, tout en admettant que par ses efforts et sa volonté l'homme peut vivre justement, il n'aura pas nié pour cet effet le secours de la grâce divine[70].

Du coup, la disculpation dont Pélage se targue de la part des évêques orientaux est plus que jamais battue en brèche. Car, la responsabilité de l'exonération de Pélage n'est pas imputée aux évêques orientaux, qui prêchent la doctrine orthodoxe; la prétendue réhabilitation est plutôt attribuée au moine breton, étant donné qu'il a usé de supercherie en circonvenant des juges catholiques. C'est dans ces termes que les dirigeants de l'Église d'Afrique écrivent au pape Innocent Ier:

> Si ces évêques avaient cru que Pélage parlait de cette grâce qui nous est commune avec les impies, hommes comme nous, et qu'il niait celle par laquelle nous sommes chrétiens et enfants de Dieu, quel prêtre catholique aurait consenti, je ne dis pas à l'écouter, mais même à supporter sa présence. Il n'y a donc aucun reproche à faire à ces juges. Ils ont pris le mot de «grâce» dans le sens que lui donne l'Église, ignorant ce que les hommes de cette espèce ont coutume de dire dans les livres de leur doctrine, ou aux oreilles de leurs sectateurs[71].

Bien plus, pour accentuer son jugement, l'évêque d'Hippone rallie *a priori* dans une formule énergique ses correspondants à la cause que les évêques d'Afrique défendent. En revanche, désapprouvé, Pélage est présenté dans une posture de désaccord avec la *Catholica*. C'est ce qui ressort de la lettre qu'Augustin écrit à Cyrille d'Alexandrie:

> Car beaucoup, impliqués dans son erreur, du fait de son absolution répandaient l'idée que ses doctrines hérétiques se trouvaient également confirmées comme catholiques par le jugement d'évêques catholiques; et leur insistance à répandre partout cette façon de voir amenait un très grand

---

[70] Augustin, *Ep.*, 177, 2: «Ubi quidem si episcopi eum catholicum pronuntiarunt, non ab aliud factum esse credendum est, nisi quia se dixit dei gratiam confiteri et ait posse hominem suo vivere, ut ad hoc adiuvari dei gratia non negare». (CSEL 44, 670).

[71] Cf. Augustin, *Ep.*, 177, 2: «Nam si intellexissent illi episcopi eam illum dicere gratiam, quam etiam cum impiis habemus, cum quibus homines sumus, negare vero eam, qua christiani et filii dei sumus, quis eum patienter catholicorum sacerdotum non dicimus audiret, sed ante oculos suos ferret? quapropter non culpandi sunt iudices, quia ecclesiastica consuetudine gratiae nomen audierunt nescientes, quid huius modi homines vel in suae doctrinae libris vel in suorum solent auribus spargere». (CSEL 671).

nombre de gens, ignorant ce qui s'était passé, à croire qu'il en était bien ainsi, au grand scandale des églises[72].

De ces indications, découle l'idée selon laquelle l'intention qui sous-tend les recours des Africains à Rome même en matières dogmatiques est sans doute différente de celle qui accompagne les démarches des solliciteurs, — qu'il convient ici d'appeler «concepteurs de doctrine» —, qui se rendent à Rome pour y confronter leur enseignement avec la doctrine authentique dont l'évêque de Rome est le «dépositaire»[73]. Pour sa part, l'épiscopat africain est convaincu de son bon droit de défendre une doctrine qu'il considère comme patrimoine de la Tradition[74]. Cette doctrine a de surcroît obtenu d'une part l'appui des évêques orientaux que Pélage a habilement circonvenus et, d'autre part, le ralliement du pape Innocent Ier. L'accord de différentes instances de censure met ainsi l'épiscopat africain en position de résister au pape Zosime au nom même du principe de sollicitude des évêques envers l'Église. En effet, la foi de l'Église universelle étant une, il ne peut y avoir de divergences entre l'Orient et l'Occident[75].

Pour compléter dans cet aperçu la fidélité des Africains aux principes de leur ecclésiologie traditionnelle, voici une autre donnée, qui est susceptible d'apporter quelque lumière sur l'autorité que l'épiscopat africain recherche en s'ouvrant à la *Catholica*. En d'autres termes, la question est de savoir si en recourant à Rome pour la condamnation du pélagianisme, les évêques d'Afrique confient réellement au Siège apostolique la compétence de trancher de manière irrévocable le procès, dont les tenants et les aboutissants étaient bien définis en Afrique même. Pour donner suite à cette réflexion, il faut considérer la fidélité des Africains à l'égard des prescriptions de Nicée.

A l'époque où resurgit la controverse pélagienne (416), la législation qui régit l'Église universelle est celle qui a été définie au concile de Nicée. La présente législation stipule que la révision d'une décision

---

[72] AUGUSTIN, *Ep.*, 4*, 2, 3: «Multi quippe iactabant errore illius implicati illo absoluto etiam dogmata eius haeretica iudicio catholicorum episcoporum tamquam catholica esse firmata et haec illis usquequae iactantibus plurimi quid actum esset ignari cum magno ecclesiarum scandalo ita esse credebant». (CSEL 88, 26-27).

[73] Cf. *supra*, 35.

[74] La remarque suivante de G. BONNER, «Les origines africaines», XXX, aide à appréhender l'aspect d'héritage de la Tradition dont la plaidoirie africaine défend doctrine: «La doctrine africaine sur la chute et le péché originel déjà énoncée avant qu'Augustin ne prît part à la controverse, [souligne l'auteur], restait inaltérée jusqu'aux décisions de 418».

[75] Cf. à ce sujet l'analyse de G. BONNER, «Some remarks», 158.

épiscopale doit revenir aux instances judiciaires de l'éparchie[76]. Cette loi ne distingue pas la nature des matières à juger (disciplinaire ou dogmatique), moins encore elle n'accorde à l'instance romaine aucune compétence de revoir les décisions arrêtées par les autres Églises.

Dans cette perspective, il est aisé de constater que la communion que l'épiscopat africain recherche auprès des évêques de la *Catholica* revêt la forme d'un recours. Car, le droit à la communion est soumis à la censure des évêques (Églises) qu'on interpelle. Sous ce rapport, la convergence des vues de la *Catholica* est à assimiler à l'autorité du concile (*concordia*), qui constitue aux yeux des Africains l'autorité suprême de l'Église[77].

c) *Le recours au pouvoir séculier*

+ Les démarches auprès de la cour

Fort de l'appui du synode romain, le pape Zosime s'oppose énergiquement à la décision des évêques d'Afrique en faveur de la justification présentée par Celestius et Pélage[78]. De leur côté, Aurelius et ses collègues d'Afrique s'en tiennent plutôt à la sentence précédemment rendue à Carthage, en 411, celle qui a reçu l'adhésion du pape Innocent Ier, en 417[79]. Aussi, pour obliger les pélagiens à se rendre à leur décision, les évêques d'Afrique en appellent à l'autorité séculière.

---

[76] Cf. *supra*, 138, n. 18.

[77] Cette conception est mise en évidence par C. MUNIER, «Comptes rendus», 465, notamment lorsqu'il souligne la valeur souveraine de l'assemblée des évêques dans la pensée d'Augustin, comme ayant une autorité irrécusable: «Pour le Docteur d'Hippone, [dit l'auteur], l'autorité romaine ne peut entrer en concurrence avec celle de l'Église universelle; souveraine est la décision unanime de l'Église s'exprimant dans le concile plénier des évêques».

[78] Cf. *Coll. Avell.*, *Ep.*, 46, 3: «Harum [il s'agit des lettres contenant la profession de foi de Celestius et de Pélage] recitatio publica fuit : omnia quidem paria et eodem sensu sententiisque formata, quae Caelestius ante protulerat, continebant. Utinam ullus vestrum, dilectissimi fratres [le pape Zosime s'adresse à ses collègues d'Afrique], recitationi litterarum interesse potuisset! Quod sanctorum virorum, qui aderant, gaudium fuit? Quae admiratio singulorum? Vix fletu quidam et lacrimis temperabant tales etiam absolutae fidei infamari potuisse. Estene ullus locus, in quo Dei gratia vel adiutorium praetermissum sit? Quod quisquis potest praeter eandem vel mente concipere, ne ille illi se poenae sententiaeque subiecit, quae de sancto spiritu lata est, quod neque hic neque in futuro venia vel remissione donetur?». (CSEL 35/1, 103).

[79] Cf. AUGUSTIN, *De gestis*, XXXII, 57-XXXIII, 58 (CSEL 42, 111-114). A ce sujet, H. ULBRICH, «Augustins Briefe», 57-58, signale que les témoignages apportés par Orose contre Pélage à Jérusalem (415) ont davantage confirmé la condamnation prononcée précédemment contre Celestius à Carthage, en 411.

A cet effet, une délégation est envoyée à la cour impériale[80]. Entre-temps, le primat Aurelius expédie au pape Zosime (8 novembre 417) par l'intermédiaire du sous-diacre africain Marcellinus un dossier (*Volumen*) contenant la doctrine africaine de la grâce et les Actes du procès du concile qui a condamné l'enseignement de Pélage[81].

La plainte des Africains est entendue à la cour. L'empereur Honorius épouse leur cause; il en fait une matière de droit civil: le pélagianisme est condamné par un Rescrit impérial, qui arrive en Afrique le 30 avril 418[82]. De son côté, le pape Zosime finit par se rallier à la sentence africaine: il publie une *Tractoria* destinée à l'Église universelle[83]. Cependant, ce ralliement a tout l'air d'une volte-face, d'un revirement, soit une capitulation[84].

+ La liberté d'initiative

La liberté manifestée par les évêques d'Afrique en recourant au pouvoir temporel plutôt qu'à l'autorité du Siège apostolique pour condamner l'erreur pélagienne remet sans doute en cause le privilège

---

[80] Cette indication découle des allusions contenues dans la lettre que le comte Valerius, membre de la cour de Ravenne, a adressée à Augustin en guise de réponse à la sollicitation de l'épiscopat africain auprès de l'empereur Honorius. Les porteurs de cette correspondance sont des ecclésiastiques africains, notamment l'évêque Vindemialis et le prêtre Firmus: cf. AUGUSTIN, *Ep.*, 200,1 (CSEL 57, 293). A ce sujet, cf. C. PIETRI, *Roma christiana*, II, 1231; de même A. AUDOLLENT, «Afrique», 798; aussi A. MANDOUZE, «Vindemialis 1», *PCBE*, I, 1215.

[81] Cf. *Coll. Avell.*, *Ep.*, 50, 5: «Omnem eius petitionem prioribus litteris, quas vobis misimus, putamus ac novimus explicatam satisque illis scriptis, quae ad illa rescripseratis, credidimus esse responsum: sed post missae per Marcellinum subdiaconum vestrum epistolae omne volumen voluimus». (CSEL 35/1, 116).

[82] Cf. *Codex canonum ecclesiasticorum et constitutorum sanctae apostolicae Sedis*, 170, 14-173 (PL 56, 490-492).

[83] Zosime, *Ep. Tractoria, fragm.* (AUGUSTIN, *Ep.*, 190, 6, 23: CSEL 57, 159).

[84] A. AUDOLLENT, «Afrique», 798, décrit le changement d'attitude du pape Zosime dans un langage qui montre l'état de pression dans lequel le pontife romain s'est retrouvé: «Avant même que le grand concile de mai ne fût assemblé, un rescrit impérial avait paru (30 avril), qui bannissait de Rome les deux hérésiarques, comme fauteurs de troubles, et prononçait contre leurs partisans la confiscation et l'exil. Loi sévère, excessive, qui effraya sans doute Zosime et son entourage. Aussi, lorsque lui parvint, bientôt après, la lettre du concile général de Carthage, il se rallia sans délai à la thèse qu'elle soutenait. Une sorte d'encyclique (tractoria), rédigée par ses soins, fut adressée aux évêques du monde entier; elle exposait le dogme catholique et condamnait les doctrines de Pélage et de Caelestius». Dans le même ordre d'idées, C. PIETRI, *Roma christiana*, II, 1235, parle du revirement du pape Zosime comme d'«un épisode pénible pour le Siège apostolique».

que le pape Innocent Ier a naguère rappelé aux évêques d'Afrique, celui qui veut que toute décision ecclésiastique d'importance majeure ne puisse être considérée comme conclue que lorsqu'elle a reçu l'avis du Siège apostolique. Dans cet épisode, il y a lieu de se demander en quoi consiste la reconnaissance de l'*auctoritas* supérieure de l'évêque de Rome, alors que les évêques d'Afrique dans les trois lettres sollicitent la condamnation du pélagianisme auprès du Siège apostolique.

On n'en peut douter, l'initiative des Africains de recourir au pouvoir temporel dans la querelle pélagienne constitue un véritable défi lancé contre l'ecclésiologie dite ici du régime de la *Sedes apostolica*[85]. Car, en observant attentivement la manière dont le pape Zosime défend son rôle de successeur de Pierre dans la crise pélagienne, il apparaît que dans le dossier (*Volumen*) qu'on lui a envoyé, on reproche au pontife romain de ne pas se préoccuper de l'utilité de l'Église (*utilitas Ecclesiae*), étant donné qu'il soutient une théologie opposée à celle de la Tradition orthodoxe de l'Église[86].

Le malentendu qui oppose le pape Zosime à l'épiscopat africain permet de préciser le type d'autonomie de l'Église d'Afrique. Pour défendre leur point de vue dans des situations délicates, — comme le cas échéant de la crise pélagienne —, les Africains exploitent tous les atouts dont ils disposent. A cet effet, ils n'hésitent pas à faire acte de loyalisme à l'égard de l'autorité séculière[87]. L'habileté dont les évêques d'Afrique font preuve pour exploiter l'appui de l'autorité temporelle se manifeste dans leur choix des intercesseurs les plus influents[88]. Ce constat peut encore être corroboré par le témoignage de la lettre de recommandation que le concile réuni à Carthage, le 16 juin 404, confie à deux délégués africains, Theasius et Euodius. Face à la montée de violence des circoncellions, le concile charge les évêques cités de demander à l'empereur de remettre en vigueur les mesures concernant les hérétiques. Une copie de cette lettre est destinée à l'évêque de Rome,

---

[85] C. PIETRI, *Roma christiana*, II, 1187, qualifie la démarche africaine de «mise en condition de l'opinion pontificale».

[86] Cf. *Coll. Avell:*, *Ep.*, 50, 4: «dantes hoc fraternitati et in commune consulentes, non quia quid deberet fieri nesciremus aut faceremus aliquid, quod contra utilitatem ecclesiae veniens disciplicaret [...]». (CSEL 35/1, 116). A ce sujet, cf. C. PIETRI, *Roma christiana*, II, 1228 s.; de même A. MANDOUZE, «Marcellinus 5», *PCBE*, I, 689.

[87] Cf. C. PIETRI, *Roma christiana*, II, 1233.

[88] C. PIETRI, *Roma christiana*, II, 1157, n. 1, observe à ce propos que les Africains savaient solliciter les bons offices des prélats de grande influence, c'est-à-dire «ceux qui avaient, dans les provinces transmarines, l'oreille du prince»; de même R. CRESPIN, *Ministère*, 163-164.

et une autre à l'évêque du lieu où se trouve l'empereur, en l'occurrence, l'évêque de Ravenne[89].

La mission confiée à Theasius et Euodius révèle l'esprit profond de liberté qui anime les évêques d'Afrique dans la recherche de solutions aux problèmes de leur Église. Dans cet ordre d'idées, en évoquant l'exemple de Maximianus, l'évêque de Bagaï, qui fut cruellement battu par les donatistes vers 404[90], A. Mandouze fait remarquer que, s'étant rendu en Italie pour plaider sa cause, l'évêque sinistré n'est pas allé chez le pape, mais à la cour. Et l'auteur de conclure que les catholiques d'Afrique disposaient donc de la voie légale et de la protection de l'empereur pour lutter contre leurs adversaires[91].

Le recours à l'autorité séculière dans la controverse pélagienne s'inscrit parfaitement dans le cadre général des techniques de défense utilisées par les évêques d'Afrique. En même temps, cette procédure démontre combien les évêques d'Afrique sont libres de choisir les instances dont l'autorité est susceptible de répondre efficacement à leurs requêtes. Il suffit de signaler à titre d'exemple la désinvolture que l'épiscopat africain montre dans la recherche des voies et des moyens pour résoudre la querelle donatiste, qui est une crise d'ordre dogmatique, née au sein même de l'Église d'Afrique: les démarches entreprises par les Africains auprès de la cour attestent cette compétence de l'épiscopat africain[92]. A juste titre, d'aucuns ont fait remarquer que les Africains sont devenus d'experts négociateurs pour solliciter le secours du bras séculier pendant la controverse donatiste[93].

---

[89] Cf. *RECE*, can. 93: «Litterae etiam ad episcopum Romanae ecclesiae de commendatione legatorum mittendae sunt, vel ad alios ubi fuerit imperator». (CChr.SL 149, 213, lignes 1083-1085). Les mesures auxquelles cette lettre fait allusion sont probablement celles qui ont été arrêtées le 15 juin 392, qui frappent d'une amende de dix livres d'or les personnes qui célèbrent des ordinations dans des sectes: cf. *Cod. Theod.*, XVI, 5, 21: ed. T. Mommsen, I/2, 862. A ce sujet, cf. A. MANDOUZE, «Theasius», *PCBE*, I, 1105 s.; «Euodius 1», *Ibid.*, 366 s.

[90] Cf. AUGUSTIN, *Ep.*, 88, 7 (CSEL 34/2, 414); ID., *Contra Cresconium*, III, 43 [47] (CSEL 52, 453-454). Toutefois, l'identité exacte de ce personnage est encore à déterminer. A ce sujet, cf. A. MANDOUZE, «Maximianus 6», *PCBE*, I, 724.

[91] A. MANDOUZE, «Notes sur l'organisation», 159.

[92] Cf. l'introduction des Actes de la Conférence de Carthage de 411, dans S. LANCEL, *Actes*, I, 9-65.

[93] Cf. G. BONNER, *Augustine and Modern Research*, 50; de même J.E. MERDINGER, «The Politics», 539.

3. Traits saillants d'autonomie du dossier africain du pélagianisme

Certains termes employés dans les lettres des évêques d'Afrique, qui sollicitent l'intervention du pape Innocent Ier pour condamner l'hérésie pélagienne, dénotent l'esprit d'autonomie et de communion de la tradition juridico-ecclésiologique d'Afrique. On remarque en effet que l'emploi de ces expressions exclut non seulement tout conflit de compétences, mais encore, montre le rôle dévolu à chaque partie engagée dans la lutte contre la nouvelle erreur, c'est-à-dire d'un côté, l'épiscopat africain et de l'autre, l'instance romaine.

3.1 *L'ouvrage* De Gestis Pelagii

Pour apprécier à sa juste valeur l'ouvrage *De Gestis Pelagii* d'Augustin, il nous paraît indispensable d'expliciter les formules de présentation adoptées par l'évêque d'Hippone lui-même dans sa lutte antipélagienne. Ces formules se trouvent à la fois dans la dédicace que l'évêque d'Hippone fait de son livre à Aurelius et dans le langage qu'utilise Augustin pour parler du primat d'Afrique auprès de l'Église orientale.

3.1.1 La dédicace du *De Gestis*

Les Actes de l'assemblée de Diospolis, qui a réhabilité Pélage pour s'être déclaré en communion avec l'Église catholique[94], ont été envoyés à Augustin par l'évêque Cyrille d'Alexandrie[95]. A l'aide des données fournies par ces Actes, Augustin entreprend de rassembler toutes les péripéties de la controverse pélagienne dans l'ouvrage qu'il a intitulé *De gestis Pelagii*. L'évêque d'Hippone dédie son livre à Aurelius, le primat d'Afrique[96]. Faut-il rappeler que cet ouvrage est élaboré pendant la période de confusion générale, suscitée par la nouvelle d'une prétendue disculpation de Pélage par les évêques orientaux?[97]

---

[94] Cf. AUGUSTIN, *De gestis*, XX, 44: «Synodus dixit: "nunc quoniam satisfactum est nobis prosecutionibus praesentis Pelagii monachi, qui quidem piis doctrinis consentit, contraria vero ecclesiasticae fidei reprobat et anathematizat, communionis ecclesiasticae eum esse et catholicae confitemur"». (CSEL 42, 99); ID., *Ep.*, 4*, 2, 1 (CSEL 88, 26). A ce sujet, cf. G. DE PLINVAL, «Introduction», BAug 21, 420.

[95] Cf. *supra*, 290, n. 69.

[96] AUGUSTIN, *Ep.*, 4*, 2, 2 (CSEL 88, 26). A ce sujet, cf. O. PERLER, *Les voyages*, 335.

[97] C. PIETRI, «Les Lettres nouvelles», 351, prend soin de faire remarquer que l'ouvrage *De Gestis* est achevé «au début de l'année 417, au moment où Innocent prend position, en répondant aux démarches africaines (27 janv. 417)»; de même Y.-M.

En examinant les différents épisodes du procès du pélagianisme, il apparaît que le primat Aurelius fait preuve d'une autorité exceptionnelle. Aurelius, le chef de toute l'Église d'Afrique, démontre une compétence spéciale pour juger la doctrine de Pélage, qui est une matière d'ordre dogmatique. L'évêque d'Hippone lui-même, en dédiant à Aurelius son livre est bien conscient du degré de l'autorité censoriale à laquelle il remet sa cause. L'intention sous-jacente à la dédicace de l'ouvrage d'Augustin est exprimée dans l'hommage que l'évêque d'Hippone rend au chef de l'Église d'Afrique:

> Voilà pourquoi j'ai voulu écrire ce livre, non sans raison quelque peu prolixe, sur cette affaire si grave et si importante, pour te rendre hommage, à seule fin que, s'il ne heurte pas tes sentiments, il parvienne, grâce à ton ascendant de mon humble personne, auprès des gens auxquels tu croiras nécessaire de le faire connaître pour ruiner les prétentions creuses et les controverses de ceux qui, voyant Pélage acquitté, s'imaginent que ces maximes de foi ont été agréees par les évêques d'Orient qui rendaient la justice [...]⁹⁸.

Le privilège dont est doté Aurelius reflète le degré d'autonomie de l'autorité judiciaire d'Afrique, pour censurer aussi bien la doctrine de Pélage que celle d'Augustin: en effet, le primat d'Afrique incarne son concile, il en représente la plus haute instance judiciaire. En rapport avec ce statut du primat, émerge un détail, qui permet de définir le sens de la dédicace que l'évêque d'Hippone fait de son livre à Aurelius. Augustin présente son livre d'abord à Aurelius, donc avant le Siège apostolique, ce qui n'est probablement pas pour une seule raison de courtoisie ou de révérence. Cette dédicace est au contraire un véritable acte juridique d'appel, qui requiert discrètement la censure de l'autorité hiérarchique compétente. Deux remarques tirées d'analyses d'auteurs mettent en évidence la recherche de cette censure par Augustin, voilée sous la couverture d'une dédicace. La première remarque est formulée par P. de Labriolle. Celui-ci dit d'Aurelius: «Ce successeur de saint

---

DUVAL, «Notes complémentaires», BAug 46 B, 432; aussi, O. PERLER, *Les voyages*, 464s.

⁹⁸ AUGUSTIN, *De gestis*, XXXIV, 59: «Proinde istum librum in tam gravi et grandi causa non frustra fortasse prolixum ob hoc ad tuam venerationem scribere volui, ut, si tuis sensibus non displicuerit, auctoritate potius tua, quae longe maior est quam nostrae exiguitatis industria, quibus necessarium existimaverit innotescat ad eorum vanitates contentionesque opprimendas, qui putant absoluto Pelagio iudicibus episcopis orientalibus illa dogmata placuisse [...]». (CSEL 42, 114); ID., *Retractatio*, II, 73 (CSEL 36, 185-186). A ce sujet, cf. Y.-M. DUVAL, «Notes complémentaires», BAug 46 B, 431; de même A. MANDOUZE, «Aurelius 1», *PCBE*, I, 122.

Cyprien représentait une force vénérable et incarnait pour ainsi dire le magistère de l'Église»[99]. Dans la même optique, C. Pietri, commentant la réponse que l'épiscopat africain devait adresser au pape Zosime, à la suite de la lettre pontificale du 21 mars 418, qui enjoignait aux Africains de revoir la sentence de condamnation des pélagiens, conclut: «Sûrement, le pape de Carthage n'avait pas eu besoin de réunir effectivement un concile: il pouvait représenter le collège africain pour défendre la cause de son orthodoxie»[100].

En faisant couvrir son ouvrage par l'approbation de la plus haute autorité ecclésiastique d'Afrique, Augustin accorde à sa doctrine un caractère officiel. L'appréciation du primat tient ainsi lieu d'approbation juridique, à titre de témoignage, son autorité équivaut aux lettres de recommandation (*litterae formatae*). Cette considération s'éclaire à la lumière du doute que le pape Innocent Ier a exprimé sur la crédibilité à accorder aux abjurations de Pélage. Le pontife romain écrit en effet aux cinq évêques *leaders* d'Afrique:

> Nous avons peine à croire que Pélage ait pu se justifier, quoique je ne sache quels laïques nous ont présenté des Actes, dans lesquels il prétend avoir été entendu et absous. Nous doutons que cela soit vrai, car ces Actes ne nous ont pas été envoyés par ce concile [il s'agit de celui de Diospolis, tenu en 415], et nous n'avons reçu aucune lettre de la part de ceux devant qui l'affaire a été traitée [...]. Si Pélage avait été positivement absous, il aurait vraisemblablement forcé ceux qui l'avaient jugé, de nous le faire connaître par quelques lettres[101].

Grâce à la souscription du primat Aurelius, l'oeuvre d'Augustin devient le patrimoine officiel de l'Église d'Afrique, à telle enseigne que les diocèses de cette juridiction peuvent s'en prévaloir.

3.1.2 L'effacement du primat Aurelius

La manière dont Augustin présente Aurelius dans la lettre qu'il écrit à Cyrille d'Alexandrie est insolite: cette présentation se distingue par sa

---

[99] P. DE LABRIOLLE, «Les luttes pélagiennes», 121.

[100] C. PIETRI, *Roma christiana*, II, 1228.

[101] Cf. AUGUSTIN, *Ep.*, 183, 3: «Nobis tamen nec persuaderi potest eum esse purgatum, quamvis ad nos a nescio quibus laicis sint Gesta perlata, quibus ille et auditum se crederet et absolutum: quae utrum vera sint dubitamus, quod sub nulla illius concilii prosecutione venerunt, nec eorum aliquas accepimus de hac re litteras, apud quos istius rei iste praestiti causas. Quod si de sua ille potuisset purgatione, hoc magis credimus quod egisset, quod multo verius esse potuerat, ut illos cogeret epistolis suis, qui judicaverunt, indicare». (CSEL 44, 726-727).

sobriété. La procédure employée par Augustin en cette circonstance paraît davantage conforme à la technique des recours des Africains que l'on a désignée dans cette dissertation par la terminologie de «méthode d'autonomie dans la communion». En effet, dans sa lettre missive, alors qu'il accuse réception des Actes des tribunaux orientaux du procès du pélagianisme, Augustin parle d'Aurelius à Cyrille en termes de simple «collègue»:

> Ayant regardé et examiné ces Actes avec diligence possible, j'en écrivis un livre que j'adressai à notre vénérable frère et coévêque Aurelius, évêque de l'église de Carthage: j'y montrai, autant que le Seigneur m'accorda de le faire, quelles raisons avaient déterminé des juges catholiques, devant les réponses de Pélage, à l'absoudre comme catholique[102].

Pour désigner Aurelius, qui est le primat de toute l'Afrique, Augustin, face à un évêque de l'Église orientale, utilise des termes qui mettent en relief l'engagement collégial de l'épiscopat africain dans la lutte anti-pélagienne: il présente Aurelius comme *frater et consacerdos noster, ecclesiae Carthaginensis episcopus*. On est ainsi obligé de constater que le langage moins révérencieux d'Augustin est porteur d'un message, et qu'il est caractérisé par un excès de modestie. En effet, alors que d'après l'ecclésiologie africaine, l'évêque de Carthage est considéré comme l'instance qui représente la plus haute autorité ecclésiastique d'Afrique, Augustin parle d'Aurelius à Cyrille comme d'un simple collègue qui, à l'instar de l'Alexandrin, est tenu à observer les obligations de sollicitude envers l'Église. Les termes *frater* et *consacerdos noster* visent, semble-t-il, à inciter sans présomption Cyrille, un évêque de l'Église orientale, à se rallier à la cause des Africains. Pour ce faire, Augustin présente l'objet de sa correspondance, à savoir la condamnation du pélagianisme, comme un problème qui doit éveiller le sens de responsabilité du «pape» d'Alexandrie: «Sans aucun doute, [dit-il], ta Sainteté prévoit que ces gens doivent être corrigés de la perversion d'une telle erreur»[103].

---

[102] AUGUSTIN, *Ep.*, 4*, 2, 2: «Quibus gestis quantum diligenter potui consideratis atque perspectis librum de his ad venerabilem fratrem et consacerdotem nostrum Aurelium ecclesiae Carthaginensis episcopum scripsi, in quo sicut dominus donavit ostendi, quid secuti fuerint catholici iudices in Pelagii responsionibus, ut eum velut catholicum absoluerunt». (CSEL 88, 26).

[103] AUGUSTIN, *Ep.*, 4*, 4, 2: «[...] procul dubio providet sanctitas tua corrigendos esse a pravitate huius erroris». (CSEL 88, 26-27).

a) *Les tensions latentes*

La connaissance du contexte dans lequel Augustin écrit à Cyrille est indispensable pour mieux comprendre le sens de la collaboration que l'évêque d'Hippone recherche auprès de son collègue oriental. En effet, pendant la période où Augustin écrit à Cyrille, les relations ecclésiastiques entre l'Occident et l'Orient ne sont pas au beau fixe. Les échanges entre ces deux Églises requièrent beaucoup de délicatesse. Car, d'une part, l'épiscopat oriental semble démontrer quelque sympathie pour Pélage. Ainsi, dans le but de gagner à la cause qu'il défend l'évêque Jean de Jérusalem, Augustin écrit à ce dernier dans un style fort bienveillant, qui vise à le rallier à la décision africaine:

> Je n'ose me plaindre de n'avoir pas reçu de lettres de votre Sainteté. J'aime mieux croire que l'occasion de m'en faire parvenir vous a manqué, que de me supposer dédaigné par vous, mon bienheureux seigneur et frère [...]. J'ai appris que vous aviez beaucoup d'affection pour notre frère Pélage, votre fils; je dois cependant prévenir votre amitié que des personnes qui le connaissent, et qui ont le mieux apprécié ses discours, craignent qu'il n'abuse de la confiance de votre Sainteté[104].

D'autre part, dans l'affaire de Justus, qui fait l'objet de la correspondance d'Augustin avec Cyrille, l'évêque d'Hippone est obligé de s'expliquer au sujet du malaise que la querelle pélagienne provoque parmi les Latins qui vivent à Alexandrie:

> Lui comme eux, ils sont des Latins; c'est de l'église d'Occident, où nous nous trouvons nous aussi, qu'ils sont venus dans ta région. Aussi est-ce à nous de préférence qu'il revient de les recommander à ta Vénération: il faut les empêcher de paraître avoir fait choix de ces pays pour se dissimuler

---

[104] AUGUSTIN, *Ep.*, 179, 1: «Quod tuae sanctitatis scripta non merui, nihil audeo suscensere; melius enim perlatorem credo defuisse, quam me suspicor a tua veneratione contemptum, domine beatissime et merito venerabilis frater [...]. Pelagium vero fratrem nostrum, filium tuum, quem audio quod multum diligis, hanc illi suggero exhibeas dilectionem, ut homines qui eum noverunt et diligenter audierunt, non ab eo tuam sanctitatem existiment falli». (CSEL 44, 691-692); de même *Coll. Avell.*, *Ep.*, 46, 2 (CSEL 35/1, 103). F.J. Thonnard fait remarquer qu'à la suite de la disculpation de Pélage à Diospolis, «le scandale subsistait, celui d'un désaccord violent entre l'Eglise de Palestine et les Églises d'Afrique» («Notes complémentaires», BAug 21, 421); de même A. AUDOLLENT, «Afrique», 796. Pour sa part, G. BONNER, «Some remarks», 156, observe que Cyrille n'a retiré sa bienveillance à l'égard du pélagianisme que par opportunisme, c'est-à-dire lorsque l'évêque d'Alexandrie a sollicité le soutien de l'Église occidentale (Rome) pour condamner Nestorius au concile d'Éphèse (431).

impunément au milieu des Grecs où leurs discussions ne sont pas bien comprises et où, par conséquent, il n'est pas facile de réfuter leur erreur[105].

Une particularité de cette lettre semble être que le primat d'Afrique n'est pas présenté comme supérieur en dignité par rapport à tous les évêques d'Afrique. Vraisemblablement pour deux raisons. D'abord, le facteur de préséance protocolaire. Celui-ci relève de l'organisation interne des Églises. En vertu de ce principe, l'autorité du primat Aurelius ne peut s'exercer que sur des membres qui dépendent de la juridiction africaine. Ensuite, après l'évocation du primat Aurelius à qui il a dédié l'ouvrage *De gestis*, Augustin passe directement à la défense des évêques orientaux qui, par manque d'informations éclairantes, ont absout Pélage: «Pélage, réputé catholique, fut absous pour s'être dissimulé derrière d'habiles paravents de mots et avoir trompé nos frères qui présidaient alors en qualité de juges, aucun adversaire ne s'étant trouvé de l'autre côté pour le réfuter»[106].

b) *Les justifications d'Augustin*

Face à un procès aussi intrigant que celui de Pélage[107], on s'attendrait à ce qu'Augustin adresse une demande d'explications à son collègue, Cyrille d'Alexandrie, membre de l'Église dans laquelle aurait été établie la réhabilitation du moine breton. En revanche, c'est Augustin qui se répand en justifications, afin de rendre plus compréhensible la doctrine contenue dans son livre, et dont un passage fait l'objet des soupçons. Dès lors, on comprend pourquoi, sans même approfondir l'avis personnel ou collectif de ses collègues orientaux, Augustin disculpe ceux-ci en les traitant de juges orthodoxes ou catholiques (*catholici iudices*)[108].

---

[105] AUGUSTIN, *Ep*., 4*, 5, 2: «Latini sunt enim utrique et de occidentali ecclesia, in qua et nos sumus, ad loca illa venerunt. Unde a nobis potissimum oportet eos commendari venerationi tuae, ne illas sibi terras, ut inter Graecos impune latitent, elegisse videantur, ubi cum ista disputant minus intelliguntur». (CSEL 88, 29); également OROSE, *Liber apologeticus*, III-V (CSEL 5, 636-664); de même F.J. THONNARD, «Notes complémentaires», BAug 21, 419; aussi C. PIETRI, «Les difficultés», 463.

[106] AUGUSTIN, *Ep*., 4*, 2, 1: «[...]. Pelagius putatus catholicus absolutus est, cum sesse callidis verborum latibulis occultasset et fratres nostros qui tunc iudices praesidebant nullo ex alia parte refellente adversario fefellisset». (CSEL 88, 26).

[107] Le procès intenté contre Pélage au tribunal de Diospolis est marqué par l'absence de ses accusateurs, les évêques gallo-romains Lazare et Héros: cf. AUGUSTIN, *De gestis*, I, 2; III, 9 (CSEL 42, 52; 60). A ce sujet, cf. R. BRAUN, «Notes complémentaires», BAug 46 B, 431.

[108] Cf. *supra*, 300, n. 102. J.-P. BOUHOT, «Une Lettre d'Augustin», 153, interprète

En outre, dans la lettre qu'il expédie à Cyrille d'Alexandrie, Augustin ne fait aucune allusion à l'envoi des rapports des conciles africains à Rome. Ce silence peut aussi s'expliquer par le fait qu'à cette période, il régnait un climat de tension entre Rome et les Églises orientales, à la suite de la condamnation de l'évêque Jean-Chrysostome, jugée abusive par le Siège apostolique[109]. Tant il est vrai qu'au concile de Carthage du 13 septembre 407, l'épiscopat africain s'est même engagé à apporter sa médiation pour réconcilier les deux Églises en dissension[110].

3.2 *Condamnation univoque du pélagianisme*

Alors que les évêques d'Afrique avaient déjà condamné l'enseignement de Pélage avec l'*auctoritas* de leur concile, néanmoins ils demandent au pontife romain de joindre l'*auctoritas* du Siège apostolique à la leur pour anathématiser la nouvelle erreur. C'est le constat qui ressort de la supplique que les Pères réunis à Carthage adressent au pape Innocent Ier:

> C'est pourquoi, Seigneur, notre frère, [disent-ils], nous avons cru devoir porter cet acte à la connaissance de votre charité, afin que l'autorité du

---

la démarche de l'évêque d'Hippone comme une reculade. Car, semble-t-il, Augustin n'a pas du tout approuvé l'attitude et les sentiments que les tribunaux orientaux on réservés à la doctrine de Pélage. En effet, en analysant la Lettre 4* d'Augustin, l'auteur dit: «La présentation est habile, mais le ton est si ferme, qu'Augustin paraît bien dénier toute valeur à la décision du concile de Diospolis d'absoudre Pélage. [...]. En résumé, la *Lettre* 4* paraît montrer, plus clairement que tous les documents connus jusqu'alors, la sévérité d'Augustin vis-à-vis des Orientaux, qu'il soupçonnait d'être plutôt favorables à Pélage. Cette attitude critique atteste la vivacité de la réaction personnelle de l'évêque d'Hippone à la lecture des *Actes* de Diospolis, mais une évolution va se produire, lorsque quelques années plus tard, les Pélagiens emprunteront des arguments en leur faveur aux textes des docteurs orientaux: Augustin prendra alors — par nécessité — la défense de ces derniers, en recherchant comment leurs doctrines s'accordent avec ses propres conceptions théologiques, et sans aucun doute la connaissance améliorée de la théologie orientale le conduira à atténuer la raideur des positions dont témoigne la Lettre 4*».

[109] Cf. MANSI, III, 1117. A ce sujet, cf. E. AMMAN, «Innocent Ier (Saint)», 1946-1947; de même G.B. PROIA, «Innocenzo I», 842-843.

[110] Cf. *RECE*, can. 101: «Placuit etiam ut de dissensione Romanae atque Alexandrinae ecclesiae ad sanctum papam Innocentium scribatur, quo utraque ecclesia inter se pacem, quam praecepit Dominus, teneat». (CChr.SL 149, 217, lignes 1224-1227). A ce sujet, cf. E. DÉMOUGEOT, «A propos des interventions du pape Innocent I», 23-28; de même C. PIETRI, *Roma christiana*, II, 1169.

Siège apostolique se joigne à nos humbles décisions pour protéger le salut de beaucoup, et corriger quelques autres de leur perversité[111].

La présence d'une terminologie suppliante dans les lettres que les évêques d'Afrique expédient au pape Innocent Ier mérite un examen approfondi. Il est hors de doute que dans la controverse pélagienne, l'*auctoritas* que l'épiscopat africain invoque en faisant intervenir le Siège apostolique n'est pas celle qui est ordinairement reconnue à l'évêque de Rome dans le cadre d'administration des Églises se trouvant dans son ressort métropolitain. A cet effet, les Africains prennent soin de nuancer dans une formule antithétique la nature de l'autorité qui doit anathématiser l'erreur de Pélage: *mediocritas nostra - sedis apostolicae auctoritas*.

Le sens des instants appels qu'adressent les Africains à l'*auctoritas* particulière du Siège apostolique découle des deux interventions du Siège apostolique dans la controverse pélagienne. Ces interventions se distinguent en effet par leur caractère discordant. Par souci de clarté de l'exposé, on observera d'abord le comportement du pape Zosime, qui a pris l'initiative de réhabiliter Pélage ainsi que son disciple Celestius à l'encontre de la sentence de l'épiscopat africain et du jugement de son prédécesseur, le pape Innocent Ier. En second lieu, on tâchera d'interpréter les réponses du pape Innocent Ier à la lumière de certaines données contenues dans la Lettre 4* d'Augustin.

3.2.1 Les revendications du pape Zosime

La réaction que l'initiative du pape Zosime a provoquée en Afrique a conduit le primat Aurelius à défendre la sentence africaine en des termes qui rappellent le principe de l'ecclésiologie cyprianique du gouvernement collégial de l'Église, à savoir qu'il est un devoir pour tous les évêques de prendre soin du troupeau du Seigneur, lorsqu'un faux pasteur l'égare[112]. Par contre, la déclaration de clarification que le pape Zosime oppose à la lettre d'Aurelius suggère l'idée que le pontife romain refuse de reconnaître une telle égalité de responsabilité[113].

---

[111] AUGUSTIN, *Ep.*, 175, 2: «Hoc itaque gestum, domine frater, sanctae caritati intimandum duximus, ut statutis nostrae mediocritatis etiam apostolicae sedis adhibeatur auctoritas pro tuenda salute multorum et quorundam perversitate etiam corrigenda». (CSEL 44, 655).

[112] Cf. *supra*, 46, n. 59.

[113] Cf. *Coll. Avell.*, *Ep.*, 50, 1-2: «ut de eius iudicio disceptare nullus auderet, idque per canones semper regulasque servaverit et currens adhuc suis legibus eccle-siastica disciplina Petri nomini, a quo ipsa quoque descendit, reverentiam quam debet exsoluat

Dans ce contexte, on remarque un contraste entre le zèle que les évêques d'Afrique ont démontré pour défendre la doctrine orthodoxe de l'Église et le manque de vigilance qui est reproché au pape. L'engagement sans réserve des Africains se manifeste autant par l'analyse méticuleuse des thèses pélagiennes effectuée par Augustin que par la mobilisation de tout le corps épiscopal secoué par les nouvelles inquiétantes venues d'Orient. L'invitation qu'Augustin adresse à Cyrille de combattre l'erreur pélagienne reflète ce trait de la pensée ecclésiologique cyprianique:

> Il faut prendre garde, [recommande Augustin à l'Alexandrin], que les tenants de cette opinion ne se trouvent aussi partager d'autres opinions pélagiennes, qui ne sont pas moins insanes ou qui même le sont en pis, et que cette funeste contagion ne se glisse dans la foule non prévenue tant qu'on ne réprime ni ne guérit un mal que le soin d'une fraternelle charité a fait découvrir en quelques-uns[114].

Cette exhortation d'Augustin montre comment les appels répétés de l'épiscopat africain à Rome ainsi que l'attention particulière accordée au jugement des tribunaux orientaux consistent en la recherche d'un avis arrêté dans la consonnance des Églises locales pour la défense commune de la doctrine orthodoxe de l'Église.

3.2.2 L'approbation du pape Innocent Ier

Dans la réponse qu'il réserve aux évêques *leaders* d'Afrique, le pape Innocent Ier déclare:

> Vous-mêmes vous êtes restés fidèles à l'esprit, et au devoir du sacerdoce, en respectant les traditions de nos pères, inspirées non par une pensée humaine, mais par l'esprit divin. Ils croyaient en effet que tout ce qui se décide dans les pays même les plus éloignés, ne devait être considéré comme définitif, que lorsque ce siège en avait pris connaissance, et avait sanctionné par son autorité tout décret même justement prononcé, afin que de cette Église, comme de leur source natale et exempte de toute corruption, découlassent et

---

(tantam enim huic apostolo canonica antiquitas per sententias omnium voluit esse potentiam ex ipsa quoque Christi dei nostri promissione, ut et ligata solveret et soluta vinciret, < et > par potestatis data conditio in eos, qui sedis hereditatem ipso adnuente meruissent ...) [...]». (CSEL 35/1, 115).

[114] AUGUSTIN, *Ep.*, 4*, 4, 7: «Videndum etiam ne forte qui hoc sentiunt alia quoque dogmata Pelagiana non minus vel etiam peius insana sapere inveniantur et serpant dira contagia per vulgus incautum, dum non reprimitur nec sanatur malum quod in quibus dam fuerit cura fraternae dilectionis inventum». (CSEL 88, 28); ID., *Ep.*, 157, 22 (CSEL 44, 472). A ce sujet, cf. G. DE PLINVAL, *Pélage*, 293.

se répandissent dans toutes les régions du monde, les ondes pures, où les autres Églises viendront puiser ce qu'elles ont à enseigner, et connaître ceux qu'elles doivent purifier, comme ceux qui, souillés d'une fange ineffaçable, sont indignes des eaux saintes réservées aux coeurs purs[115].

La mise au point du pape comprend deux éléments-clés, qu'il convient d'élucider, afin de mieux comprendre l'arrière-fond de la réponse du Siège apostolique.

a) *Une appréciation équivoque*

L'attitude favorable que le pape Innocent Ier manifeste à l'égard de la requête africaine prête à équivoque. Car, la réaction que l'épiscopat africain a opposée à l'intervention du pape Zosime démontre que la nature de collaboration que les deux instances entendent entreprendre n'est pas fondée sur la même conception de la notion d'autorité. D'une part, le pontife romain juge que selon la Tradition, le recours adressé au Siège apostolique relève du devoir des Églises et que l'accueil d'une telle sollicitation est un droit réservé à l'instance pontificale. D'autre part, à en juger par la réaction manifestée à l'endroit du pape Zosime, il s'avère qu'en sollicitant l'intervention du pape Innocent Ier, l'épiscopat africain applique le principe de l'ecclésiologie cyprianique, qui recommande à tous les évêques de prendre soin de la cause de l'Église. Dans ce sens, la sauvegarde du patrimoine de l'Église, entendu la doctrine orthodoxe, dans la communion de l'instance qui en est le premier témoin semble être le but ultime du recours des Africains à Rome[116]. La lettre que les Pères réunis à Milève adressent au pape Innocent Ier porte l'indice de cet objectif, nonobstant le ton remarquablement suppliant qui la caractérise: «Daignez donc, nous vous en conjurons, [disent-ils], porter toute votre

---

[115] AUGUSTIN, *Ep.*, 181, 1: «velut id vero, quod patrum instituta sacerdotali custodientes officio non censetis esse calcanda, quod illi non humana sed divina decrevere sententia, ut quicquid quamvis de disiunctis remotisque provinciis ageretur, non prius ducerent finiendum, nisi ad huius sedis notitiam perveniret, ut tota huius auctoritate, iusta quae fuerit pronuntiatio, firmaretur indeque sumerent ceterae ecclesiae, velut de natali suo fonte aquae cunctae procederent et per diversas totius mundi regiones puri capitis incorruptae manarent, quid praecipere, quos abluere, quos velut caeno inemundabili sorditatos mundis digna corporibus unda vitaret». (CSEL 44, 702-703).

[116] C. PIETRI, «Les difficultés», 465, par une pertinente remarque, souligne l'objectif poursuivi par les évêques d'Afrique dans leurs recours au Siège apostolique: «Les trois lettres insistaient sur l'*auctoritas* de Rome pour la défense de la vraie foi et le maintien de l'unité».

sollicitude pastorale sur les grands dangers auxquels sont exposés les membres infirmes de Jésus-Christ»[117].

La divergence de compréhension de la démarche des évêques d'Afrique fait l'objet de maintes discussions entre les chercheurs, parmi lesquels les trois suivants, qui cernent mieux la problématique. O. Wermelinger en parle en termes d'équivoque ou de malentendu. L'auteur note que l'appréciation que le pontife romain fait de la démarche des Africains est une réinterprétation: «*Umdeutung der afrikanischen Anfrage*»[118]. Ce malentendu réside dans le fait que, alors que les évêques d'Afrique recourent au Siège apostolique à titre de consultation ou d'information, le pape accueille l'interpellation qui lui est adressée comme une requête qui est soumise à une instance supérieure de décision. C'est pourquoi, O. Wermelinger, à la suite de G. de Plinval[119], conclut que l'accueil favorable que le pape Innocent Ier réserve à la démarche de l'épiscopat africain vise à démontrer que le Siège apostolique est le dernier juge de la cause qui lui est présentée[120]. Pour sa part, K. Girardet observe que le pape Innocent Ier considère l'instance pontificale comme le tribunal de cassation, d'après une tradition antique[121].

b) *Le poids de la «Sedis apostolicae auctoritas»*

Pour déterminer la nature du poids de la *Sedis apostolicae auctoritas*, l'examen de la lettre des évêques réunis à Milève s'avère nécessaire. A partir de cet examen, on constate que, aussi bien dans le cas du pape Innocent Ier que dans celui de Zosime, l'initiative des évêques d'Afrique de saisir le Siège apostolique pour condamner la doctrine pélagienne ne consiste pas en une cession de compétence judiciaire du concile d'Afrique. Car, bien que son autorité soit minime (*mediocritas*) par rapport à celle de l'évêque de Rome, dont il dépend, l'épiscopat africain prend soin de préciser la nature de l'intervention qu'il attend de Rome. Cette sollicitation est, semble-t-il, une invitation à la communion: que le Siège apostolique joigne (*adhibere*) son *auctoritas* à celle du concile

---

[117] AUGUSTIN, *Ep.*, 176, 1: «magnis periculis infirmorum membrorum Christi pastoralem diligentiam, quaesumus, adhibere digneris». (CSEL 44, 664).

[118] O. WERMELINGER, *Rom*, 124.

[119] G. DE PLINVAL, *Pélage*, 305.

[120] O. WERMELINGER, *Rom*, 125.

[121] Cette considération, K. GIRARDET, *Kaisergericht*, 128, l'exprime en ces termes: «Maßgebend für die Übertragung dieser potestas ist seine auctoritas [de l'évêque de Rome] gewesen, die ihn seit alter Zeit schon aus dem Kreis aller anderen Kollegen heraushebt».

d'Afrique pour proclamer dans l'unanimité la condamnation du pélagianisme. Le terme *adhibere* employé par les évêques réunis à Milève est à ce point de vue révélateur[122]. Aussi, la nature du secours qu'on sollicite auprès du Siège apostolique est clairement définie à travers des exhortations qui engagent toute la *Catholica*: c'est-à-dire que les auteurs de l'abominable hérésie doivent être condamnés par tous. C'est du reste en ces termes que les évêques de la Proconsulaire recommandent au pontife romain d'intervenir: «Pelagium et Caelestium auctores nefarii prorsus et ab omnibus anathemandi erroris advertimus»[123]. Les termes *prorsus* (tout à fait, absolument)[124] ainsi que *advertere* (faire attention à, remarquer, avertir)[125] utilisés dans le rapport des évêques réunis à Carthage semblent choisis à dessein, pour mieux traduire l'intention des Africains: il s'agit de récuser universellement (*ab omnibus*) et sans ambages l'hérésie pélagienne.

Les termes indiqués ci-dessus révèlent que la dépendance dont il est question dans les recours des Africains au Siège apostolique consiste essentiellement en une recherche de communion avec l'instance romaine. Celle-ci constitue en fait le fondement de l'autorité avec laquelle les évêques d'Afrique conjurent l'erreur de Pélage. Cette dépendance apparaît d'autant plus grande que la matière qui fait l'objet d'un appel est complexe. On trouve en effet dans la controverse pélagienne l'aspect dogmatique (la doctrine de la grâce), l'aspect juridique (le ressort ecclésiastique des protagonistes de la crise), et l'aspect civil, dont certaines dispositions impériales prévoient des peines contre ceux qui professent une foi contraire à celle de l'Église catholique[126]. Pour tout dire, les évêques d'Afrique font mention de la complexité des conséquences que comporte la querelle pélagienne dans une formule pathétique, *in hac parva tentatione temporis*, qui semble réserver la décision finale du

---

[122] Sur le sens du terme *adhibere*, cf. *ThesLL*, I, 642; aussi A. BLAISE, *Dictionnaire*, I, 51, 1.

[123] Cf. AUGUSTIN, *Ep.*, 175, 1 (CSEL 44, 654).

[124] A ce sujet, cf. *Lexikon Totius Latinitatis*, III, 928, 1.

[125] Cf. A. BLAISE, *Dictionnaire*, I, 62, 2; de même *ThesLL*, I, 862.

[126] L'Édit des empereurs Arcadius et Honorius, publié en 395, assimile en fait les hérétiques, c'est-à-dire les opposants à la doctrine catholique aux subversifs. En même temps, cette législation établit l'attachement à la doctrine catholique comme le critère de distinction de vrais de faux chrétiens: cf. *Cod. Theod.*, XVI, 5, 28: «Haereticorum vocabulo continentur et latis adversus eos sanctionibus debet succumbere qui vel levi argumento a iudicio catholicae religionis et tramite detecti fuerint deviare». (T. Mommsen, I/2, 864).

procès intenté contre la nouvelle doctrine à la seule compétence du pontife romain:

> Nous ne prétendons pas accroître par notre faible ruisseau la source abondante de vos connaissances; mais dans ces jours de tentation où nous sommes, et dont nous prions de nous délivrer, celui à qui nous disons: «Ne nous laissez pas succomber à la tentation», nous avons seulement cru vous donner lieu de juger si nos lumières, quoique faibles, découlent de la même source qui vous en communique une si grande[127].

Mis à part la formule et le style de la requête africaine, on doit constater que la condamnation que l'épiscopat africain sollicite auprès du Siège apostolique ne diffère pas de celle que son concile a prononcée contre le pélagianisme. Cependant, du point de vue qualitatif, cette condamnation bénéficie de plus de crédit, elle acquiert un surcroît d'autorité grâce à la communion de l'instance qui est le premier témoin de la doctrine orthodoxe que l'épiscopat africain cherche à préserver.

c) *La métaphore de source d'eau*

Une autre indication, qui est suceptible d'éclairer la nature des appels interjetés par les Africains auprès du Siège apostolique, se trouve dans la métaphore de la source d'eau utilisée par les évêques *leaders* d'Afrique, dans leurs *litterae familiaris*[128]. Cette métaphore signifie, semble-t-il, la source commune d'autorité des évêques, comme l'indique clairement la parénèse de cette lettre: «Tout ce que nous désirons, [déclarent les évêques *leaders* d'Afrique], c'est votre approbation, et une réponse qui nous console et nous permette de voir notre union commune dans la participation de la même grâce»[129]. En ce sens règne une harmonie (*concordia*) en proclamant ensemble la condamnation de la nouvelle erreur[130].

L'image de source d'eau comporte une analogie très suggestive. Alors qu'elle met en évidence l'aspect de supériorité de l'*auctoritas* de

---

[127] Cf. AUGUSTIN, *Ep.*, 177, 19: «Non enim rivulum nostrum tuo largo fonti augendo refundimus, sed in hac non parva tentatione temporis, unde nos liberet, cui dicimus: "Ne nos inferas in tentatione", utrum etiam noster licet exiguus ex eodem, quo etiam tuus abundans, emanet capite fluentorum [...]». (CSEL 44, 688).

[128] Cf. *supra*, 282, 45.

[129] Cf. AUGUSTIN, *Ep.*, 177, 19: «hoc a te probari volumus tuisque rescriptis de communi participatione unius gratiae consolari». (CSEL 44, 688).

[130] A juste titre, C. PIETRI, *Roma christiana*, II, 1227, affirme que la requête de l'épiscopat africain veut démontrer que «l'orthodoxie s'établissait dans l'accord d'Innocent avec le collège africain»; de même M. WOJTOWYTSCH, *Papsttum*, 251.

l'évêque de Rome, cette métaphore ne sous-entend pas moins l'idée de l'égalité du pouvoir de décision des évêques. C'est dans cette subtilité de formules que se manifeste le caractère ambivalent du comportement de l'épiscopat africain. Quelques opinions d'auteurs éclairent cette thèse. W. Marschall fait remarquer que, quand bien même les évêques d'Afrique ne déclarent pas qu'ils sont prêts à se soumettre à l'arbitrage du pape, le fait même de remettre une cause déjà jugée en Afrique à l'appréciation du Siège apostolique constitue une nette reconnaissance de l'autorité supérieure de cette instance[131]. Quant à O. Wermelinger, la procédure dont l'épiscopat africain se sert lorsqu'il s'adresse à Rome renferme une subtile défense de sa propre doctrine. En effet, lorsqu'ils sollicitent l'*auctoritas* du Siège apostolique pour condamner la doctrine pélagienne, Aurelius et ses collègues ne conçoivent pas cette instance comme étant la source jaillissante d'orthodoxie, ainsi que l'entend le pape Innocent Ier. Pour ce faire, ils invoquent directement la Tradition originelle, — comme autrefois Cyprien[132] —, d'où les deux instances tirent la doctrine orthodoxe qu'elles professent[133].

Comme on peut le constater à partir du dossier africain de la crise pélagienne, la procédure suivie par les évêques d'Afrique dans leur recours à Rome n'est prévue ni par la législation africaine, ni par les canons de Sardique. Car, à l'époque où la crise pélagienne est déclenchée, la législation canonique d'Afrique ne reconnaît qu'aux seules instances locales la compétence de jugement des causes d'origine africaine[134]. Le caractère ambivalent du comportement de l'épiscopat africain vis-à-vis de l'évêque de Rome ressort de la manière même dont il oriente le procès intenté contre les pélagiens. Car, alors que les canons de Sardique ordonnent le recours des évêques et non des prêtres à l'évêque de Rome[135], dans la querelle pélagienne, c'est plutôt Celestius et Pélage qui prennent l'initiative de faire revoir par le pape Zosime la

---

[131] W. MARSCHALL, *Karthago*, 222, dit à ce sujet: «Wenn in diesen Briefen auch nichts von einer Unterordnung unter einem römischen Schiedsspruch gesagt wird, so stellen diese Schriftstücke doch eine auffallende Bejahung der Autorität Roms dar».

[132] Cf. *supra*, 128, 173.

[133] La réflexion faite par O. WERMELINGER, *Rom*, 107, à propos des nuances de source d'eau éclaire bien cette considération: «Mit "fons" und "rivulus", [dit l'auteur], wird ein Nebeneinander ausgesagt. Und das "refundere" bedeutet nicht, daß Afrika seine Lehre von der römischen Kirche empfangen hat und bei jedem Glaubens-Entscheid gezwungen ist, die eigene Tradition an der römischen zu messen. Auch die afrikanische Kirche steht direkt in der Urtradition, hat teil an der "una gratia"».

[134] Cf. *Breviarium Hipponensis*, can. 5, 6, 7 et 10 (CChr.SL 149, 34, lignes 20-54).

[135] Cf. *supra*, 43, n. 48.

sentence émise sur eux par les évêques d'Afrique[136]. En ce qui concerne Celestius, on suppose que ce dernier a interjeté appel à Rome en qualité de prêtre; en effet, comme mentionne le diacre Paulin de Milan, cet apôtre obstiné du pélagianisme s'est fait ordonner prêtre en Asie (Éphèse) au mépris total des normes canoniques[137]. Dans ce cas, la communion de l'hérésiarque avec le pape Zosime comporte des inconvénients pour la *Catholica*: en fait, celle-ci peut *ipso facto* faire légitimer son ordination, au regard de la règle antique d'après laquelle la communion avec une Église apostolique constitue un signe de reconnaissance de foi orthodoxe, et par conséquent un gage de droit à la communion de l'Église[138].

4. L'itinéraire du procès des pélagiens

4.1 *La propagande pélagienne*

4.1.1 La mise en cause de Celestius

Lorsque l'hérésie pélagienne apparaît en Afrique, en 411, les évêques présents à Carthage alertés par le diacre Paulin de Milan, interpellent aussitôt Celestius et le somment d'abjurer ses thèses. A cet effet, l'assemblée des évêques rend une sentence de condamnation qu'elle juge suffisante pour combattre la doctrine du moine breton, telle qu'elle est prêchée par son disciple Celestius. Cette action concertée est rapportée dans la mise au point que les évêques de la Proconsulaire présentent au pape Innocent Ier, en 416:

> Quoiqu'après avoir pris connaissance de l'affaire, nous ayons trouvé qu'il y avait déjà à ce sujet un jugement prononcé, en vertu duquel cette blessure faite à l'Église paraissait guérie par une décision épiscopale, comme votre

---

[136] Augustin lui-même évoque l'appel interjeté par les auteurs du pélagianisme au Siège apostolique: 1) dans le cas de Celestius: *De gratia Christi et de peccato originale*, II, 23, 26: «Non ego quasi auctor alicujus dogmatis definita hoc auctoritate statui sed ea quae de Prophetarum et Apostolorum fonte suscepi, vestri Apostolatus offerimus probanda esse judicio [...]. Si forte, ut hominibus quispiam ignorantiae error obrepsit, vestra sententiam corrigatur». (CSEL 42, 185); aussi *Coll. Avell., Ep.*, 47, 11 (CSEL 35/1, 110-111); 2) dans le cas de Pélage: *De gratia Christi et de peccato originale*, XXXI, 33: «Ecce, inquit [Pélage s'adresse ainsi au pape Zosime], apud beatitudinem tuam epistola ista me purget, in qua pure atque simpliciter ad peccandum integrum liberum arbitrium habere nos dicimus, quod in omnibus bonis operibus divino adiuvatur semper auxilio». (CSEL 42, 150).

[137] PAULIN DE MILAN, *Libellus contra Caelestium* (MANSI, IV, 384).

[138] Cf. AUGUSTIN, *Contra Cresconium*, II, 37, 46 (CSEL 52, 406 s.). A ce sujet, cf. L. HERTLING, *Communio*, 37.

Sainteté pourra le voir dans les pièces jointes à cette lettre, nous avons cependant tous, d'un commun accord, été d'avis que les auteurs de cette hérésie devaient être anathématisés, à moins qu'ils ne l'eussent déjà publiquement anathématisée eux-mêmes[139].

Par cette indication, force nous est de constater que jusqu'à ce stade, le combat contre la nouvelle erreur démasquée dans le cercle restreint de l'épiscopat de la Proconsulaire ne requiert aucune action de grande envergure pour mobiliser tout l'épiscopat africain.

4.1.2 L'entrée en lice d'Augustin

La condamnation du pélagianisme en reste donc à ce point. Cependant, le prêtre espagnol Orose, ayant présenté le rapport du jugement rendu par les évêques orientaux à Diospolis, et la lettre de l'évêque gallo-romain Lazare, qui est revenu de Palestine ayant été lue à Carthage en 416, il se produit un tel émoi parmi les auditeurs, qu'ils «saisissent la gravité et la nécessité d'y parer par une réplique vigoureuse», souligne G. de Plinval[140]. C'est à cette phase de crise qu'une campagne plus élargie se met en branle contre la doctrine du moine breton. C'est aussi à cette phase qu'Augustin, qui deviendra par la force des choses le protagoniste de premier rang du combat anti-pélagien[141], entre en lice pour défendre la doctrine orthodoxe de l'Église en péril[142].

---

[139] Cf. AUGUSTIN, *Ep.*, 175, 1: «Quo recitato, sicut ex subditis advertere poterit sanctitas tua, quamvis iudicatio manifesta constaret, quia illo tempore episcopali iudicio excisum hoc tantum vulnus ab ecclesia videretur, nihilo minus tamen id communi deliberatione censuimus, ut huius modi persuasionis auctores, quamvis et ad presbyterium idem Caelestius postea pervenisse dicatur, nisi haec apertissime anathemaverint, ipsos anathemari oporteat, ut, si ipsorum non potuerit, saltem eorum, qui ab eis decepti sunt vel decipi possunt, cognita sententia, quae in eos lata est, sanitas procuretur». (CSEL 44, 654-655); ID., *Ep.*, 157, 22 (CSEL 44, 471). C. PIETRI, «Les difficultés», 461, date la première intervention des évêques d'Afrique contre Celestius à la période qui suit immédiatement la Conférence de Carthage de 411, qui s'est occupée de la réconciliation avec les donatistes. Sur ce, l'auteur dit: «Or il y avait à Carthage, après septembre 411, encore assez d'évêques présents pour réunir un synode restreint afin d'examiner l'orthodoxie du candidat». Cette remarque suggère l'idée qu'on ne peut restreindre la participation à cette assemblée extraordinaire aux seuls évêques de la Proconsulaire.

[140] G. DE PLINVAL, *Pélage*, 294; également A. AUDOLLENT, «Afrique», 796.

[141] Cf. G. DE PLINVAL, «Introduction», BAug 21, 418.

[142] F. REFOULÉ, «Datation du premier concile de Carthage», 41-49, démontre pourquoi ce concile ne peut avoir eu lieu avant le mois d'octobre, au plus tôt.

Ces données apportent un éclairage nouveau aux activités entreprises par l'épiscopat africain. On constate en effet que les recours des évêques d'Afrique auprès du Siège apostolique sont entrepris en fonction de la propagation de l'hérésie du moine breton. Car, l'entrée en scène de l'Église orientale apparemment favorable à Pélage fait prendre un tournant particulier à la crise pélagienne. Celle-ci, jusqu'alors considérée comme une controverse régionale, prend de l'envergure et crée de la confusion: alors que d'une part, Pélage se targue d'avoir été absout par des évêques orientaux, d'autre part, le poids de la condamnation décrétée par les évêques d'Afrique ne cesse de peser sur lui[143]. Dans ce contexte, la clarification du malentendu s'impose tant au niveau de la doctrine qui est mise en cause qu'au niveau de l'autorité ecclésiastique habilitée à prononcer la sentence de condamnation définitive contre les auteurs de l'enseignement réprouvé.

4.2 *Le pélagianisme: hérésie de la «pars occidentalis» de l'empire*

Le procès du pélagianisme présente de nombreuses zones d'ombre. Il convient de signaler spécialement la position indécise des évêques orientaux face à laquelle les acusateurs latins de Pélage en Palestine ont eu à manifester leur déception. Le tournant que prend le procès des pélagiens trouve en réalité son origine dans le fait que la sentence du concile d'Afrique a été déboutée par les tribunaux d'évêques orientaux. Car, les évêques réunis à Diospolis en 415, ont renvoyé dos à dos les Latins avec leur procès au tribunal papal[144]. Le transfert du procès des Occidentaux à Rome mettra les évêques d'Afrique dans l'obligation de recourir à cette même instance.

La question du changement d'instances dans le jugement des pélagiens nécessite une solution. L'assignation de ce procès à l'autorité de l'évêque de Rome peut-elle être considérée comme un indice de reconnaissance du tribunal papal comme étant la plus haute instance judiciaire de toutes les Églises d'Occident? En effet, Augustin déclare d'une part, que les fauteurs de troubles dans les milieux grecs sont des

---

[143] Cf. G. DE PLINVAL, «Introduction», BAug 21, 420.

[144] C. PIETRI, «Les difficultés», 463, présente de manière exhaustive l'état d'esprit qui a conduit les évêques orientaux à transférer le procès du pélagianisme au tribunal pontifical: «En effet, [dit l'auteur], les milieux ecclésiastiques orientaux étaient tout à fait étrangers à un problème nouveau pour eux; Pélage bénéficiait de la sympathie de l'évêque Jean de Jérusalem qui, se méfiant des outrances manifestées par Jérôme dans la querelle origéniste, souhaitait calmer le jeu».

Latins comme les Africains[145]; d'autre part, face à l'indignation exprimée par Cyrille, l'évêque d'Hippone se montre très conciliant, à tel point qu'il suggère même à son collègue d'Orient de corriger les calomniateurs latins de son propre émissaire Justus:

> A l'égard de ceux qui à juste titre il tient pour suspects de perdre leur âme et d'y verser le poison pélagien, daigne faire preuve de diligence pastorale, de douceur paternelle ou même, s'il est besoin, de rigueur médicale pour les corriger ou alors pour débarasser l'esprit de Justus du scrupule de ce soupçon si tu les trouves sains dans leur foi[146].

Les propos d'Augustin exigent de déterminer l'instance judiciaire compétente pour juger les Latins qui sont impliqués dans la controverse pélagienne. Cette réflexion en impose une autre plus spécifique: de quelle autorité juridictionnelle dépend l'Église d'Afrique?

Pour répondre à cette question, on procédéra en deux étapes pour un examen sommaire des déclarations mêmes d'Augustin: il s'agit d'abord d'établir l'identité des protagonistes latins de la querelle pélagienne en Orient et ensuite de cerner le point névralgique du malentendu qui entoure l'appréciation de la démarche des Africains à Rome ainsi que le sens de l'appui qu'Augustin recherche auprès des évêques orientaux.

4.2.1 La présence des Latins en Orient

L'enquête portant sur l'identification des acteurs latins de la crise pélagienne en Orient requiert un éclaircissement préliminaire pour jeter un peu de lumière sur l'état général des relations des Occidentaux avec les milieux orientaux. Aussi, un tel rappel permet-il d'apprécier la portée exacte de la plainte de Cyrille d'Alexandrie.

La présence des Latins en Palestine est accueillie avec des sentiments mélangés. D'une part, l'évêque Jean de Jérusalem et son successeur Praylos semblent manifester de la sympathie pour Pélage. D'autre part, Cyrille, l'évêque de la grande circonscription ecclésiastique d'Égypte, se plaint des Latins qui sèment le trouble à Alexandrie. Ce trouble, qui est essentiellement d'ordre religieux reflète, semble-t-il, le phénomène sociologique courant dans l'Antiquité. Il arrivait souvent, en effet, que les communautés chrétiennes implantées dans des contrées étrangères

---

[145] Cf. *supra*, 302, n. 105.
[146] AUGUSTIN, *Ep.*, 4*, 5, 1: «verum etiam ipsos quos non immerito suspectos habet, ne forte et suas animas perdant et in has Pelagium virus immittant, pastorali digneris diligentia et paterna lenitate vel etiam, si opus est, medicinali asperitate corrigere aut, si eos in fide inveneris sanos, ex huius animo scrupulum istius suspicionis auferre». (CSEL 88, 28-29).

s'introduisent avec les problèmes de leurs régions d'origine. Il en va ainsi de la controverse pélagienne dont la divergence des conceptions théologiques fait l'objet d'incompréhension entre les Occidentaux et les Orientaux[147]. La manière même dont la controverse des Latins est signalée à Alexandrie donne lieu à cette hypothèse. C'est ainsi que l'on est conduit à rechercher les principaux acteurs de la polémique pélagienne dans le cercle même des Latins.

Partant du contexte dans lequel vivent les Occidentaux en milieu grec et des débats qui les mettent en scène, il y a lieu de reconstituer l'identité des controversistes, fauteurs de troubles en Palestine[148]. Parmi ces Latins, on mentionnera avant tout le groupe établi à Bethléem, qui ne jouit pas de la sympathie du clergé palestinien. Le représentant le plus en vue de ces Latins est le moine Jérôme: il vit en état de tension avec la population locale[149]. Par ailleurs, Jérôme se révèle comme le plus acharné adversaire de Pélage dès l'arrivée de celui-ci en Palestine[150].

Le second groupe des Latins engagés dans la controverse pélagienne en Orient est constitué d'accusateurs du moine breton. Il s'agit principalement du prêtre espagnol Orose, qui est l'ami et l'envoyé spécial d'Augustin. L'arrivée de l'Espagnol en Palestine a engendré beaucoup d'intrigues et d'insinuations, surtout auprès de Jérôme[151]. Viennent ensuite les évêques gallo-romains, Héros et Lazare, qui sont les accusateurs de premier plan contre Pélage auprès d'Euloge, le métropolite de Césarée de Palestine[152].

Enfin, l'on doit signaler la présence d'un protagoniste isolé de la crise pélagienne, dont l'entrée en scène enrichit de manière inestimable les témoignages de la «controverse des Occidentaux» en Orient. Il s'agit de l'Africain Justus, qu'Augustin a chargé de porter à Cyrille d'Alexandrie une copie de son ouvrage *De gestis*[153].

---

[147] Cf. J.-P. BOUHOT, «Une Lettre d'Augustin», 152.
[148] Cf. AUGUSTIN, *De gestis* (CSEL 42, 51-122); *Epp.*, 175-177 (CSEL 44, 652-688). A ce sujet, cf. G. DE PLINVAL, «Introduction», BAug 21, 417-423.
[149] Cf. J. QUASTEN, *Patrologia*, III, 204.207-208.
[150] Cf. JÉRÔME, *Ep.*, 133 (CSEL 56/1, 241-260). A ce sujet, cf. G. DE PLINVAL, *Pélage*, 275-276; également J. QUASTEN, *Patrologia*, III, 208.
[151] Cf. OROSE, *Liber apologeticus*, 3 (CSEL 5, 606-607). A ce sujet, cf. A. AUDOLLENT, «Afrique», 796; de même G. DE PLINVAL, *Pélage*, 275-278; ID., «Introduction», BAug 21, 418; aussi G. MARTINETTO, «Les premières réactions», 116; J. QUASTEN, *Patrologia*, III, 466.
[152] Cf. G. DE PLINVAL, «Introduction», BAug 21, 420.
[153] Cf. AUGUSTIN, *Ep.*, 4, 1, 1-3 (CSEL 88, 26).

4.2.2 Divergence linguistique

La réflexion qui a été amorcée précédemment autour du malentendu qui oppose les Latins aux Grecs dans la crise pélagienne est focalisée sur le langage d'Augustin[154]. A ce malentendu, s'ajoute le phénomène sociologique d'exportation culturelle signalé plus haut. S'il est admis que ces facteurs ne justifient pas pleinement le renvoi par les juges orientaux du procès des Latins au tribunal papal, ils ne contribuent pas moins à expliquer l'indignation manifestée par l'évêque Cyrille d'Alexandrie à l'égard de ses hôtes. Aussi, ces facteurs donnent lieu à deux hypothèses, qui gravitent autour du langage d'Augustin jugé tranchant par ses propres coreligionnaires dans la formulation de sa doctrine de la grâce.

La première hypothèse a trait au passage incriminé de l'ouvrage *De gestis* d'Augustin. D'après cette conjecture, la détection de l'erreur dans le livre d'Augustin est l'oeuvre des Latins philo-pélagiens. En effet, pour parvenir à mettre en cause Justus, ses accusateurs auraient repéré le passage douteux dans le livre d'Augustin et l'auraient exploité pour se targuer d'avoir retrouvé l'approbation de l'enseignement de Pélage chez l'évêque d'Hippone lui-même. Cette hypothèse rejoint le point de vue de G. Bonner, qui comporte deux considérations. D'abord, l'auteur voit les contradicteurs de Justus comme formant un couple de Latins. G. Bonner interprète le pronom démonstratif *utrique* employé par Augustin non pas comme faisant allusion à Justus, le porteur de la lettre d'Augustin, ni aux Occidentaux qui l'ont accusé d'avoir falsifié le passage du *De gestis*, mais à deux Latins anonymes[155]. Dans ce cas, il convient d'affirmer que ces derniers appartiennent au groupe des partisans de Pélage. Ou alors, ces accusateurs sont des antiorigénistes, dont la doctrine fortement marquée par le rigorisme moral, présente beaucoup de similitude avec l'enseignement de Pélage[156].

Par contre, la seconde hypothèse mise sur la position orthodoxe des accusateurs de Justus. Ayant trouvé fort tranchante et insolite la formule contenue dans le livre d'Augustin, selon laquelle tous les pécheurs ne sont pas destinés au feu éternel[157], les compagnons de voyage de Justus,

---

[154] Cf. *supra*, 277 s.

[155] G. BONNER, «Some remarks», 156, dit à ce sujet: «This work had given offence to two unnamed Latins[...]».

[156] Cf. G. BONNER, «Some remarks», 157; de même H. ULBRICH, «Augustins Briefe», 58.

[157] Cf. *supra*, 280, n. 39.

qui ne sont pas des pélagiens[158], auraient jugé qu'une telle affirmation n'est pas à imputer à Augustin dont ils reconnaissent l'orthodoxie doctrinale. C'est donc par protestation visant à défendre l'évêque d'Hippone que les compagnons de Justus l'ont accusé d'avoir falsifié l'enseignement d'Augustin. Il va de soi que dans cette perspective, la doctrine contenue dans l'ouvrage d'Augustin soit jugée par les accusateurs de Justus comme étant une nouveauté. Cette assertion se fonde aussi bien sur l'acharnement avec lequel l'évêque d'Hippone affronte ses contradicteurs que sur la défense qu'il prend de Justus, afin de le laver de tout soupçon. A ce propos, deux témoignages mettent en évidence l'engagement sans réserve de l'évêque d'Hippone dans son combat antipélagien. En premier lieu, on trouve le point de vue de A. Audollent, qui dit: «On peut dire, sans exagération, qu'il [c'est-à-dire Augustin] se dépensa dans cette affaire plus que dans celle des donatistes. C'est qu'en dehors des intérêts généraux de la foi, il défendait alors en quelque sorte une cause personnelle»[159].

De son côté, G. Martinetto affirme que c'est l'évêque d'Hippone qui court à la défensive, étant donné que la nouveauté dont les protagonistes de la crise pélagienne se rejettent la paternité a été décelée pour la première fois dans son enseignement:

> Tout se passe, [dit l'auteur], comme si Augustin réagissait à une hérésie extraordinaire pour défendre des usages traditionnels exprimant les vérités les plus fondamentales du christianisme; mais la perspective de l'histoire change si l'on reconnaît que la controverse pélagienne a eu son vrai commencement vers 399, dans une réaction de Pélage à la "nouveauté" augustinienne[160].

Outre ces considérations, se fait jour un autre élément, qui peut contribuer à expliquer l'appréhension des évêques orientaux face à la querelle des Latins. Il s'agit de la divergence d'appréciation de l'affaire pélagienne. La différence d'approche des deux pôles de la chrétienté semble être largement influencée par l'incompréhension linguistique[161]. Car, le langage d'Augustin contribue à accentuer les divergences d'expression théologique entre les Églises occidentale et orientale plutôt

---

[158] Cf. J.-P. BOUHOT, «Une Lettre d'Augustin», 152.
[159] A. AUDOLLENT, «Afrique», 793.
[160] G. MARTINETTO, «Les premières réactions», 117.
[161] Ce constat a été bien mis en évidence par G. Bardy: «Orientaux et Occidentaux ont de plus en plus de peine à se comprendre parce qu'ils ne parlent pas la même langue». (Cité par J.-P. BOUHOT, «Une Lettre d'Augustin», 152); de même W. MARSCHALL, *Karthago*, 129.

qu'à les aplanir. Un passage de la Lettre 4* d'Augustin comporte cet aspect de malentendu, qui est lié au facteur linguistique:

> Il faut prendre garde, [dit-il], que les tenants de cette opinion ne se trouvent aussi partager d'autres opinions pélagiennes, qui ne sont pas moins insanes ou qui même le sont en pis, et que cette funeste contagion ne se glisse dans la foule non prévenue tant qu'on ne réprime ni ne guérit un mal que le soin d'une fraternelle charité a fait découvrir en quelques-uns[162].

D'après cette indication, toute interprétation erronée de l'enseignement d'Augustin est susceptible d'entraîner par inadvertance les Grecs dans une querelle d'Occidentaux[163], «pour laisser croître en eux les *dogmata pelagiana*, [fait remarquer J.-P. Bouhot], et en devenir les propagandistes»[164]. C'est pourquoi, lorsque Augustin autorise Cyrille de corriger ses coreligionnaires latins, il veut en même temps le prévenir du risque que comporte une mauvaise compréhension du langage de son livre.

4.3 *Le transfert du procès du pélagianisme*

L'embarras manifesté par les évêques orientaux face au procès de Pélage est le point de référence à partir duquel on veut reconstituer le schéma du cheminement de la controverse des Occidentaux.

4.3.1 L'instance africaine: la sentence de 411

La première étape de la condamnation du pélagianisme est constituée par la sentence rendue à Carthage contre Celestius par l'assemblée épiscopale de la Proconsulaire, en 411[165].

En vertu du principe relatif à la *potestas* d'après lequel l'exercice du pouvoir est lié à une juridiction déterminée, la condamnation portée par les évêques d'Afrique n'est valide qu'au niveau du territoire africain. Pour s'imposer à d'autres entités ecclésiastiques, cette décision est sujette à deux conditions préalables: d'abord, elle requiert la communi-

---

[162] AUGUSTIN, *Ep.*, 4*, 4, 7: «Videndum etiam ne forte qui hoc sentiunt alia quoque dogmata Pelagiana non minus vel etiam peius insana sapere inveniantur et serpant dira contagia per vulgus incautum, dum non reprimitur nec sanatur malum quod in quibus dam fuerit cura fraternae dilectionis inventum». (CSEL 88, 28). A ce sujet, cf. *supra*, 279, 38.

[163] Cf. AUGUSTIN, *Ep.*, 4*, 5, 1-3 (CSEL 88, 28-29). A ce sujet, cf. J.-P. BOUHOT, «Une Lettre d'Augustin», 152 s.; de même Y.-M. DUVAL, «Notes complémentaires», BAug 46 B, 441 s.

[164] J.-P. BOUHOT, «Une Lettre d'Augustin», 153.

[165] Cf. *supra*, 312, n. 139.

cation à d'autres Églises, et ensuite, elle doit être reçue dans des dispositions de libre adhésion, en tenant toutefois en considération la règle canonique qui prescrit que ceux qui ont été excommuniés par les uns ne doivent pas être admis par les autres[166]. Faut-il rappeler ici que la pratique des Églises de se communiquer les décisions arrêtées localement a pour but de renforcer la concorde entre les évêques et à éveiller leur sens de responsabilité en vue de la sollicitude envers l'Église universelle.

4.3.2 L'«universalisation» de la condamnation du pélagianisme

La seconde étape du procès intenté contre le pélagianisme correspond à la première phase de l'«universalisation» de la condamnation de l'erreur du moine breton. Cette phase est spécialement marquée par l'entrée en scène des évêques orientaux, à la suite de l'accusation portée contre Pélage par les évêques gallo-romains, Héros et Lazare, devant les tribunaux palestiniens. En effet, les accusateurs occidentaux ayant présenté leur réquisitoire contre Pélage au métropolite Euloge de Césarée, une véritable action judiciaire a été engagée avec la convocation de quatorze évêques, afin de prononcer un jugement à la mesure de la cause qui présentait un intérêt particulier pour l'Église universelle[167].

4.3.3 Le tribunal pontifical

L'aperçu de la présence des pélagiens en Orient tel qu'il est ébauché ci-dessus révèle le mobile qui a poussé l'épiscopat africain à transférer le procès des pélagiens au tribunal pontifical. En d'autres termes, ces éléments aident à déterminer au regard de la législation canonique d'Afrique, l'instance ecclésiastique compétente pour juger Pélage, l'auteur principal de la nouvelle erreur.

a) *Le séjour romain de Pélage*

La présence de Pélage et de Celestius en Afrique est un fait accidentel. Elle a été occasionnée par l'immigration forcée de nombreux Italiens, à la suite de l'invasion par les peuples barbares de la péninsule italique, en 410[168].

---

[166] Cf. *supra*, 138, n. 18.
[167] Cf. *supra*, 257, n. 118.
[168] Cf. *supra*, 269, n. 1.

Pélage est désigné comme étant d'origine bretonne[169]. Il a enseigné à Rome où il avait beaucoup d'amis[170]. Tout porte à croire que Pélage a réussi à asseoir son influence dans les milieux romains, au point d'enrôler dans son cercle même Sextus (futur pape), un membre éminent du clergé romain, qui «était en quelque sorte le porte-parole de l'aristocratie sacerdotale, [signale G. de Plinval], et dont on appréhendait les sympathies pélagiennes»[171]. Toutefois, à en juger par les réserves émises par le pape Innocent Ier sur l'activité de Pélage à Rome, le succès du moine breton dans la «Ville éternelle» ne doit pas à être surestimé. En effet, dans la lettre qu'il adresse au primat Aurelius et à ses collègues d'Afrique, le pontife romain avoue n'avoir jamais entendu parler clairement de la nouvelle hérésie, si bien qu'il se réserve de confirmer la présence des adeptes du moine breton à Rome:

> Se trouve-t-il à Rome quelques-uns de ceux dont Pélage, partout où il a séjourné, est parvenu à surprendre la simplicité? Nous ne pouvons le nier, ni l'affirmer, car ils se cachent et n'oseraient ni défendre celui qui tient de tels discours, ni les répéter en présence d'un des nôtres [...][172].

Un fait est pourtant certain. La doctrine de Pélage a eu un grand maître et un fougueux propagandiste en la personne de Celestius[173]. Ce brillant avocat, probablement natif d'Italie[174], s'est révélé comme un dialecticien consommé et un plaignant «rompu par une longue expérience aux manoeuvres juridiques», observe G. de Plinval[175].

---

[169] Cf. AUGUSTIN, *Ep.*, 186, 1 (CSEL 57, 45). A ce sujet, cf. A. SOLIGNAC, «Pélage», 2895; de même J. QUASTEN, *Patrologia*, III, 439.

[170] Cf. AUGUSTIN, *Ep.*, 177, 2: «Audivimus enim esse in urbe Roma, ubi ille diu vixit, non nullos qui diversis causis ei faveant». (CSEL 44, 670); ID., *Ep.*, 191, 1 (CSEL 57, 164).

[171] G. DE PLINVAL, *Pélage*, 230; ID., «Introduction», BAug 21, 417; de même A. MANDOUZE, *Saint Augustin. L'aventure*, 419, n. 4; également C. PIETRI, «Les difficultés», 466.

[172] Cf. AUGUSTIN, *Ep.*, 183, 2: «Nam si Pelagius, quocumque restitit loco, eorum animos, qui facile vel simpliciter crederent disputanti, hac adfirmatione decepit, seu hic illi in urbe sunt, quod nescientes nec manifestare possumus nec negare, cum etsi sunt, lateant nec aliquando audeant vel illum praedicantem ista defendere vel talia aliquo nostrorum praesente iactare [...]». (CSEL 44, 725-726). A ce sujet, cf. P. BATIFFOL, *Le catholicisme*, 358.

[173] Cf. AUGUSTIN, *De haeres.*, LXXXVIII, 1 (CChr.SL 46, 430).

[174] Cf. P. PASCHINI, «Celestio», 1261.

[175] G. DE PLINVAL, *Pélage*, 313; de même A. AUDOLLENT, «Afrique», 795.

b) *Pélage: membre de la juridiction pontificale*

Après avoir reçu les Actes des tribunaux palestiniens, les évêques d'Afrique mettent en évidence la responsabilité directe de l'autorité papale sur Pélage. Ce constat découle de la manière même dont les Africains s'empressent de saisir le pape. Il apparaît en fait que, dès la réception des Actes des tribunaux palestiniens, Aurelius et ses collègues sollicitent la condamnation particulière de la *Sedes apostolica*, parce que Pélage est considéré par eux comme un membre appartenant à la juridiction pontificale. Cette assertion peut être confirmée par deux observations de détail non moins significatives.

+ Rome: tribunal hiérarchique des Églises occidentales

Du point de vue des évêques orientaux, on présume que les juges palestiniens ayant eu à faire aux Latins de différentes Églises occidentales ont préféré se défaire de leur dossier pour le moins encombrant en les renvoyant devant le tribunal hiérarchique équivalent au leur. En outre, considérant le passé romain de Pélage et de Celestius, on suppose que les accusateurs latins du moine breton en Palestine (Jérusalem: 20 juillet 415, et Diospolis: 20 décembre 415), ont été déçus par le rejet de la sentence africaine dont ils étaient les défenseurs, et que c'est pour cette raison qu'ils ont accepté l'initiative de l'évêque Jean de Jérusalem de transférer à Rome la querelle des Latins[176]. La nature de l'autorité judiciaire devant laquelle les protagonistes latins sont renvoyés est bien décrite par G. de Plinval dans cet exposé, où l'initiative des Orientaux est nettement mise en évidence:

> Il ne faut nullement donner à cette décision, [observe l'auteur], le caractère d'un «appel» proprement dit; ce n'était qu'une motion transactionnelle dans le genre de celles qu'on adopte par fatigue à la fin d'une réunion passionnée, lorsque personne ne sait plus très bien de quoi il s'agit. En tout cas, l'évêque Jean estimait qu'en ce qui le concernait son rôle était fini[177].

---

[176] C'est sur l'instigation de Jérôme que le prêtre espagnol Orose s'engage à dénoncer Pélage devant le tribunal de Jérusalem en s'appuyant sur la sentence prononcée contre Celestius à Carthage, en 411: cf. G. DE PLINVAL, *Pélage*, 275; ID., «Introduction», BAug 21, 419. Cependant, ce procès a plutôt tourné à l'avantage du moine breton. Car, Orose pris à partie par l'évêque Jean, a été fâcheusement traité d'ennemi de la doctrine de la grâce, comme un «blasphème»: cf. OROSE, *Liber apologeticus*, 7 (CSEL 5, 611). A ce sujet, cf. G. DE PLINVAL, *Pélage*, 284; ID., «Introduction», BAug 21, 419.

[177] G. DE PLINVAL, *Pélage*, 278; de même A. AUDOLLENT, «Afrique», 796.

+ La pédagogie augustinienne

Par contre, la seconde remarque souligne le fait que Pélage est reconnu par les Africains comme membre effectif de l'Église de Rome. L'exhortation des évêques *leaders* d'Afrique recommandant au pape Innocent Ier de condamner Pélage s'inscrit dans cette optique. En effet, ils assignent le procès qu'ils ont instruit au tribunal de la juridiction de l'accusé. Aussi, dans leur réquisitoire, les Pères d'Afrique emploient-ils une terminologie aussi restrictive que précise concernant l'anathème à infliger au livre de Pélage. Car, outre la condamnation faite par les évêques catholiques (ceux d'Afrique et ceux d'Orient), Aurelius et ses collègues portent la cause pélagienne devant le tribunal qui est pour Pélage et son disciple la dernière instance de recours. A cet effet, les dirigeants de l'Église d'Afrique déclarent:

> Quand ils sauront que ce livre, qu'ils croient ou qu'ils savent être de lui, a été anathématisé et condamné, non seulement par lui-même, mais encore par l'autorité des évêques catholiques et surtout par celle de votre Sainteté qui est, sans aucun doute, pour lui d'un grand poids, ils n'oseront plus troubler les coeurs simples et fidèles, en parlant de la grâce de Dieu révélée au monde par la passion et la résurrection du Christ[178].

Au regard de la résistance que l'épiscopat africain a opposée aux revendications du pape Zosime, la déclaration susmentionnée incline à identifier le grand poids qui est ici invoquée avec la compétence dont jouit l'évêque de Rome pour décider dans sa juridiction particulière de l'Église de Rome. Étant donné que Pélage ne veut pas reconnaître la sentence du concile d'Afrique, — le moine breton peut à bon droit prétexter que l'instance africaine n'a aucune emprise sur lui —, il ne saurait nullement se soustraire à la décision du pape en sa qualité de l'évêque de Rome, la ville où Pélage a résidé de façon régulière. En effet, la démarche que le moine breton entreprend auprès du pape Zosime démontre bien sa volonté du ne pas se soumettre à la sentence que lui a infligée le concile d'Afrique à travers son disciple Celestius[179],

---

[178] AUGUSTIN, *Ep.*, 177, 15: «Si enim cognoverint eundem librum, quem illius vel putant esse vel norunt, episcoporum catholicorum auctoritate, et maxime sanctitatis tuae, quam apud eum esse maioris ponderis minime dubitamus, ab eodem ipso anathematum atque damnatum, non eos ulterius existimamus ausuros, loquendo contra gratiam dei, quae revelata est per passionem et ressurrectionem Christi, pectora fidelia et simpliciter christiana turbare [...]». (CSEL 44, 684).

[179] Cf. AUGUSTIN, *Ep.*, 157, 22: «Sed quia magis convictus et ab ecclesia detestatus quam correctus et pacatus abscessit, veritus sum, ne forte ipse ibi sit, qui vestram fidem perturbare conatur [...]». (CSEL 44, 471). A ce sujet, cf. G. DE PLINVAL,

et dont le tribunal de Diospolis l'a par méprise relevé. C'est pourquoi les Pères d'Afrique soulignent le droit du pape de décider sur Pélage: *minime dubitamus et maxime sanctitatis tuae*. En même temps, ils rappellent le devoir du moine breton de se soumettre à l'autorité de son évêque, qui agit directement sur lui plus que celle du concile d'Afrique: *quam apud eum esse majoris ponderis*.

Comme on peut le constater, les recommandations des évêques d'Afrique renvoient Pélage au jugement direct de l'autorité judiciaire dont il dépend, c'est-à-dire à l'évêque de Rome. La remarque faite par G. de Plinval au sujet de l'emploi du terme administratif *Rescriptum* qu'on rencontre dans la déclaration de satisfaction d'Augustin vient à point nommé confirmer ce jugement. Car, les réponses papales, telles un argument *ad hominem*, sont destinées à renvoyer les pélagiens à l'autorité de la juridiction dont eux-mêmes se réclament: «Il ne s'agit pas tant d'une déclaration dogmatique d'obéissance inconditionnelle au siège apostolique, [fait remarquer l'auteur], que d'un argument spécial destiné aux Pélagiens qui avaient tendance à se réclamer de Rome»[180].

Cette considération éclaire davantage la procédure qu'Augustin adopte dans la campagne qu'il mène auprès de la *Catholica* contre la nouvelle erreur. Ainsi, face à chacun de ses correspondants, l'évêque d'Hippone renvoie à la doctrine orthodoxe qui est enseignée par l'instance ecclésiastique, laquelle représente la plus haute autorité de référence juridictionnelle. De cette manière, lorsqu'Augustin s'adresse à Cyrille d'Alexandrie, il invoque auprès du prélat oriental la doctrine que les juges catholiques orientaux ont approuvée dans l'interrogatoire qui a conduit à la disculpation de Pélage[181]. De même, lorsqu'il s'adresse à l'évêque Julien d'Éclane et à ses collègues pélagiens, qui appartiennent à la juridiction italienne, Augustin renvoie les hérésiarques à la doctrine catholique enseignée à Rome, et qui constitue l'objet de la décision arrêtée par les papes Innocent Ier et Zosime (*Tractoria*) à l'égard de Pélage et de Celestius:

> Comment par conséquent, [s'exclame Augustin], ces déserteurs et ces agresseurs de la grâce accusent-ils le clergé romain de prévarication sous le pontife Zosime, comme si la doctrine qu'ils professaient lors de la seconde condamnation de Célestius et de Pélage n'était pas la même que celle qu'ils professaient lors de la première, au temps d'Innocent? Puisque de toute

---

«Introduction», BAug 21, 418.
[180] G. DE PLINVAL, *Pélage*, 312, n. 1.
[181] AUGUSTIN, *Ep.*, 4*, 2, 2: «quid secuti fuerint catholici iudices in Pelagii responsionibus, ut eum velut catholicum absoluerunt». (CSEL 88, 26).

façon les lettres du vénérable Innocent mettent en pleine lumière, au sujet des petits enfants, l'antique foi catholique selon laquelle, à moins d'être baptisés dans le Christ, ces petits enfants restent dans la mort éternelle, nul doute que c'est plutôt celui qui s'écarterait de cette doctrine qui serait traître à l'Église romaine[182].

+ Les témoignages pontificaux

L'appartenance de Pélage et Celestius à la juridiction d'exercice ordinaire de la *potestas* papale étant établie, le transfert de leur procès de l'instance africaine au tribunal romain devient plus compréhensible. En même temps, le rôle que jouent les Africains dans cette nouvelle phase du procès se précise. En effet, à ce stade, lorsque Aurelius et ses collègues d'Afrique s'adressent au Siège apostolique, ils ne s'y réfèrent pas comme des plaignants devant une instance judiciaire supérieure à laquelle ils soumettraient la révision de leur propre sentence. Bien au contraire, ils se présentent comme des témoins chargés d'attester devant le tribunal *ad hoc* les allégations que le concile africain a formulées contre les prévenus. A l'appui de cette thèse, on peut évoquer les déclarations mêmes des pontifes romains. Dans la lettre pleine d'éloges qu'il écrit aux évêques réunis à Carthage, en 416, le pape Innocent Ier termine sa correspondance en soulignant que les Pères d'Afrique ont utilisé les arguments adéquats pour réfuter l'erreur de Pélage. Par conséquent, il n'avait rien à ajouter là-dessus[183]. De même le pape Zosime, ayant pris connaissance de la doctrine que les Africains opposaient à l'enseignement de Pélage, déclare, — même si cette suggestion ressemble surtout à une rétractation en guise de réplique à l'interpellation contenue dans le *Volumen* qui lui a été envoyé —, vouloir collaborer avec les évêques d'Afrique pour juger le procès des pélagiens[184].

D'après les deux cas d'interventions pontificales, l'appel des Africains auprès du Siège apostolique se présente comme l'exposition des témoignages destinés à mieux éclairer le jugement des pélagiens à Rome. Sous cet angle, le traitement du procès de Pélage et de Celestius

---

[182] AUGUSTIN, *Contra duas epistolas Pelagianorum*, II, 4, 8: «Quomodo igitur ab istis fidei desertoribus et obpugnatoribus gratiae Romani clerici praevaricationis arguuntur sub episcopo Zosimo, quasi aliud senserint in damnatione posteriore Caelestii et Pelagii, quam quod sub Innocentio in priore senserunt? Quia utique cum litteris venerabilis Innocentii de parvulis, nisi baptizarentur in Christo, in aeterna morte mansuris catholicae fidei claret antiquitas, profecto ecclesiae Romanae praevaricator potius esset, quicumque ab illa sententia deviasset». (CSEL 60, 468).
[183] Cf. *supra*, 285, 57.
[184] Cf. *supra*, 274, 22.

à Rome comporte une double implication. D'une part, l'appel interjeté par ces deux hérésiarques au Siège apostolique doit être considéré comme un recours en révision devant le tribunal de leur propre ressort, étant donné qu'ils ne veulent pas reconnaître la sentence rendue par le tribunal d'Afrique. A ce propos, la réflexion faite par O. Wermelinger met bien en évidence la nature contraignante de l'autorité du pontife romain sur les pélagiens. L'auteur fait remarquer qu'en procédant à une nouvelle condamnation de Pélage et de Celestius, le pape Innocent Ier donne l'impression de vouloir éclaircir la situation qui a conduit à la disculpation prononcée à Diospolis[185]. A ce titre aussi, le pape Innocent Ier comme du reste Zosime, en tant qu'évêque de l'accusé, est libre de ne pas reconnaître le jugement rendu par un autre tribunal sur un membre qui dépend de sa juridiction. D'autre part, le recours de Pélage et de Celestius auprès de l'évêque de Rome est perçu par les Africains comme un procès intenté par les pélagiens contre leurs accusateurs africains devant le tribunal de leur juridiction d'origine, c'est-à-dire Rome. A cet effet, les justifications que Pélage a fournies en Palestine en 415 et à Rome auprès du pape Zosime en 417, en reniant sur plus d'un point les articles incriminés de son enseignement que les Africains avaient épinglés chez son compère Celestius[186], constituent sans doute un indice de la volonté du moine breton de ne pas subir le sort réservé à Celestius[187].

Par ailleurs, étant donné que dans la lettre qu'il a envoyée à Aurelius pour exonérer Pélage le pape Zosime n'y a pas associé Celestius[188], on doit admettre que la culpabilité du moine breton était bien établie. En revanche, sa condamnation n'était pas reconnue par lui-même autant

---

[185] O. WERMELINGER, *Rom*, 127, dit à ce sujet: «Man hat den Eindruck, daß Innozenz durch eine Verurteilung, die den Freispruch des Pelagius auf Diospolis nicht in Betracht zieht, also durch ein neues direktes Verfahren auf eine Klärung der Situation drängt».

[186] Cf. PÉLAGE, *Libellus fidei* (MANSI, IV, 355-358).

[187] Cf. AUGUSTIN, *De Gestis*, XIV, 30: «Ad ista Pelagius respondit: "haec utrum Caelestii sint, ipsi viderint qui dicunt ea Caelestii esse; ego vero numquam sic tenui, sed anathematizato qui sic tenet."». (CSEL 42, 83); XIX, 43 (*Ibid.*, 98 s.); XXXIII, 58 (*Ibid.*, 112 s.).

[188] Cf. *Coll. Avell.*, *Ep.*, 45, 3: «Omnia igitur, quae prius fuerant acta, discussimus, sicut gestorum huic epistolae cohaerentium instructione discetis, et intromisso Caelestio libellum eius, quem dederat, fecimus recitari. Nec hoc contenti, utrum haec, quae scripsisset, corde loqueretur an labiis, saepenumero exploravimus, cum de occultis animarum solius dei nostri possit esse iudicium, cui non tantum cogitata sed et cogitanda iam praesto sunt [...]». (CSEL 35, 100). A ce sujet, cf. G. DE PLINVAL, *Pélage*, 315.

qu'elle était mise en cause par le pape Zosime, qui déplorait l'irrégularité de la procédure engagée en Afrique contre les accusés.

Sur ce transfert du dossier du pélagianisme, de l'instance africaine au tribunal papal, on peut conclure ainsi: abstraction faite de l'appartenance de l'Église d'Afrique à la partie occidentale de l'empire, on ne doit pas considérer les recours des Africains à Rome dans la crise pélagienne comme l'appel d'une Église dépendant de la juridiction pontificale. La fermeté dissimulée dans les subtilités des formules avec laquelle les évêques d'Afrique défendent la sentence de leur concile autorise cette conclusion. Pour les Pères d'Afrique, la condamnation de Pélage était déjà prononcée à travers celle de son disciple Celestius à Carthage, en 411[189]. Par cette procédure, il va sans dire que le concile d'Afrique veut défendre la souveraineté de son tribunal, dont la sentence ne peut être cassée par une autre instance judiciaire.

5. Conclusion

L'attitude ambivalente d'autonomie et de communion constatée dans le comportement de l'épiscopat africain pendant la crise pélagienne montre de manière évidente la fidélité des Africains aux principes de leur ecclésiologie traditionnelle. Si les Africains recourent instamment au Siège apostolique, c'est parce qu'ils considèrent fondamentalement que l'évêque de Rome représente le principe visible d'autorité et du pouvoir des évêques. En effet, de ce principe, découle la prérogative de sollicitude envers l'Église universelle.

A considérer la manière dont Aurelius et ses collègues d'Afrique affrontent l'enseignement de Pélage, on ne peut douter que la prérogative de sollicitude envers l'Église universelle est entendue comme un privilège réservé à tous les évêques. C'est ainsi que lorsque Cyrille d'Alexandrie se plaint des Latins qui troublent la paix dans les milieux grecs, les évêques d'Afrique qui sont des Latins répondent à la préoccupation de leur collègue oriental en déployant une action collégiale destinée à combattre la doctrine erronée, considérée à juste titre comme une source de scandale pour les Églises. A cet effet, Augustin ne s'interdit pas de vanter son mérite personnel, en signalant la perspicacité qu'il a eue, — en réalité, il s'agit de la vigilance et de

---

[189] Sur ce point, C. PIETRI, «Les difficultés», 468, fait remarquer que la lettre du concile de Carthage de 418 contenant les canons qui condamnent les thèses pélagiennes et qui est expédiée à Rome, rappelle au pape Zosime que Pélage et Celestius ne peuvent être réadmis à la communion de l'Église que s'ils reconnaissent la valeur et la nécessité de la grâce tel que les évêques d'Afrique l'ont défini.

l'ardeur dont l'épiscopat africain tout entier a fait montre dans le combat antipélagien —, pour repérer l'erreur pélagienne (*dira contagia*), et avec une fraternelle sollicitude (*cura fraternae dilectionis*) d'en prévenir les autres évêques.

La nuance essentielle qu'il convient d'établir dans l'itinéraire du procès des pélagiens (Afrique – Palestine – Rome) est la suivante. La procédure du transfert du procès des pélagiens à Rome n'était pas prévue par la législation canonique d'Afrique. Car, d'après cette législation, tout ecclésiastique condamné par un tribunal africain dispose d'une marge de temps raisonnable (*sane tempus*), pour interjeter appel auprès du tribunal du concile d'Afrique. Passé ce délai, la sentence antérieurement prononcée est considérée comme admise par l'accusé, et par conséquent, le procès est clos. En outre, cette législation interdit formellement tout recours à une autre juridiction, le concile universel d'Afrique demeurant l'ultime instance d'appel. La résistance manifestée par l'épiscopat africain face à l'intervention du pape Zosime confirme cette position.

Par ailleurs, l'ouverture de l'épiscopat africain à l'Église orientale permet d'apprécier diversement l'accueil des réponses papales qualifiées de *Rescripta* en Afrique. Les paroles élogieuses que le pontife romain adresse à Aurelius et à ses collègues trahissent, semble-t-il, la rareté des rapports qui existent entre l'Afrique et Rome au moment où surgit la crise pélagienne. Cette assertion est suggérée par la démonstration d'autonomie dont l'épiscopat africain a fait montre en résolvant dans la Conférence de Carthage de 411 le dramatique problème du schisme donatiste sans le concours de l'évêque de Rome. Dans cette optique, la communication des activités entreprises au sujet de la crise pélagienne au Siège apostolique répond plutôt au principe ecclésiologique énoncé par Cyprien, selon lequel il est nécessaire de demeurer en tout en communion avec l'évêque de Rome, surtout pour les affaires d'intérêt majeur pour l'Église. C'est pourquoi, tout en admettant que la décision définitive de la condamnation du pélagianisme fut réservée par les Africains au Siège apostolique, — étant donné qu'ils lui ont présenté les Actes de leurs conciles et les ont soumis au jugement du pontife romain —, cet aspect de recours ne peut enlever au concile d'Afrique sa compétence délibérative, pour trancher tout débat né dans la juridiction africaine. Dans le cas de la controverse pélagienne comme dans beaucoup d'autres qui ont été étudiés au fil des chapitres, le recours des Africains à l'évêque de Rome s'avère être une question de communion, qui est à la base des principes de sollicitude envers l'Église et de responsabilité collégiale des évêques.

CONCLUSION GÉNÉRALE

Pour élaborer cette dissertation, nous avons entrepris le long et rude effort qu'impose le travail de synthèse. Car, le sujet qui fait l'objet de cette recherche s'inscrit dans le vaste champ d'exploration, où diverses disciplines scientifiques soumettent à leur examen spécifique la problématique générale d'autonomie et de communion dans l'Église antique. Au terme de cette étude, nous exposons le bilan, dont les différentes conclusions d'analyses partielles effectuées au fil des chapitres mettent en évidence les principes d'ordre juridico-ecclésiologique, qui aident à mieux appréhender le comportement ambivalent de l'épiscopat africain face à l'autorité pontificale.

La conception juridico-ecclésiologique d'autonomie et de communion de l'Église d'Afrique est basée sur le système d'autonomie des Églises, qui est en vigueur dans l'Antiquité. D'après ce système, chaque Église élabore les règles du droit en fonction des besoins et des nécessités de sa communauté. La doctrine du droit que suivent les Églises est essentiellement fondée sur l'autorité des Saintes Écritures et la Tradition des apôtres. Ces deux sources d'autorité faisant l'objet d'interprétations, elles aboutissent souvent à des conclusions discordantes.

Néanmoins, déjà avant le concile de Nicée, l'évêque de Rome jouit parmi ses collègues d'un statut spécial en tant qu'il est le successeur au Siège de l'apôtre Pierre: il constitue l'instance de référence et d'arbitrage, surtout pour des matières qui relèvent du domaine du dogme. On a recours à cette instance de manière spontanée et libre, étant donné qu'il n'existe pas pour l'Église universelle de directives canoniques qui établissent les modalités de recours à l'évêque de Rome.

Évoluant en contact avec les traditions païennes, l'Église élabore sa doctrine de justice en s'inspirant des notions de droit séculier (*auctoritas - potestas*). Toutefois, le législateur ecclésiastique imprègne de manière particulière son vocabulaire d'esprit chrétien. C'est dans ce contexte que la doctrine juridico-ecclésiologique d'Afrique est née. Sa paternité est à bien des égards à attribuer à Cyprien. Car, cet illustre prélat a donné corps et stabilité aux notions et théories qui étaient diffuses dans l'Église d'Afrique, celles dont l'œuvre polyvalente de Tertullien porte l'écho.

Dans l'ecclésiologie africaine, l'idée que l'Église est bâtie sur l'autorité des évêques est très forte: ceux-ci sont considérés comme les successeurs des apôtres. De même, de cette conception, le principe de collégialité épiscopale tire son origine: les évêques sont investis de la même autorité et du même pouvoir par le Seigneur, qui les a établis chefs et juges dans son Église. D'après cette vision, l'apôtre Pierre fait fonction de principe visible de l'unicité de l'épiscopat et de l'unité de l'Église: *cathedra Petri*. Cependant, ce statut de Pierre ne comporte pas de prérogatives de commandement à exercer sur les autres apôtres. C'est ainsi que Cyprien circonscrit l'exercice de la *potestas* de Pierre ou de son successeur, qui est l'évêque de Rome, dans les limites de l'Église dont ils ont la responsabilité. L'évêque de Carthage et à sa suite la tradition canonique d'Afrique, accordent beaucoup d'importance au droit de juridiction pour l'exercice de la *potestas* épiscopale. Pour ce faire, Cyprien fait appel à la notion de la *ratio* comme principe qui détermine l'intelligibilité de toute décision épiscopale.

La pensée juridico-ecclésiologique de Cyprien a fait école, à telle enseigne qu'elle a été revendiquée aussi bien par les catholiques (orthodoxes) que par les schismatiques d'Afrique (les donatistes). Nonobstant l'avènement de l'ère d'émancipation de l'Église au IVe siècle, lorsque, d'abord persécuté, le christianisme acquiert ensuite le droit à l'existence (Constantin), et finit par être reconnu en devenant la religion privilégiée de l'État (Théodose Ier), l'Église d'Afrique, tout en s'adaptant à la nouvelle conjoncture, ne renonce pas cependant à observer les principes fondamentaux de son ecclésiologie traditionnelle. Alors qu'à cette époque, l'autorité de l'évêque de Rome est renforcée par la sollicitude spéciale que lui apporte le pouvoir temporel, les rapports que l'épiscopat africain entretient avec l'instance pontificale n'obéissent pas aux prérogatives établies par la nouvelle formule d'administration pontificale, qui est à forte charge idéologique. Cette manière de gouverner l'Église a été désignée dans cette dissertation par les termes de «régime ecclésiologique de la *Sedes apostolica*».

La fidélité de l'épiscopat africain à sa tradition juridico-ecclésiologique se vérifie spécialement dans la praxis des recours à Rome. Tributaire d'une tradition canonique fortement marquée par la sollicitude pastorale, qui est axée sur l'unité de l'Église, l'épiscopat africain au temps de l'émancipation du christianisme recherche la collaboration de l'évêque de Rome dans une perspective de communion, telle qu'elle est établie dans la doctrine cyprianique: l'autorité irrévocable du concile d'Afrique se veut l'indice le plus évident de cette fidélité. Car, selon une technique particulière, qui consiste à mettre son interlocuteur devant le fait accompli, l'épiscopat africain, en s'adressant à l'évêque de Rome, cherche par des procédés habiles de faire prévaloir son point de vue. Cette technique, dont l'originalité a été abondamment soulignée dans cette dissertation, est circonstanciellement appelée «méthode d'autonomie dans la communion». En effet, tout en s'ouvrant à la collaboration de l'évêque de Rome, en aucun cas le concile d'Afrique dont le primat incarne l'autorité, ne renonce à sa compétence juridique de prononcer en dernière instance pour des causes nées dans la juridiction ecclésiastique d'Afrique. C'est ainsi que par des formules et des schémas complexes, qui s'accommodent aux réalités ecclésiales locales, l'épiscopat d'Afrique instruit les procès dont il a charge en prenant soin de maintenir l'équilibre entre l'autonomie de sa juridiction et la communion de la *Catholica* à travers la communion de l'évêque de Rome. Grâce à cette méthode, l'épiscopat africain évite que les divergences de vues qui le portent à maintes reprises à affirmer son droit à la différence, ne soient une occasion de rupture avec l'évêque de Rome. A ce sujet, il suffit de rappeler l'issue dans laquelle se sont conclus la querelle baptismale, la crise pélagienne, les procès du prêtre Apiarius et de l'évêque Antoninus de Fussala. On en vient donc à conclure que dans la vision juridico-ecclésiologique d'Afrique, autonomie et communion ne représentent pas des choix qui s'excluent l'un l'autre, mais bien une unité complémentaire.

L'étude des cas de recours de l'épiscopat africain à Rome a permis de cerner une constante signification: aussi bien pendant la période d'isolement de l'épiscopat africain, qui est marquée par l'absence d'une autorité de poigne après la primatie de Cyprien à la tête de l'Église d'Afrique que pendant la période du renouveau, où le *tandem* Aurelius-Augustin préside aux destinées de cette Église, lorsque les Africains s'adressent à Rome, c'est essentiellement pour rechercher le fondement des doctrines élaborées par leur concile; d'autant plus que c'est la communion de l'évêque de Rome qui garantit l'authenticité de toute revendication ecclésiastique. En effet, la préoccupation de légitimer les revendications à partir du principe visible d'orthodoxie (*cathedra Petri*), constitue pour les Africains le gage permanent d'authenticité de leur communion avec la *Catholica*. Sous l'impulsion des dirigeants de la trempe de Cyprien ou Aurelius, l'Église d'Afrique s'efforce de se mettre au diapason de l'évolution des Églises des autres régions de la chrétienté, celles appartenant à la *pars occidentalis* de l'empire, où Rome est l'unique Siège apostolique et celles de la *pars orientalis*, qui compte de nombreuses communautés de fondation apostolique. A travers la correspondance épistolaire, le concile d'Afrique assure la communication de ses activités à d'autres Églises autant pour clarifier les points obscurs des doctrines encore mal définies que pour mettre en garde les Églises contre le danger qui menace le patrimoine commun reçu de la Tradition (*apostolica doctrina*). Dans ce but, les évêques d'Afrique ne ménagent pas leur zèle pour participer aux grands rendez-vous dans lesquels se joue le destin de l'Église universelle. C'est dire l'importance que l'épiscopat africain accorde au principe de collégialité et de communion, qui se traduit par le devoir de sollicitude envers l'Église universelle.

Dans ce tableau récapitulatif de la conception juridico-ecclésiologique d'Afrique, on peut dégager le trait saillant suivant. Alors que la chrétienté ne dispose pas encore d'un code de droit canonique universel, l'épiscopat africain, doté d'une solide et remarquable organisation législative, a mis en relief la nécessité de demeurer en état de communion permanente avec l'évêque de Rome, comme un impératif ecclésiologique. Les modalités de réalisation de cette communion varient et génèrent parfois des contradictions dans le comportement de l'épiscopat africain. La clé d'explication de cette ambivalence de comportement se trouve, semble-t-il, dans le fait que l'ecclésiologie africaine est bâtie sur des principes dont la nature même requiert un laborieux effort de conciliation. Il s'agit de l'autonomie et de la communion. A ce propos, l'examen des contradictions africaines met en lumière le degré de conscience que les dirigeants tels que Cyprien, Aurelius ou Augustin, dont la célébrité dépasse les frontières de l'Église d'Afrique, ont manifester pour allier l'autonomie avec la communion. Cette difficulté se fait plus ardue lorsqu'on rentre dans le contexte général du système d'autonomie des Églises, qui est en vigueur dans l'Antiquité. Du coup, la problématique d'insoumission de l'épiscopat africain face à l'autorité papale reçoit un éclairage nouveau. Le comportement ambivalent constaté dans l'épiscopat africain se comprend non pas en termes de contradiction, mais de mérite. Car, cette attitude est arborée pour conjurer l'éloignement ou la séparation d'avec l'instance qui constitue le principe d'unicité de l'épiscopat et de l'unité de l'Eglise, c'est-à-dire la *cathedra Petri*.

Les temps ont certes changé aujourd'hui, de même que le cadre juridico-ecclésiologique de l'Église universelle s'est amplement structuré. Mais, la question des rapports des Églises avec l'évêque de Rome demeure d'actualité. Le pape Jean-Paul II a bien conscience de cette incontournable réalité. C'est ainsi qu'en s'adressant aux dirigeants de l'Église d'Afrique à la clôture des travaux du Synode Africain pour les Évêques, tenu à Rome en 1994, le Souverain Pontife exhorte à la communion de l'évêque de Rome dans une perspective qui évoque la situation de l'épiscopat africain antique. A cette occasion, le pape dit:

> Fidèles à la tradition des premiers siècles du christianisme en Afrique, les pasteurs de ce continent, en communion avec le Successeur de l'Apôtre Pierre et avec les membres du Collège épiscopal venus d'autres régions du monde, ont tenu un Synode qui s'est voulu manifestation d'espérance et de résurrection, au moment où les événements semblaient pousser l'Afrique au découragement et au désespoir. [...]. A ce sujet, je voudrais m'adresser spécialement à mes frères évêques qui «sont, avec moi, directement responsables de l'évangélisation du monde, en tant que membres du collège épiscopal et en tant que pasteurs des Églises particulières». Dans leur sollicitude quotidienne pour le troupeau qui leur est confié, ils ne doivent jamais perdre de vue les besoins de l'Église tout entière[1].

Éclairée par l'attitude conciliante de l'épiscopat africain antique, l'Église contemporaine peut faire oeuvre d'*aggiornamento* en se mettant à l'écoute des pasteurs comme Cyprien, Optat, Augustin ou Aurelius. Car, la méthode des recours à Rome employée par ces *leaders*, pour ambiva-lente qu'elle puisse paraître, constitue une véritable procédure pédago-gique de dialogue, qui vise à la recherche du compromis et de l'équilibre, à travers lesquels l'autonomie des Églises locales se conjugue avec la communion de l'évêque de Rome, et la collégialité épiscopale signifie responsabilité collective. Dès lors, s'impose l'effort de créativité pour une gestion lucide et le maintien courageux de l'équilibre ainsi atteint.

Au terme de l'enquête, nous voulons conclure notre recherche avec le rappel d'un écueil, que nous avons signalé plus haut dans le cadre de l'élaboration de cette thèse. Face à l'abondance des recherches effectuées antérieurement sur le thème de l'autonomie et de la communion, nous avons voulu mener nos investigations dans un esprit d'humilité et de modestie. Dans cette optique, on peut retenir la mise en garde formulée par J.-L. Maier, selon laquelle «un historien doit toujours se garder de l'illusion de faire du définitif»[2]. C'est pourquoi, conscient de n'avoir pas épuisé la question d'autonomie et de communion, nous livrons à la curiosité du lecteur cet essai d'interprétation du comportement ambivalent de l'épiscopat africain dans la praxis des recours à Rome avec l'espoir qu'il serve de jalon et suscite de l'enthousiasme, en vue de nouvelles explorations dans l'univers toujours fascinant des rapports de l'Église d'Afrique antique avec l'évêque de Rome.

---

[1] *Exhortation Apostolique post-synodale: Ecclesia in Africa*, 3, n. 1; 136, n. 132.
[2] J.-L. MAIER, *Le dossier du donatisme,* II (Avant-propos).

APPENDICE

Regard sur l'oeuvre de J.E. Merdinger

Notre approche de la question des recours de l'Église d'Afrique à Rome diverge de celle de J.E. Merdinger essentiellement sur la conception de l'autorité judiciaire de l'évêque de Rome. La manière dont l'auteur présente l'instance romaine induit à conclure à une dépendance naturelle du tribunal africain de celui de Rome:

> For Africa, [affirme-t-il], Rome was the natural court of appeal. Relations between the two churches were normally very good; ships plied the sea lanes between Carthage and Ostia; and the journey was not usually an ardous one. Long before any appellate legislation was ever drafted, African bishops set their sights on Rome as a logical place of appeal[1].

Au concile général d'Afrique réuni à Carthage, le 13 juin 407, les Pères établissent une disposition relative aux lettres de recommandation (*formatae*), qui est libellée en ces termes:

> Placuit ut quicumque ad comitatum ire voluerit, in formata quae ad Urbis Romae ecclesiam formatam accipiat. Quod si accipiens ad Romam tantummodo formatam, et tacens necessitatem, qua ad comitatum illi pergendum est, voluerit etiam ad comitatum pergere, a communione removeatur. Quod si ibi Romae ei repentina necessitas orta fuerit ad comitatum pergendi, alleget apud episcopum Urbis Romae ipsam necessitatem, et de hoc rescripta eiusdem Romani episcopi perferat[2].

Cependant, bien qu'elle prenne soin de mettre en évidence la nature des abus qui ont suscité l'institution des *formatae*, J.E. Merdinger n'estime pas moins que cette législation a de manière inattendue redonné de la vigueur au prestige et à l'influence de l'évêque de Rome au détri-

---

[1] J.E. MERDINGER, *Rome*, XII.
[2] Cf. *RECE*, can. 16 (CChr.SL 149, 218, lignes 1254-1263).

ment de l'Église d'Afrique. Ainsi, déclare-t-elle: «The bishop of Rome was a trusted colleague. If the African church had problems, they stemmed not from overseas interference but from the ambitions and machinations of its own clerics»[3].

De même, après avoir brossé de manière suffisamment éclairante une esquisse de l'évolution du processus de fixation de la règle canonique qui stipule la nécessité de juger un évêque devant un tribunal de douze membres plutôt que devant le seul primat de province[4], J.E. Merdinger en vient à conclure que l'absence de loi écrite interdisant le recours des évêques à Rome constatée au concile de Carthage de 393[5] constitue une preuve patente qu'il existait dans la période antérieure la possibilité pour les évêques d'Afrique d'en appeler à Rome:

> Until 393, non African statute addressed the issue of overseas excur-sions; apparently, bishops were free to cross the Mediterranean at their convenience. At the Council of Hippo, however, Aurelius and his colleagues decided to impose one slight stricture: henceforth, bishops would have to secure permission from their provincial primate before embarking for abroad. [...]. Because of its early date, Canon 27 is couched in rather broad terms. It is aimed at all bishops who intend to go overseas, whether for business or for pleausure. For us, it is an important statute because it includes bishops who seek to appeal their cases overseas [...][6].

Dans le même ordre d'idées, l'auteur juge que la prescription énoncée de manière explicite au concile de Carthage de 419, à titre de rappel (*sicut et de episcopis saepe constitum est*), qui interdit à tout ecclésiastique africain d'en appeler à Rome[7], ne concernerait pas les évêques, mais seulement les clercs mineurs: «Canon 125 is addressed to minor clergy, and even though its final sentence is couched in somewhat ambiguous terms, it must not be separated from the rest of the canon. Canon 125 speaks to lower clergy — and only to lower clergy»[8].

A analyser attentivement les normes africaines qui traitent des appels à Rome à la lumière de la disposition relative aux *formatae*, la thèse de J.

---

[3] J.E. MERDINGER, *Rome*, 110; 100.

[4] Cf. J.E. MERDINGER, *Rome*, 80-83.

[5] Cf. *Breviarium Hipponensis*, can. 27: «Ut episcopi trans mare non proficiscantur, nisi consulto primae sedis episcopo suae cuiusque provinciae, ut ab eo praecipue possint formatas accipere. Hinc etiam dirigendae litterae concilii ad transmarinos episcopos». (CChr.SL 149, 41).

[6] J.E. M MERDINGER, *Rome*, 93-94.109.

[7] Cf. *Canones in causa Apiarii*, 28 (CChr.SL 149, 143, lignes 302 s.; spécialement, ligne 308).

[8] Cf. J.E. MERDINGER, *Rome*, 134.

E. Merdinger se heurte à une imposante objection. Le constat qui se dégage de l'examen de la législation africaine est que l'évêque de Rome n'est pas mentionné comme étant la destination finale des lettres de recommandation. Il est plutôt établi comme une «instance de relais» ou de «transmission» entre les Africains et la cour impériale: *ad comitatum pergere*. A ce sujet, les abus évoqués par le décret africain, que J.E. Merdinger a du reste soigneusement relevés, nous permettent de saisir sur le vif l'intention sous-jacente à la prescription conciliaire. Considérant d'une part l'esprit d'autonomie de la législation africaine et d'autre part, le fait que l'initiative de transiter par l'évêque de Rome ne vient pas de cette dernière instance, on est en droit d'affirmer que le concile d'Afrique a prévu l'autorité pontificale dans son schéma de recours au pouvoir séculier dans le but inavoué de mieux assurer l'observance de ses propres décrets. Eu égard à cette remarque, la thèse de J.E. Merdinger apparaît très limitée, car elle ne semble pas reconnaître la valeur que les Africains accordent à leur propre appareil judiciaire, c'est-à-dire aux instances de recours locales. La structure africaine de correspondance met certes au centre l'évêque de Rome; elle renferme cependant un aspect d'autonomie, qui ressort nettement de cette remarque faite par J.-P. Brisson dans la nuance qu'il établit sur l'évolution de la conception de l'évêque de Rome de Cyprien à Augustin:

> Il ne s'agit plus comme pour Cyprien, [dit l'auteur], de trouver dans la communion avec l'évêque de Rome le signe qu'on est dans l'unique Église, il s'agit de voir dans cette communion la garantie de l'union de tous les chrétiens entre eux et c'est pour cela que les lettres de communion passent par l'évêque de Rome[9].

Tenant compte de cette indication, il semble en définitive que c'est le concile d'Afrique qui se sert de l'instance romaine pour atteindre ses objectifs plutôt que le contraire. Cette procédure relève de la technique particulière dont l'épiscopat africain fait usage pour gagner ses interlocuteurs à ses vues. L'emploi de cette méthode de recours au temps d'Augustin démontre la permanence de la tradition d'autonomie de l'Église d'Afrique vis-à-vis de l'évêque de Rome. Mais aussi l'aspect de communion, car dans toutes ses démarches, l'épiscopat africain tient à associer l'autorité pontificale.

---

[9] J.-P. Brisson, *Autonomisme*, 162.

SIGLES ET ABRÉVIATIONS

La présente liste de Sigles et Abréviations a été établie à partir de celle qui est proposée par S. SCHWERTNER, *Theologischen Realenzyklopädie*, Berlin – New York, 1994², à laquelle nous avons ajouté nos propres éléments.

A.	Année
ACan	*L'année canonique*
ACO	*Acta conciliorum oecumenicorum*
AHC	Annuarium historiae conciliorum
AHP	Archivum historiae pontificiae
Ang.	*Angelicum*, Roma
Apoll.	*Apollinaris*, Civitas Vaticana
AthA	*Année théologique augustinienne*
AugL	*Augustinus-Lexikon*, ed. C. Mayer, I, Basel 1986.
AugM	*Augustinus magister*
AugSt	*Augustinian studies*
BAug	Bibliothèque augustinienne
BEFAR	Bibliothèque des écoles françaises d'Athènes et de Rome
BHRom	Bibliotheca helvetica romana
BiblThom	*Bibliothèque thomiste*
BSS	*Bibliotheca sanctorum*
Byz.	*Byzantion*, Bruxelles
ca.	circa
can.	canon
CAR	Cahiers de l'actualité religieuse
CChr.SL	Corpus Christianorum Series Latina
Cf.	Confer, voir
Chap.	chapitre
Cod. Theod.	*Codex Theodosianus*
Coll.	*Collectio*
Coll. Avell. Ep.	*Collectio Avellana Epistula*

Conc.	*Concilium (a)*
Conc. Carthag.	*Concilium (a) Carthaginense*
Conc(F)	*Concilium*. Paris
Conc. Hippon.	*Concilium Hipponensis*
CSEL	Corpus scriptorum ecclesiasticorum Latinorum
CStS	Collected studies series
DACL	*Dictionnaire d'archéologie chrétienne et de liturgie*
DDC	*Dictionnaire de droit canonique*
DHGE	*Dictionnaire d'histoire et de géographie ecclésiastique*
DPAC	*Dizionario patristico e di antichità cristiane*
DThC	*Dictionnaire de théologie catholique*
DublR	*Dublin Review*
EAug	Études Augustiniennes
ed.	Éditeur, édition
EC	*Enciclopedia cattolica*
EOr	*Échos d'Orient*
Ep.	*Epistula*
Epp.	*Epistulae*
EThL	*Ephemerides theologicae Lovanienses*
EUSÈBE, *H.E.*,	*Historia ecclesiastica*
Exc.	Excellence
FZPhTh	*Freiburger Zeitschrift für Philosophie und Theologie*
GCS	Die grieschichen christlichen Schriftsteller der ersten drei Jahrhunderte
HARDOUIN	*Acta conciliorum et epistulae decretales ac constitutiones summorum pontificum*
HC	*Histoire du Christianisme*, ed. J.-M. Mayeur – C. Pietri, II, *Naissance d'une chrétienté (250-430)*, Paris 1995
HDIEO	Histoire des institutions de l'Église en Occident
HE	*Histoire de l'Église depuis les origines jusqu'à nos jours,* ed. A. Fliche – V. Martin, Paris
HEFELE – LECLERCQ	HEFELE, C.J. – LECLERCQ, H., *Histoire des conciles d'après les documents originaux*, Paris
HistDog	Histoire des dogmes
HKG[J]	Handbuch der Kirchengeschichte
ID.	Idem (le même auteur)
Ibid.	*Ibidem*, dans le même ouvrage
Irén.	*Irénikon*, Chevetogne
Ist.	*Istina*, Boulogne-sur-Seine

IThS	Innsbrucker theologische Studien, Innsbruck
JThS	*Journal of theological studies*
Les Lettres	*Les Lettres de Saint Augustin découvertes par J.DIVJAK. Communications présentées au colloque des 20 et 21 septembre 1982*, EAug, Paris 1983
Loc. cit.	Loco citato, renvoi à l'endroit cité
LP	DUCHESNE, L., *Le Liber Pontificalis*, I, *Texte, introduction et commentaire*, ed. E. Thorin, BEFAR (2ᵉ série) Paris 1886 (repr. 1955)
MANSI	*Sacrorum conciliorum nova et amplissima collectio*
MEFRA	Mélanges de l'École Française de Rome Série Antiquité
Mgr	Monseigneur
n.	numéro
nn.	numéros
NHE	*Nouvelle histoire de l'Église*, I, ed. L.J Rogier – R. Aubert – M.D. Knowles, Paris 1963
orig.	texte (édition) original
Op. cit.	*Opus citato*
OrChrP	*Orientalia Christiana periodica*
PatMS	Patristic monograph series
PCBE	*Prosopographie chrétienne du Bas-empire*, ed. A. Mandouze, I, *Prosopographie de l'Afrique chrétienne (303-533)*, Paris 1982
PG	J.-P. Migne, Patrologiae cursus completus. Series Graeca
PL	J.-P. Migne, Patrologiae cursus completus. Series Latina
PLS	J.-P. Migne, Patrologiae Latinae supplementum
Il primato	*Il primato del Vescovo di Roma nel primo millenio. Ricerche e testimonianze. Atti del symposium storico-teologico*, (Atti e documenti 4), Roma, 9-13 Ottobre 1989, Città del Vaticano 1990.
PT	*Primatus Textus*
PuP	Päpste und Papsttum
RAC	*Reallexikon für Antike und Christentum*
RB	*Revue biblique*
RDC	*Revue de droit canonique*
REAug	*Revue des études augustiniennes*
RBen	*Revue bénédictine de critique, d'histoire et de littérature religieuse. Maredous*

REByz	*Revue des études byzantines*
RECE	*Registri Ecclesiae Carthaginensis Excerpta*
RechAug	*Recherches augustiniennes*
repr.	réimpression
RevSR	*Revue des sciences religieuses*
RH	*Revue historique*
RHE	*Revue d'histoire ecclésiastique*
R.P.	Révérend Père
R.F.	Révérend Frère
RR.FF.	Révérends Frères
RSFil	*Rassegna di scienze filosofiche*
RSLR	*Rivista di storia e letteratura religiosa*
RSPhTh	*Revue des sciences philosophiques et théologiques*
RSR	*Recherches de science religieuse*
RThPh	*Revue de théologie et de philosophie*
s.	page suivante
ss.	pages suivantes
SC	Sources chrétiennes
ScEc	*Sciences ecclésiastiques*
ScEs	*Science et esprit*
SCH(L)	Studies in church history, London
SE	*Sacris erudiri*
SEAug	*Studia ephemerides «Augustinianum»*
Sent. episcop. (Praef.)	*Sententiae episcoporum Praefatio*
SHG	Subsidia hagiographica
SIFC	*Studi italiani di filologia classica*
SPCK	Society for Promoting Christian Knowledge
StPatr	*Studia patristica*
TR	*Textus Receptus*
Tr.	*Traditio*, New York
trad.	Traduction, traducteur
UnSa	Unam Sanctam
ViSa	Vite dei Santi. Verona.

TABLE BIBLIOGRAPHIQUE

La table bibliographique est répartie en deux catégories de sources. La première catégorie comprend les œuvres d'écrivains africains avec les manuels de traduction en langue française correspondants ainsi que les éditions variées ou isolées des textes ayant valeur de témoins de base. En revanche, la seconde série de documents rassemble les ouvrages et écrits d'auteurs, qui traitent de l'Église africaine antique.

1. Sources

1.1 *Écrivains africains*

AUGUSTIN, *Ad Donatistas post collationem*, ed. M. Petschenig, CSEL 53, Wien – Leipzig 1910, 97-162; trad. in G. FINAERT, ed., *Traités anti-donatistes de Saint Augustin*, V, BAug 32, Paris 1965, 248-393.

———, *Breviculus conlationis cum Donatistis*, ed. S. Lancel, CChr.SL 149/A, Turnhout 1974, 259-306; trad. in G. FINAERT, ed., *Traités anti-donatistes de Saint Augustin*, V, BAug 32, Paris 1965, 94-243.

———, *Contra Cresconium Grammaticum et Donatistam libri quattor*, ed. M. Petschenig, CSEL 52, Wien – Leipzig 1909, 323-582; trad. in G. FINAERT, ed., *Traités anti-donatistes de Saint Augustin*, IV, BAug 31, Paris 1968, 70-643.

———, *Contra duas epistulas Pelagianorum libri quattor*, ed. K.F. Urba – J. Zycha, CSEL 60, Wien – Leipzig 1913, 423-570; trad. in F.G. THONNARD, E. BLEUZEN et A.-C. DE VEER, ed., *Premières polémiques contre Julien*, BAug 23, Paris 1974, 312-657.

———, *Contra epistulam Parmeniani libri tres*, ed. M. Petschenig, CSEL 51, Wien – Leipzig 1908, 19-141; trad. in G. FINAERT – G. BOUISSOU, ed., *Traités anti-donatistes de Saint Augustin*, I, BAug 28, Paris 1963, 208-481.

AUGUSTIN, *Contra litteras Petiliani libri tres*, ed. M. Petschenig, CSEL 52, Wien – Leipzig 1909, 3-227; trad. in G. FINAERT, ed., *Traités anti-donatistes de Saint Augustin*, III, BAug 30, Paris 1963.

———, *Contra partem Donati post gesta*, ed. M. Petschenig, CSEL 53, Wien – Leipzig 1910, 97-162; trad. in G. FINAERT – G. BOUISSOU, ed., *Traités anti-donatistes de Saint Augustin*, V, BAug 32, Paris 1965, 246-393.

———, *De baptismo libri septem*, ed. M. Petschenig, CSEL 51, Wien – Leipzig 1908, 143-375 trad. in G. FINAERT et alii, ed., *Traités anti-donatistes de Saint Augustin*, II, BAug 29, Paris 1964.

———, *De gestis Pelagii*, ed. K.F. Urba – J. Zycha, CSEL 42, Prag – Wien – Leipzig 1902, 51-122; trad. in G. DE PLINVAL, *La crise pélagienne*, I-II, BAug 21, Paris 1966, 432-579.

———, *De gratia Christi et de peccato originali*, ed. K.F. Urba – J. Zycha, CSEL 42, 125-206, Prag – Wien – Leipzig 1902; trad. in G. DE PLINVAL, ed., *La crise pélagienne*, I-II, BAug 22, Paris 1975; F.J. THONNARD, ed., *Premières polémiques contre Julien*, BAug 23, Paris 1975, 52-269.

———, *De haeresibus ad Quodvultdeum, Liber unus*, ed. Vander Plaetse – C. Beukers, CChr.SL 46, Turnhout 1969, 286-342.

———, *Epistulae*, ed. A. Goldbacher, CSEL 34/1-2; 44; 57, Prag – Wien –Leipzig 1895-1911; trad. in H. BARREAU, ed., *Œuvres complètes de Saint Augustin, évêque d'Hippone*, V-VI, Paris 1870-1873.

———, *Epistulae*, ed. J. Divjak, CSEL 88, Wien 1981; trad. in AUTEURS VARIÉS, ed., *Lettres 1*- 29**. Nouvelle édition du texte critique et introduction par Johannes Divjak, BAug 46 B, Paris 1987.

———, *Ennarationes in Psalmos*, ed. E. Dekkers – J. Fraipont, CChr.SL 38, Turnhout 1956, 1-616.

———, *Gesta cum Emerito donatistarum episcopo*; trad. in G. FINAERT, ed., *Traités anti-donatistes de Saint Augustin*, V, BAug 32, Paris 1965.

———, *In Iohannis Evangelium Tractatus CXXIV*, ed. D. Radbodus Willems, Turnhout 1954, 1-688.

———, *Liber de unico baptismo*, ed. M. Petschenig, CSEL 53, Wien – Leipzig 1910, 1-34 (= *De unico baptismo*); trad. in G. FINAERT, *Traités anti-donatistes de Saint Augustin*, IV, BAug 31, Paris 1968, 662-737.

———, *Psalmus contra partem Donati*, ed. M. Petschenig, CSEL 51, Wien –Leipzig 1908, 3-15; trad. in G. FINAERT, *Traités anti-donatistes de Saint Augustin*, I, BAug 31, Paris 1963, 150-191.

AUGUSTIN, *Retractationum libri duo*, ed. P. Knöll, CSEL 36, Wien – Leipzig 1936.

———, *Sermo ad Caesariensis ecclesiae plebem*, ed. M. Petschenig, CSEL 53, Wien – Leipzig 1910, 167-178; trad. in G. FINAERT, *Traités anti-donatistes de Saint Augustin*, V, BAug 32, Paris 1965, 445.

———, *Sermones*, PL 38, Paris 1861.

CYPRIEN, *De Ecclesiae catholicae unitate*, ed. M. Bévenot, CChr.SL 3, Turnhout 1972, 243-268; trad. in P. DE LABRIOLLE, ed., *De l'unité de l'Église catholique*, UnSa 9, Paris 1942.

———, *De lapsis*, ed. M. Bévenot, CChr.SL 3, Turnhout 1972, 217-242.

———, *Epistulae*, ed. W. Hartel, CSEL 3/2, Wien 1871, 463-842.

———, *Epistulae*, ed. G.F. Diercks, *Epistulae 1-57*, CChr.SL 3 B, Turnhout 1994.

———, *Epistulae*, 58-81, ed. G.F. Diercks, CChr.SL 3 C, Turnhout 1996; trad. in L. BAYARD, ed., *Saint Cyprien: Correspondance*, I-II, Coll. Budé, Paris 1925.

OPTAT DE MILÈVE, *S. Optati Milevitani libri VII*, ed. C. Ziwsa, CSEL 26, Prag – Wien – Leipzig 1893; trad. in M. LABROUSSE, ed., *Optat de Milève. Traité contre les donatistes*, I-II, (Livres I-VII), SC 412-413, Paris 1995-1996.

PONTIUS, *Vita Caecili Cypriani*, ed. G. Hartel, CSEL 3/3, Wien 1871, XC-CX; trad. in *Vita Cypriani*, ViSa, III, Verona 1975, IX-XXVI.1-49.

POSSIDIUS, *Vita Augustini*, in ViSa, III, Verona 1975, XLII-LXIII.127-241.

Sententiae episcoporum numero LXXXVII de hareticis baptizandis, ed. W. Hartel, CSEL 3/1, Wien 1868, 433-461.

TERTULLIEN, *Adversus Marcionem libri quinque*, ed. Aem. Kroymann, CChr.SL I/1, Turnhout 1954, 437-726.

———, *Apologeticum*, ed. E. Dekkers, CChr.SL I/1, Turnhout 1954, 85-171; trad. in J.-P. WALTING, *Tertullien, Apologétique*, Collections Universités de France, Paris 1971.

———, *De baptismo*, ed. J.G.P. Borleffs, CChr.SL I/1, Turnhout 1954, 275-295; trad. in R.F. REFOULÉ, ed., *Traité du baptême*, SC 35, Paris 1952.

———, *De exhortatione castitatis*, ed. Aem. Kroymann, Turnhout 1954, 1015-1035.

———, *De ieiunio adversus Psychicos*, ed. A. Reifferscheid – G. Wissowa, CChr.SL 2, Turnhout 1954, 1255-1277.

TERTULLIEN, *De praescriptione haereticorum*, ed. R.F. Refoulé, CChr.SL I/1, Turnhout 1954, 185-224; trad. in P. DE LABRIOLLE, ed., *Traité de la prescription contre les hérétiques*, SC 46, Paris 1957.

2.2 *Sources et éditions variées ou isolées*

Acta concilii Aquileiensis A. 382, ed. Mansi, III, Florence, 1759, 599-620.

Acta conciliorum oecumenicorum, Coll. Veronensis, ed. E. Schwartz, I/2-3, Berlin 1925/26.

Atlas de l'Antiquité chrétienne, ed. F. van der Meer – C. Mohrmann; trad. D. van Weelderen-Bakelants – P. Golliet, Paris – Bruxelles 1960.

CELESTIUS, *Libellus fidei*, (Fragment dans AUGUSTIN, *De gratia Christi et de peccato originale liber secundus*, ed. C.F. Urba – J. Zycha, CSEL 42, Prag – Wien – Leipzig 1902, 167-206).

Codex Theodosianus (*Theodosiani libri XVI cum Constitutionibus Sirmoniandis*), ed. T. Mommsen – P. Meyer, I/2, après P. Krueger, (Berlin 1903), Wien – Dublin – Zürich 1971^4.

Les conciles oecuméniques, ed. G. Alberigo, I-II, Paris 1994 (Texte original établi par G. Alberigo, J.A. Dossetti, P.-P. Joannou, C. Leonardi et P. Prodi avec la collaboration de H. Jedin. Édition française sous la direction de A. Duval, B. Lauret, H. Legrand, J. Moingt et B. Sesboüé).

Concilia Africae A. 345 – A. 525, ed. C. Munier, CChr.SL 149, Turnhout 1974.

Concilia Galliae A. 314 – A. 506, ed. C. Munier, CChr.SL 148, 3-25, Turnhout 1963.

DUCHESNE, L., *Le Liber Pontificalis*, I, *Texte, introduction et commentaire*, ed. E. Thorin, BEFAR (2e série) Paris 1886 («repr.» 1955).

Epistulae imperatorum pontificum aliorum, (*Collectio Avellana*), ed. O. Günther, CSEL 35/1, Prag – Wien – Leipzig 1895.

EUSÈBE DE CÉSARÉE, *Histoire ecclésiastique*, in SC 31; 41; 55; 73, ed. G. Bardy, Paris 1952-1960.

———, *Historia Ecclesiastica*, in GCS II/2, ed. E. Schwartz – T. Mommsen, Leipzig 1908, 518-640.

———, *De martyribus Palestinae*, in GCS II/2, ed. E. Schwartz, Leipzig 1908, 907-950.

Gesta conlationis Carthaginiensis anno 411, ed. S. Lancel, CChr.SL 149 A, Turnhout 1974, 53-257; trad. in S. LANCEL, ed., *Actes de la Conférence de Carthage de 411*, I-II. *Texte et traduction de la capitulation générale et des Actes de la première séance*, SC 194-195, Paris 1972.

HARDOUIN, J., *Acta conciliorum et epistolae decretales ac constitutiones summorum pontificum*, I, Paris 1714-1715.

JEAN-PAUL II, *Adhortatio Apostolica post-synodalis «Ecclesia in Africa»* (14/9/1996), *AAS* 88 (1995) 5-82; trad. *Exhortation Apostolique post-synodale: Ecclesia in Africa du Saint-Père Jean-Paul II aux Évêques, aux Prêtres et aux Diacres, aux Religieux et aux Religieuses et à tous les fidèles laïcs sur l'Église en Afrique et sa mission évangélisatrice vers l'an 2000*, Cité du Vatican 1995.

LACTANCE, *De mortibus persecutorum*, 48, SC 39/1, in J. MOREAU, ed., *La mort des persécuteurs*, Paris 1954.

MANSI, J.D., *Sacrorum conciliorum nova et amplissima collectio*, III-IV, Florence 1759-1760.

OROSE, *Liber apologeticus*, ed. C. Zangemeister, CSEL 5, Wien 1882, 603-664.

PAULIN DE MILAN, *Libellus Zosimo papae oblatus contra Celestium* (MANSI, IV, Florence 1760, 381-384).

PÉLAGE, *Libellus fidei ad Innocentium papam* (MANSI, IV, Florence 1760, 355-358).

ZOSIME, *Ep. ad africanos episcopos de causa Coelesti* (PL 45, 1719-1721; 1725-1726).

———, *Ep. ad africanos episcopos de causa Pelagii* (PL 45, 1721-1723).

2. Études et travaux

AFANASSIEFF, N., «La doctrine de la primauté à la lumière de l'ecclésiologie», *Ist.* 4 (1957) 403-420.

D'ALÈS, A., «Ecclesia principalis», *RSR* 11 (1921) 374-380.

———, *La théologie de Saint Cyprien*, Paris 1922.

AMANN, E., «Innocent Ier (Saint)», *DThC*, VII/2, 1940-1950.

———, «Urbain de Sicca Veneria», *DThC*, XV/2, 2307-2312

AUDOLLENT, A., *Carthage romaine (146 avant Jésus-Christ – 698 après Jésus-Christ)*, BEFAR, Paris 1901.

———, «Afrique», *DACL*, I, 705-861.

———, «Antoninus (2)», *DHGE*, III, 873-876.

BABUT, E.C., *La plus ancienne décrétale*, Paris 1904.

BARDY, G., «Afrique», *DDC*, I, 288-307.

BARDY, G., «L'autorité du Siège romain et les controverses du IIIè siècle (230-270)», *RSR* 14 (1924) 255-272.385-399.

———, «La papauté de Saint Innocent à Saint Léon le Grand», in *De la mort de Théodose à l'élection de Grégoire le Grand*, *HE*, IV, Paris 1948, 241-267.

———, *Saint Augustin: L'homme et l'oeuvre*, Paris 1948[7].

———, «Le déclin de l'arianisme», in *De la paix constantinienne à la mort de Théodose*, *HE*, III, Paris 1950, 237-246.

———, «Saint Augustin et Tertullien», *AThA*, 13 (1953) 45-50.

BATIFFOL, P., *L'ecclésiologie de Saint Augustin*, *RB* 12 (1915) 5-34; 281-357.

———, «Les "*primae sedis episcopus*" en Afrique», *RSR* 3 (1923) 425-432.

———, *Le Siège apostolique*, Paris 1924.

———, *Le catholicisme de Saint Augustin*, Paris 1929[4].

———, *Cathedra Petri. Études d'Histoire ancienne de l'Église*, UnSa 4, Paris 1938.

BAUS, K., *Von der Urgemeinde zur frühchrislichen Großkirche*, HKG[J], Wien 1962, 288-292.

BAVAUD, G., «Introduction aux Traités anti-donatistes d'Augustin», II, BAug 29, Paris 1964, 9-51.

———, «Notes complémentaires aux Traités anti-donatistes d'Augustin», II, BAug 29, Paris 1964, 579-627.

BECK, A., *Römisches Recht bei Tertullian und Cyprian. Eine Studie zur frühen Kirchenrechtsgeschichte*, Halle 1930.

DI BERARDINO, A., «Restituto (o Restuto)», *DPAC*, II, 2984.

BERROUARD, F.-M., «L'activité littéraire de saint Augustin du 11 septembre au 1er décembre 419 d'après la Lettre 23* A à Possidius de Calama», in *Les Lettres*, 301-327.

———, «Un tournant dans la vie de l'Église d'Afrique: les deux missions d'Alypius en Italie à la lumière des Lettres 10*, 15*, 16*, 22* et 23* A de saint Augustin», *REAug* 31 (1985) 46-70.

BÉVENOT, M., «A bishop is responsible to God alone (St. Cyprian)», *RSR* 39 (1951-1952) 397-415.

———, «"Primatus Petro datur". St. Cyprian on the Papacy», *JThS* 5 (1954) 19-35.

———, «Épiscopat et primauté chez Cyprien», *EThL* 42 (1966) 176-195.

BÉVENOT, M., «"Pari consortio praediti et honoris et potestati"» (*De Unitate*, 4): the longevity of a Cyprianic phrase», *StPatr* 15 (1984) 209-211.

BIONDI, B., *Il diritto romano cristiano*. I. *Orientamento religioso della legisla-zione*, Milano 1952.

BONNER, G., «Augustine's Visit to Caeserea in 418», *SCH(L)*, 1964, 104-113.

———, «Les origines africaines sur la chute et le péché originel», *Augustinus* 12 (1967) 97-116.

———, *Augustine and Modern Research on Pelagianism*, Villanova 1972.

———, *St. Augustine of Hippo: Life and Controversies*, London 1983.

———, «Some remarks on Letters 4* and 6*», in *Les Lettres*, 155-164.

BORGOMEO, P., *L'Église de ce temps dans la prédication de Saint Augustin*, Paris 1972.

BORI, B.C., «L'unité de l'Église durant les trois premiers siècles», *RHE* 65/1 (1970) 56-68.

BOUHOT, J.-P., «Une Lettre d'Augustin d'Hippone à Cyrille d'Alexandrie (Ep. 4*)», in *Les Lettres*, 147-154.

BRAUN, R., «*Deus Christianorum*». *Recherches sur le vocabulaire doctrinal de Tertullien*, Paris 1977².

———, «Notes complémentaires aux Lettres 1*-29* de Saint Augustin», BAug 46 B, Paris 1987, 430.

BRISSON, J.-P., *Autonomisme et christianisme dans l'Afrique romaine. De Septime Sévère à l'invasion vandale*, Paris 1958.

BUONAIUTI, E., *Il cristianesimo nell'Africa romana*, Bari 1928.

BUTLER, B.C., *L'idée de l'Église*, CAR 14, Casterman 1965; orig. anglais, *The idea of the Church*, Baltimore – Helicon 1962.

CAMELOT, P.-T., «Autorité de l'Écriture, autorité de l'Église à propos d'un texte de Saint Augustin», Fs. M.-D. Chenu, *BiblThom* 37 (1967) 127-133.

———, «Saint Cyprien et la Primauté», *Ist.* 4 (1957) 421-434.

CAMPEAU, L., «Le texte de la Primauté dans le *De Catholicae Ecclesiae Unitate* de S. Cyprien», *ScEC* 19 (1967) 81-110. 255-275.

CASPAR, E., *Geschichte des Papsttums. Von den Anfängen bis zur höhe der Weltherrschaft*. I. *Römische Kirche und Imperium Romanum*, Tübingen 1930.

CHAPMAN, J., «Apiarius», *DublR* 129 (1901) 98-122.

———, *Studies on the Early Papacy*, London 1928.

DE CLERCQ, V.C., *Ossius of Cordova. A contribution to the history of Constantinian period*, SCA 13, Washington D. C. 1954.

COLSON, J., *L'épiscopat catholique. Collégialité et Primauté dans les trois premiers siècles de l'Église*, UnSa 43, Paris 1963.

———, *L'évêque. Lien d'unité et de charité chez Saint Cyprien de Carthage*, Paris 1961.

CONGAR, Y.M.-J., «De la communion des Églises à une ecclésiologie de l'Église universelle», in Y.M.-J CONGAR, ed., *Problèmes de l'autorité et l'Église universelle*, UnSa 39, Paris 1962, 227-260.

———, ed., *L'épiscopat et l'Église universelle*, UnSa 39, Paris 1962.

———, «Introductions aux Traités anti-donatistes de Saint Augustin», I, BAug 28, Paris 1963, 9-133.

———, «Notes complémentaires aux Traités anti-donatistes de Saint Augustin», I, BAug 28, Paris 1963, 711-749.

———, «La collégialité de l'épiscopat et la Primauté de l'évêque de Rome dans l'Histoire», *Ang.* 47 (1970) 403-427.

———, *L'Église. De Saint Augustin à l'époque moderne*, HistDog, Paris 1970.

———, «La "réception" comme réalité ecclésiologique», *RSThPh* 56 (1972) 369-403.

———, «Le pape comme patriarche d'Occident. Approche d'une réalité trop négligée», *Ist.* 28 (1983) 374-390.

Congresso internazionale su S. Agostino nel XVI centenario della conversione (Roma, 15 - 20 settembre 1986), Atti I, SEAug 24, Roma 1986.

COURCELLE, P., *Histoire littéraire des grandes invasions germaniques*, Paris 1964^3.

COURTOIS, C., *Les Vandales et l'Afrique*, Paris 1955.

CRESPIN, R., *Ministère et sainteté. Pastorale du clergé et solution de la crise donatiste dans la vie et la doctrine de Saint Augustin*, Paris 1965.

CROSS, F.L., «History and Fiction in the African Canons», *JThS* 12 (1961) 227-247.

CUOQ, J., *L'Église d'Afrique du Nord*, Paris 1984.

DANIÉLOU, J. – MARROU, H., *Des origines à Grégoire le Grand*, in *NHE*, I, Paris 1963.

DEKKERS, E., *Clavis Patrum latinorum*, SE, III, Steenbrugge 1961.

DÉMOUGEOT, E., «A propos des interventions du pape Innocent I», *RH* 78 (1954) 23-28.

DEMOUSTIER, A., «Épiscopat et union à Rome selon Saint Cyprien», *RSR* 52 (1964) 337-369.

———, «L'ontologie de l'Église selon S. Cyprien», *RSR* 52 (1964) 554-588.

DEWAILLY, L.-M., «Communio-communicatio», *RSPhTh* 56, 1 (1970) 46-63.

DUCHESNE, L., *Autonomies ecclésiastiques, Églises séparées*, Paris 1905.

———, *Histoire ancienne de l'Église*, I-III, Paris 1907-1910.

DUQUENNE, L., *Chronologie des lettres de S. Cyprien. Le dossier de la persécution de Dèce*, SHG 54, Bruxelles 1972.

DUVAL, Y.-M., «Densité et répartition des évêchés dans les provinces africaines au temps de Cyprien», *MEFRA* 96 (1984) 493-528.

———, «Notes complémentaires aux Lettres de Saint Augustin», BAug 46 B, Paris 1987, 430-442.

———, «L'Afrique: Aurélius et Augustin», in *Naissance d'une chrétienté (250-430)*, HC, II, Paris 1995, 799-812.

DUVAL, Y.-M. – PIETRI, L., «L'Occident et ses marges danubiennes et balkaniques», in *Naissance d'une chrétienté (250-430)*, HC, II, Paris 1995, 127-154.

ENO, R., «Doctrinal authority in Saint Augustine», *AugSt* 12 (1981) 133-172.

———, «The Work of Optatus as a turning point in the African ecclesiology», *The Thomist* 37 (1973) 668-685.

———, «Pope and Council. The Patristic origins», *ScEs* 28/2 (1976) 183-211.

D'ERCOLE, G., «Communio interecclesiastica e valutazione giuridica del primato del Vescovo di Roma nelle testimonianze patristiche dei primi tre secoli», *Apoll.* (1962) 25-75.

EVANS, R., *One and Holy. The Church in Latin Patristic Thought*, SPCK, London 1972.

FALBO, G., *Il primato della Chiesa di Roma alla luce dei quattro primi secoli*, Roma 1989.

FERRON, J., «Fussalensis (ecclesia)», *DHGE*, XIX, 489.

FÉVRIER, P.-A., «Aux origines du christianisme en Maurétanie Césarienne», *MEFRA* 98, 2 (1986) 767-804.

———, «Discours d'Église et réalité historique dans les nouvelles Lettres d'Augustin», in *Les Lettres*, 101-115.

FISCHER, J.A., «Das Konzil zu Karthago im Spätsommer 256», *AHC* 16 (1984) 1-39.

FISCHER, J.A. – LUMPE, A., *Die Synoden von Anfängen bis zum Vorabend des Nicaenums*, KonGe, Padernborn – München – Wien – Zürich 1997.

FLICHE, A. – MARTIN, V., ed., *Histoire de l'Église depuis les origines jusqu'à nos jours*, II-IV, Paris 1946-1948.

FOLLIET, G., «L'épiscopat africain et la crise arienne au IVè», Fs. V. Grumel, I, *RETByz* 24 (1966) 196-223.

——, «Le dossier de l'affaire Classicianus (Epist. 250 et 1*)», in *Les Lettres*, 129-146.

——, «Notes complémentaires aux Lettres de Saint Augustin», BAug 46 B, Paris 1987, 421-424.

FRANSEN, P., «L'autorité des conciles», in TODD, J.M., ed., *Problèmes de l'autorité. Un colloque anglo-français*, UnSa 38, Paris 1962, 59-100.

FREND, W. H. C., *The Donatist Church. A movement of protest in Roman North Africa*, Oxford 1952.

——, «Fussala: Augustine's crisis of credibility (Ep. 20*)», in *Les lettres*, 251-265.

FRITZ, G., «Patriarcats», *DThC*, XI/2, 2253-2277.

GAUDEMET, J., «Note sur les formes anciennes de l'excommunication», *RSR* 1-2 (1949) 64-77.

——, *L'Église dans l'empire (IVè-Vè siècles)*, HDIEO, III, Paris 1958.

——, *Les conciles gaulois du IVè siècle. Texte latin de l'édition C. Munier, introduction, et notes par J. Gaudemet*, SC 241, Paris 1977.

——, *Les sources du droit de l'Église en Occident du IIè au VIIè siècle*, Paris 1985.

——, «Pouvoir d'ordre et pouvoir de juridiction. Quelques repères historiques», *ACan* 29 (1985-1986) 83-98.

——, «La place de la tradition dans les sources canoniques IIIè-Vè siècle», SEAug 31 Roma 1990, 235-250.

——, *Église et cité. Histoire du droit canonique*, Paris 1994.

GMELIN, U., *Auctoritas. Römischer Princeps und päpstlicher Primat*, Tübingen 1936.

GRABOWSKI, St., «Saint Augustine and the Primacy of the Roman Bishops», *Tr.* 4 (1946) 89-113.

GRIFFE, E., *La Gaule à l'époque romaine*, I, Paris 1974.

GRUMEL, V., «Le siège de Rome et le concile de Nicée. Convocation et présidence», *EOr* 24 (1925) 411-423.

GRYSON, R., *Le prêtre selon Saint Ambroise*, Louvain 1968.

GUYON, J., «L'Église de Rome du IVe siècle à Sixte III (312-432)», in *Naissance d'une chrétienté, (250-430)*, *HC*, II, Paris 1995, 771-798.

HALLER, J., *Das Papsttum, Idee und Wirklichkeit*. I. *Die Grundlagen*, Stuttgart 1955.

HEFELE, C.J. – LECLERCQ, H., *Histoire des conciles d'après les documents originaux*, I-II, Paris 1908.

HEMMER, H., «Boniface Ier», *DThC*, II/1, 988-989.

HERTLING, L., *Communio. Chiesa e papato nell'antichità cristiana*, Roma 1961.

Histoire du Christianisme des origines à nos jours, ed. J.-M. Mayeur – C. Pietri, II, *Naissance d'une chrétienté (250-430)*, Paris 1995.

HESS, H., *The Canons of the Council of Sardica, A. D. 343. A Landmark in the early development of Canon Law*, Oxford 1958.

JOUASSARD, G., «Sur les décisions des conciles généraux des IVe et Ve siècles», *Ist.* 4 (1957) 485-496.

KIDD, B.J., *A History of the Church to A. D. 461*, III, *A. D. 408-461*, Oxford 1922.

KRIEGBAUM, B., «Afrikanische Autonomie und römischer Primat. Kanon 8 der römischen Synode von 386 und seine Geltung in Afrika», in *Aus Kirche und Reich. Studien zu Theologie, Politik und Recht im Mittelalter*, Fs. F. Kempf, Sigmaringen 1983, 11-21.

———, *Kirche der Traditoren oder Kirche der Märtyrer. Die Vorgeschichte des Donatismus*, IThS, Innsbruck 1986.

———, «Zwischen den Synoden von Rom und Arles: die donatistische Supplik bei Optatus», *AHP* 28 (1990) 23-61.

LABONNARDIÈRE, A.-M., «Félicissime», *DHGE*, XVI, 862.

———, «Fortunat», *DHGE*, XVIII, 1173.

DE LABRIOLLE, P., «Les luttes pélagiennes», in *De la mort de Théodose à l'élection de Grégoire le Grand*, *HE*, IV, Paris 1948, 69-170.

———, «L'Église et les Barbares», in *De la mort de Théodose à l'élection de Grégoire le Grand*, IV, Paris 1948, 378-385.

———, «Christianisme et paganisme au milieu du IVe siècle», in *De la paix constantinienne à la mort de Théodose*, *HE*, III, Paris 1950, 177-204.

LABROUSSE, M., ed., *Optat de Milève. Traité contre les donatistes*, I-II, (Livres I-VII), SC 412-413, Paris 1995-1996.

LAFARQUE, P., «Appel», *La grande encyclopédie. Inventaire raisonné des Sciences*, XII, 399-402.

LANCEL, S., «Africa (B. Organisation ecclésiastique)», *AugL*, I, 205-219.

―――, «Les débuts du donatisme: la date du "Protocole de Cirta" et de l'élection épiscopale de Silvanus», *REAug* 25 (1979) 217-229.

―――, «Saint Augustin et la Maurétanie Césarienne: les années 418-419 à la lumière des Nouvelles Lettres récemment publiées», *REAug* 30 (1984) 48-59.

―――, «Saint Augustin et la Maurétanie Césarienne: l'affaire de l'évêque Honorius (autonomne 419-printemps 420) dans les nouvelles Lettres 22*, 23*, et 23* A, *REAug* 30 (1984) 251-262.

―――, «L'affaire d'Antoninus de Fussala: pays, choses et gens de la Numidie d'Hippone saisis dans la durée d'une procédure d'enquête épiscopale», in *Les Lettres*, 267-285.

LANNE, E.D., «Églises locales et patriarcats à l'époque des grands conciles», *Irén.* 34 (1961) 292-321.

LEBRETON, J., «Les écrivains chrétiens d'Afrique», in *De la fin du 2ᵉ siècle à la fin de la paix constantinienne*, HE, II, Paris 1946, 161-210.

LECLERCQ, H., «Afrique (Histoire et topographie de l')», *DACL*, I/1, 576-591.

LEPELLEY, C., «Africa (A. Présentation générale)», *AugL*, I, 180-205.

―――, *Les cités de l'Afrique romaine au Bas-Empire. I. La permanence d'une civilisation municipale*, Paris 1979.

Les Lettres de Saint Augustin découvertes par J.DIVJAK. Communications présentées au colloque des 20 et 21 septembre 1982, EAug, Paris 1983.

LÜTCKE, K.-H., «*Auctoritas*» *bei Augustinus. Mit einer Einleitung zur römischen Vorgeschichte des Begriffs*, Stuttgart 1968.

―――, «*Auctoritas* bei Augustinus», *AugL*, I, 498-510.

MACCARRONE, M., *Romana ecclesia. Cathedra Petri*, I, Roma 1991.

MAIER, J.-L., *L'épiscopat de l'Afrique romaine, vandale et byzantine*, BHRom 11, Rome 1973.

―――, *Le dossier du donatisme*, II. *De Julien à Saint Jean Damascène*, TU 135, Berlin 1989.

MANDOUZE, A., «Notes sur l'Organisation de la Vie Chrétienne en Afrique à l'époque de saint Augustin», *AThA* 13 (1953) 145-231.

———, *Saint Augustin. L'aventure de la raison et de la grâce*, Paris 1968.

———, *Prosopographie chrétienne du Bas-empire*, I. *Prosopographie de l'Afrique chrétienne (303-533)*, Paris 1982.

MAROT, H., «Eulalius», *DHGE*, XV, 1385.

———, «Les conciles romains des IVe et Ve siècles et le développement de la primauté», *Ist.* 4 (1957) 435-462.

———, «Unité de l'Église et diversité géographique aux premiers siècles», in Y.J.-M. CONGAR, ed., *L'épiscopat et l'Église universelle*, UnSa 39, Paris 1962, 555-590.

———, «Décentralisation structurelle et primauté dans l'Église ancienne», *Conc(F)* 7 (1965) 25-38.

MARSCHALL, W., *Karthago und Rom. Die Stellung der nordafrikanischen Kirche zum apostolischen Stuhl in Rom*, PuP 1, Stuttgart 1971.

MATTEI, P., «Tradition et notion connexes dans la querelle baptismale. Le cas du Ps.-Cyprien, *De baptismate*», in *La tradizione: forme e modi. XVIII Incontro di studiosi dell'antichità cristiana*, (Roma 7-9 maggio 1989), SEAug 31, Roma 1990, 325-339.

MAYER, C., *Augustinus-Lexikon*, I, Basel 1986.

MEDICO, G., «La collégialité épiscopale dans les lettres des pontifes romains du Ve siècle», *RSPhTh* 49 (1965) 369-402.

MERDINGER, J., E., «Optatus reconsidered», *StPatr* 22 (1989) 294-299.

———, «The politics of persuasion: Augustine's Tactics towards the Papacy in Letters 22*, 23*, and 23*», in *Congresso*, 531-540.

———, *Rome and the African Church in The Time of Augustine*, New Haven –London 1997.

MESLIN, M., *Les ariens d'Occident 335-430*, PatSor 8, Paris 1967.

MESNAGE, J., *L'Afrique chrétienne. Évêchés et ruines antiques d'après les manuscrits de Mgr Toulotte et les découvertes archéologiques les plus récentes*, Paris 1912.

———, *Évangélisation de l'Afrique. Part que certaines familles romano-africaines y ont prise*, Paris 1914.

MEYENDORFF, J., «La primauté romaine dans la tradition canonique jusqu'au concile de Chalcédoine», *Ist.* 4 (1957) 463-482.

MINNERATH, R., «La position de l'Église de Rome aux trois premiers siècles», in *Il primato*, 147-157.

MONACHINO, V., «Il primato nello scisma donatista», *AHC* 2 (1964) 7-43

——, «Le origini del donatismo», *RSFil* 4 (1950/1951) 90-118.

MONCEAUX, P., *Histoire littéraire de l'Afrique chrétienne des origines jusqu'à l'invasion arabe*, I-V, Paris 1901-1920.

MONGELLI, G., «La Chiesa di Cartagine contro Roma (249-258)», *MF* 59, I-II (1959) 104-201.

MORIN, G., «Une lettre apocryphe inédite de Jérôme au pape Damase», *RBen* 35 (1923) 121-125.

MUNIER, C., «Un canon inédit du XXe concile de Carthage: *Ut nullus ad Romanam ecclesiam audeat appellare*», *RevSR* 40 (1966) 113-126.

——, «La tradition littéraire des canons africains (345-525)», *RechAug* 10 (1975) 3-22.

——, «La tradition manuscrite de l'Abrégé d'Hippone et le canon des Écritures des églises africaines», *SE* 21 (1972-1973) 43-55.

——, «*Sollicitudo* et *potestas* dans les conciles africains (345-525)», *FZPhTh* 24 (1977) 446-459.

——, «La tradition littéraire des dossiers africains», *RDC* 29 (1979) 41-52.

——, «La tradition apostolique chez Tertullien», *ACan* 23 (1979) 175-192.

——, «Comptes rendus», *RHE* 77, 3-4 (1982) 464-465.

——, «Problèmes de prosopographie africaine relatifs à la Lettre 20* d'Augustin», *RevSR* 56 (1982) 220-225.

——, «L'autorité de l'Église et l'autorité de l'Esprit d'après Tertullien», *RevSR* 58 (1984) 77-90.

——, «La question des appels à Rome d'après la Lettre 20* d'Augustin», in *Les Lettres*, 287-299.

——, «"Appellatio"», *AugL*, I, 416-419.

——, *Vie conciliaire et collections canoniques en Occident, IVe – XIIe siècles*, CStS, London 1987.

NOETHLICS, K.-L., *Die gesetzgeberischen Maßnahmen der christlichen Kaiser der IV. Jahrhunderts gegen Häretiker, Heiden und Juden*, Köln 1971.

D'ONORIO, J. B., *Le pape et le gouvernement de l'Église*, Paris 1992.

ORTIZ DE URBINA, I., *Nicée et Constantinople*, Paris 1963.

PACAUT, M., *La papauté, des origines au concile de Trente*, Paris 1976.

PAILLER, A., «Réflexions sur l'autorité de l'Église», in *Problèmes de l'autorité*, 23-38.

PALANQUE, J.-R., «La victoire de l'orthodoxie», in *De la paix constantinienne à la mort de Théodose*, *HE*, III, Paris 1950, 68-179.

———, «Le catholicisme, religion d'État», in *De la paix constantinienne à la mort de Théodose*, *HE*, III, Paris 1950, 505-523.

———, «Les Églises occidentales vers le milieu du IVe siècle», in *De la paix constantinienne à la mort de Théodose*, *HE*, III, Paris 1950, 205-236.

———, «Les métropoles ecclésiastiques à la fin du IVe siècle», in *De la paix constantinienne à la mort de Théodose*, *HE*, III, Paris 1950, 455-487.

PANNIER, A., «St Augustin, Saint Cyprien. La postérité», in P. RANSON, ed., *Saint Augustin*, Les dossiers H, Paris 1986, 237-247.

PASCHINI, P., «Celestio», *EC*, III, 1261.

———, *Lezioni di storia ecclesiastica*, I, Torino 1955².

PASINI, C., *Ambrogio di Milano. Azione e pensiero di un vescovo*, Milano 1996.

PERETTO, E., «Lettere di comunione», *DPAC*, II, 1939-1940.

PERLER, O., «Le "De unitate" (chap. IV-V) de saint Cyprien interprété par saint Augustin», *AugM* (1954) 835-858.

———, *Les voyages de Saint Augustin*, (en collaboration avec J.-L. Maier), Paris 1969.

PIERRARD, P., *Histoire de l'Église catholique*, Paris 1991³.

PIETRI, C., *Roma christiana. Recherches sur l'Église de Rome, son organisation, sa politique, son idéologie de Miltiade à Sixte III, (311-440)*, I-II, Rome, BEFAR, 1976.

———, «De la *partitio* de l'Empire chrétien à l'unité sous Constance: la querelle arienne et le premier "césaropapisme"», in *Naissance d'une chrétienté (250-430)*, *HC*, II, Paris 1995, 289-335.

———, «La conversion: propagande et réalités de la loi de l'évergétisme», in *Naissance d'une chrétienté (250-430)*, *HC*, II, Paris 1995, 189-227.

———, «L'échec de l'unité "impériale" en Afrique. La résistance donatiste (jusqu'en 361)», in *Naissance d'une chrétienté (250-430)*, *HC*, II, Paris 1995, 229-248.

———, «L'épanouissement du débat théologique et ses difficultés sous Constantin: Arius et le concile de Nicée», in *Naissance d'une chrétienté (250-430)*, *HC*, II, Paris 1995, 249-288.

PIETRI, C., Les difficultés du nouveau système en Occident: la querelle donatiste (363-420)», in *Naissance d'une chrétienté (250-430), HC*, II, Paris 1995, 435-451.

———, «Les difficultés du nouveau système (395-431). La première hérésie d'Occident. Pélage et le refus rigoriste», in *Naissance d'une chrétienté (250-430), HC*, II, Paris 1995, 453-479.

———, «Les dernières résistances du subordinatianisme et le triomphe de l'orthodoxie nicéenne (361-385)», in *Naissance d'une chrétienté (250-430), HC*, II, Paris 1995, 357-398.

———, «Les Lettres nouvelles et leurs témoignages sur l'histoire de l'Église romaine et de ses relations avec l'Afrique», in *Les Lettres*, 343-354.

———, «Les succès: la liquidation du paganisme et le triomphe du catholicisme d'État», in *Naissance d'une chrétienté (250-430), HC*, II, Paris 1995, 399-434.

PIETRI, L., «Les résistances: de la polémique païenne à la persécution de Dioclétien», in *Naissance d'une chrétienté (250-430), HC*, II, Paris 1995, 155-185.

PIGANIOL, A., *Histoire romaine*, IV/2, *L'empire chrétien (325-395)*, Paris 1947.

———, *L'empire chrétien (325-395)*, (2e édition mise à jour par A. Chastagnol), Paris 1972.

PINCHERLE, A., «L'arianesimo e la chiesa africana nel IV secolo», *Bil.* 25/3 (1925) 97-106.

———, *Donatismo, EC*, IV, 1851.

———, «La politica ecclesiastica di Massenzio», *SIFC* (1929) 131-143.

PINTARD, J., «Notes sur *Sedes apostolica* selon St. Augustin», *StPatr* 16 (1985) 551-556.

DE PLINVAL, G., *Pélage. Ses écrits, sa vie et sa réforme*, Lausanne 1943.

———, «Les luttes pélagiennes», in *De la mort de Théodose à l'élection de Grégoire le Grand, HE*, V, Paris 1948, 79-129.

———, «Introduction à *De Gesti Pelagi* de Saint Augustin», I, BAug 21, Paris 1966, 9-29.

POIRIER, M., «Vescovo, clero e laici in una comunità cristiana del III secolo negli scritti di San Cipriano», *RSLR* (1973) 17-36.

PORTIOLI, A., «L'episcopalismo di S. Cipriano», *StPat* 1 (1958) 3-27.

POSE, E.R., «Novato di Cartagine», *DPAC*, II, 2434.

Il primato del Vescovo di Roma nel primo millenio. Ricerche e testimonianze. Atti del symposium storico-teologico, (Atti e documenti 4), ed. M. Maccarrone, Roma, 9-13 Ottobre 1989, Città del Vaticano 1990.

PROIA, G.B., «Innocenzo I», *BSS*, VII, Roma 1966, 840-843.

Prosopographie chrétienne du Bas-empire, I, A. MANDOUZE, ed., *Prosopographie de l'Afrique chrétienne (303-533)*, Paris 1982.

QUASTEN, J., *Patrologia*, I-III, Torino «repr.» 1980; «orig. anglais», *Patrology*, I-II, Brussel – Utrecht 1950-1953.

REFOULÉ, F., «Datation du premier concile de Carthage contre les Pélagiens et du Libellus fidei de Rufin», *REAug* 9 (1963) 41-49.

RING, T.G., *Auctoritas bei Tertullian, Cyprian und Ambrosius*, Würzburg 1975.

SAGE, M.M., *Cyprian*, PatMs, Philadelphia 1975.

SAUMAGNE, C., «La persécution de Dèce en Afrique d'après la correspondance de S. Cyprien», *Byz.* 32 (1962) 23-29.

———, *Saint Cyprien. Évêque de Carthage «Pape d'Afrique» (248-258). Contribution à l'étude des «persécutions» de Dèce et de Valérien*, Paris 1975.

SAXER, V., «Autonomie africaine et primauté romaine de Tertullien à Augustin», in *Il primato*, 173-217.

———, «La mission: l'organisation de l'Église au IIIe siècle», in *Naissance d'une chrétienté (250-430)*, HC, II, Paris 1995, 41-75.

SCHATZ, M.Kl., *Der päpstliche Primat, seine Geschichte von der Ursprüngen bis zur Gegenwart*, Echter 1990.

SCHEUERMANN, A., «Diözese (Dioikesis)», *RAC*, III, 1053-1062.

SIEBEN, H.J., *Die Konzilsidee der alten Kirche*, KonGe, Paderborn 1979.

———, *Die Partikularsynode. Studien zur Geschichte der Konzilsidee*, Frankfurt 1990.

SIMONETTI, M., *La crisi ariana nel IV secolo*, SEAug 11, Roma 1975.

———, «Omei», *DPAC*, II, 2467.

Thesaurus Linguae Latinae, I, Leipzig 1900.

THONNARD, F.-J., «Notes complémentaires à *De Gesti Pelagi* de Saint Augustin», I, BAug 21, Paris 1966, 583-637.

TODD, J.M., *Problèmes de l'autorité. Un colloque anglo-français*, UnSa 38, Paris 1962.

La Tradizione: forme e modi. XVIII Incontro di studiosi dell'antichità cristiana, (Roma 7-9 maggio 1989), SEAug 31, Roma 1990.

ULBRICH, H., «Augustins Briefe zur entscheidenden Phase des Pelagianischen Streites. Von den Verhandlungen in Jerusalem und Diospolis im Jahre 415 bis zur Verdammung des Pelagius im Jahre 418», *REAug* 9 (1963) 51-75.

DE VEER, A., «L'exploitation du schisme maximianiste par Augustin», *RechAug*, 3 (1965) 219-237.

———, «Introduction aux Traités anti-donatistes de Saint Augustin», IV, BAug 31, Paris 1968, 9-59.

VISCHER, L., *Basilius der Große*, Basel 1953, 72-85.

VOGEL, C., «Universalité de l'Église et pluralité des formes historiques d'organisation ecclésiastique du IIIe au Ve siècle», in Y. J.-M. CONGAR, ed., *L'épiscopat et l'Église universelle*, UnSa 39, Paris 1962, 591-636.

———, «Communion et Églises locales aux premiers siècles. Primatialité et synodalité durant la période anténicéenne», *ACan* 25 (1981) 169-177.

VOGT, H., J., «Novaziano», *DAPC*, II, 2437.

DE VRIES, W., *Orient et Occident. Les structures ecclésiales vues dans l'histoire des 7 premiers conciles oecuméniques*, Paris 1974.

———, «Die Ostkirche und die Cathedra Petri im IV. Jahrhundert», *OrChrP* 40 (1974) 114-144.

WERMELINGER, O., *Rom und Pelagius*, PuP 7, Stuttgart 1975.

WOJTOWITSCH, M., *Papsttum und Konzile von den Anfängen bis zu Leo (440-461)*, PuP 7, Stuttgart 1981.

ZEILLER, J., «La conception de l'Église aux 4 premiers siècles», *RHE* 29 (1933) 571-585; 827-848.

———, «L'arianisme en Afrique avant l'invasion vandale», *RH* 173 (1934) 535-540.

———, «La dernière persécution», *De la fin du 2è siècle à la paix constantinienne*, in *HE*, II, Paris 1946, 457-479.

ZMIRE, P., «Recherches sur la collégialité épiscopale dans l'Église d'Afrique», RechAug 7 (1971) 3-73.

INDEX DES NOMS DE PERSONNES

Agrippinus (Évêque de Carthage): 15, 19, 73, 75, 91, 92, 93, 115, 116, 126
Aelianus (Proconsul d'Afrique): 111, 112
Alaric (Roi des Goths): 269
Alypius (Évêque de Thagaste): 21, 25, 105, 221, 234, 243, 258, 259, 270, 282, 283, 287, 289
Ambroise (Évêque de Milan): 43, 135, 140, 142, 182, 183, 184, 190, 191, 192, 193
Anastase Ier (Pape): 20, 21, 49, 94, 95, 163, 164, 167, 169, 170
Antoninus (Évêque de Fussala): 22, 23, 24, 25, 51, 98, 100, 102, 103, 104, 105, 201, 203, 213, 216, 217, 218, 243, 251, 252, 253, 254, 255, 256, 257, 258, 259, 260, 265, 266, 277, 331
Anulinus (Proconsul d'Afrique): 110
Apiarius (Prêtre de Sicca Veneria): 9, 13, 21, 50, 142, 152, 200, 235, 236, 237, 243, 245, 247, 254, 255, 256, 260, 261, 262, 264, 265, 268, 288, 331
Aquilinus (*Vicarius Urbis*): 41, 43
Arcadius (Empereur): 308
Arius (Prêtre égyptien): 179
Asellus (Prêtre italien): 254
Athanase (Évêque d'Alexandrie): 47, 178, 185, 186, 187
Atticus (Évêque de Constantinople): 270
Augustin (Évêque d'Hippone): passim
Aurelius (Évêque de Carthage et primat d'Afrique): passim
Aurelius (de Nicomades: primat de Numidie): 203
Auxence (Évêque homéen de Milan): 142
Auxilius (Évêque maurétanien): 207, 208, 210, 211, 212, 215, 216, 217, 218, 219, 220, 222
Basilides (Évêque de Léon et Astorga): 18, 141, 153, 154, 155, 168
Berrouard: 25, 27, 95, 221, 234, 243, 244, 263
Bévenot: 20, 37, 53, 60, 62, 90, 91, 106
Boniface Ier (Pape): 24, 25, 50, 51, 201, 202, 234, 235, 243, 245, 247, 251, 254, 255, 256, 259, 260, 261, 262, 264, 265, 266, 277
Bonner: 227, 235, 236, 243, 262, 269, 270, 280, 281, 292, 296, 301, 316
Brisson: 37, 41, 56, 61, 69, 72, 74, 80, 86, 88, 105, 107, 108, 109, 110, 111, 113, 114, 115, 117,

118, 119, 120, 121, 154, 167, 176, 180, 228
Caecilianus (Cécilien: évêque de Carthage): 108, 109, 110, 111, 113, 122, 125, 127
Caecilianus (Évêque de Sitifis): 248
Caldonius (Évêque africain): 69, 74, 99
Campeau: 43, 44, 47, 50, 51, 53, 62, 64, 66, 67, 76, 93, 136, 137, 138
Cassianus (Évêque africain): 101
Célestin Ier (Pape): 24, 51, 100, 101, 104, 106, 152, 200, 201, 213, 251, 254, 258, 259
Celestius (Pélagien): 50, 274, 275, 276, 277, 283, 289, 293, 304, 310, 311, 312, 318, 319, 320, 321, 322, 323, 324, 325, 326
Chapman: 60, 237, 283
Classicianus (Comte africain): 175, 207, 208, 209, 210, 211, 212, 213, 215, 216, 217, 219, 220, 221, 244
Claudianus (Évêque donatiste africain): 41, 170, 185
Congar: 33, 34, 35, 36, 52, 57, 67, 76, 78, 110, 111, 112, 119, 121, 123, 124, 143, 227
Constance II (Empereur): 142, 177, 178, 188
Constantin le Grand (Empereur): 40, 110, 111, 113, 114, 115, 120, 136, 139, 231, 330
Corneille (Pape): 17, 54, 60, 63, 69, 80, 84, 98, 99, 100, 101, 102, 105, 153, 154, 158, 159, 161, 162, 201, 214
Crespin: 20, 28, 58, 88, 95, 96, 97, 166, 167, 177, 180, 196, 213,

219, 229, 238, 254, 259, 278, 295
Cyprien (Évêque de Carthage: Primat d'Afrique): passim
Cyrille (Évêque d'Alexandrie): 270, 273, 280, 289, 290, 291, 297, 299, 300, 301, 302, 303, 305, 314, 315, 316, 318, 323, 326
Cyrus (Évêque de Carthage): 183, 184, 189
Damase Ier (Pape): 41, 42, 44, 45, 47, 48, 117, 170, 183, 184, 190, 192
Dèce (Empereur): 16, 18, 37, 54
Decentius (Évêque de Gubbio): 50
Deuterius (Primat de Maurétanie): 25, 200, 233, 240, 244
Dioclétien (Empereur): 107, 108, 229
Divjak: 11, 22, 207, 255, 290
Donat le Grand (Donatus: fondateur du Donatisme): 109, 111, 112, 113, 125, 177, 179, 185
Dulcitius (Évêque maurétanien): 232
Duquenne: 18, 19, 39, 73, 168, 201
Duval: 139, 141, 142, 184, 225, 226, 228, 229, 290, 298, 318
Elpidius (Prêtre espagnol): 141
Emeritus (Évêque donatiste africain): 240, 242
Epigonius (Évêque de Bulla Regia): 174, 199, 205, 221
Étienne Ier (Pape): 9, 18, 19, 20, 36, 46, 55, 58, 59, 69, 71, 72, 73, 74, 75, 76, 78, 80, 81, 82, 88, 89, 90, 91, 92, 115, 127, 128, 141, 145, 153, 154, 156,

158, 159, 161, 162, 166, 168, 171, 201, 255
Eulalius (Archidiacre romain): 201, 202, 261
Euloge (Métropolite de Césarée de Palestine): 256, 315, 319
Eunomius (Évêque italien): 113
Euodius (Evodius: Évêque d'Uzalis): 270, 295, 296
Eusèbe (Évêque de Césarée de Palestine): 17, 19, 40, 80, 107, 111
Fabiola (Noble dame romaine): 25, 103, 105, 213, 216
Fausta (*Augusta*: Épouse de Constantin): 111
Faustinus (Évêque de Lyon): 155
Faustinus (Évêque de Potenza): 254, 261, 263, 289
Felicissimus (Félicissime: schismatique africain): 17, 98, 99
Felix (Évêque espagnol): 18
Felix (Felis: évêque africain délégué à Aquilée): 109, 182, 189, 194, 220, 229
Félix (Évêque d'Abtugni): 109, 111, 112
Filuminus (Conseiller de Constantin): 113
Firmilien (Évêque de Césarée de Cappadoce): 19, 20, 76, 80
Firmus (Prince maurétanien): 180, 241
Firmus (Prêtre africain): 294
Flavius Marcellinus (Commissaire impérial): 86
Fortunatus (Évêque maurétanien): 69, 84, 99, 214
Frend: 54, 121, 180, 181, 201, 217, 227, 241, 242, 254, 256, 257, 259

Galère (Empereur): 40
Gaudemet: 16, 22, 28, 33, 34, 36, 40, 42, 43, 44, 45, 46, 48, 52, 53, 57, 66, 67, 68, 69, 70, 85, 88, 108, 112, 114, 136, 137, 138, 139, 140, 141, 142, 150, 151, 153, 192, 193, 216, 221, 228, 229, 230, 231, 238, 250, 263
Geneclius (Genethlius: Évêque de Carthage): 198, 199, 205, 206, 222
Gildon (Prince maurétanien): 241
Gloriosus (Évêque donatiste africain): 146
Gratien (Empereur): 41, 42, 43, 184, 186, 190, 192
Gratus (Évêque de Carthage): 101, 102, 176, 177, 198, 206
Grégoire le Grand (Pape): 194
Guyon: 150, 193
Héros (Évêque gallo-romain): 256, 276, 302, 315, 319
Hilaire de Poitiers: 178, 179
Hilarius (Évêque espagnol): 141
Himère (Évêque de Tarragone): 48, 204
Honoratus (Évêque maurétanien): 203, 248, 249, 250
Honorius (Évêque de Cartennae): 25, 242, 243, 244, 245, 246, 247
Honorius Ier (Empereur): 201, 221, 236, 294, 308
Innocent Ier (Pape): 50, 141, 270, 271, 274, 276, 277, 282, 283, 284, 285, 286, 287, 288, 290, 291, 292, 293, 295, 297, 299, 303, 304, 305, 306, 307, 309, 310, 311, 320, 322, 323, 324, 325
Innocentius (Primat de Mauré-

tanie): 231
Irénée de Lyon: 145
Jean (Évêque de Jérusalem): 256, 270, 274, 301, 313, 314, 321
Jean-Chrysostome (Évêque de Constantinople): 303
Jean-Paul II (Pape): 332
Jérôme: 117, 183, 184, 270, 279, 313, 315, 321
Jubaianus (Jubaïen: évêque maurétanien): 19, 65, 71, 73, 94, 126, 225
Jules Ier (Pape): 43, 47
Julien l'Apostat (Empereur): 179, 279, 323
Justinien (Empereur): 230
Kriegbaum: 7, 9, 14, 60, 64, 107, 108, 109, 110, 111, 121, 127, 174, 175, 196, 207, 241
Labrousse: 54, 107, 108, 109, 110, 112, 113, 117, 118, 122, 123, 125, 126
Largus (Procureur romain): 201
Lazare (Évêque gallo-romain): 256, 276, 302, 312, 315, 319
Libère (Pape): 178
Licinius (Empereur): 40
Lucianus (Évêque maurétanien): 231
Lucilla (Riche dame carthaginoise): 108
Lucius (Pape): 159, 161
Macarius (Commissaire impérial): 176
Magnus (Évêque maurétanien): 18, 58
Maiorinus (Évêque donatiste de Carthage): 108, 109
Marcellinus (Pape): 85, 111
Marcellinus (Sous-diacre africain): 294, 295

Marcianus (Marcien: évêque d'Arles): 46, 145, 155, 156, 157, 158, 159, 161, 166, 168, 201
Marschall: 11, 12, 13, 14, 28, 36, 38, 39, 40, 52, 61, 64, 99, 106, 124, 140, 149, 152, 157, 170, 213, 237, 271, 283, 310, 317
Martial (Évêque de Mérida): 18, 141, 153, 168
Maxence (Empereur): 108
Maximianus (Évêque de Bagai): 296
Merdinger: 14, 116, 118, 124, 179, 246, 247, 260, 264, 296
Meyendorff: 62, 124, 138, 145, 149
Miltiade (Pape): 111, 112, 125
Munier: 7, 10, 12, 13, 14, 21, 22, 24, 25, 28, 38, 46, 56, 57, 62, 65, 66, 67, 70, 78, 88, 92, 96, 97, 103, 105, 136, 152, 163, 173, 174, 197, 200, 204, 206, 215, 237, 257, 259, 260, 287, 293
Nestorius (Évêque de Constantinople): 301
Novat (Schismatique africain): 17
Novatien (Anti-pape romain): 17, 66, 98, 156
Numidius (Évêque africain délégué à Aquilée): 182, 183, 189, 194
Numidius (Évêque de Maxula): 199, 232
Olympius (Évêque italien): 113
Optat (Évêque de Milève): passim
Optatus (Évêque maurétanien): 234
Origène (Écrivain égyptien): 35, 49

INDEX DES NOMS DE PERSONNES

Orose (Prêtre espagnol): 273, 293, 302, 312, 315, 321
Palladius (Évêque de Ratiara): 182, 183
Parménien (Évêque donatiste de Carthage): 114, 117, 185
Paulin (Évêque de Nole): 270, 282, 289
Paulin (Diacre de Milan): 275, 276, 311
Paulus (Commissaire impérial): 49, 176
Pélage (Moine breton: fondateur du Pélagianisme): passim
Peregrinus (Évêque africain): 25, 221, 234, 243
Pompeius (Évêque maurétanien): 59, 69, 79, 81, 87, 99, 128
Possidius (Évêque de Calama): 188, 243, 244, 270
Praylos (Évêque de Jérusalem): 274, 314
Primianus (Évêque donatiste de Carthage): 198
Purpurius (Schismatique africain): 108
Quintus (Évêque maurétanien): 86, 225
Restitutus (Évêque de Carthage: Primat d'Afrique): 28, 175, 176, 177, 178, 179, 180, 181, 182, 183, 184, 185, 186, 188, 189, 194, 222
Rufus (Évêque Illyrien): 51
Sabinus (Évêque espagnol): 18, 155
Saxer: 8, 34, 37, 60, 61, 62, 67, 72, 73, 90, 116, 212, 226, 277, 279, 286
Secundinianus (Évêque de Singindunum): 182, 183

Secundus (Évêque de Tigisi): 108, 109
Sextus (Pape): 320
Siège apostolique: passim
Silvanus (Évêque de Cirta: primat de Numidie): 108
Silvanus (Évêque maurétanien): 231
Silvestre (Pape): 45, 112
Sirice (Pape): 28, 47, 48, 117, 173, 174, 196, 204, 205, 206, 207, 217, 218
Symmaque (Préfet de Rome): 201
Tertullien (Écrivain africain): 11, 38, 39, 40, 53, 57, 59, 60, 62, 65, 77, 78, 9, 145, 146, 330
Theasius (Évêque africain): 295, 296
Théodose Ier (Empereur): 41, 230, 330
Urbanus (Urbain: Évêque de Sicca Veneria): 21, 50, 102, 103, 248, 249, 250, 256, 264
Valentinien (Empereur): 42, 192
Valentinus (de Vaiana: Primat de Numidie): 24
Valérien (Évêque d'Aquilée): 107
Valérien (Empereur): 182
Valerius (Évêque d'Hippone): 216
Valerius (Comte de Ravenne): 294
Venerius (Évêque de Milan): 167
Victor (Évêque africain): 8, 229
Victorinus (Sous-diacre maurétanien): 240, 242
Victrice (Évêque de Rouen): 49
Vincentius (Évêque africain): 221
Vindemialis (Évêque africain): 294
Xystus II (Xyste: Pape): 80, 115
Zosime (Pape): passim

INDEX DES NOMS DE LIEUX

Abtugni: 109, 111, 112
Achaïe: 144
Alexandrie: 41, 42, 47, 143, 149, 178, 263, 270, 273, 279, 280, 289, 291, 297, 299, 300, 301, 302, 303, 314, 315, 316, 323, 326
Antioche: 121, 143, 149, 251
Aquilée (Concile de):
   A. 382: 182, 183, 186, 187, 189, 190, 191, 194
Arles (Concile de):
   A. 314 (1/8) : 45, 109, 111, 112, 114, 115, 116, 124, 127, 231, 250
Astorga: 18
Bagai: 296
Bethléem: 270, 315
Bétique: 141
Bulla Regia: 174
Byzacène: 171, 172, 195, 196, 206, 224, 228, 262
Cabarsussi: 198
Calama: 244, 270
Cappadoce: 19
Cartennae: 25, 241
Carthage (Concile de):
   A. 251: 17
   A. 252: 17, 54, 66
   A. 254/255: 201, 257
   A. 256 (1/9): 22, 73, 89

   A. 345-348: 101, 102, 162, 176, 177, 206, 207
   A. 390: 174, 175, 176, 177, 199, 205, 206, 253, 254
   A. 397 (13/8): 20
   A. 397 (28/8): 88, 197, 199, 200, 202, 249
   A. 401 (13/9): 96, 163, 166, 169, 251
   A. 403 (25/8): 231
   A. 404 (16/6): 20, 295
   A. 407 (13/6): 231
   A. 407 (13/9): 20, 303
   A. 411: 287, 293, 318
   A. 418 (1/5): 200, 233, 239, 231, 244
   A. 419 (25/5): 21, 22, 151, 152, 153, 166, 221, 237, 244, 245, 247, 255, 259, 260, 261, 262, 289, 265, 266, 289
   A. 424/425: 21, 22, 106, 152, 201, 213, 254, 257, 260, 261
   A. 525: 152, 166, 248, 250
Carthaginoise: 138
Césarée (de Maurétanie): 25, 200, 226, 230, 231, 233, 234, 235, 240, 242, 243, 244
Césarée (de Cappadoce): 19, 76
Césarée (de Palestine): 17, 49, 61, 256, 315, 319
Cirta (Concile de):

A. 307: 108
Constantinople (Concile de):
　A. 381: 141, 184, 263, 270
Corinthe: 144
Dacie: 142
Diospolis (Concile de):
　A. 415 (20/12): 256, 257, 275, 281, 287, 290, 297, 299, 301, 302, 303, 312, 313, 321, 323, 325
Éclane: 279, 323
Elvire (Concile de):
　A. 306: 140
Éphèse: 143, 144, 145, 301, 311
Fussala: 22, 23, 25, 98, 104, 201, 203, 216, 217, 218, 254, 256, 257, 259, 260, 266
Gallécie: 141
Gubbio: 50
Hippone (Concile de):
　A. 393 (8/10): 28, 197, 198, 230, 248
　A. 427 (24/9): 28
Illyricum (Illyrie): 51, 142, 182
Jérusalem: 143, 147, 256, 270, 274, 287, 290, 293, 301, 313, 314,
Jérusalem (Concile de):
　A. 415 (20/7): 321
Lambèse: 229
Léon: 18
Lusitanie: 141
Lyon: 140, 145, 155
Macédoine: 142, 145
Maurétanie (Césarienne): 226, 230, 231, 233, 234, 235, 239
Maurétanie (Sitifienne): 230, 232, 239, 248, 249, 267
Maurétanie (Tingitane): 230, 267
Maxula: 199
Mérida: 18

Milan: 20, 40, 43, 49, 96, 97, 113, 135, 140, 142, 165, 182, 190, 191, 192, 275, 276, 311
Milan (Édit de):
　A. 311: 40
Milève: 11, 15, 23, 107, 114, 116, 117, 118, 120, 122, 123, 124, 126, 179, 306, 307
Nicée (Concile de):
　A. 325: 13, 21, 22, 34, 35, 44, 45, 50, 51, 53, 68, 94, 138, 143, 144, 148, 149, 150, 166, 177, 185, 187, 194, 217, 236, 238, 246, 247, 250, 259, 262, 263, 264, 265, 292
Nicomades: 203
Nicomédie (Édit de):
　A. 311: 40
Nole: 270, 282, 289
Numidie: 22, 24, 71, 90, 108, 109, 201, 222, 223, 225, 226, 230, 236, 238, 250, 254, 262
Pannonie: 142
Philippes: 144
Potenza: 254
Proconsulaire: 144, 172, 197, 228, 259, 260, 262, 273, 281, 303, 307, 308, 314
Ravenne: 25, 95, 221, 234, 294, 296
Rimini (Concile de):
　A. 359: 28, 175, 176, 177, 178, 180, 181, 182, 183, 185, 186, 187, 188, 189, 222
Rouen: 49
Sabrata: 59
Sardique (Concile de):
　A. 342/343: 40, 43, 44, 45, 51, 52, 179, 238, 252, 254, 257, 266, 310

Sicca Veneria: 21, 102
Singidunum: 182
Sirmium: 178
Smyrne: 145
Spolète: 202
Tarraconnaise: 141
Tarragone: 204
Thagaste: 260, 270
Thélepte (Concile de):
    A. 418: 173, 174, 195, 196, 204, 206, 222
Thessalonique: 42, 51
Thessalonique (Édit de):
    A. 380: 41
Thogonoetum: 104
Tigisi: 108
Tolède (Concile de):
    A. 401: 141
Tripoli: 202, 203
Tripolitaine: 59, 200, 226, 227, 262
Turin (Concile de):
    A. 398: 140
Tyr (Concile de):
    A. 335: 47
Uzalis: 270
Vaiana: 24
Vatican: 14
Vienne: 140

TABLE DES MATIÈRES

AVANT-PROPOS 7
INTRODUCTION GÉNÉRALE..9

PREMIÈRE PARTIE
L'HÉRITAGE CYPRIANIQUE:
APPROCHE JURIDICO-ECCLÉSIOLOGIQUE

CHAPITRE I: *Aperçu de la situation juridico-ecclésiologique dans l'Antiquité*..33
1. La période prénicéenne 33
   1.1 Les relations inter-ecclésiales..................................33
   1.2 Deux aspects du statut de l'évêque de Rome 34
   1.3 La particularité africaine......................................35
       1.3.1 Le paradoxe...36
       1.3.2 L'élaboration de la pensée juridico-ecclésiologique d'Afrique.................................37
2. Le régime ecclésiologique de la *Sedes apostolica* 40
   2.1 La «paix constantinienne»......................................40
   2.2 Le christianisme: religion privilégiée d'État 41
       2.2.1 Les initiatives impériales.................................41
       2.2.2 Le nouveau statut de l'évêque de Rome....................42
3. L'affermissement de la nouvelle ecclésiologie 46
   3.1 L'institution des décrétales...................................46
   3.2 Différentes contributions papales 47
4. Conclusion 51

CHAPITRE II: *Esquisse des éléments constitutifs du pouvoir épiscopal*..53
1. Fondements du pouvoir épiscopal......................................56
   1.1 Notion d'*auctoritas* 56
   1.2 Les structures de l'*auctoritas* épiscopale 58
       1.2.1 Les Saintes Écritures ou l'*auctoritas* de Dieu............58
       1.2.2 L'*auctoritas* de Pierre et des autres apôtres..............59
       1.2.3 L'*auctoritas* de chaque évêque dans son Église.........62
       1.2.4 L'*auctoritas* du concile des évêques....................66
2. La dynamique du binôme *veritas - consuetudo*....................70

    2.1 Caractéristiques..71
        2.1.1   La *veritas*: objet de l'unanimité conciliaire................71
        2.1.2   L'assistance du Saint-Esprit: garantie des
              décisions conciliaires..72
    2.2 La valeur de la *traditio* de l'Église de Rome.......................77
        2.2.1   Notion de *traditio*...77
        2.2.2   L'*error* de la *consuetudo* de l'Église de Rome..........78
3. Conclusion 82

CHAPITRE III: *Les conditions d'exercice de la* potestas *épiscopale*.......83
1. L'intelligibilité des traditions ecclésiastiques...............................84
    1.1 Notion de *potestas* 85
    1.2 La *ratio*: principe de fécondité ecclésiologique....................86
        1.2.1   Aspect statique: l'égalité des pouvoirs des évêques....87
        1.2.2   Aspect dynamique: la compétence délibérative du
              concile 89
    1.3 Le caractère rationnel des sentences ecclésiastiques.............98
        1.3.1   Les recours abusifs...98
        1.3.2   Conditions de validité d'une sentence................100
2. La *cathedra Petri*: *ratio* du pouvoir épiscopal............................106
    2.1 Les péripéties de la controverse donatiste 107
        2.1.1   Genèse du schisme africain...............................107
        2.1.2   L'intervention impériale....................................110
    2.2 Tournant dans la conception africaine de la *cathedra*
        Petri...114
        2.2.1   La problématique..114
        2.2.2   Considérations relatives au recours *ad Petri*
              cathedram 115
3. Conclusion 130

DEUXIÈME PARTIE
LES RECOURS A ROME:
EXPRESSION DE COMMUNION AVEC LA *CATHOLICA*

CHAPITRE IV: *La méthode africaine des recours à Rome*...................135
1. L'évolution législative 136
    1.1 La prédominance de l'autorité impériale............................136
    1.2 La prescription conciliaire de l'autorité judiciaire.............138
        1.2.1   Les entités ecclésiastiques..139
        1.2.2   Les critères d'autorité judiciaire 143
    1.3 Le statut *sui generis* de l'Église d'Afrique 148
2. La méthode d'«autonomie dans la communion»....................150
    2.1 Les expressions africaines de recours à Rome....................151
        2.1.1   *Ad romanam ecclesiam*..151
        2.1.2   *Ad transmarina* 152
    2.2 Rome: instance de confirmation ou juridiction de
        consultation?...153
        2.2.1   La destitution des évêques espagnols et gaulois........153

TABLE DES MATIÈRES

        2.2.2 La réintégration des clercs donatistes 162
    2.3 Traits de fidélité envers la doctrine cypricanique 166
        2.3.1 La concorde entre les évêques 166
        2.3.2 Le langage élogieux du primat Aurelius 169
 3. Conclusion 171

CHAPITRE V: *L'impact des canons du concile romain de 386 en Afrique*.. 173
 1. Préambule 173
    1.1 Thèses de réception des Actes du concile romain en Afrique 174
    1.2 Structuration du chapitre 175
 2. La défection du primat Restitutus 175
    2.1 Profil d'une Église en état d'isolement (359-391) 176
        2.1.1 Le contexte politico-ecclésiastique 176
        2.1.2 Un climat de méfiance évident 177
        2.1.3 Indices de vitalité de l'épiscopat africain 179
    2.2 L'affaire de Restitutus 181
        2.2.1 Méthodes d'approche pour l'identification de Restitutus 181
        2.2.2 L'état d'orthodoxie de l'Église d'Afrique 182
    2.3 Valeur des décrets du concile d'Aquilée 189
        2.3.1 L'initiative d'Ambroise 190
        2.3.2 La teneur de l'autonomie de l'Église d'Afrique 190
 3. La réception des canons romains en Afrique 195
    3.1 Préalables 195
        3.1.1 L'accueil intégral des décrets romains 195
        3.1.2 Le contexte législatif d'Afrique 195
    3.2 L'origine de la glose *hoc est primatis* 196
        3.2.1 L'adhésion libre 196
        3.2.2 La législation du *Breviarium Hipponensis* 197
        3.2.3 La communion de l'évêque de Rome 204
 4. Le jugement d'un évêque 207
    4.1 La plainte du comte Classicianus 207
        4.1.1 Nature de la peine d'excommunication collective 208
        4.1.2 L'autorité du concile d'Afrique 209
    4.2 La «raison d'être» du recours à Rome 210
        4.2.1 De la date du recours de Classicianus 210
        4.2.2 La fidélité d'Augustin 216
    4.3 Le double langage d'Augustin 220
 5. Conclusion 221

CHAPITRE VI: *Les disparités dans l'organisation ecclésiastique d'Afrique* 225
 1. Considérations d'ordre général 226
    1.1 L'avènement du christianisme en Afrique 227
    1.2 Institution des provinces ecclésiastiques d'Afrique 229
    1.3 L'attitude de passivité de l'épiscopat maurétanien 232

    2. Les interventions papales en Maurétanie Césarienne....................233
        2.1 Les mandats pontificaux 233
            2.1.1 Le voyage d'Augustin en Maurétanie Césarienne,
                   en 418..233
            2.1.2 Le voyage d'Alypius en Italie, en 419......................234
        2.2 Émergence d'un nouvel ordre ecclésiastique......................234
            2.2.1 Le rapprochement des Églises maurétaniennes de
                   Carthage..235
            2.2.2 L'insertion de la Maurétanie dans la mouvance
                   carthaginoise...239
    3. La spécificité du procès d'Antoninus...251
        3.1 La complexité des procédures en phase de révision............252
            3.1.1 Le nombre des juges...253
            3.1.2 L'identité des juges..253
            3.1.3 L'ordre de révision 255
            3.1.4 La proposition explétive *quid enim esset
                   improbius*..257
        3.2 Échéance de l'observance des canons romains...................259
            3.2.1 Période de présence active des canons romains........261
            3.2.2 Période de caducité des décrets romains 264
            3.2.3 L'accueil de l'ordre papal..265
    4. Conclusion 267

CHAPITRE VII: *L'hérésie pélagienne: un défi pour l'Église
               universelle*..269
    1. Préambule 269
        1.1 Question de la condamnation du pélagianisme...................270
        1.2 Structure du chapitre..272
    2. La plaidoirie africaine..273
        2.1 La défense de la doctrine africaine de la grâce 274
            2.1.1 La responsabilité commune de la Tradition 274
            2.1.2 Défense de la procédure judiciaire d'Afrique..........276
        2.2 La plaidoirie d'Augustin..277
            2.2.1 Le problème du langage...277
            2.2.2 L'appui de l'épiscopat africain 280
        2.3 L'expression de satisfaction d'Augustin 282
            2.3.1 Relevé d'opinions 282
            2.3.2 L'autorité des *Rescripta* pontificaux........................283
    3. Traits saillants d'autonomie du dossier africain du
       pélagianisme..297
        3.1 L'ouvrage *De Gestis Pelagii* 297
            3.1.1 La dédicace du *De Gestis*..297
            3.1.2 L'effacement du primat Aurelius 299
        3.2 Condamnation univoque du pélagianisme...........................303
            3.2.1 Les revendications du pape Zosime.........................304
            3.2.2 L'approbation du pape Innocent Ier.........................305
    4. L'itinéraire du procès des pélagiens..311
        4.1 La propagande pélagienne...311

             4.1.1   La mise en cause de Celestius 311
             4.1.2   L'entrée en lice d'Augustin 312
    4.2 Le pélagianisme: hérésie de la *pars occidentalis* de
         l'empire... 313
             4.2.1   La présence des Latins en Orient 314
             4.2.2   Divergence linguistique 316
    4.3 Le transfert du procès du pélagianisme 318
             4.3.1   L'instance africaine: la sentence de 411 318
             4.3.2   L'«universalisation» de la condamnation du
                     pélagianisme 319
             4.3.3   Le tribunal pontifical... 319
5. Conclusion 326

CONCLUSION GÉNÉRALE 329

APPENDICE 335

SIGLES ET ABRÉVIATIONS 339

BIBLIOGRAPHIE.. 342

INDEX DES NOMS... 361

INDEX DES LIEUX... 367

TABLE DES MATIÈRES 371

TESI GREGORIANA

Depuis 1995, la collection «Tesi Gregoriana» met à la disposition du public quelques-unes des meilleures thèses élaborées à l'Université Pontificale Grégorienne. La composition en est assurée par les auteurs eux-mêmes, selon les normes typographiques définies et contrôlées par l'Université.

Volumes Publiés [Série: Histoire Ecclésiastique]

1. KAVENADIAMBUKO NGEMBA NTIMA, *La méthode d'évangélisation des Rédemptoristes belges au Bas-Congo (1899- 1919). Étude historico-analitique*, 1999, pp. 404.

2. MADIANGUNGU L. KIKUTA, *L'environnement historique de l'évangélisation missionnaire jésuite chez les Yaka du Moyen-Kwango dans l'ancienne «Mission du Kwango» (1893-1935)*, 2000, pp. 596.

3. MOMBILI THUMAINI, Melchior-Edouard, *L'aspect d'autonomie et de communion dans la praxis africaine des recours à Rome (IIIe-Ve siècles). Essai d'interprétation du comportement ambivalent de l'épiscopat africain*, 2001, pp. 376.

Finito di stampare
nel mese di marzo 2001

presso la tipografia
"Giovanni Olivieri" di E. Montefoschi
00187 Roma - Via dell'Archetto, 10,11,12